6的乘法表	7的乘法表	8的乘法表	9的乘法表	
6 × 0 = **0**	7 × 0 = **0**	8 × 0 = **0**	9 × 0 = **0**	10 × 0 = **0**
6 × 1 = **6**	7 × 1 = **7**	8 × 1 = **8**	9 × 1 = **9**	10 × 1 = **10**
6 × 2 = **12**	7 × 2 = **14**	8 × 2 = **16**	9 × 2 = **18**	10 × 2 = **20**
6 × 3 = **18**	7 × 3 = **21**	8 × 3 = **24**	9 × 3 = **27**	10 × 3 = **30**
6 × 4 = **24**	7 × 4 = **28**	8 × 4 = **32**	9 × 4 = **36**	10 × 4 = **40**
6 × 5 = **30**	7 × 5 = **35**	8 × 5 = **40**	9 × 5 = **45**	10 × 5 = **50**
6 × 6 = **36**	7 × 6 = **42**	8 × 6 = **48**	9 × 6 = **54**	10 × 6 = **60**
6 × 7 = **42**	7 × 7 = **49**	8 × 7 = **56**	9 × 7 = **63**	10 × 7 = **70**
6 × 8 = **48**	7 × 8 = **56**	8 × 8 = **64**	9 × 8 = **72**	10 × 8 = **80**
6 × 9 = **54**	7 × 9 = **63**	8 × 9 = **72**	9 × 9 = **81**	10 × 9 = **90**
6 × 10 = **60**	7 × 10 = **70**	8 × 10 = **80**	9 × 10 = **90**	10 × 10 = **100**
6 × 11 = **66**	7 × 11 = **77**	8 × 11 = **88**	9 × 11 = **99**	10 × 11 = **110**
6 × 12 = **72**	7 × 12 = **84**	8 × 12 = **96**	9 × 12 = **108**	10 × 12 = **120**

长度单位

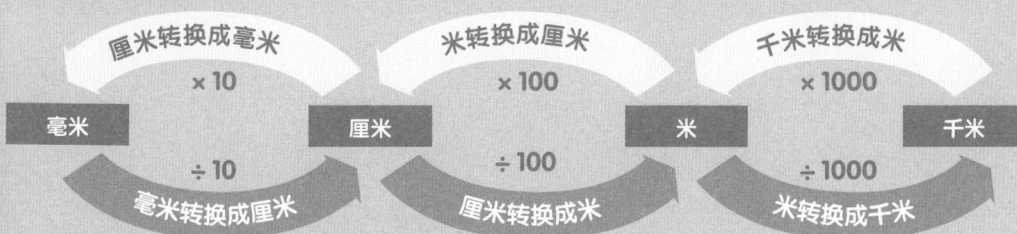

厘米转换成毫米 ×10
毫米 ÷10 毫米转换成厘米 厘米

米转换成厘米 ×100
厘米 ÷100 厘米转换成米 米

千米转换成米 ×1000
米 ÷1000 米转换成千米 千米

容积单位

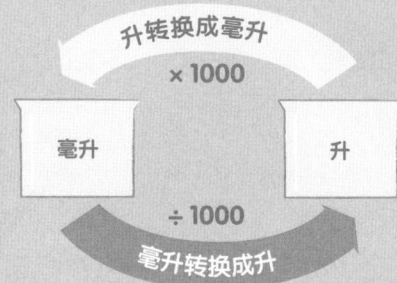

升转换成毫升 ×1000
毫升 升
÷1000 毫升转换成升

质量单位

克转换成毫克 ×1000
毫克 ÷1000 毫克转换成克 克

千克转换成克 ×1000
克 ÷1000 克转换成千克 千克

吨转换成千克 ×1000
千克 ÷1000 千克转换成吨 吨

周长公式

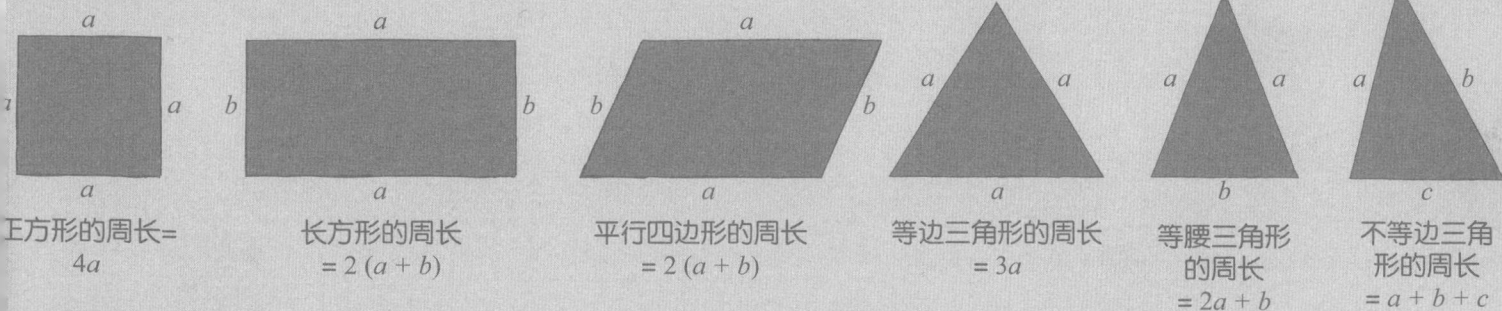

正方形的周长= 4a

长方形的周长 = 2 (a + b)

平行四边形的周长 = 2 (a + b)

等边三角形的周长 = 3a

等腰三角形的周长 = 2a + b

不等边三角形的周长 = a + b + c

面积公式

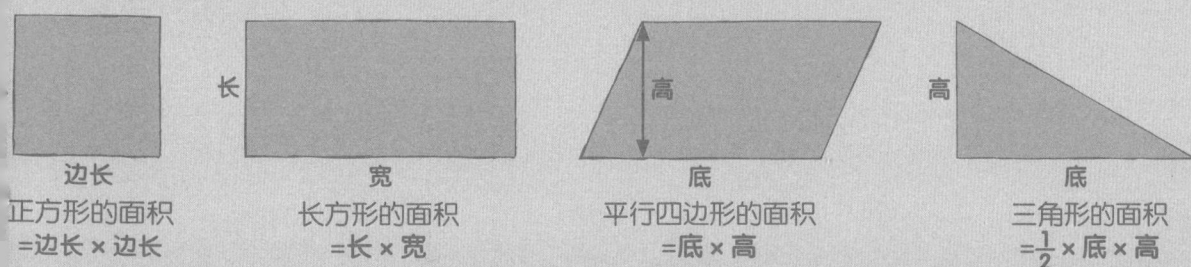

正方形的面积 =边长×边长

长方形的面积 =长×宽

平行四边形的面积 =底×高

三角形的面积 =$\frac{1}{2}$×底×高

3

4

5

6

NUMBERS

数字是我们用来计算和测量事物的符号。虽然数字仅仅由0~9组成，但却可以对你能想到的任何数量进行记录和运算。数可以是正数也可以是负数，可以是整数也可以是分数。

数字符号

数字在日常生活中被广泛使用，人们在计数、测量、描述时间或者买卖东西时都会用到它。

> 我们用0~9这10个数字组成了所有数。

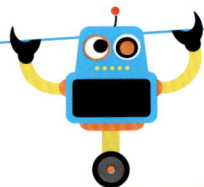

数字系统

数字系统是用来表示数目的一组符号。在古代，不同地区的人创造了不同的方法来记录和使用数字。

发明数字是为了计算东西的数量，比如苹果的数量

1 这张图将我们使用的数字系统（阿拉伯数字系统）与其他一些古代数字系统做了比较。

0	1	2	3

阿拉伯数字系统是现在全世界通用的数字系统

2 在所有的数字系统中，只有我们使用的阿拉伯数字系统有表示零的符号。我们可以看到，古巴比伦和古埃及的数字系统是非常相似的。

许多人认为古埃及表示数字1~9的符号代表了人的手指

古罗马数字	I	II	III
古埃及数字	Ⅰ	Ⅱ	Ⅲ
古巴比伦数字	𒁹	𒌋𒌋	𒌋𒌋𒌋

罗马数字

这张表展示的是罗马数字系统，它将不同的字母放在一起从而组成了数字。

一个数字放在一个更大的数字后面共同组成一个新数字，表示这个数字由两者相加而成

个	I	II	III	IV	V	VI	VII	VIII	IX
	1	2	3	4	5	6	7	8	9
十	X	XX	XXX	XL	L	LX	LXX	LXXX	XC
	10	20	30	40	50	60	70	80	90
百	C	CC	CCC	CD	D	DC	DCC	DCCC	CM
	100	200	300	400	500	600	700	800	900
千	M	MM	MMM	$\overline{IV}$	$\overline{V}$	$\overline{VI}$	$\overline{VII}$	$\overline{VIII}$	$\overline{IX}$
	1000	2000	3000	4000	5000	6000	7000	8000	9000

1 我们来看表示"6"的罗马数字"VI"。它用"V"表示"5"，并将一个表示"1"的"I"放在"V"的后面。这意味着罗马数字"VI"等于5加上1，也就是6。

2 我们来看罗马数字"IX"。这次，表示"1"的"I"在表示"10"的"X"的前面，这意味着罗马数字"IX"等于10减去1，也就是9。

一个数字放在一个更大的数字前面共同组成一个新数字，表示这个数字等于大的那个数减去小的那个数

现实世界的数学

零的作用

并非所有数字系统都像我们使用的阿拉伯数字系统一样有表示零（0）的符号。就零本身来说，它代表"没有"。但当零是更大数字的一部分时，它被称为占位符，这意味着当这个位置没有其他数字时，零就"占了位"。

09:06

"0"帮助我们在24小时制的时钟上读出准确的时间

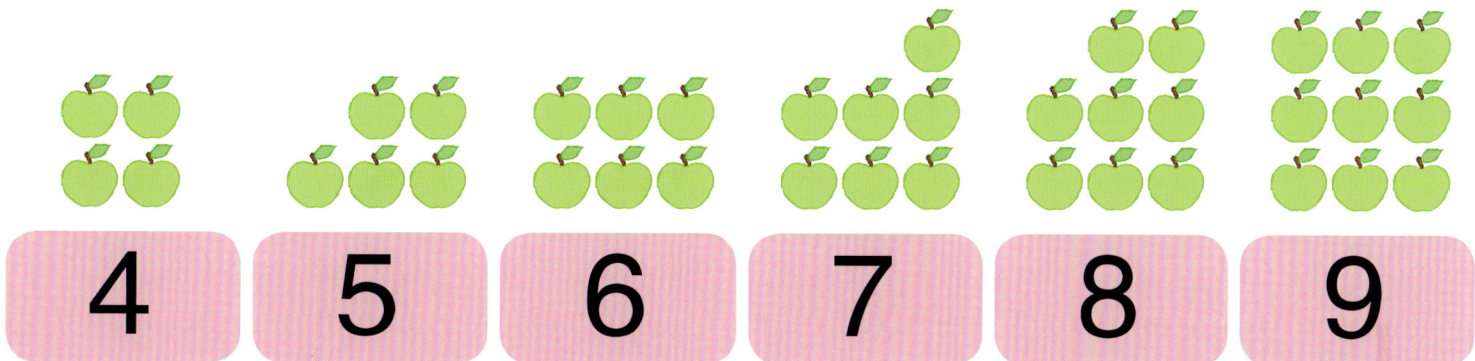

| 4 | 5 | 6 | 7 | 8 | 9 |

古巴比伦数字系统有超过5000年的历史

古罗马人使用字母作为数字符号

| IV | V | VI | VII | VIII | IX |

罗马数字转化为阿拉伯数字

为了将长的罗马数字转化为阿拉伯数字，我们将长的罗马数字分为更小的部分，然后再将这些部分相加。

1 让我们来看看罗马数字CMLXXXII是怎样转化为阿拉伯数字的。首先我们将它分为4个部分。

CM | L | XXX | II

C在M前面表示比1000少100

2 然后，我们求出不同部分的值。当我们把这些值加起来的时候，就得出了答案：982。

$$CM = 1000 - 100 = 900 +$$
$$L = 50$$
$$XXX = 3 \times 10 = 30$$
$$II = 2 \times 1 = 2$$
$$982$$

试一试 TRY IT OUT

计算年份

我们有时候会看到用罗马数字表示的日期。你能用已学到的知识求出这个用罗马数字表示的年份吗？

1 这是哪一年？

MCMXCVIII

2 现在试着把下列这些年份用罗马数字表示：

1666   2015

答案见第311页

位值

在我们的数字系统中，数字的数值取决于它在数中的位置，这个位置上代表的值叫作位值。

> 一个数字在数位上表现出的值叫作位值。

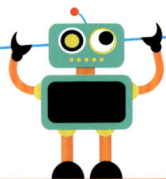

位值是什么？

看看这几个数字：1，10和100，它们都由1和0组成，但是这些1和0在这几个数字不同的数位中有不同的值。

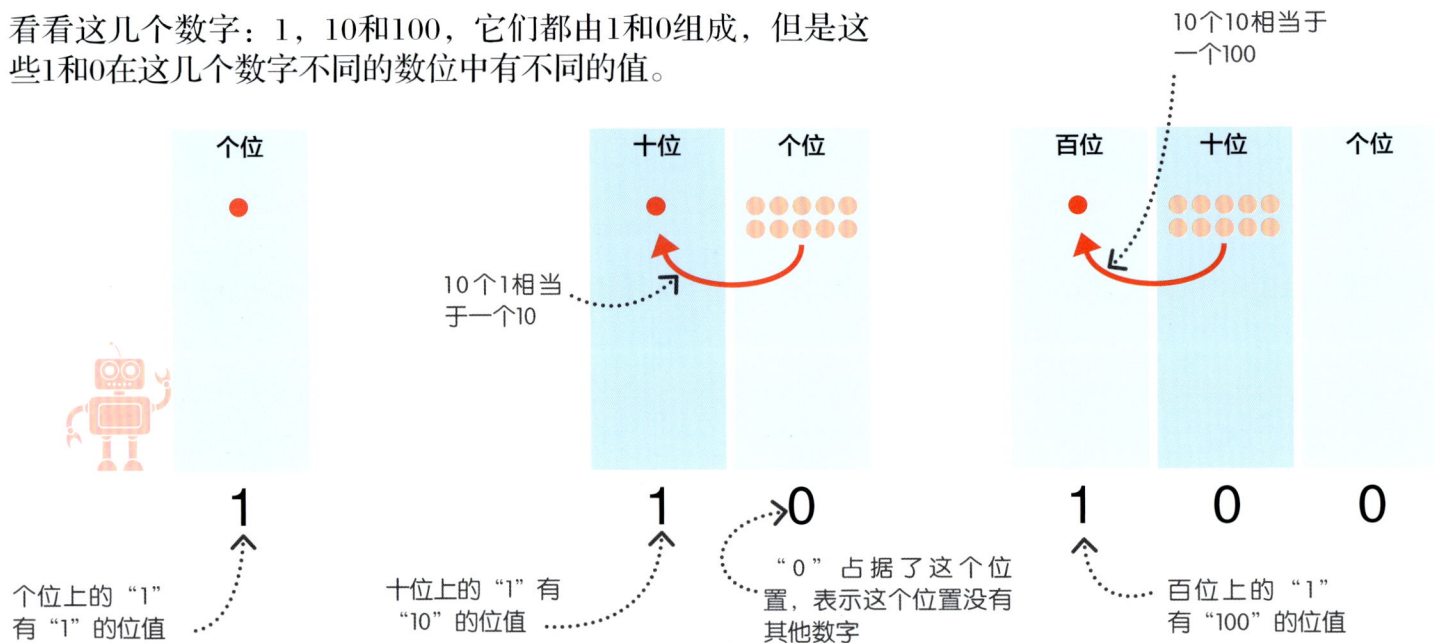

10个10相当于一个100

10个1相当于一个10

个位上的"1"有"1"的位值

十位上的"1"有"10"的位值

"0"占据了这个位置，表示这个位置没有其他数字

百位上的"1"有"100"的位值

1 让我们从数字1开始，我们画出一列来表示个位，并在里面放一个点来表示1。

2 我们在个位那一列中最多可以放置9个点，当我们在其中放了10个点时，就把个位那一列中的10个点替换成十位那一列中的1个点。

3 我们用两列可以表示的最大的数是99，当达到100时，就把10个10替换为一个100。

千位	百位	十位	个位
	5	7	6

千位	百位	十位	个位
5	0	7	6

4 现在我们将上面各列中的点用数字来代替。我们可以看到，数字576是这样组成的：5个100，或者5×100，也就是500；7个10，或者7×10，也就是70；6个1，或者6×1，也就是6。

5 当数字5076被放在各列中，我们发现，在第四步里相同的数字，因为处于不同的数位上，就有了不同的位值。比如，数字5现在位于千位那一列，因此它的值就从之前的500变成了5000。

位值如何起作用?

下面，我们通过数字2576来更深入地理解位值的概念。

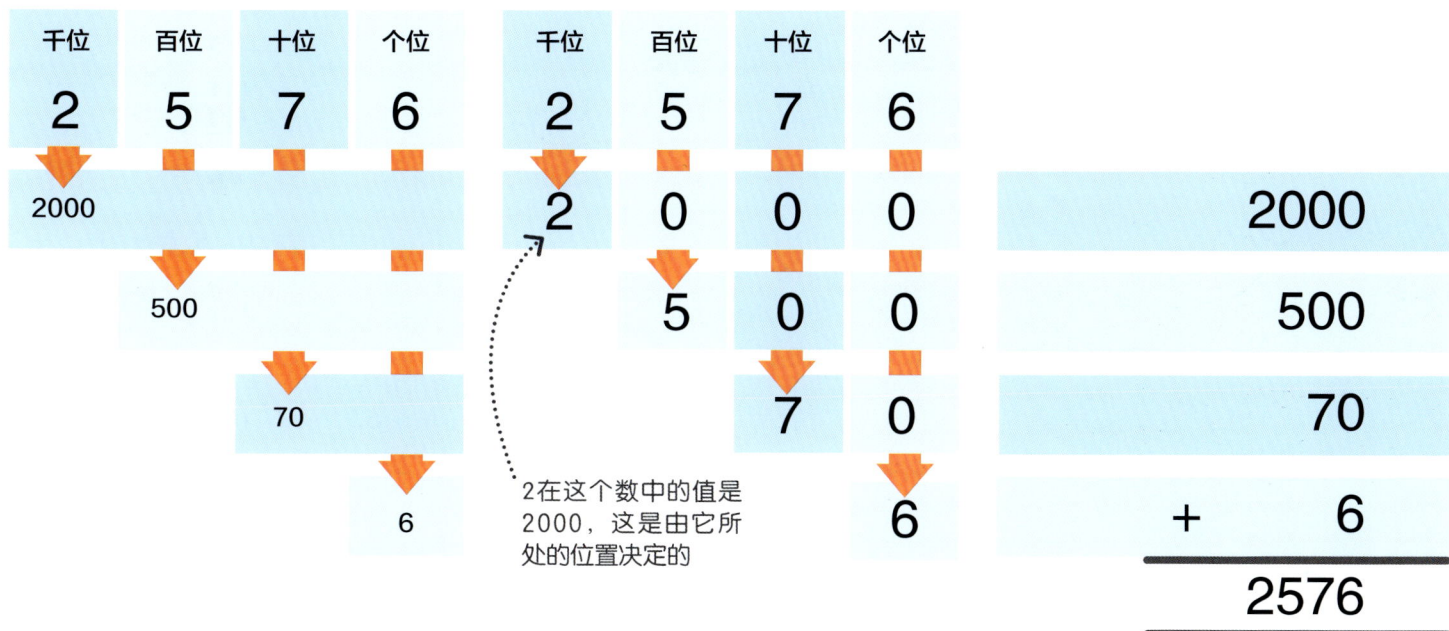

千位	百位	十位	个位
2	5	7	6

2000

500

70

6

千位	百位	十位	个位
2	5	7	6
2	0	0	0
	5	0	0
		7	0
			6

2在这个数中的值是2000，这是由它所处的位置决定的

```
    2000
     500
      70
+      6
-------
    2576
```

1 当把数中的每个数字放到各列中时，我们就可以看出来它由多少个千、多少个百、多少个十和多少个一组成。

2 当我们使用0作为占位符把这个数重新写出来时，就得到了四个独立的数字。

3 现在，如果我们把这四个数加起来，就得到了最初的2576。这就是位值记数法的操作方式。

10倍大或者10倍小

十进制记数法是位值记数法的一种，十进制记数法中每一列的值，都以10的倍数增加或者减小。当我们在运算中乘或者除以10、100、1000等10的倍数的时候，很快就能得出结果。

1 让我们看看把437除以或乘10的时候，分别会发生什么。

2 如果我们把437除以10，437中的每一个数字都向右移动一位，得到的新数就是43.7。一个叫做小数点的点把个位与十分位分开。

3 把437乘10的时候，437中的每一个数字都向左移动一位，得到的新数就是4370，也就是437×10。

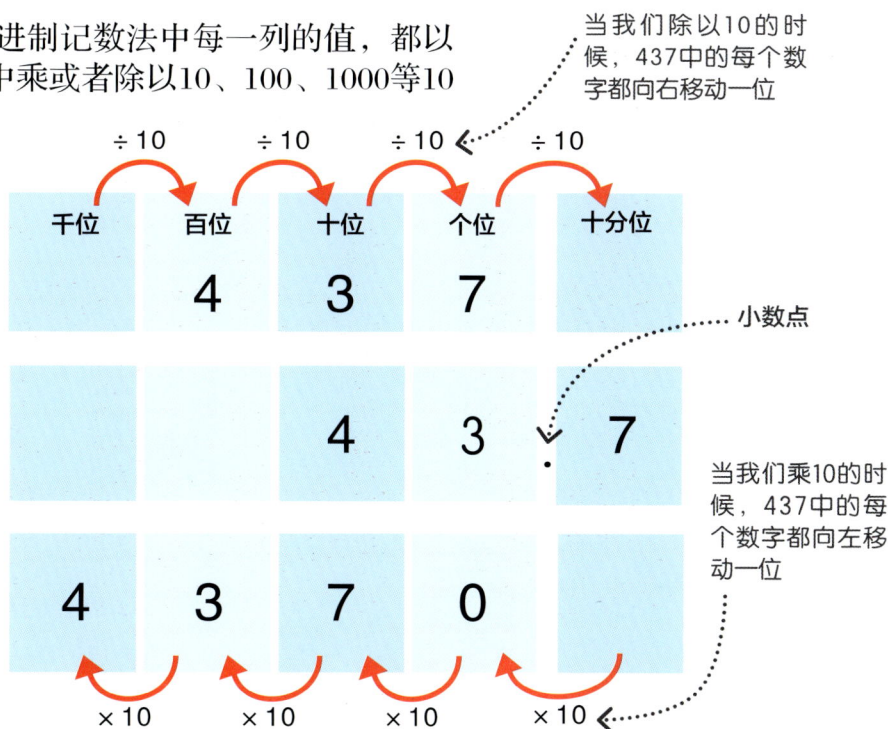

当我们除以10的时候，437中的每个数字都向右移动一位

千位	百位	十位	个位	十分位
		4	3	7
		÷10	÷10	÷10 ÷10

小数点

		4	3	7

4	3	7	0

×10 ×10 ×10 ×10

当我们乘10的时候，437中的每个数字都向左移动一位

数列与规律

数列是一列有序的数。一个数列通常会遵循一定的排列规律，这意味着我们可以根据数列中的已知几项解出其他未知项。

> 数列是遵循一定规律排列而成的一列数构成的集合，数列中的每一个数都叫作这个数列的项。

1 下面的一排房子，门上面的数字是1，3，5，7。我们能在这其中找出一个规律吗？

2 我们发现，每一个数都比前面那个数大2。因此，这个数列的规律就是"后一个数等于前一个数加2"。

3 如果我们使用这个规律，那么就可以解出来后面两项是9和11。因此，我们的数列就是1，3，5，7，9，11，…，省略号表示这个数列还可以继续写下去。

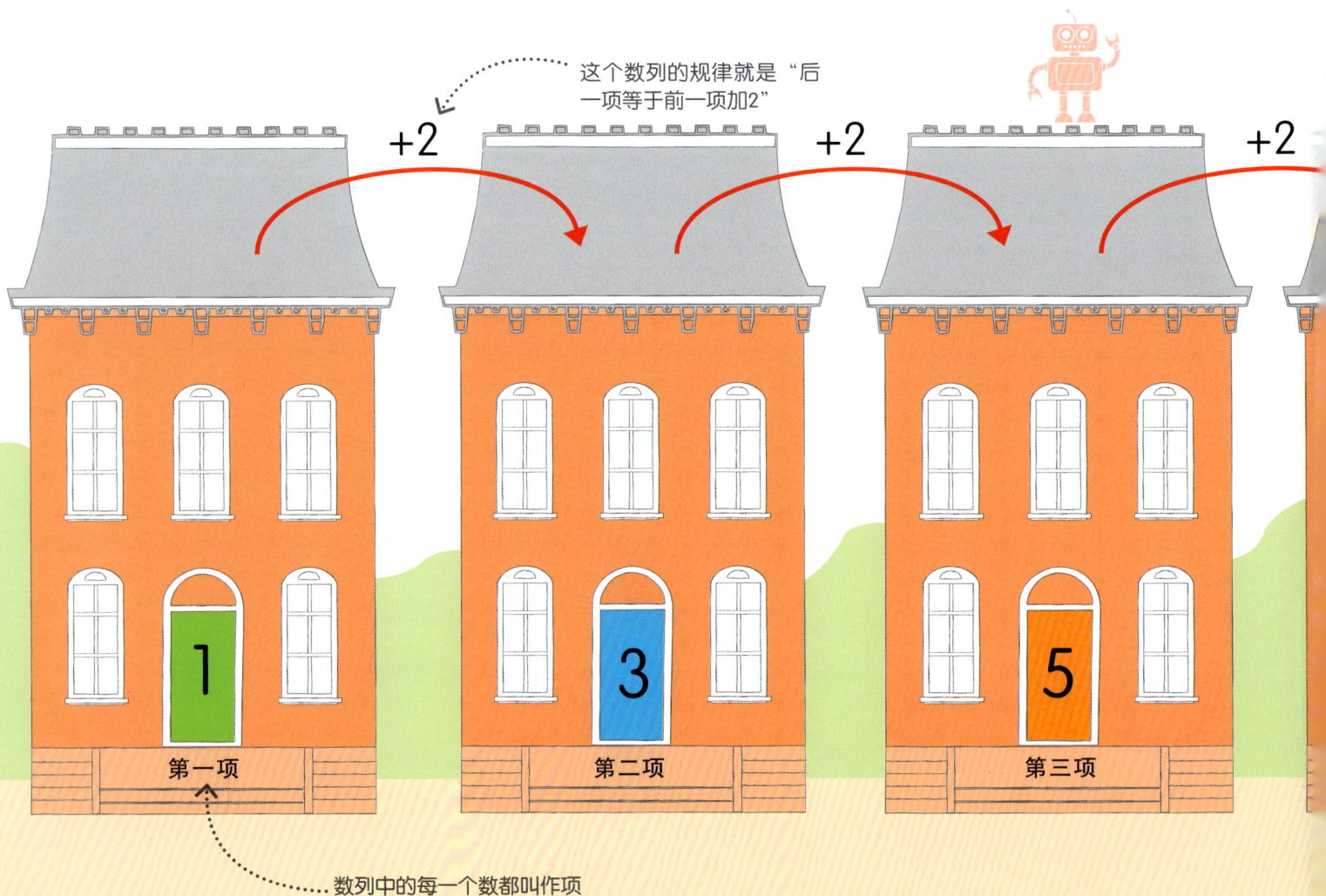

这个数列的规律就是"后一项等于前一项加2"

+2　　+2　　+2

1　第一项

3　第二项

5　第三项

数列中的每一个数都叫作项

简单数列

构造数列的方法有很多。比如，数列可以用加、减、乘、除四种方法来构造。

省略号表示数列可以继续写下去

1 在这个数列中，我们把每一项加1，就得到了这一项后面的一项。

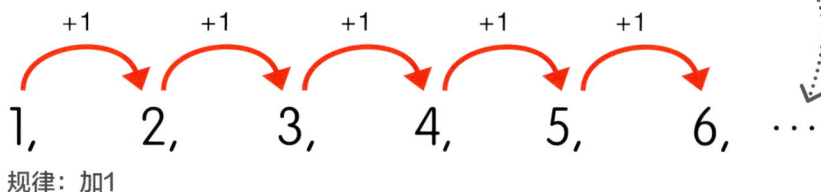

+1 +1 +1 +1 +1

1, 2, 3, 4, 5, 6, …

规律：加1

2 在这个数列中，把每一项乘10，就得到了这一项后面的一项。

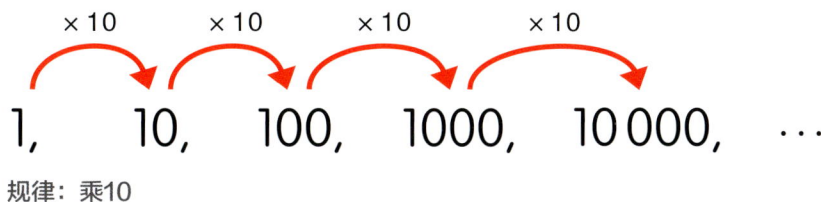

×10 ×10 ×10 ×10

1, 10, 100, 1000, 10 000, …

规律：乘10

3 有时候，一个规律可以由多个部分构成。在这个序列中，我们先加1，再乘2，再回到加1的规律，以此类推。

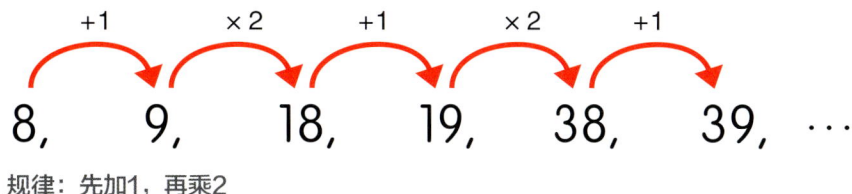

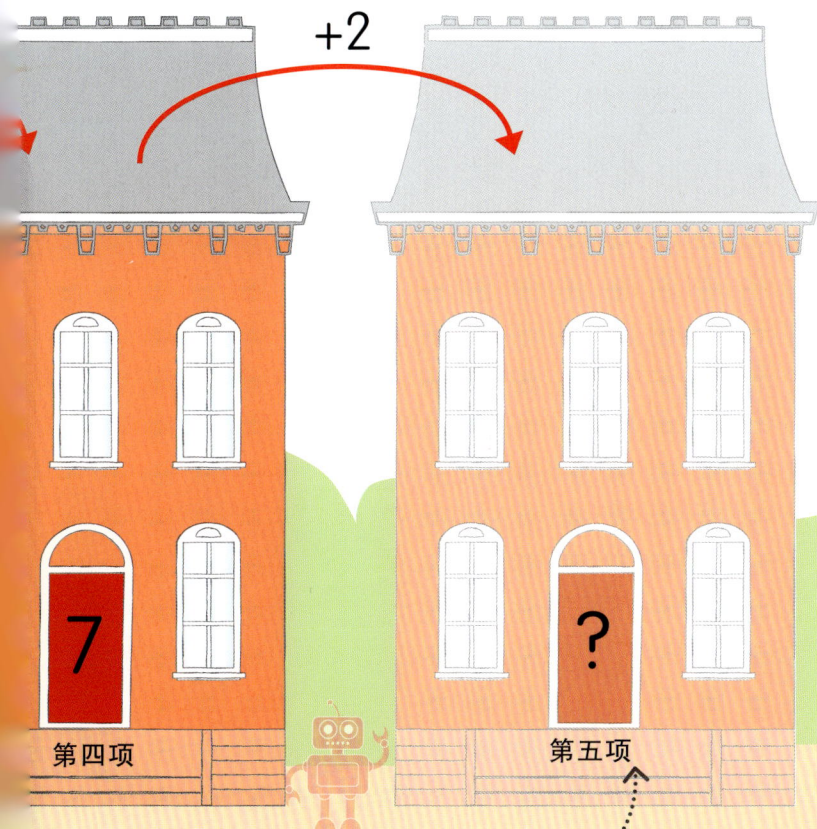

+1 ×2 +1 ×2 +1

8, 9, 18, 19, 38, 39, …

规律：先加1，再乘2

+2

7

第四项

第五项

数列的第五项应当是7+2

试一试 TRY IT OUT

数列测试

你能解出下面这些数列中接下来的两项吗？你首先需要找出每一个数列的规律，在这个过程中，数轴可能会对你有所帮助。

1 22, 31, 40, 49, 58, …

2 4, 8, 12, 16, 20, …

3 100, 98, 96, 94, …

4 90, 75, 60, 45, 30, …

答案见第311页

数列与图形

一些数列可以通过使用其中的项来表示图形的各个部分(例如边长)，从而用图形来表示数列。

三角形数列

三角形数列是一类可以用图形来表示的序列。如果我们取一个正整数并把它与小于这个数的所有正整数相加，由此得到以下数列：1，3，6，10，15，…数列中的每个数都可以用一个三角形表示出来。

1 数列以1开始，显示为单个图形。

我们可以用图形来表示三角形数列

2 当我们加上2，就可以把图形排列成三角形。
1 + 2 = 3。

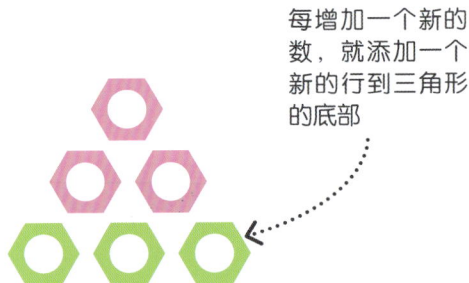

每增加一个新的数，就添加一个新的行到三角形的底部

3 加上3后形成一个新的三角形。
1 + 2 + 3 = 6。

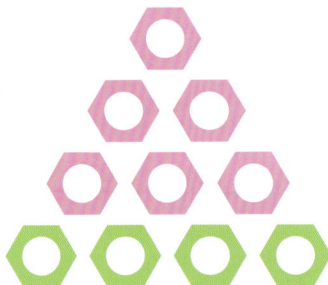

4 现在我们加上4，得到第四个三角形。
1 + 2 + 3 + 4 = 10。

5 加上5后得到第五个三角形，以此类推。
1 + 2 + 3 + 4 + 5 = 15。

正方形数列

如果我们把1，2，3，4，5，…分别和自身相乘，可以得到一个这样的数列：1，4，9，16，25，…这个数列可以用正方形表示。

第四个正方形数为16

$1 \times 1 = 1$ $2 \times 2 = 4$ $3 \times 3 = 9$ $4 \times 4 = 16$ $5 \times 5 = 25$

五边形数列

由五条边构成并且五条边相等的图形叫正五边形。如果我们从一个点开始，然后计算每个正五边形的点，我们会看到这样一个数列：1，5，12，22，35，…这些数叫作五边形数。

所有五边形共用一个点，这个点叫作顶点

正五边形的每条边上都有相同数量的点

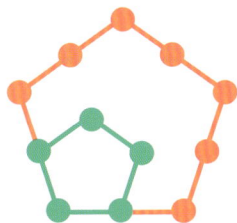
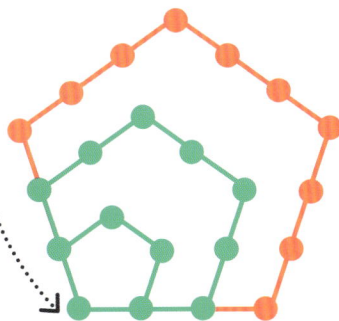
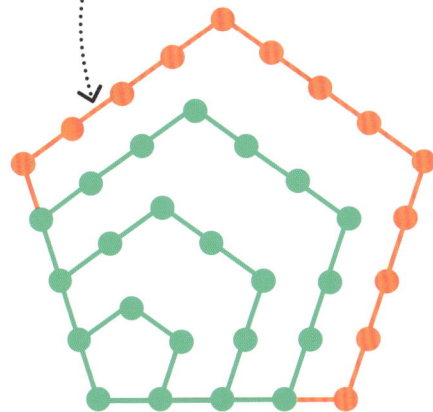

1 个点　　5 个点　　12 个点　　22 个点　　35 个点

现实世界的数学

斐波那契数列

斐波那契数列是数学中最有趣的数列之一，它是以13世纪意大利数学家斐波那契命名的。数列的前两项都为1。当我们把前面的两项加在一起，便得到了下一项。

数列以1开始

将前两项相加得到下一项

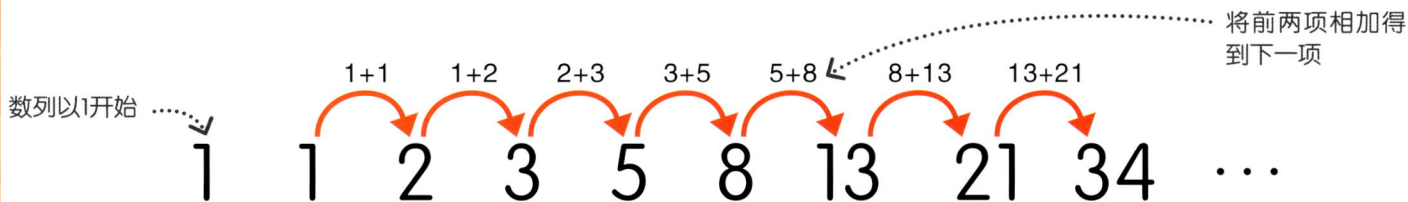

1　1　2　3　5　8　13　21　34　…

我们可以用这个数列绘制出这样的方框

当连接方框里的对角点时，便得到了一个螺旋线

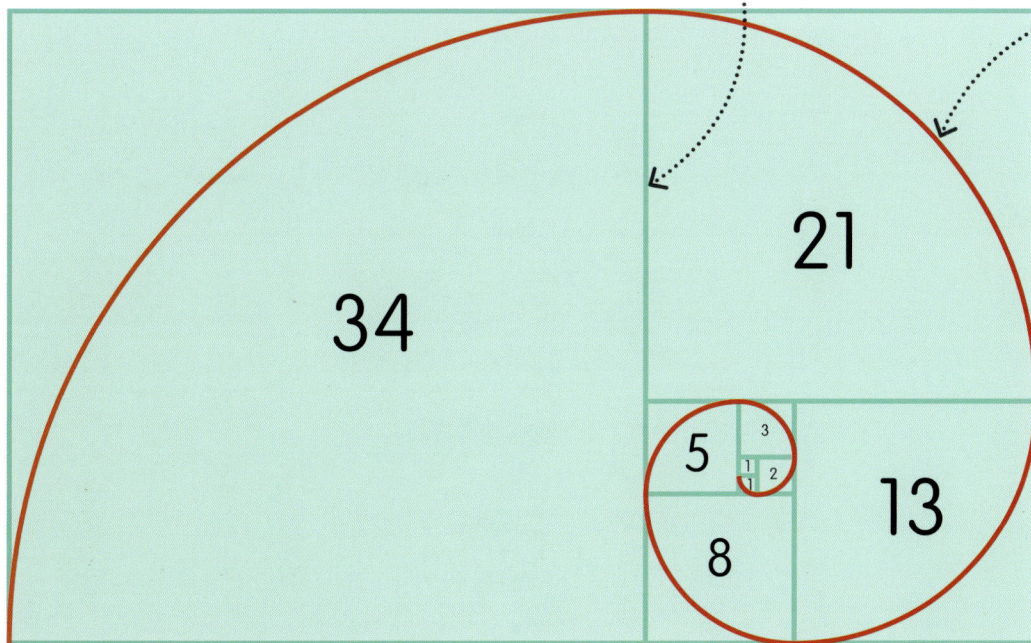

34　21　5　3　1　2　8　13

在自然界中，经常可以找到斐波那契螺旋线，比如这个贝壳上的螺旋纹路

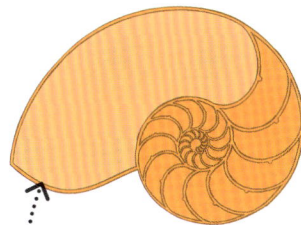

正数与负数

所有比零大的数是正数，比零小的数是负数，负数前面有一个负号（—）。

负数前面会有一个负号（—），而正数前面通常是没有符号的。

什么是正数和负数？

从零开始往左数 ⋯⋯

负数

1 如果把数放在一条被称作数轴的线上，就像这个路标上的线一样，我们可以看到从零开始往左数是负数，而正数是从零开始，往右逐渐变大。

2 负数是比零小的数。在运算中，我们把负数写在括号里，例如（–2），使它们更容易阅读。

正数与负数的加减运算

在正数与负数的加减运算中，有一些简单的规则需要我们记住。
我们可以在简单的数学工具——数轴上进行运算。

1 **加一个正数**
当我们加一个正数时，沿着数轴向右移动。
2 + 3 = 5。

要加一个正数，沿着数轴向右移动 ⋯⋯

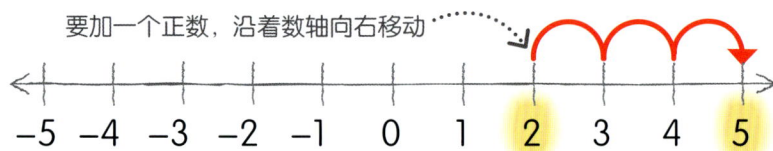

2 **减一个负数**
要减去一个负数，我们也要沿着数轴向右移动。所以，2–（–3）与2+3是相等的。
2–（–3）= 5。

要减一个负数，沿着数轴向右移动 ⋯⋯

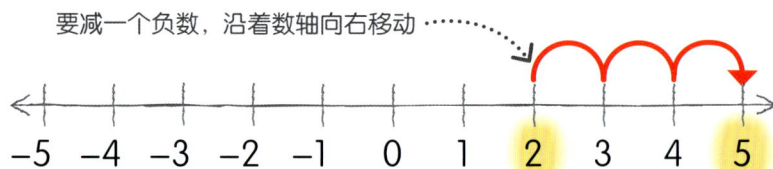

现实世界的数学

高低

我们有时会用正数和负数来描述建筑物里的楼层，通常地平面以下的楼层编号为负数。

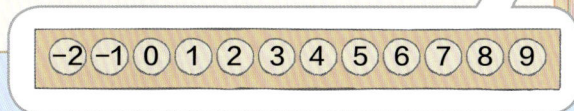

-2 -1 0 1 2 3 4 5 6 7 8 9

试一试 TRY IT OUT

巧解难题

借用数轴解出下列算式的结果。

1 $7 - (-3) = ?$　　　**3** $7 + (-9) = ?$

2 $-4 + (-1) = ?$　　**4** $-2 - (-7) = ?$

答案见第311页

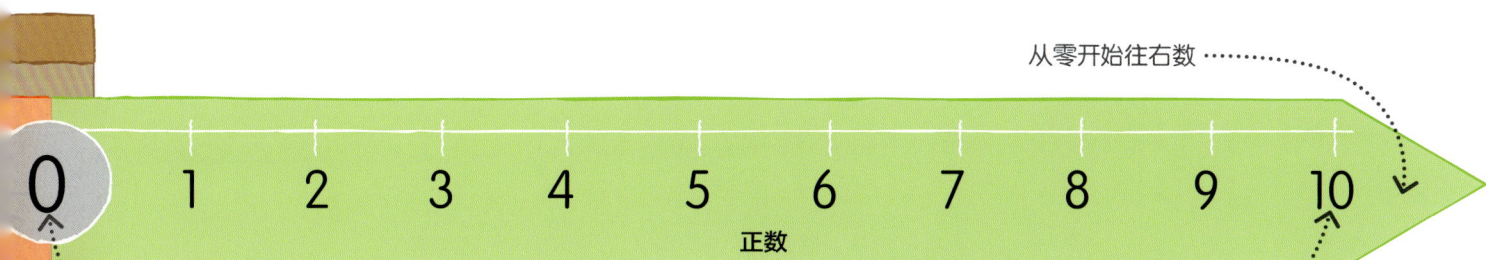

从零开始往右数

0 1 2 3 4 5 6 7 8 9 10

正数

3 零既不是正数也不是负数，它是正数和负数之间的分界点。

4 我们通常不会在正数前面加任何符号。当你看到一个不带符号的数字，它往往就是正数。

3 减一个正数

现在让我们试一试减一个正数。计算2-3，我们从2开始沿着数轴向左移动来找到答案。$2 - 3 = -1$。

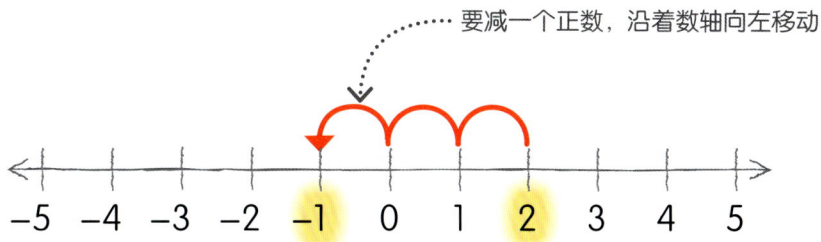

要减一个正数，沿着数轴向左移动

-5 -4 -3 -2 -1 0 1 2 3 4 5

4 加一个负数

要加上一个负数，结果就相当于减去一个正数。计算$2 + (-3)$，我们也是从2开始沿着数轴向左移动。

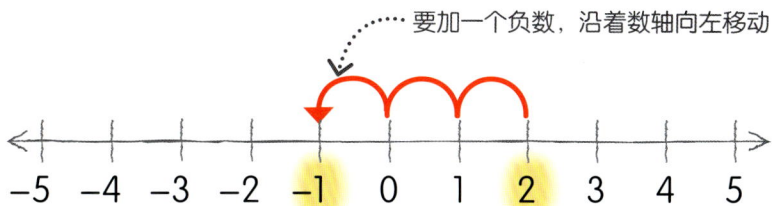

$2 + (-3) = -1$。

要加一个负数，沿着数轴向左移动

-5 -4 -3 -2 -1 0 1 2 3 4 5

数的比较

我们经常需要知道一个数是等于、小于还是大于另一个数，这被称作数的比较。

> 我们用比较符号来表示两个数之间的大小关系。

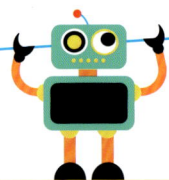

大于、小于还是等于？

在日常生活中比较数量的时候，我们会用"更多""更少""更大""更小"或者"相同"这样的词语。在数学里，我们是说一个数"大于""小于"或"等于"另一个数。

1 等于
看到这盘纸杯蛋糕，每一行有5个蛋糕，所以，上面一行蛋糕的数量等于下面一行蛋糕的数量。

每一行蛋糕的数量相等

等于

2 大于
现在，上面一行有5个蛋糕，下面一行只有3个蛋糕，所以上面一行蛋糕的数量大于下面一行蛋糕的数量。

上面一行的蛋糕多

大于

3 小于
这一次，上面一行放了5个蛋糕，下面一行放了6个蛋糕，所以上面一行蛋糕的数量小于下面一行蛋糕的数量。

上面一行的蛋糕少

小于

用符号来比较数的大小

比较数的大小时所用的符号叫作比较符号。

这个符号尖而窄的部分
指向比较中更小的数

1 **等于号**
这个符号表示"与……相等"。例如，90+40=130，意思是"90与40的和与130相等"。

2 **大于号**
这个符号表示"比……大"。例如，24＞14，意思是"24比14大"。

3 **小于号**
这个符号表示"比……小"。例如，11＜32，意思是"11比32小"。

有效数字

一个数中能影响数值的数字是有效数字。有效数字有助于我们比较数的大小。

1 这是一个四位数。最大的有效数字拥有最大位值，以此类推，一直到拥有最小位值的有效数字。

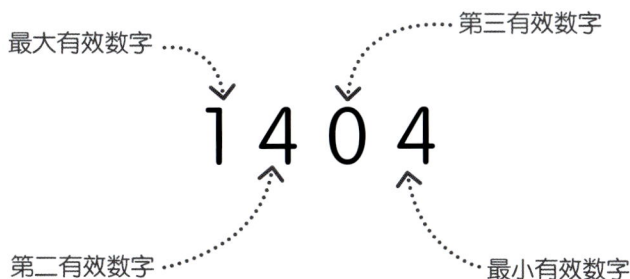

最大有效数字

第三有效数字

1 4 0 4

第二有效数字

最小有效数字

2 让我们比较1404和1133的大小。它们最大有效数字的位值相同，所以我们比较第二有效数字。

千	百	十	个
1	4	0	4
1	1	3	3

最大有效数字相同

3 1404的第二有效数字比1133的第二有效数字大，所以1404比1133大。

1 4 0 4 ＞ 1 1 3 3

1404的第二有效数字更大

试一试 TRY IT OUT

哪一个符号？

从你所学的三个比较符号中，选择适当的符号填入"？"处。

以下是你所需要用到的三个符号：

等于号

大于号

小于号

1 5123 ？ 10 221

2 −2 ？ 3

3 71 399 ？ 71 100

4 20 − 5 ？ 11+4

答案见第311页

数的排序

有时候我们需要通过比较一系列的数来将它们按顺序排列，这时用到了前面学过的位值和有效数字的知识。

肖恩
912票

1 赛博镇进行了镇长选举，我们需要把这些候选人按照他们所得的票数进行排序。

	万	千	百	十	个
肖恩			9	1	2
泽特				4	5
莫普		5	2	3	4
弗洛格			4	4	4
克罗格	1	0	4	2	3
杰克		5	1	2	1

2 我们把候选人的票数写在一个表格中，这样就能更直观地比较他们的最大有效数字。

	万	千	百	十	个
克罗格	1	0	4	2	3

第一个有效数字是最左边的这个数字

3 我们来看最大有效数字，只有克罗格的总票数达到了万位，所以他的总票数最高，我们把他放在一个新的表格里。

	万	千	百	十	个
克罗格	1	0	4	2	3
莫普		5	2	3	4
杰克		5	1	2	1

4 再比较第二有效数字，我们发现莫普和杰克在千位上的数字相同。所以，我们接着比较第三有效数字，莫普的第三有效数字比杰克的大。

克罗格当选

	万	千	百	十	个
克罗格	1	0	4	2	3
莫普		5	2	3	4
杰克		5	1	2	1
肖恩			9	1	2
弗洛格			4	4	4
泽特				4	5

5 我们继续比较位值列中的数字，直到将它们按从大到小的顺序排列在表格中。克罗格是新的镇长！

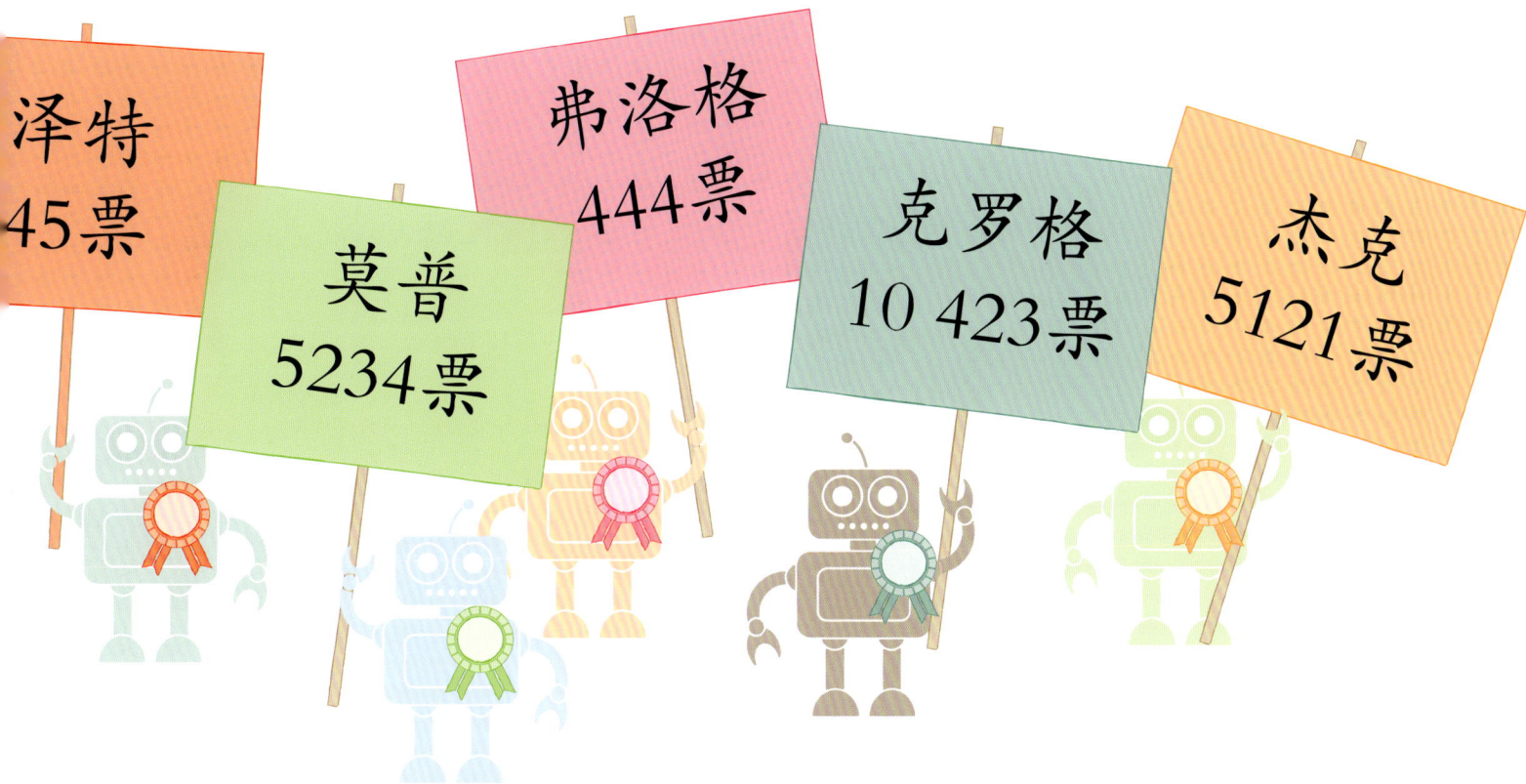

泽特
45票

莫普
5234票

弗洛格
444票

克罗格
10 423票

杰克
5121票

升序和降序

我们把事物按顺序排列的时候，有时候想要先写最大的数，有时候想要先写最小的数。

1 在一次数学测试中，一共有100道题。阿米拉答对了94道，贝拉答对了45道，克劳迪娅答对了61道，丹尼答对了35道，伊桑答对了98道，菲奥娜答对了31道，葛丽泰答对了70道，哈利答对了81道。

2 把答对题数从高到低排列，我们称为降序排列。

3 把答对题数从低到高排列，我们称为升序排列。图中箭头表示成绩排名高低，而不是数的排序方向。

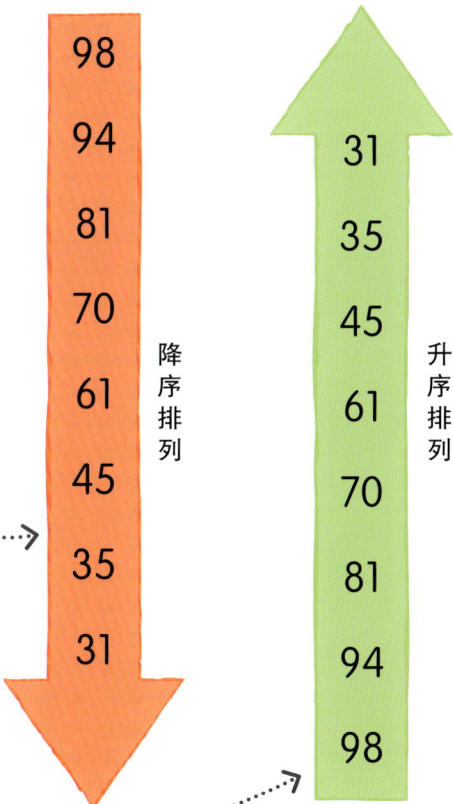

降序排列：
98
94
81
70
61
45
35
31

升序排列：
31
35
45
61
70
81
94
98

试一试 TRY IT OUT

全部按顺序排列

将列表中的年龄按升序排列，锻练你的排序能力。能不能为你的家人或者朋友制作一个排序列表呢？可以根据年龄、身高或者生日的月份给他们排序。

答案见第311页

姓名	年龄
杰克（我）	9
妈妈	37
沙鼠特里沃	1
爸爸	40
爷爷	67
狗狗巴斯特	7
奶奶	68
丹叔叔	35
安娜（我姐姐）	13
小猫贝拉	3

估算

有时候，当我们进行测量或计算时，并不需要一个准确的答案，只需要一个合理的猜测值就够了，这个猜测过程就叫作估算。

估算是为了找到接近正确答案的结果。

约等于

1 等于号
我们已经学习过表示相等的符号。

2 约等号
这个符号用来表示几乎相同的事物间的关系。在数学上，我们称之为约等于。

快速计算

在日常生活中，我们经常不需要精确计算某些事物，只要大概知道这些事物有多少或者有多大就够了。

比较这几个篮子里的草莓，估算一下哪个篮子里的草莓最多

1 这三个草莓篮子价格相同，但却装有不同数量的草莓。

2 我们不需要数就能发现第三个篮子里的草莓比另外两个篮子里的草莓多。所以，买第三篮草莓是最划算的。

每篮8.8元

估算总数

有时候，我们选择估算是因为数出或者计算出精确的答案需要花费太长时间。

1 让我们观察这个郁金香花坛。不要一个一个地数，我们想知道这里大概有多少株郁金香。

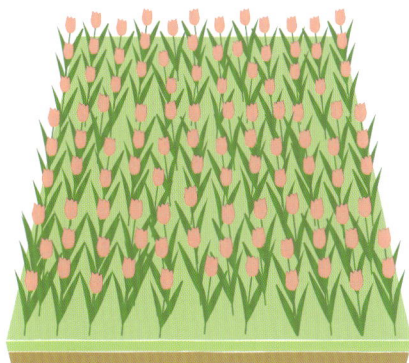

2 郁金香的排列并不整齐，但是我们可以看到前面这行有11株，一共有9行，所以可以认为大约有9×11，也就是99株郁金香。

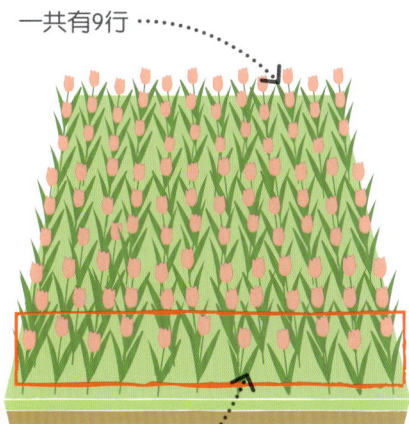

一共有9行

最前面一行有11株郁金香

3 估算郁金香总数的另一种方法就是将花坛粗略分成几格，如果我们能数出一个格中郁金香的数量，就可以估算出整个花坛中郁金香的数量。

花坛大致被分成九格

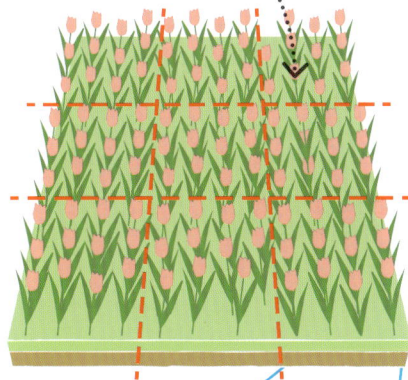

4 右下角的一格中有12株郁金香。所以郁金香的总数大约为12×9，也就是108株。

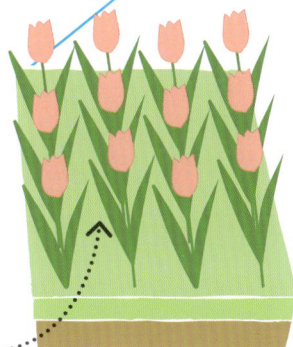

右下角的一格中有12株郁金香

5 我们用两种估算方法得出的结果分别是99和108，事实上，一共有105株郁金香，所以两个估算值都非常接近实际值。

检查计算结果

有时，我们通过四舍五入或简化来计算出想要的答案。

$$2847 + 4102 = ?$$

$$3000 + 4000 = 7000$$

我们估算结果大约等于7000

$$2847 + 4102 = 6949$$

1 让我们来计算2847+4102，先进行估算，如果算出的答案与估算结果相差很大，那么有可能是计算错误。

2 第一个数字略小于3000，第二个数字略大于4000，我们可以快速计算3000+4000=7000。

3 实际运算时，得到的答案与我们的估算值非常接近，于是我们有理由相信这道加法计算做对了。

四舍五入

四舍五入是将一个数转换成另外一个数值
与之相近的数的方法，转换后的数更便
于计算或记忆。

> 四舍五入的规则是，小于5
> 的数字舍掉，大于或等于5
> 的数字向前入位。

四舍五入

个位上小于5的数舍掉

个位上等于或大于5的数字向前入位

20　21　22　23　24　25　26　27　28　29　30

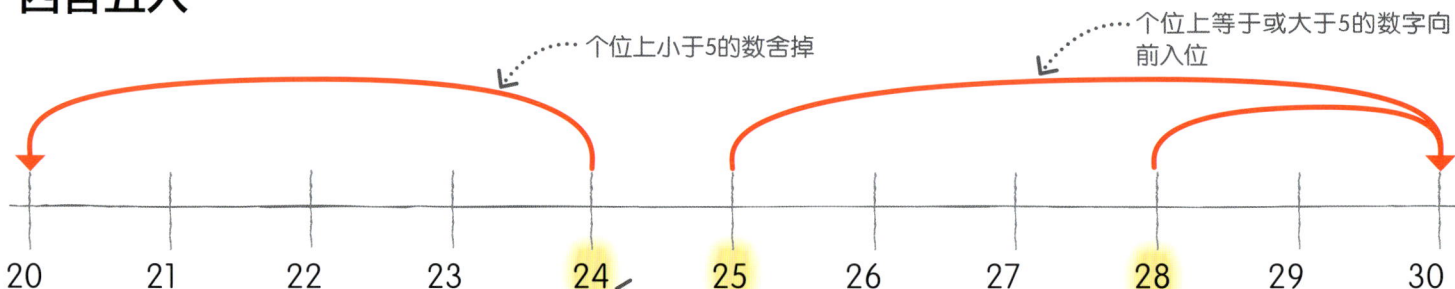

1 是"舍"还是"入"，取决于数在数轴上的位置。

2 看这个数轴上的24，相对于30，它离20更近，所以我们把它"舍"为20。

3 现在再看28。它离30比离20更近，所以我们把它"入"为30。

4 那么25呢？它处在20和30的正中间，按照四舍五入的规则它应该"入"为30。

用位值进行四舍五入

进行四舍五入时，我们是对数字的位值进行四舍五入。

1 **四舍五入到最近的整十数**
我们看个位数字来决定是"舍"还是"入"到最近的整十数。下面让我们对83和89进行四舍五入。

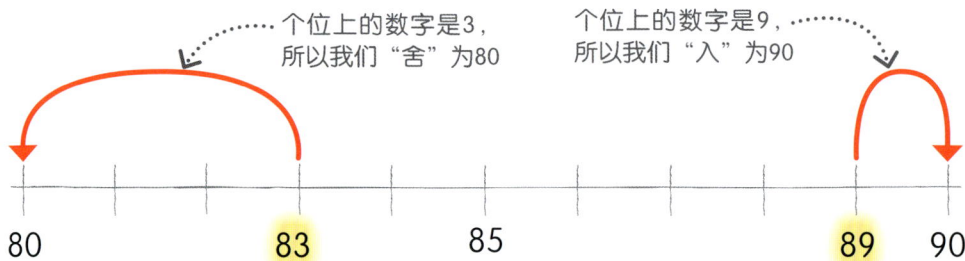

个位上的数字是3，所以我们"舍"为80

个位上的数字是9，所以我们"入"为90

80　83　85　89　90

2 **四舍五入到最近的整百数**
要四舍五入到最近的整百数，我们要对十位上的数字运用四舍五入的规则。下面让我们对337和572进行四舍五入。

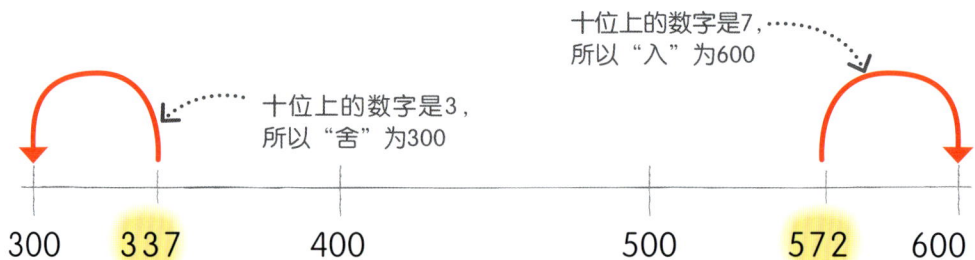

十位上的数字是3，所以"舍"为300

十位上的数字是7，所以"入"为600

300　337　400　500　572　600

四舍五入到不同的位值

四舍五入到不同的位值会得到不同的答案。我们下面来看一看，将7641四舍五入到不同的位值会得到怎样的答案。

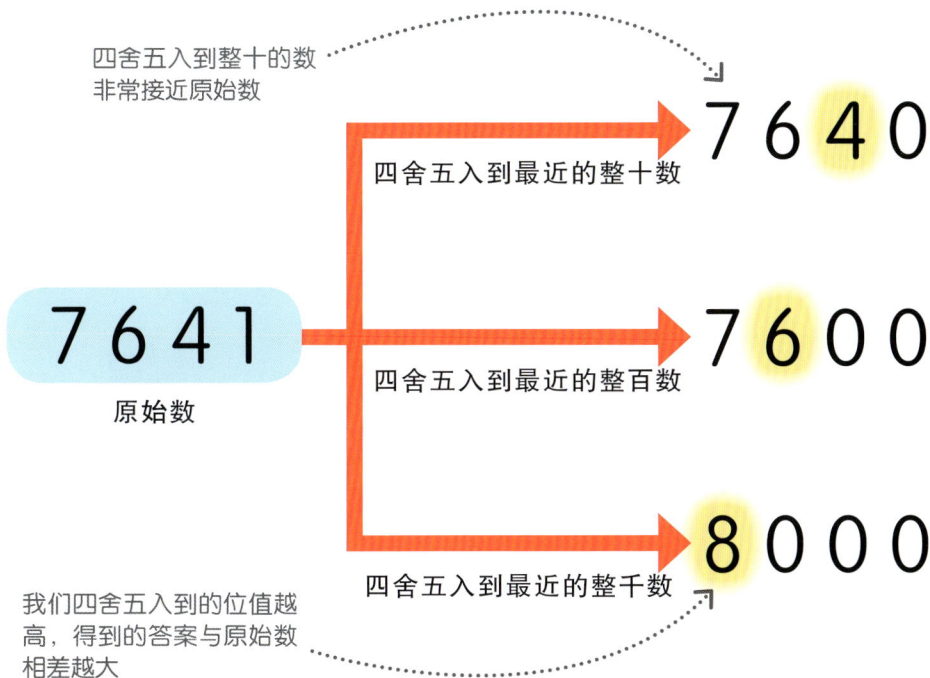

四舍五入到整十的数非常接近原始数

7641
原始数

四舍五入到最近的整十数 → **7640**

四舍五入到最近的整百数 → **7600**

四舍五入到最近的整千数 → **8000**

我们四舍五入到的位值越高，得到的答案与原始数相差越大

答案见第311页

试一试 TRY IT OUT

估计身高

下图机器人身高为165cm。

1 将他的身高四舍五入到最近的整十数是多少？

2 将他的身高四舍五入到保留一位有效数字是多少？

165 cm

四舍五入保留有效数字

我们也可以将数四舍五入到保留一个或几个有效数字。

1 我们看6346。最大的有效数字就是最高位值，所以6是最大的有效数字，它后面的数字小于5，我们将它"舍"为6000。

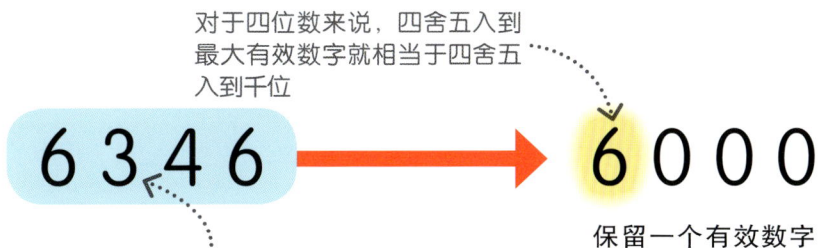

对于四位数来说，四舍五入到最大有效数字就相当于四舍五入到千位

6346 → **6000**
保留一个有效数字

用这个数字来四舍五入

2 第二有效数字在百位上，它后面的数字小于5，所以当四舍五入保留两位有效数字时，6346就四舍五入成了6300。

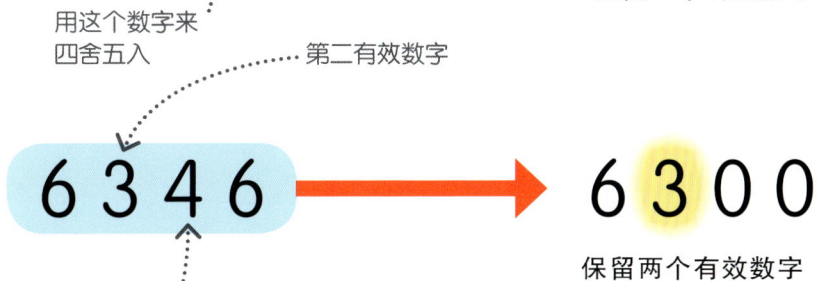

第二有效数字

6346 → **6300**
保留两个有效数字

四舍五入的时候看这个数字

3 第三有效数字在十位上。如果我们将它四舍五入保留三个有效数字，就变成了6350。

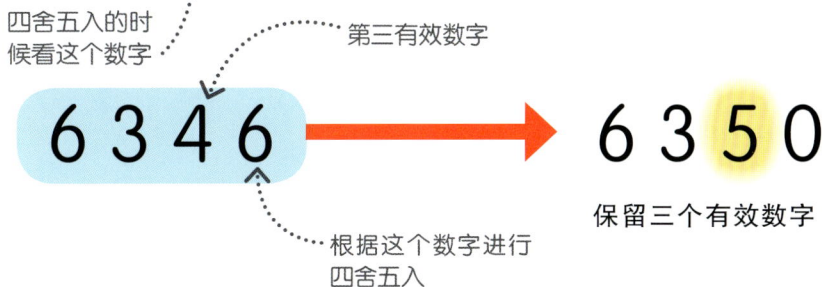

第三有效数字

6346 → **6350**
保留三个有效数字

根据这个数字进行四舍五入

因数

一个整数可以由两个或多个其他数相乘得来，这些数就是这个整数的因数。每个数至少有两个因数，因为它可以由它本身与1相乘得来。

因数是什么？

这块巧克力由12个正方形巧克力组成。通过将它分成若干个相等的部分，我们可以找到12的因数。

$$12 \div 1 = 12$$

$$12 \div 2 = 6$$

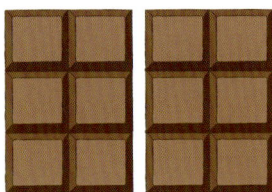

$$12 \div 3 = 4$$

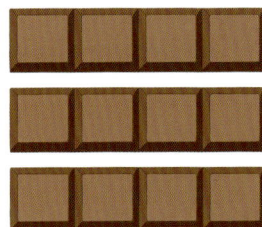

1 如果我们把这块由12个正方形组成的巧克力分成1份，它就是一整块，所以1和12都是12的因数。

2 将这块巧克力分成2份，每份6个，那么2和6也是12的因数。

3 我们可以把这块巧克力分成3份，每份4个，所以3和4是12的因数。

$$12 \div 4 = 3$$

$$12 \div 6 = 2$$

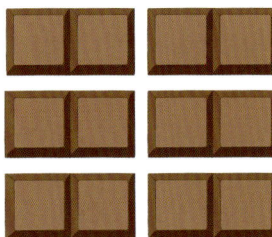

$$12 \div 12 = 1$$

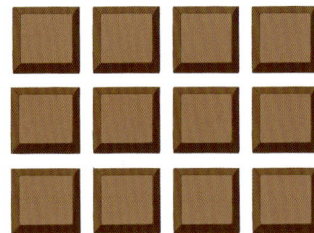

4 把这块巧克力分成4份，每份3个，我们已经得出了4和3是12的因数。

5 将这块巧克力分成6份，每份2个，我们已经找到了6和2是12的因数。

6 最后，我们可以把这块巧克力分成12份，每份1个，我们现在就找到了12的所有因数。

因数对

因数往往是成对出现的。两个数相乘得到一个新的数，这两个数就叫作因数对。

$$1 \times 12 = 12 \text{ 或 } 12 \times 1 = 12$$

$$2 \times 6 = 12 \text{ 或 } 6 \times 2 = 12$$

$$3 \times 4 = 12 \text{ 或 } 4 \times 3 = 12$$

1 我们再来看一看刚刚找出的12的因数。每一对可以用两种不同的方式写出来。

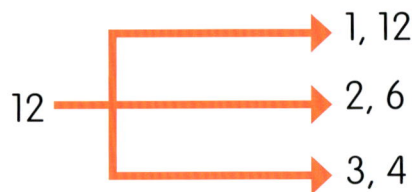

1, 12

2, 6

3, 4

2 所以，12的因数对是：1和12，2和6，3和4，也可以将它们的顺序调换过来。

找到所有的因数

如果你要找到一个数的所有因数，按照下面这种方法写下你所找到的因数，可以确保不会漏掉任何一个。

1 要找到30的所有因数，首先在一行中的最前面写上1，在另一端写上30，因为我们知道每个数的因数都包括1和它本身。

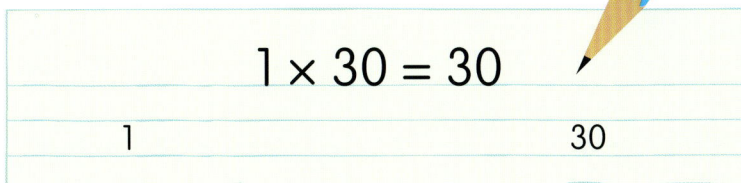

$$1 \times 30 = 30$$

1   30

2 接下来，我们测试2是否是一个因数，发现 $2 \times 15 = 30$，所以，2和15是30的因数。我们把2写在1的后面，把15写在另一端30的前面。

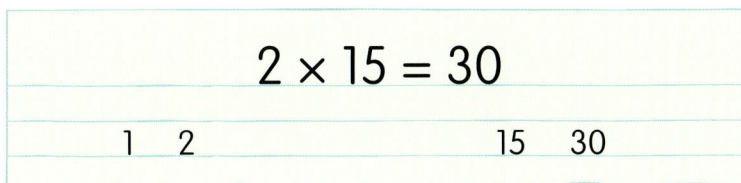

$$2 \times 15 = 30$$

1   2   15   30

3 然后，我们测试3是否是一个因数，发现 $3 \times 10 = 30$，所以，我们把3和10添加到这行因数中，将3写在2后面，10写在15前面。

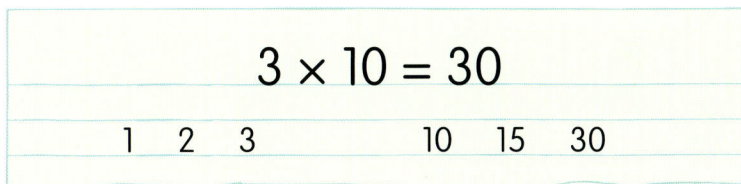

$$3 \times 10 = 30$$

1   2   3   10   15   30

4 我们再测试4，发现它不能与另一个整数相乘得到30，所以4不是30的因数，不能写入其中。

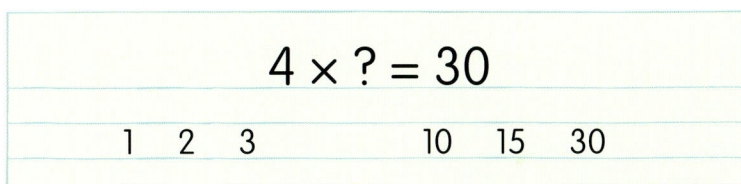

$$4 \times ? = 30$$

1   2   3   10   15   30

5 我们测试5并发现 $5 \times 6 = 30$，所以我们把5写在3的后面，把6写在10的前面。我们不需要再测试6，因为它已经在里面了。这样，我们就找到了30的所有因数。

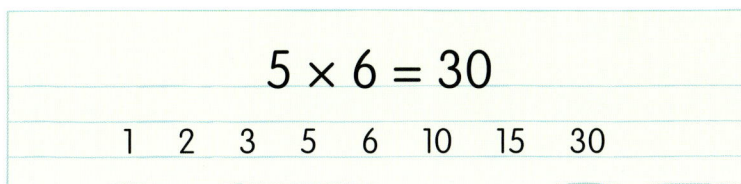

$$5 \times 6 = 30$$

1   2   3   5   6   10   15   30

公因数

当两个或多个数有相同的因数时，我们把这些相同的因数称为公因数。

1 这里是24和32的因数，它们都有因数1，2，4和8，这些黄色圈里的数字就是它们的公因数。

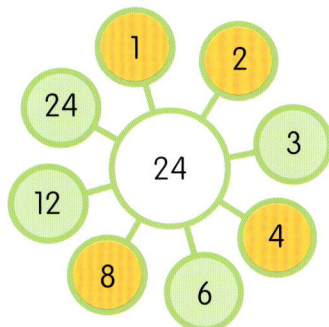

2 最大的公因数是8，我们把它称为最大公因数，或者最大公约数。

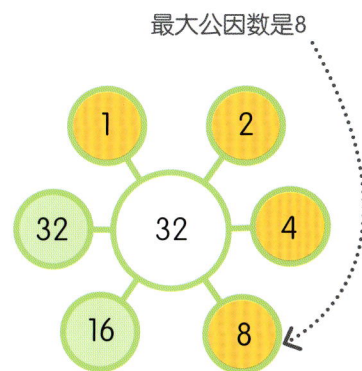

最大公因数是8

24的因数

32的因数

倍数

当两个整数相乘时，我们把它们的乘积称作这两个数的倍数。

> 一个数的倍数就是这个数与其他整数的乘积。

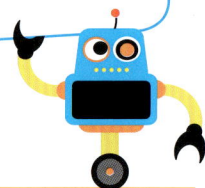

找到倍数

12既是3的倍数又是4的倍数

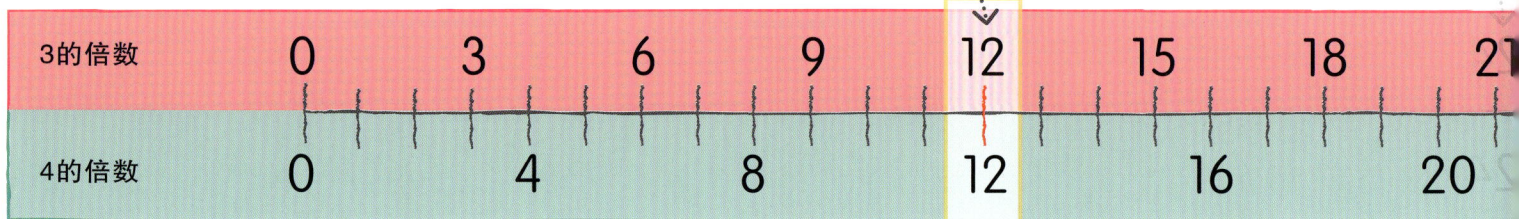

3的倍数	0	3	6	9	12	15	18	21
4的倍数	0	4	8		12	16	20	

1 我们可以像这样用数轴来找到一个数的倍数。如果你知道乘法表，你会发现很容易找到一个数的倍数。

2 在数轴的上方我们标出了前16个3的倍数。为了找到3的倍数，我们将3与1，2，3等相乘：
$3 \times 1 = 3$，$3 \times 2 = 6$，$3 \times 3 = 9$。

公倍数

我们发现有些数不只是一个数的倍数，我们把这些数字叫作公倍数。

1 这是韦恩图，它是用另一种方式表达上面数轴上的信息。蓝色的圆内是1~50中所有3的倍数，绿色的圆内是1~50中所有4的倍数。

2 在圆重叠的部分有四个数：12，24，36和48。这四个数是3和4的公倍数。

3 3和4的最小公倍数是12。我们无法知道3和4的最大公倍数，因为数是可以无穷大的。

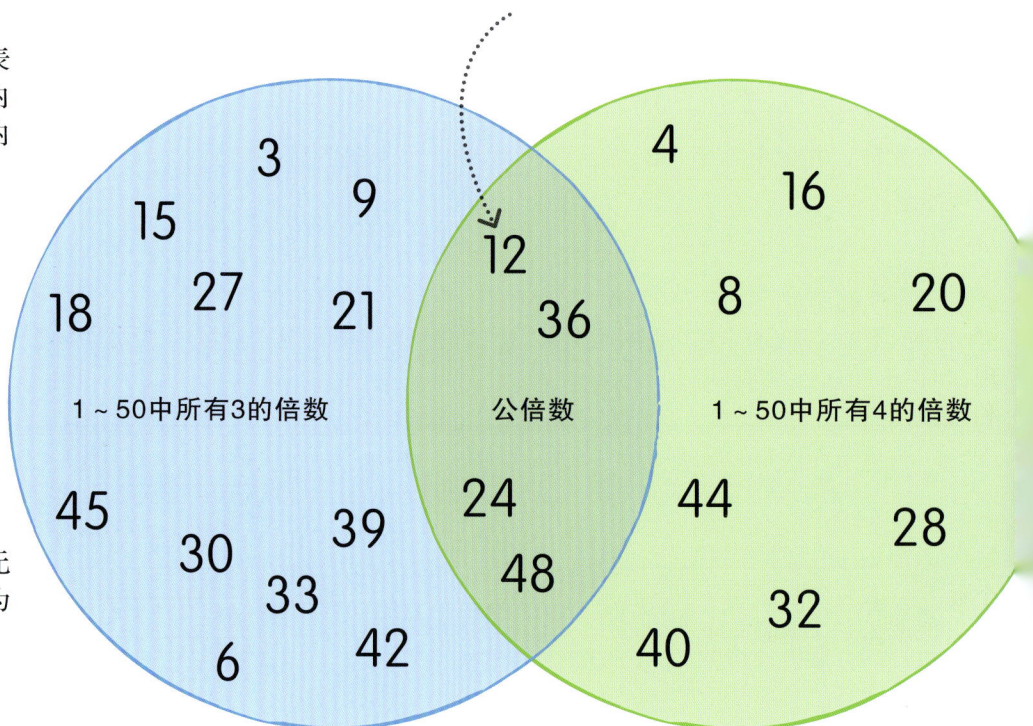

我们把这个重叠部分中最小的数叫作最小公倍数

1~50中所有3的倍数：3 9 15 27 21 18 45 30 39 33 6 42

公倍数：12 36 24 48

1~50中所有4的倍数：4 16 8 20 44 28 32 40

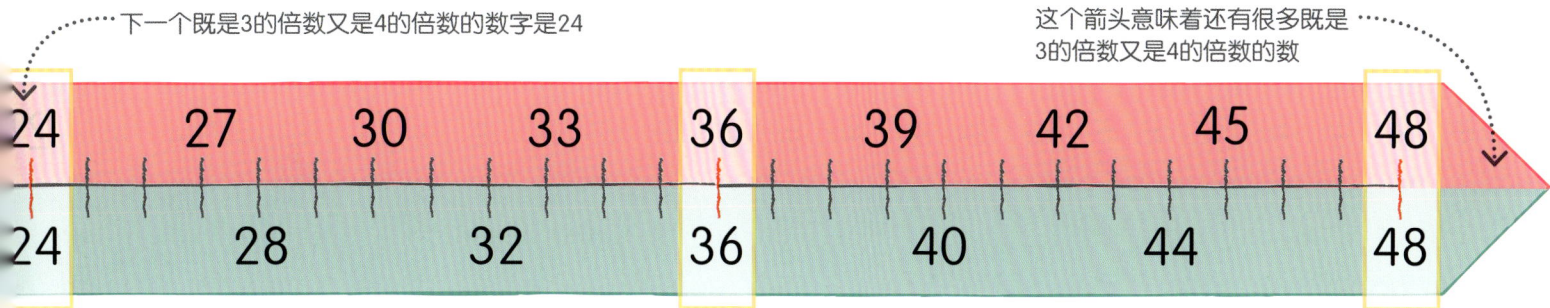

下一个既是3的倍数又是4的倍数的数字是24

这个箭头意味着还有很多既是3的倍数又是4的倍数的数

24	27	30	33	36	39	42	45	48

24	28	32	36	40	44	48

3 在数轴下方标出了4的倍数。看到数字12，在数轴的上下两边它都出现了，所以它既是3的倍数，又是4的倍数。

4 倍数和因数在同一个运算中——两个因数相乘得到倍数。所以3和4都是12的因数，12是3和4的倍数。

找到最小公倍数

以下是找到三个数的最小公倍数的方法。

2和4的公倍数涂上蓝色的阴影

2，4和6的公倍数涂上黄色阴影

1 让我们来找一找2，4和6的最小公倍数。首先，我们画一条数轴，并标上前十个2的倍数。

0	2	4	6	8	10	12	14	16	18	20	22	24

2的倍数

2 现在我们再画一条数轴，并标上4的倍数。我们发现，4，8，12，16和20都是2和4的公倍数。

0	4	8	12	16	20	24

4的倍数

这三个数的最小公倍数是12

3 当我们画下一条数轴并标上6的倍数，发现这3个数字的第一个公倍数是12，那么12就是2，4和6的最小公倍数。

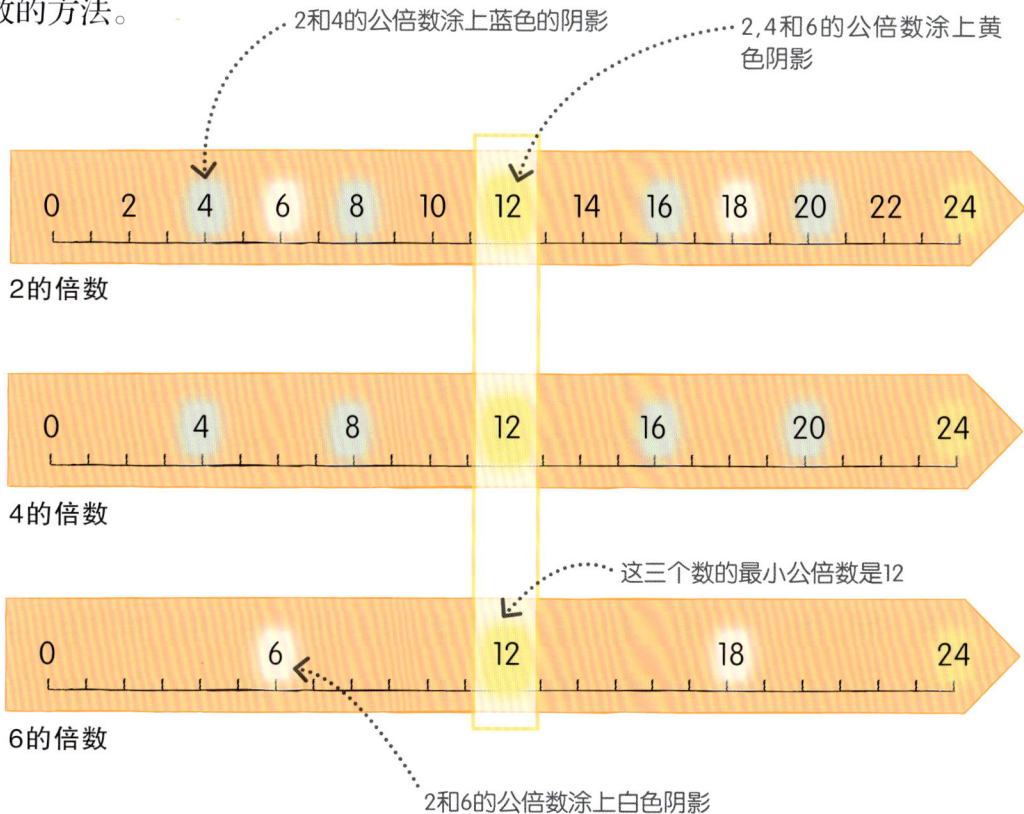

0	6	12	18	24

6的倍数

2和6的公倍数涂上白色阴影

质数

质数是大于1的整数，除了1和它本身，不能
被其他的数整除。

> 质数只有两个因
> 数——1和它本身。

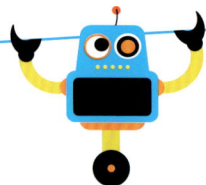

找质数

为了判断一个数是否是质数，我们可以试一试它能不能完全除尽其他
的整数。让我们来试一试几个数。

1 **2是质数吗？**

我们可以用2除尽1和它本身，但是无法用2除
尽其他整数，所以，我们可以得知2是一个质数。

$$2 \div 1 = 2$$
$$2 \div 2 = 1$$

YES

2是一个质数

2 **4是质数吗？**

我们可以用4除尽1和它本身，我们还可以用4
整除其他数吗？让我们试试用4除以2：$4 \div 2 = 2$，4
可以整除2，所以4不是一个质数。

$$4 \div 1 = 4$$
$$4 \div 4 = 1$$
$$4 \div 2 = 2$$

NO

4不是一个质数

3 **7是质数吗？**

我们可以用7除尽1和它本身。下面让我们试一
试用7除以其他整数。我们不能用7完全除尽2，3和
4。一旦测试的数超过了这个数的一半，我们就可
以不用再测试了——在这个例子中，试到4就可以
停止了，所以7是一个质数。

$$7 \div 1 = 7$$
$$7 \div 7 = 1$$

YES

7是一个质数

4 **9是质数吗？**

我们可以用9除尽1和它本身，无法用9完全除
尽2，但是可以将它除尽3：$9 \div 3 = 3$，这就意味着9
不是一个质数。

$$9 \div 1 = 9$$
$$9 \div 9 = 1$$
$$9 \div 3 = 3$$

NO

9不是一个质数

100以内的质数

这个表标出了1~100中的所有质数。

1不是质数，因为它没有两个不同的因数——1和它本身是同一个数

2是偶数中唯一的质数，其他所有偶数都可以被2整除，所以它们不是质数

质数都标上了深紫色

非质数都标上了浅紫色

1	2	3	4	5	6	7	8	9	10
11	12	13	14	15	16	17	18	19	20
21	22	23	24	25	26	27	28	29	30
31	32	33	34	35	36	37	38	39	40
41	42	43	44	45	46	47	48	49	50
51	52	53	54	55	56	57	58	59	60
61	62	63	64	65	66	67	68	69	70
71	72	73	74	75	76	77	78	79	80
81	82	83	84	85	86	87	88	89	90
91	92	93	94	95	96	97	98	99	100

判断是不是质数

有一个简单的技巧来判断一个数是不是质数——只要按照下图所示的步骤：

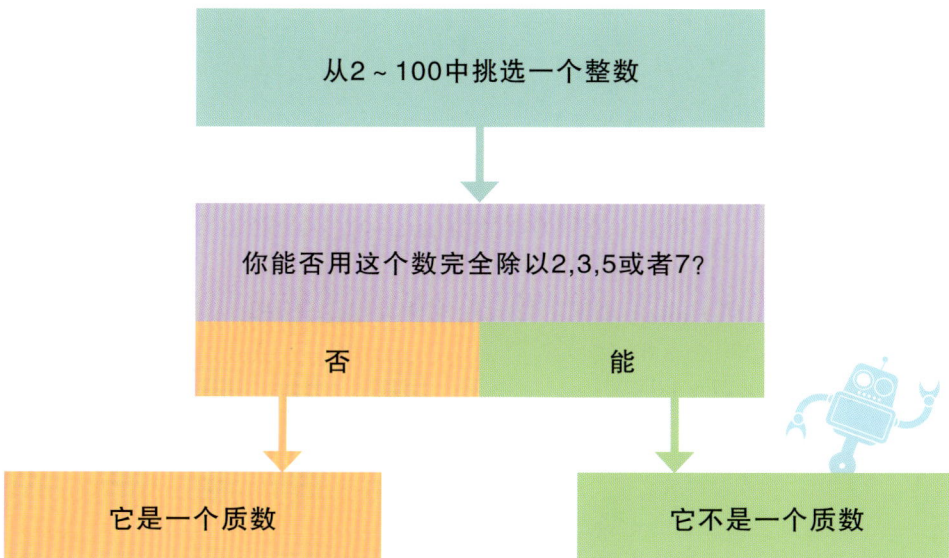

从2~100中挑选一个整数

你能否用这个数完全除以2,3,5或者7?

否　　　　能

它是一个质数　　　　它不是一个质数

现实世界的数学

最大的质数

古希腊数学家欧几里得指出，我们永远不可能知道最大的质数是多少。我们目前所知道的最大质数是2024年发现的，它超过了4000万位，可以写成这样：

$$2^{136279841}-1$$

这表示"136279841个2相乘，然后减1"

质因数

一个整数的因数如果是质数，那么这个因数就叫作质因数。质数有一个特点，任何一个整数要么是质数，要么可以由两个或两个以上的质数相乘得到。

找质因数

质数就像是数字积木，因为每一个不是质数的数都可以分解出质因数。下面让我们找一找30的质因数。

用一个绿色的圆圈出质因数

$$30 \div ②= 15$$

2和15都是30的因数

$$15 \div 2 = ?$$

2不是15的因数

1 我们先看30能否除以最小的质数2，可以用30完全除以2，并且2是一个质数，所以我们说2是30的一个质因数。

2 现在来看15，在上一步中它与2是一个因数对，并且它不是一个质数，所以我们要将它继续分解。15不能整除2，所以我们要试试其他数字。

$$15 \div ③ = ⑤$$

3和5是15的因数

$$30 = ② \times ③ \times ⑤$$

2，3和5是30的质因数

3 我们可以用15完全除以3得到5。3和5都是质数，所以它们也一定是30的质因数。

4 我们可以说30是2，3和5这三个质因数的乘积。

现实世界的数学

质因数在互联网安全中的应用

当我们通过互联网发送信息时，它会变成代码以保证信息安全，这些代码就是基于很大数的质因数，诈骗犯很难找到这些代码，要破解这些代码也是很费时的。

所有整数都可以分解出两个或两个以上的质因数。

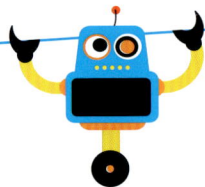

因数树

找出一个数的质因数的简便方法就是画图，这个图叫作因数树。

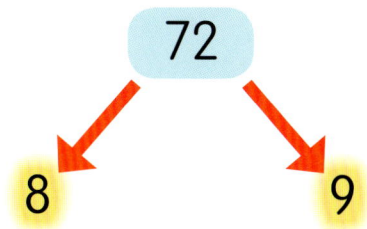

1 让我们来找一找72的质因数。从乘法表我们可以得知8和9是72的因数，所以我们可以像这样写下这些信息。

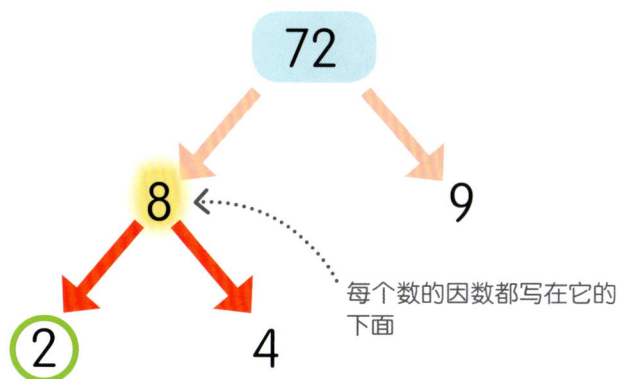

每个数的因数都写在它的下面

2 8和9都不是质数，所以我们需要将它们继续分解成其他数。分解8的因数时，可以得到2和4，我们用一个圆圈出2，因为它是一个质数。

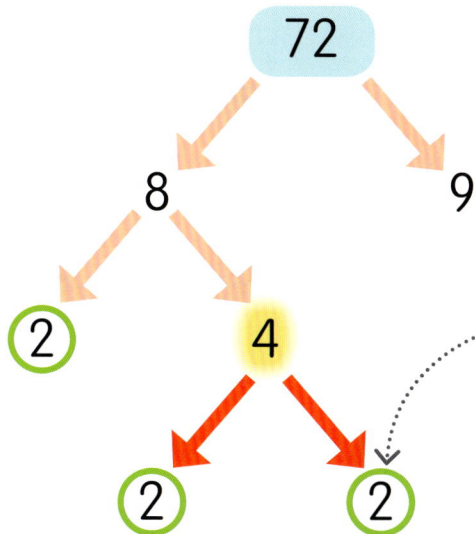

当我们将它全部分解成质数时，就不再继续分解因数

3 现在我们再分解4的因数，可以分解成2和2，都是质数，所以我们也将这两个2圈出来。

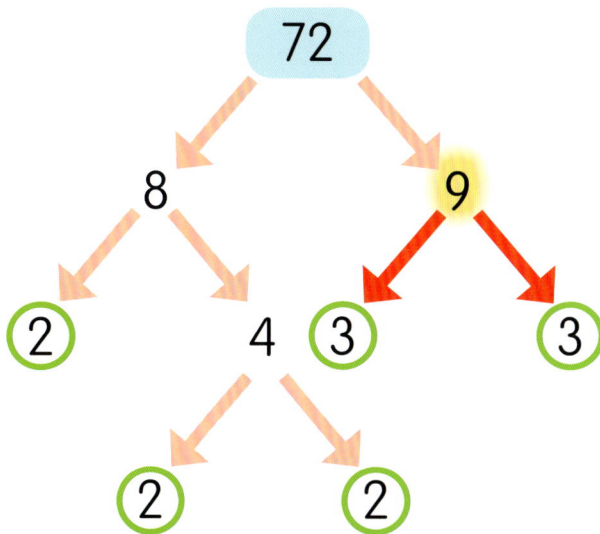

4 接下来我们再回到9，它不能整除2，但可以整除3，得到的两个因数都是3，都是质数。现在可以像这样写下72的所有质因数：72 = 2 × 2 × 2 × 3 × 3。

试一试 TRY IT OUT

不同的树，相同的答案

画因数树的方法有很多种，右图是72的因数树的另外一种画法，首先除以2。你能将它画完吗？因数树不只有一种画法，只要你能得出与上面第4步中相同的质因数，你就做对了！

答案见第311页

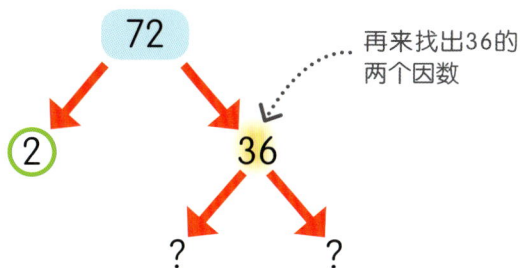

再来找出36的两个因数

平方数

当我们把一个整数与它自已相乘，得到的结果就是一个平方数。平方数有一个特殊的符号，在数的右上角写上一个小小的"2"，例如3^2。

> 我们把一个整数与它自己相乘，就能得到一个平方数。

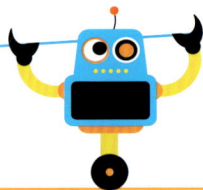

这个大正方形就可以用2×2个小方块表示

$2 \times 2 = 4$ 或 $2^2 = 4$

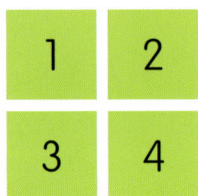

1	2
3	4

1 我们可以用实际的方块来表示数字的平方。例如要表示2^2，我们可以用4个小方块拼成一个大正方形，所以4就是一个平方数。

$3 \times 3 = 9$ 或 $3^2 = 9$

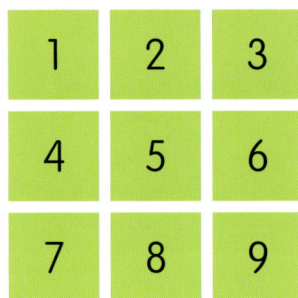

1	2	3
4	5	6
7	8	9

2 要表示3^2，可以用9个小方块拼成长为3、宽也为3的新的正方形，这意味着9也是平方数。

$4 \times 4 = 16$ 或 $4^2 = 16$

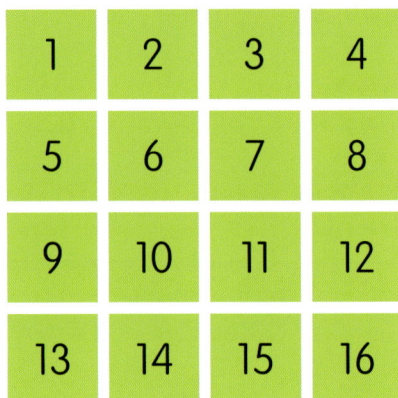

1	2	3	4
5	6	7	8
9	10	11	12
13	14	15	16

3 当我们用正方形来表示4^2的时候，它可以由4×4个小方块拼成，一共16个小方块。

$5 \times 5 = 25$ 或 $5^2 = 25$

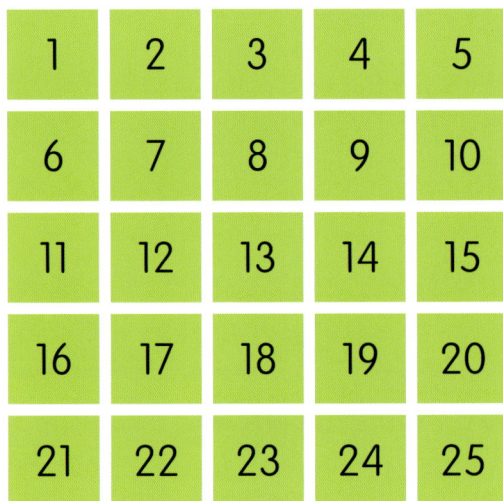

1	2	3	4	5
6	7	8	9	10
11	12	13	14	15
16	17	18	19	20
21	22	23	24	25

4 这是用5×5个小方块表示的5^2，这里有25个小方块，所以，紧跟着1后面的平方数是4，9，16和25。

平方表

1 这个表展示了12×12以内的平方数。我们来看一看如何用它来找到7的平方数。首先，在上面一行找到7。

平方数在这个网格中形成了一条对角线

×	1	2	3	4	5	6	7	8	9	10	11	12
1	1	2	3	4	5	6	7	8	9	10	11	12
2	2	4	6	8	10	12	14	16	18	20	22	24
3	3	6	9	12	15	18	21	24	27	30	33	36
4	4	8	12	16	20	24	28	32	36	40	44	48
5	5	10	15	20	25	30	35	40	45	50	55	60
6	6	12	18	24	30	36	42	48	54	60	66	72
7	7	14	21	28	35	42	49	56	63	70	77	84
8	8	16	24	32	40	48	56	64	72	80	88	96
9	9	18	27	36	45	54	63	72	81	90	99	108
10	10	20	30	40	50	60	70	80	90	100	110	120
11	11	22	33	44	55	66	77	88	99	110	121	132
12	12	24	36	48	60	72	84	96	108	120	132	144

2 然后在左边这一列中找到7。沿着行和列走，直到它们相交，相交的这个格子就写着这个数的平方数。

3 行和列相交的格子里写的是49，所以7的平方数是49。

奇数的平方数总是奇数

偶数的平方数总是偶数

平方根

平方根是一个与它自己相乘可以得到一个特定的平方数的数字。用来表示平方根的符号是 $\sqrt{}$ 。

> 平方数和平方根是相对立的两个数。

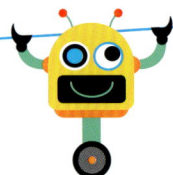

1 我们看36，它的平方根是6，我们把这个平方根与它自己相乘或者进行平方就可以得到36。

$$\sqrt{36} = 6$$

因为

$$6\times6 = 36 \ 或 \ 6^2 = 36$$

2 平方数和平方根是相对立的两个数——所以如果5的平方是25，那么5就是25的平方根。在数学上我们用"逆运算"来表示求平方数和求平方根两者之间的关系。

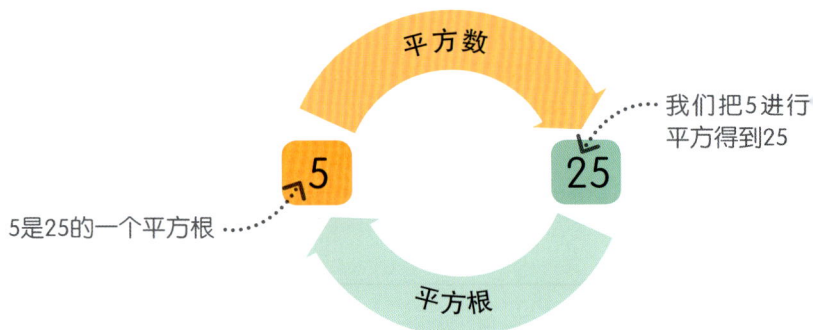

平方数

我们把5进行平方得到25

5是25的一个平方根

5 → 25

平方根

3 我们可以用这个平方表找到对应的平方根。看看表中的数字64，要找到它的平方根，沿着它所在的行和列回到最上面一行和最左边一列，我们发现它所在的行和列都是从8开始的，所以可以得知8是64的平方根。

×	1	2	3	4	5	6	7	8	9	10	11	12
1	1	2	3	4	5	6	7	8	9	10	11	12
2	2	4	6	8	10	12	14	16	18	20	22	24
3	3	6	9	12	15	18	21	24	27	30	33	36
4	4	8	12	16	20	24	28	32	36	40	44	48
5	5	10	15	20	25	30	35	40	45	50	55	60
6	6	12	18	24	30	36	42	48	54	60	66	72
7	7	14	21	28	35	42	49	56	63	70	77	84
8	8	16	24	32	40	48	56	64	72	80	88	96
9	9	18	27	36	45	54	63	72	81	90	99	108
10	10	20	30	40	50	60	70	80	90	100	110	120
11	11	22	33	44	55	66	77	88	99	110	121	132
12	12	24	36	48	60	72	84	96	108	120	132	144

沿着平方数所在行和列，往回找到它的平方根

深紫色格子里的是平方数

试一试 TRY IT OUT

找出平方根

查看右边的平方表，解答下列问题。

1 10是哪个数的平方根？

2 4是哪个数的平方根？

3 81的平方根是多少？

答案见第311页

立方数

一个数与它本身相乘，然后再乘上它本身，所得的结果就是立方数。

如何算出立方数?

$$2×2×2 = ?$$

$$2×2 = 4$$
$$4×2 = 8$$

1 让我们来算一算2的立方数是多少。首先，我们通过2×2得到4，然后用算出的4再与2相乘，得到8。

$$2^3 = 8$$

$$2×2×2 = 8$$

2 那么现在我们就知道2的立方数是8。要表示一个数的立方，我们用一个特殊的符号——一个小小的"3"写在数字右上方，例如：2^3。

立方数列

立方数可以用若干个立方体拼成的大立方体来表示。

1 我们从1开始：$1^3=1$。像这样，我们可以用单个立方体来表示1的立方。

所有小立方体的棱长都是1个单位长度

$$1×1×1=1$$

2 下面我们用同样的方法来表示2的立方：$2^3=8$。我们也可以用棱长为2个单位长度的立方体来表示8。

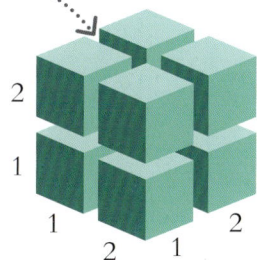

这个立方体由8个小立方体拼成

$$2×2×2=8$$

3 然后我们看3的立方：$3^3=27$。这个立方体的棱长是3个单位长度。

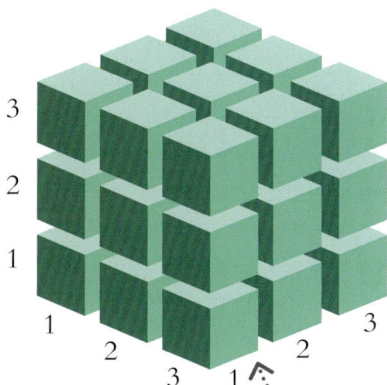

这个立方体由27个小立方体拼成

$$3×3×3=27$$

4 接下来我们计算$4^3=64$。这个拼成的立方体的棱长为4个单位长度。

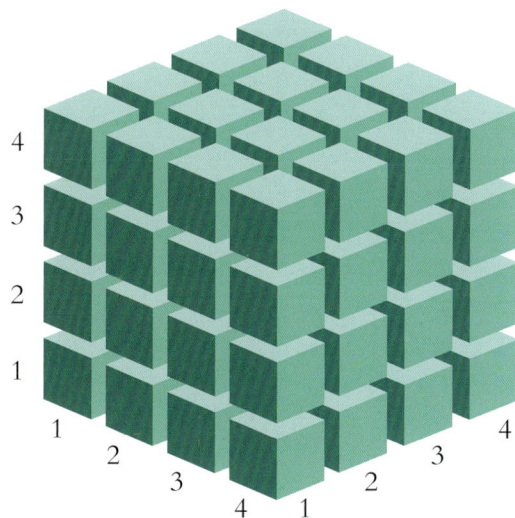

$$4×4×4=64$$

分数

把单位"1"平均分成若干份，表示这样的一份或几份的数叫做分数。分数包含分子、分母以及将其隔开的分数线。

分数是什么？

当我们要把一个东西分成相等的几个部分时，分数是很有用的。下面以分蛋糕为例来演示如何把某个东西进行四等分。

1 这个蛋糕被分成相等的四块，也就是四等分。

2 每一块蛋糕是整个蛋糕的四分之一。这意味着什么呢？

单位分数

单位分数是以1为分子的分数，它是被分成相等的几部分的整体中的一份。下面让我们把蛋糕分成不同的单位分数，一直分到十分之一。你有没有发现分母越大，每份蛋糕就越小？

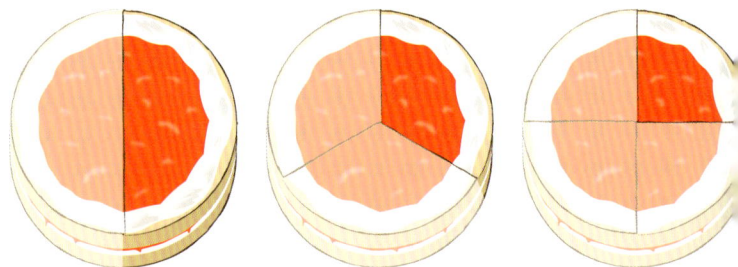

二分之一表示"两个等份中的一份"

$\frac{1}{2}$

二分之一

$\frac{1}{3}$

三分之一

$\frac{1}{4}$

四分之一

非单位分数

非单位分数的分子大于1。分数可以像上面的蛋糕一样描述一个整体的部分，也可以像右边这些蛋糕一样，描述一组事物的部分。

$\frac{2}{5}$的蛋糕是粉色的，$\frac{3}{5}$的蛋糕是蓝色的

1 这里有五个蛋糕，其中有两个是粉色的，那么我们可以说这里有五分之二的蛋糕是粉色的。

$\frac{2}{5}$

五分之二的蛋糕是粉色的

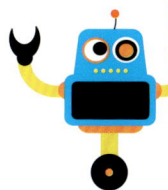

分数可以是某个事物的部分，比如披萨的一半；也可以是某组事物的部分，比如班上一半的学生。

这是给机器人的一块蛋糕

这就表示原来的蛋糕被分成了四份

上面的数是分子，表示我们拥有整体中的几份

$$\frac{1}{4}$$

分数线可以是水平的也可以是斜的

下面的数是分母，表示整体被分成了几份

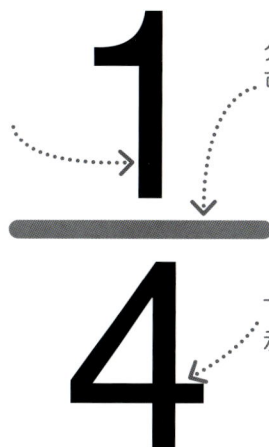

3 这意味着原来的蛋糕被分成了四份，每块蛋糕就是其中的一份。

4 分数的写法是：把我们取其中的几份（分子）写在总份数（分母）的上方。

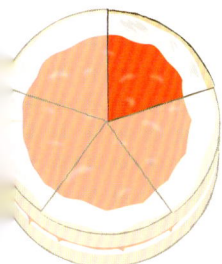
$$\frac{1}{5}$$
五分之一

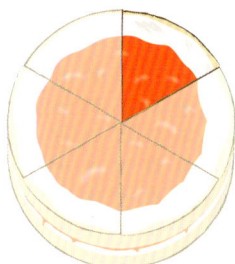
$$\frac{1}{6}$$
六分之一

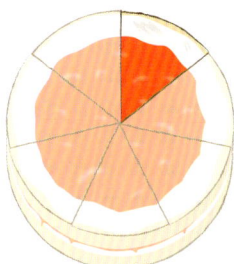
$$\frac{1}{7}$$
七分之一

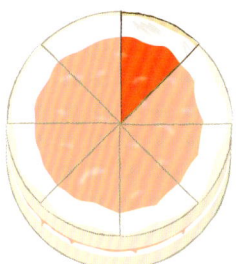
$$\frac{1}{8}$$
八分之一

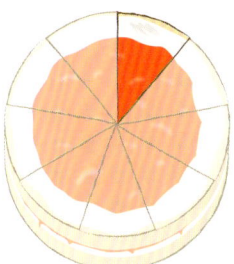
$$\frac{1}{9}$$
九分之一

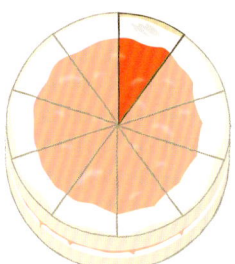
$$\frac{1}{10}$$
十分之一

$\frac{5}{7}$ 的蛋糕是粉色的，$\frac{2}{7}$ 的蛋糕是蓝色的

2 这一次，一共有七个蛋糕，其中五个蛋糕是粉色，所以，有七分之五的蛋糕是粉色的。

$$\frac{5}{7}$$

七分之五的蛋糕是粉色的

这个纸杯蛋糕被分成了三份

3 非单位分数也可以表示整体的部分。三分之二表示被分成三份的蛋糕中的两份。

$$\frac{2}{3}$$

三分之二个蛋糕

假分数与带分数

分数不一定总是小于整数。当由部分组成的数量大于一个整体时，我们可以把结果写成一个假分数或者一个带分数。

> 假分数和带分数是表示同一个数量的两种不同方式。

假分数

在一个假分数中，分子大于或者等于分母，这也就告诉我们，这些部分可以组成不止一个整体。

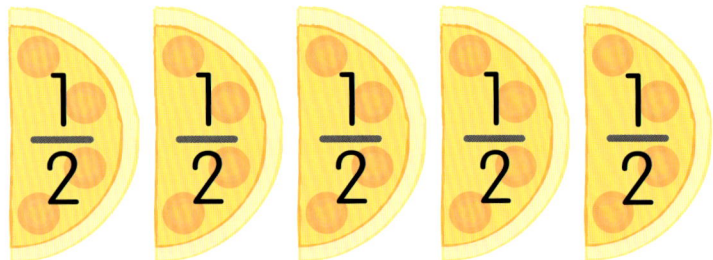

有五个部分

$$= \frac{5}{2}$$

每个部分是整体的 $\frac{1}{2}$

1 看到这五块披萨，每块披萨都是整个披萨的一半，所以可以说这里有五块 $\frac{1}{2}$ 的披萨。

2 我们把这写成分数 $\frac{5}{2}$。这就表示我们一共有五块披萨，每块披萨是整个披萨的一半（$\frac{1}{2}$）。

带分数

带分数由一个整数和一个真分数（分子比分母小的分数）组成，它是假分数的另一种写法。

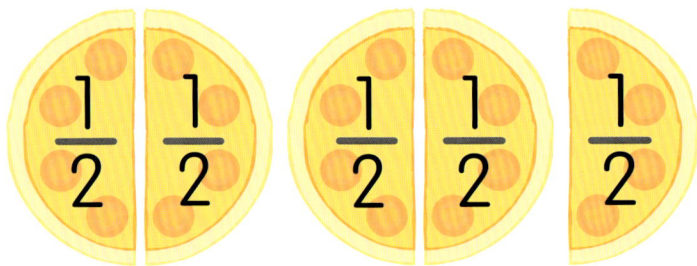

整数

$$= 2\frac{1}{2}$$

真分数

1 如果我们把这些一半的披萨放在一起，可以拼成两个整的披萨，还多半块披萨，所以我们也可以把披萨的数量表示成"两个整的和一个半块"或者"两个半"。

2 我们可以像这样写：$2\frac{1}{2}$。这个带分数就等于假分数 $\frac{5}{2}$：

$$2\frac{1}{2} = \frac{5}{2}$$

把假分数化为带分数

1 把假分数 $\frac{10}{3}$ 化成带分数会是什么样子？这个分数表示有 10 块三分之一（$\frac{1}{3}$）的披萨。

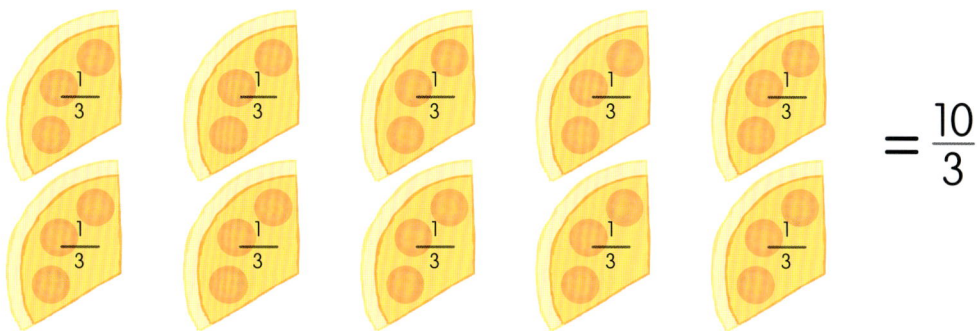

$= \frac{10}{3}$

2 如果我们把这些三分之一的披萨拼在一起，就可以拼成三个完整的披萨，并且还有一块三分之一的披萨剩余。我们可以把这写成一个带分数：$3\frac{1}{3}$。

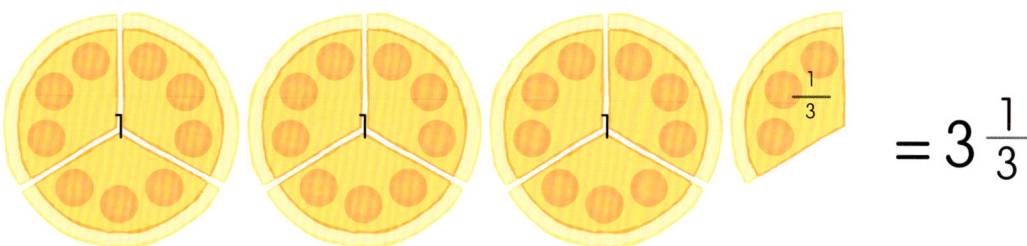

$= 3\frac{1}{3}$

3 要把假分数化成带分数，就要用分子除以分母。写下答案的整数部分，然后在整数部分后面写出一个分数——把余数作为分子，写在原来的分母上方。

假分数的分子　　假分数的分母

$$\frac{10}{3} = 10 \div 3 = 3\frac{1}{3}$$

把带分数化为假分数

1 让我们把 $1\frac{3}{8}$ 化为假分数。首先，我们把整数分成8份，因为带分数中整数后面的那个分数的分母是8。

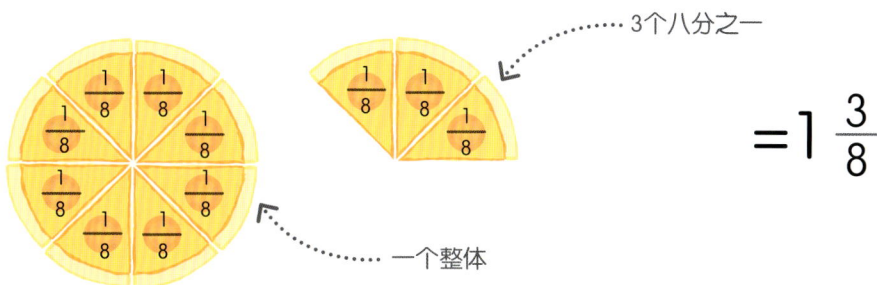

3个八分之一

$= 1\frac{3}{8}$

一个整体

2 如果我们把整体中的8个八分之一加上后面那个分数中的3个八分之一，可以得出一共是11个八分之一，可以把它写成假分数的形式 $\frac{11}{8}$。

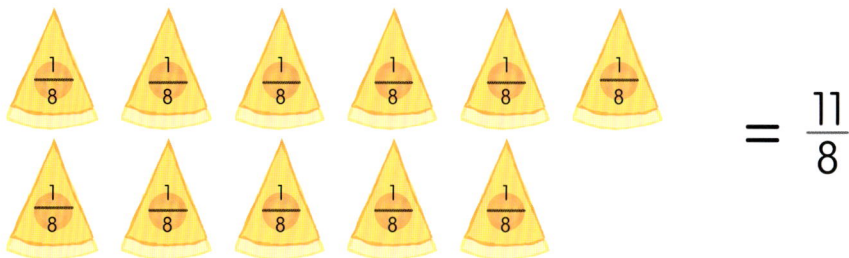

$= \frac{11}{8}$

3 把带分数化为假分数，我们把整数与分母相乘，然后加上分子，作为新的分子。

分母　　分子　整数

$$1\frac{3}{8} = \frac{1 \times 8 + 3}{8} = \frac{11}{8}$$

等值分数

相等的分数可以有不同的写法，例如，二分之一个披萨与两块四分之一个披萨在数量上是相同的，我们把它们叫作等值分数。

1 下面的这个表格叫作分数墙。它展示了用不同的方法将一个整体分成若干个不同的单位分数。

2 第二行表示的是二分之一，与第四行或者四分之一相比，我们可以看到 $\frac{1}{2}$ 与两个 $\frac{1}{4}$，也就是 $\frac{2}{4}$ 所代表的数量是相同的。

3 现在我们就知道 $\frac{1}{2}$ 和 $\frac{2}{4}$ 是相等的，并且表示的是一个整体里相同的部分，所以我们说 $\frac{1}{2}$ 和 $\frac{2}{4}$ 是等值分数。

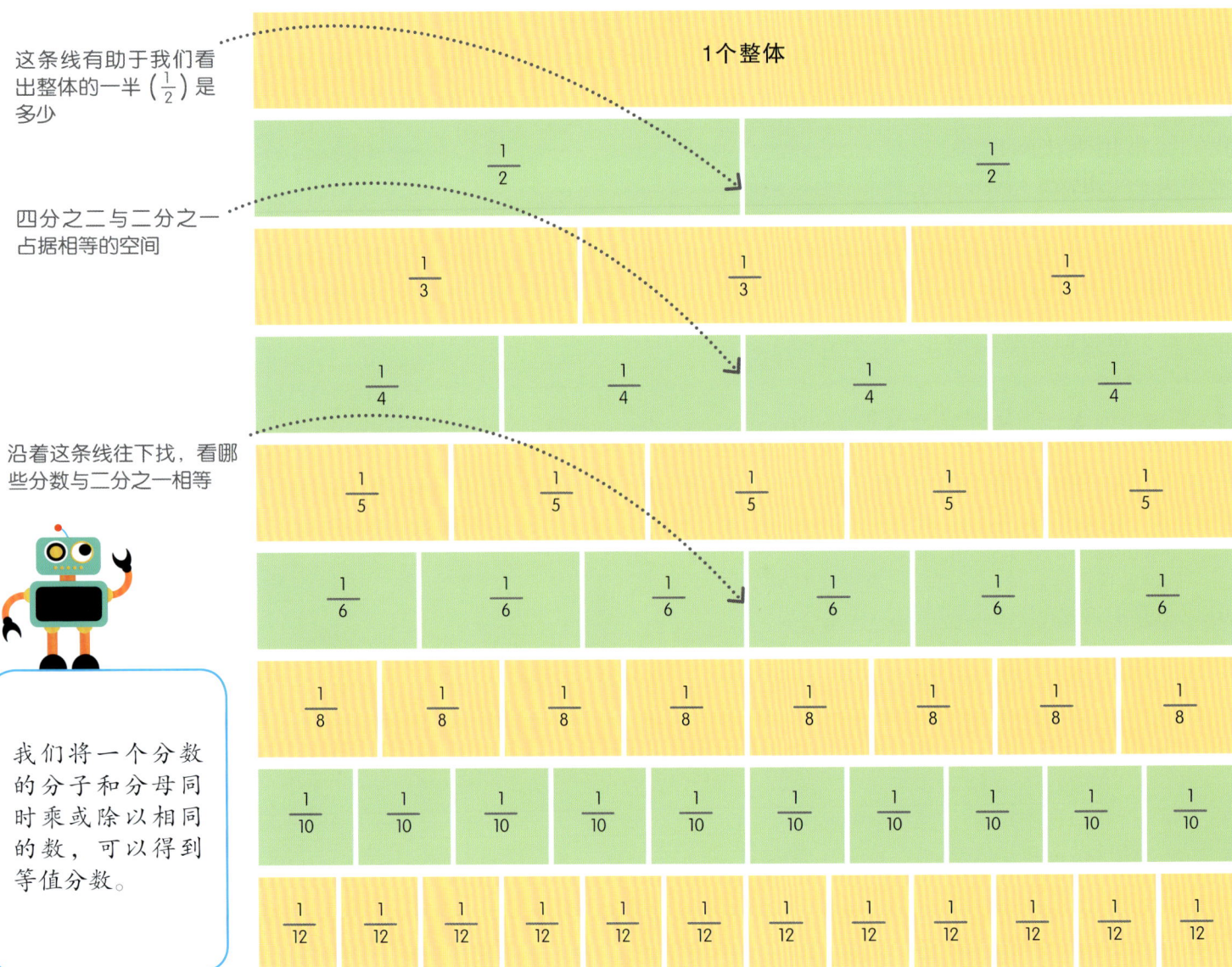

这条线有助于我们看出整体的一半 $\left(\frac{1}{2}\right)$ 是多少

四分之二与二分之一占据相等的空间

沿着这条线往下找，看哪些分数与二分之一相等

我们将一个分数的分子和分母同时乘或除以相同的数，可以得到等值分数。

1个整体

计算等值分数

要把一个分数变成它的等值分数，我们可以将其分子和分母同时
乘或除以一个相同的整数，一定要确保是相同的整数。

$$\frac{1}{3} = \frac{4}{12}$$

×4 ← ┄┄┄ 分子乘4

×4 ← ┄┄┄ 分母乘4

$$\frac{8}{10} = \frac{4}{5}$$

÷2 ← ┄┄┄ 分子除以2

÷2 ← ┄┄┄ 分母除以2

1 乘
我们可以通过把 $\frac{1}{3}$ 的分子和分母同时乘4，转化成它的等值分数 $\frac{4}{12}$。你可以在上一页的分数墙中，查看这两个分数是否相等。

2 除
我们可以把 $\frac{8}{10}$ 的分子和分母同时除以2，得到它的等值分数 $\frac{4}{5}$。利用上一页的分数墙，检查 $\frac{8}{10}$ 和 $\frac{4}{5}$ 是否相等。

用乘法网格求等值分数

我们经常用乘法网格来进行乘法运算，更多乘法网格的相关知识可以参见第98页。它也是一种简单快速求等值分数的方法。

1 从1和2开始，看到上面两行数，假设这两行数之间有一条分数线，使这两行数组成一个分数，像这样：

$$\frac{1}{2} \quad \frac{2}{4} \quad \frac{3}{6} \quad \frac{4}{8} \quad \frac{5}{10} \quad \ldots$$

2 组成的第一个分数是 $\frac{1}{2}$。如果我们沿着这行往右看，一直到 $\frac{12}{24}$，可以发现所有组成的分数都与 $\frac{1}{2}$ 相等。

3 这种方法也适用于不相邻的两行数。因此，如果我们把7所在的那一行和11所在的那一行数放在一起，就可以得到一行与 $\frac{7}{11}$ 相等的分数：

$$\frac{7}{11} \quad \frac{14}{22} \quad \frac{21}{33} \quad \frac{28}{44} \quad \frac{35}{55} \quad \ldots$$

×	1	2	3	4	5	6	7	8	9	10	11	12
1	1	2	3	4	5	6	7	8	9	10	11	12
2	2	4	6	8	10	12	14	16	18	20	22	24
3	3	6	9	12	15	18	21	24	27	30	33	36
4	4	8	12	16	20	24	28	32	36	40	44	48
5	5	10	15	20	25	30	35	40	45	50	55	60
6	6	12	18	24	30	36	42	48	54	60	66	72
7	7	14	21	28	35	42	49	56	63	70	77	84
8	8	16	24	32	40	48	56	64	72	80	88	96
9	9	18	27	36	45	54	63	72	81	90	99	108
10	10	20	30	40	50	60	70	80	90	100	110	120
11	11	22	33	44	55	66	77	88	99	110	121	132
12	12	24	36	48	60	72	84	96	108	120	132	144

约分

约分就是缩小一个分数的分子和分母，得到它的等值分数。约分是为了使分数更容易运算。

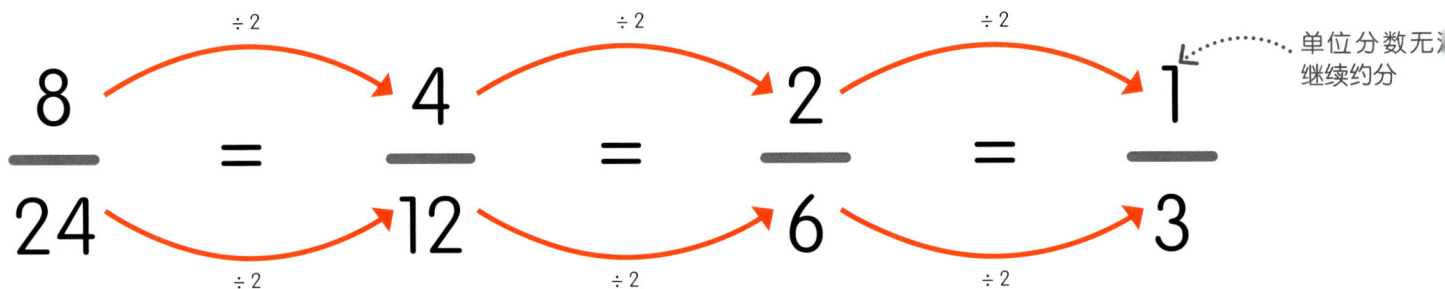

$$\frac{8}{24} \xrightarrow{\div 2} = \frac{4}{12} \xrightarrow{\div 2} = \frac{2}{6} \xrightarrow{\div 2} = \frac{1}{3}$$

单位分数无法继续约分

1 我们看 $\frac{8}{24}$，如果将其分子和分母同时除以2，可以得到它的等值分数：$\frac{4}{12}$。

2 $\frac{4}{12}$ 还可以继续约分吗？如果我们再将它的分子和分母同时除以2，得到 $\frac{2}{6}$。

3 现在，我们发现 $\frac{2}{6}$ 的分子和分母还可以同时除以2，得到 $\frac{1}{3}$。

4 $\frac{1}{3}$ 的分子和分母不能继续除以同一个数了，所以现在这个分数是最简形式。

用最大公因数约分

不需要经过多个步骤，我们只需要把分子和分母同时除以它们的最大公因数就能对分数进行约分。还记得吗？我们在第21页已经学过公因数的概念。

1 下面让我们对 $\frac{15}{21}$ 进行约分。运用在第21页学过的方法，我们首先将分子的所有因数列出来：1，3，5和15。

15			
1	3	5	15

最大公因数是3

2 然后我们列出分母的因数：1，3，7和21。分子和分母的公因数是1和3，3就是它们的最大公因数。

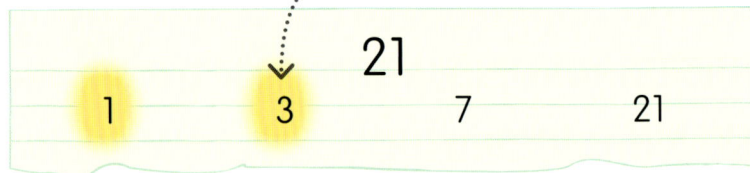

21			
1	3	7	21

3 所以，如果我们把分子和分母同时除以3，得出的 $\frac{5}{7}$ 就是 $\frac{15}{21}$ 的最简分数形式。

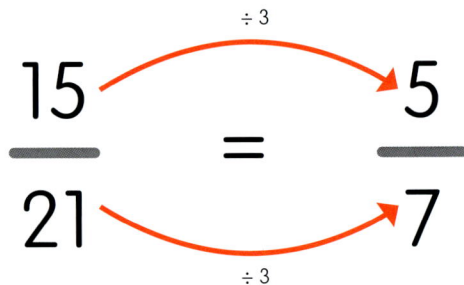

$$\frac{15}{21} \xrightarrow{\div 3} = \frac{5}{7}$$

求一个数量的一部分

有时候，我们需要确切地求出一个数量的一部分（以分数表示）是多少。现在，就让我们一起来看看怎么做吧！

要求一个数量的一部分是多少，可以将这个数量除以分母，然后用所得结果与分子相乘。

1 这一群奶牛一共有12头。这群奶牛的三分之二是多少头呢？

$$12的 \frac{2}{3} = ?$$

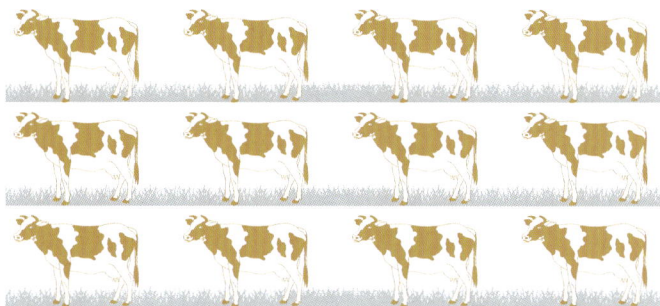

2 把12除以分数的分母3，求出它的$\frac{1}{3}$是多少，得到 12÷3=4，所以这一群奶牛的三分之一是4头。

$$12的 \frac{1}{3} = 4$$

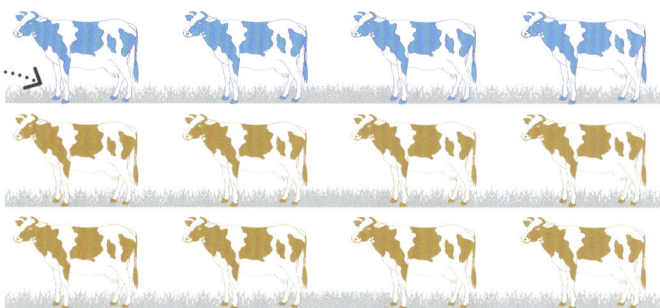

3 我们知道12的三分之一是4，要求12的三分之二，就将4乘2。4×2=8，那么我们就可以得知12的三分之二是8，所以这群奶牛的三分之二是8头。

$$12的 \frac{2}{3} = 8$$

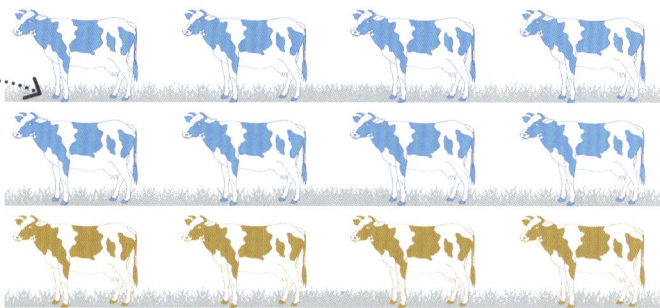

试一试 TRY IT OUT

算一算有多少只鸡

一个农民养了24只鸡，如果他决定卖掉这群鸡的$\frac{3}{4}$，那么他需要带多少只鸡到集市上去呢？

答案见第311页

同分母的分数比较

当我们需要比较分数大小或将分数排序时，首先要做的就是看这些分数的分母，如果分数的分母相同，只需将分数按分子大小顺序排列即可。

1 看这些分数，我们如何将它们按照从小到大的顺序排列呢？

$$\frac{5}{8} \quad \frac{3}{8} \quad \frac{1}{8} \quad \frac{6}{8}$$

分子

分母

2 所有分数的分母都是8。记住，分母是分数下面的那个数，它表示一个整体被分成了多少个相等的部分。

3 由于这些分数的分母都相同，要比较这些分数的大小，我们所要做的就是比较分子的大小。

最小的　　　　　　　　最大的

$$\frac{1}{8} \quad \frac{3}{8} \quad \frac{5}{8} \quad \frac{6}{8}$$

4 分子表示我们拥有这个整体的几部分，分子越大，我们所拥有的部分就越多。

5 如果我们把这些分数用豆荚中的豌豆来表示，就能很容易地看出哪一个是最小的，哪一个是最大的。

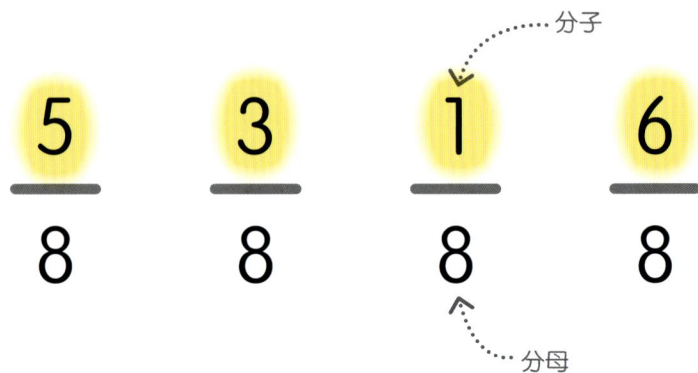

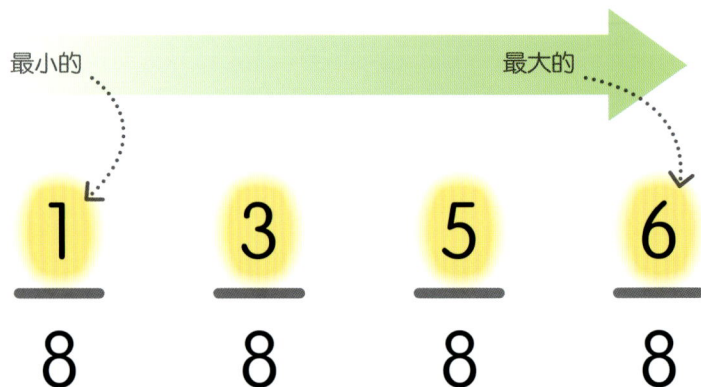

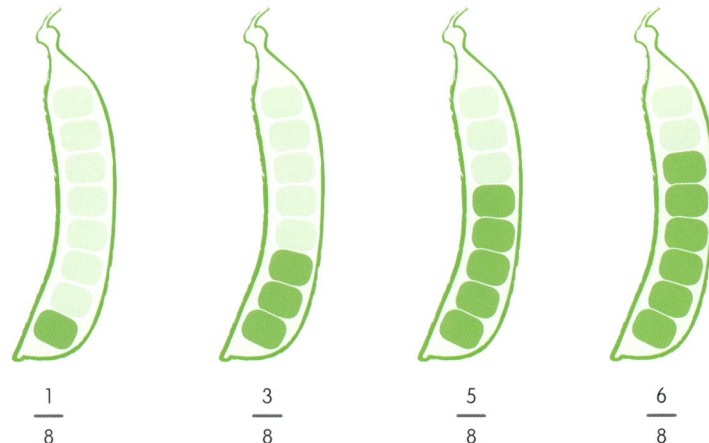

$$\frac{1}{8} \quad \frac{3}{8} \quad \frac{5}{8} \quad \frac{6}{8}$$

最大的分数

分母相同，分子越大，分数就越大。

单位分数的比较

单位分数就是分子为1的分数。要比较单位分数的大小，只需要比较它们的分母大小，然后进行排序。

1 看到这些杂乱的分数，我们试一试将它们按从小到大的顺序进行排列，也就是升序排列。

2 这些分数的分子都是1，每一个分数都只是整体的一部分。

分子

$$\frac{1}{3} \quad \frac{1}{2} \quad \frac{1}{7} \quad \frac{1}{5}$$

分母

3 我们可以通过比较分母的大小来比较分数的大小。分母越大，意味着整体被分成越多个相等的部分。

最小的 ⟶ 最大的

4 我们将整体分出的部分越多，每一部分就越小，所以分母越大，分数越小。下面我们就根据分母的大小将分数从小到大排序。

$$\frac{1}{7} \quad \frac{1}{5} \quad \frac{1}{3} \quad \frac{1}{2}$$

5 如果我们用胡萝卜的一部分代表这些分数，我们可以发现，随着分数的分母变大，那一部分胡萝卜就变得越来越小。

> 分子相同，分母越小，
> 分数就越大。

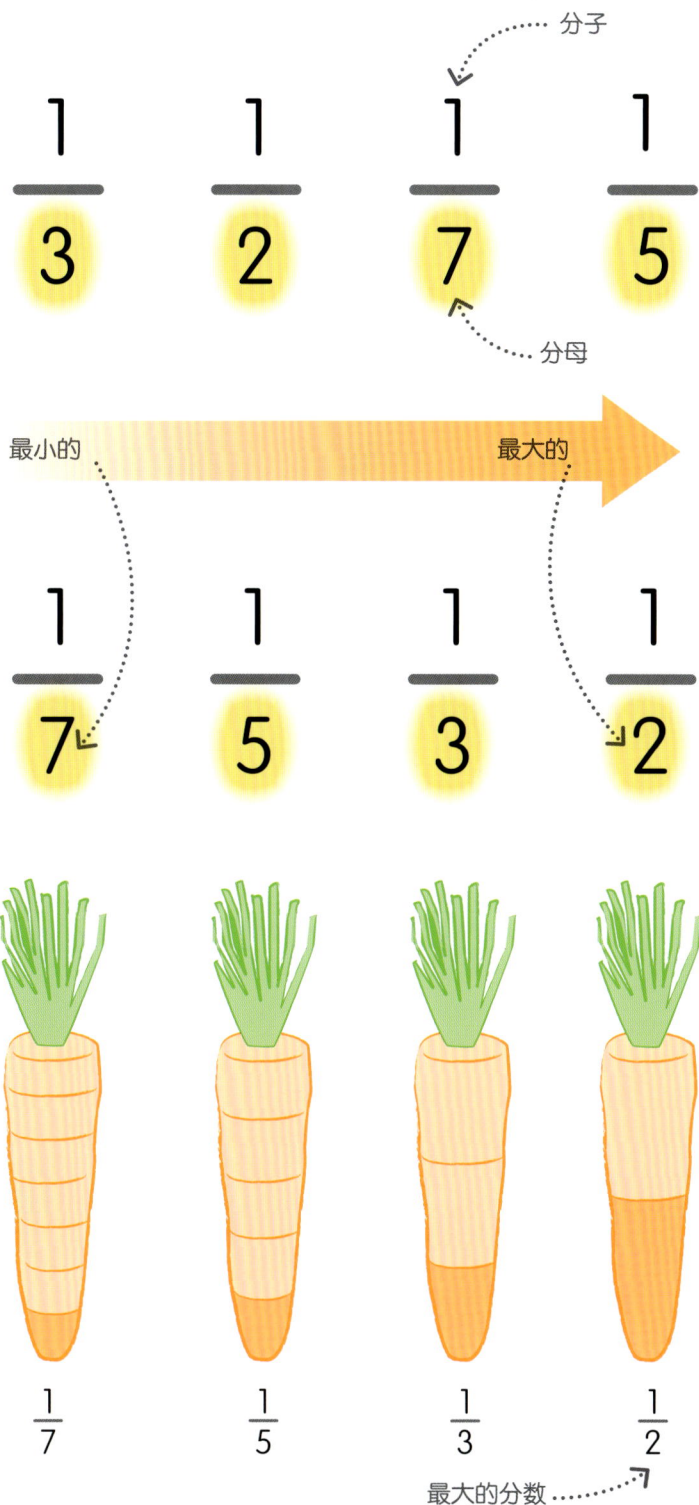

$$\frac{1}{7} \quad \frac{1}{5} \quad \frac{1}{3} \quad \frac{1}{2}$$

最大的分数

非单位分数的比较

比较非单位分数的大小，我们经常要将它们化为分母相同的分数再进行比较。非单位分数是分子大于1的分数。

1 这两个分数哪一个更大？如果我们把它们化成分母相同的分数，就只需比较哪一个分数的分子更大。

$$\frac{2}{3} \ ? \ \frac{3}{5}$$

2 要把两个分数化为分母相同的分数，我们可以将每个分数的分子和分母同时乘另一个分数的分母。首先，把$\frac{2}{3}$的分子和分母同时乘5，因为5是$\frac{3}{5}$的分母。

$$\frac{2}{3} \xrightarrow{\times 5} = \frac{10}{15} \xleftarrow{\times 5}$$

乘5，即$\frac{3}{5}$的分母

乘3，即$\frac{2}{3}$的分母

3 接下来，由于$\frac{2}{3}$的分母是3，所以我们通过把$\frac{3}{5}$的分子和分母同时乘3，将它化成以15为分母的分数。

$$\frac{3}{5} \xrightarrow{\times 3} = \frac{9}{15} \xleftarrow{\times 3}$$

这个符号表示"大于"

4 现在这两个分数就很容易比较大小了。我们知道$\frac{10}{15}$大于$\frac{9}{15}$，它们的等值分数间的关系也是如此。因此，我们可以得知$\frac{2}{3} > \frac{3}{5}$。

$$\frac{10}{15} > \frac{9}{15}$$ 所以 $$\frac{2}{3} > \frac{3}{5}$$

用数轴比较分数的大小

就像整数一样，你同样也可以用数轴比较分数的大小。这条数轴上标出了0和1之间的一些分数，数轴上方每一个单位是四分之一，数轴下方每一个单位是五分之一。

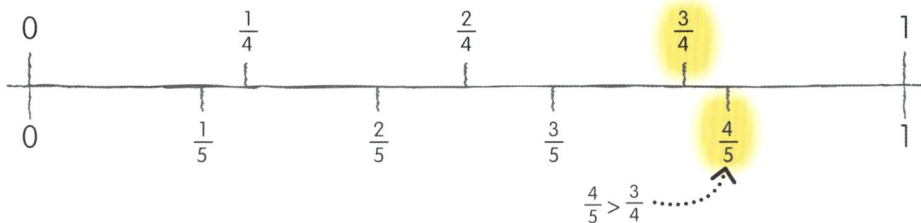

$$\frac{4}{5} > \frac{3}{4}$$

1 我们来比较$\frac{3}{4}$和$\frac{4}{5}$的大小。沿着数轴看，很容易发现$\frac{4}{5}$大于$\frac{3}{4}$。

2 你可以像这样利用数轴比较任意分数的大小关系。

使用最小公分母

当我们需要将几个分数化为同分母分数时，最简单的方法就是利用几个分母的最小公倍数，也就是最小公分母。

1 我们来比较 $\frac{3}{4}$ 和 $\frac{7}{10}$ 的大小，首先要将它们化成同分母的分数。

$$\frac{3}{4} \quad ? \quad \frac{7}{10}$$

2 让我们一起来找出这两个分母的最小公倍数——我们在第23页已经学习过最小公倍数的概念。借助数轴，我们找到4和10的最小公倍数是20。现在我们把这两个分数改写成以20为分母的分数。

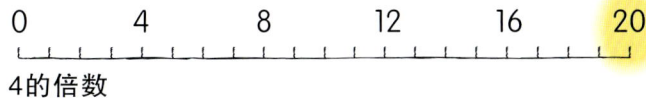

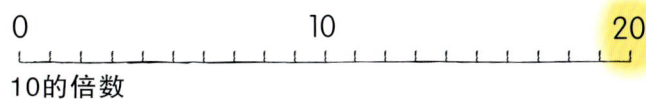

0 4 8 12 16 20
4的倍数

0 10 20
10的倍数

3 为了做到这一点，我们要求出这个分数的原分母乘多少可以得到20，然后将分子和分母同时乘这个数。

$\frac{3}{4}$的分母乘5等于20，所以我们把分子和分母都乘5

$$\frac{3}{4} \stackrel{\times 5}{=} \frac{15}{20} \qquad \frac{7}{10} \stackrel{\times 2}{=} \frac{14}{20}$$

$\frac{7}{10}$的分母乘2等于20，所以我们把分子和分母都乘2

4 现在分母都是相同的，就很容易比较分数的大小了。我们可以看出来，$\frac{15}{20}$大于$\frac{14}{20}$，所以$\frac{3}{4}$大于$\frac{7}{10}$。

$$\frac{15}{20} > \frac{14}{20} \qquad 所以 \qquad \frac{3}{4} > \frac{7}{10}$$

试一试 TRY IT OUT

谁的考试成绩更好？

在一次数学测试中，齐克答对了所有题目的 $\frac{4}{5}$，沃克答对了所有题目的 $\frac{5}{6}$，你能求出谁答对的题目更多吗？一个小小的提示——用最小公分母帮助你解题！

答案见第311页

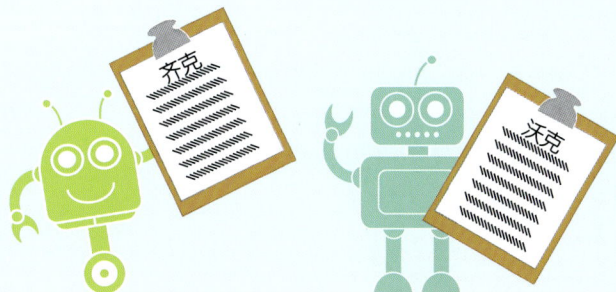

分数加法

我们可以通过把分子相加来进行分数的加法运算，但是首先要确保分数的分母相同。

> 分数的加法就是将分子相加，然后把得到的结果写在它们相同的分母上。

同分母分数相加

分母相同的分数相加，只需要把分子相加。因此，如果把$\frac{2}{5}$加上$\frac{1}{5}$，就等于$\frac{3}{5}$。

五分之一加上五分之二等于五分之三

$$\frac{1}{5} \quad + \quad \frac{2}{5} \quad = \quad \frac{3}{5}$$

异分母分数相加

1 让我们试试计算$2\frac{1}{4}+\frac{1}{6}$。首先，我们需要将带分数化为假分数。

$$2\frac{1}{4} + \frac{1}{6} = ?$$

2 把$2\frac{1}{4}$整数部分的2乘分数的分母4，然后将计算结果加上原来的分子1，所得的数作为新的分子，得到$\frac{9}{4}$，这就将其化为了假分数。现在我们可以把算式写成$\frac{9}{4}+\frac{1}{6}$。

$$2\frac{1}{4} = \frac{2 \times 4 + 1}{4} = \frac{9}{4}$$

3 接下来，把两个分数化为同分母的分数。它们的最小公分母是12，所以正如我们在上一页学到的，利用最小公分母就可以把分数化为以12为分母的分数。

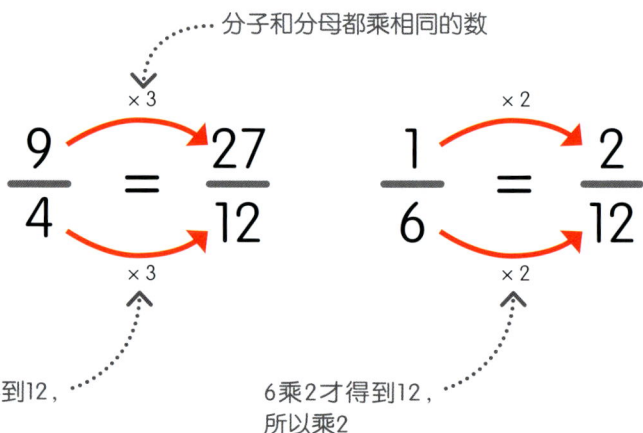

分子和分母都乘相同的数

$$\frac{9}{4} \overset{\times 3}{\underset{\times 3}{=}} \frac{27}{12} \qquad \frac{1}{6} \overset{\times 2}{\underset{\times 2}{=}} \frac{2}{12}$$

4乘3才得到12，所以乘3

6乘2才得到12，所以乘2

4 现在我们把分子相加得到$\frac{29}{12}$。最后，把所得的结果化成带分数。

$$\frac{27}{12} + \frac{2}{12} = \frac{29}{12}$$

所以

$$2\frac{1}{4} + \frac{1}{6} = 2\frac{5}{12}$$

将假分数$\frac{29}{12}$化成带分数

分数减法

首先我们查看分数的分母是否相同，如果相同，只需要把分数的分子相减。如果分母不相同，先将它们化成同分母的分数，再进行减法运算。

同分母分数相减

同分母分数相减，我们只需将分子相减，所以，如果是 $\frac{3}{4}$ 减去 $\frac{1}{4}$，可以得到 $\frac{2}{4}$，也就是 $\frac{1}{2}$。

原来的三个四分之一就只剩下两个

$$\frac{3}{4} \quad - \quad \frac{1}{4} \quad = \quad \frac{2}{4} \text{ 或 } \frac{1}{2}$$

异分母分数相减

1 让我们试一试计算 $3\frac{1}{2}-\frac{2}{5}$。就像分数的加法一样，首先我们需要将带分数化成假分数，然后将异分母分数化成同分母分数。

$$3\frac{1}{2} - \frac{2}{5} = ?$$

2 我们把 $3\frac{1}{2}$ 的整数部分乘分母2，然后加上分子中的1，得到 $\frac{7}{2}$，这样就化成了假分数。

$$3\frac{1}{2} = \frac{3 \times 2 + 1}{2} = \frac{7}{2}$$

3 现在我们把这两个分数化成同分母的分数。$\frac{7}{2}$ 和 $\frac{2}{5}$ 的最小公分母是10，所以我们把这两个分数化成以10为分母的分数。

$$\frac{7}{2} \overset{\times 5}{\underset{\times 5}{=}} \frac{35}{10} \qquad \frac{2}{5} \overset{\times 2}{\underset{\times 2}{=}} \frac{4}{10}$$

2乘5等于10，所以分子和分母同时乘5

5乘2等于10，所以分子和分母同时乘2

4 现在我们就可以像这样将分子相减：$\frac{35}{10}-\frac{4}{10}=\frac{31}{10}$。最后将 $\frac{31}{10}$ 化成带分数，这个题目就完成了。

$$\frac{35}{10} - \frac{4}{10} = \frac{31}{10} \qquad \text{所以} \qquad 3\frac{1}{2} - \frac{2}{5} = 3\frac{1}{10}$$

分数乘法

我们来看一看如何把一个分数乘一个整数或者乘另一个分数。

乘整数和乘分数

一个数乘一个分数会怎么样呢？我们分别用4乘一个整数和一个分数。记住，这个分数是小于1的。

结果大于原来的数 ·······

$$4 \times 2 = 8$$

结果小于原来的数 ·······

$$4 \times \frac{1}{2} = 2$$

1 **与整数相乘**
我们将4与2相乘，得到8。这是我们所期待看到的——乘积比原来的数大。

2 **与分数相乘**
将4乘$\frac{1}{2}$，得到2。一个正数乘一个真分数，得到的结果总是小于原来的数。

分数乘整数

我们再来看几道不同的题目，看一看一个数与分数相乘到底会怎么样。

1 试一试计算$\frac{1}{2} \times 3$，这也就等同于求三个二分之一是多少，因此我们在数轴上把三个二分之一加在一起，得到$1\frac{1}{2}$。

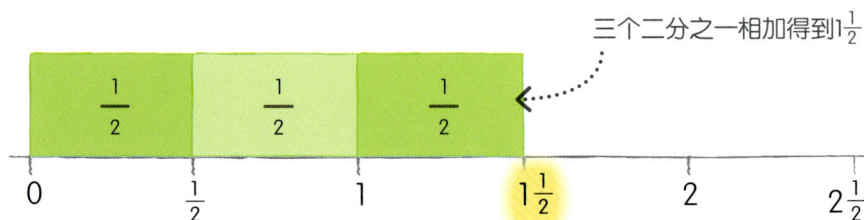

三个二分之一相加得到$1\frac{1}{2}$

2 接下来我们在数轴上计算$\frac{3}{4} \times 3$。如果我们把这三个四分之三加在一起，就可以得到$2\frac{1}{4}$。

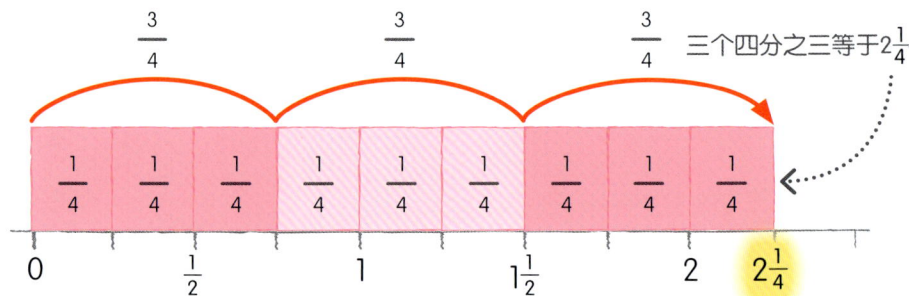

三个四分之三等于$2\frac{1}{4}$

3 不借用数轴，我们再来做一做以上的乘法算式。像这样，我们可以把整数与分子相乘。

$$\frac{1}{2} \times 3 = \frac{1 \times 3}{2} = \frac{3}{2} \text{ 或 } 1\frac{1}{2}$$

$$\frac{3}{4} \times 3 = \frac{3 \times 3}{4} = \frac{9}{4} \text{ 或 } 2\frac{1}{4}$$

用分数墙计算分数乘法

两个分数相乘，把它说成"一个数的几分之几"比"一个数乘以几分之几"更好。下面我们来看一看，如何借助分数墙计算分数乘法。

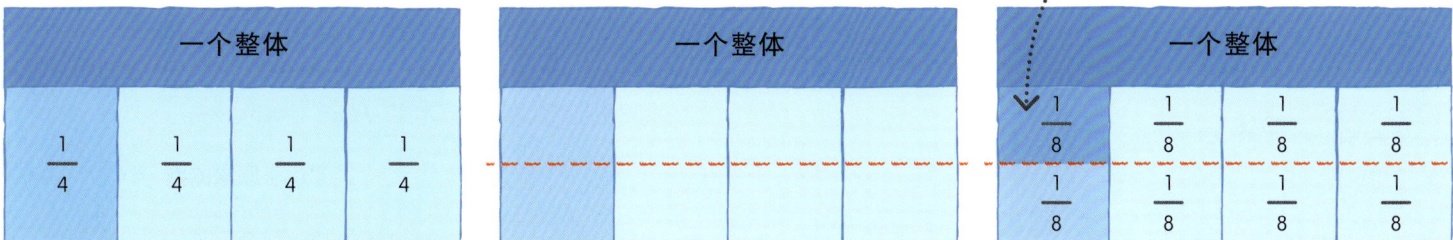

这是原来 $\frac{1}{4}$ 的一半

一个整体			
$\frac{1}{4}$	$\frac{1}{4}$	$\frac{1}{4}$	$\frac{1}{4}$

一个整体			

一个整体			
$\frac{1}{8}$	$\frac{1}{8}$	$\frac{1}{8}$	$\frac{1}{8}$
$\frac{1}{8}$	$\frac{1}{8}$	$\frac{1}{8}$	$\frac{1}{8}$

1 对于计算 $\frac{1}{2} \times \frac{1}{4}$，我们说这表示"二分之一的四分之一"。首先，我们把一个整体分成四个四分之一，并把一个四分之一标上阴影。

2 现在我们来找到四分之一的二分之一，我们在这四份的中间画一条线。这样每个四分之一就被分成了两份，一共有8个相等的部分。

3 然后我们把原来的四分之一的上面这一半再标上阴影，这一部分就是四分之一的二分之一，也是这个整体的八分之一。因此我们可以说 $\frac{1}{2} \times \frac{1}{4} = \frac{1}{8}$。

$$\frac{1}{2} \times \frac{1}{4} = ?$$

$\frac{1}{2} \times \frac{1}{4}$ 这样的运算就可以表达为"四分之一的二分之一"

$$\frac{1}{2} \times \frac{1}{4} = \frac{1}{8}$$

如何计算分数乘分数？

不再借用分数墙，我们接下来学习另一种分数乘法的计算方法。

计算分数乘分数，可以将分子乘分子作为新的分子，将分母乘分母作为新的分母。

1 看这个算式，你有没有发现，将分子与分子相乘，将分母与分母相乘，就能得出答案。

$$\frac{1}{2} \times \frac{1}{6} = ?$$

将分子与分子相乘

$$\frac{1}{2} \times \frac{1}{6} = \frac{1 \times 1}{2 \times 6} = \frac{1}{12}$$

将分母与分母相乘

2 现在我们来试一试两个非单位分数相乘的乘法。方法基本上是一致的——只要将分子乘分子，将分母乘分母，就能得到答案。

$$\frac{2}{5} \times \frac{2}{3} = ?$$

将分子与分子相乘

$$\frac{2}{5} \times \frac{2}{3} = \frac{2 \times 2}{5 \times 3} = \frac{4}{15}$$

将分母与分母相乘

分数除法

一个整数除以一个真分数后会变大。我们可以用分数墙来进行分数除法运算，但是也有一种不需要借助分数墙的方法，可以直接得出分数除法的答案。

除以整数和除以分数

真分数就是小于1的分数。一个整数除以一个真分数与一个整数除以另一个整数相比会有什么不同呢？

除以一个真分数后，所得的数比原来的数大

$$8 \div 2 = 4$$

1 **除以一个整数**

当计算8除以2时，答案是4。这是我们所期待看到的——除以一个数之后会变小。

$$8 \div \frac{1}{2} = 16$$

2 **除以一个真分数**

当计算8除以$\frac{1}{2}$时，我们可以算出8里面有多少个$\frac{1}{2}$，答案是16，比8还大。

分数除以整数

为什么一个分数除以一个整数，所得的数比原来的数还小？我们可以利用分数墙来找到答案。

$$\frac{1}{2} \div 2 = ?$$

当二分之一被分成两个相等的部分，每一部分就是整体的四分之一

1 我们可以把$\frac{1}{2} \div 2$认为是"把二分之一平均分成两份"。分数墙显示，如果把二分之一分成两个相等的部分，每个新的部分就是整体的四分之一。

$$\frac{1}{4} \div 3 = ?$$

四分之一可以分成三份，那么四分之一就是十二分之三

2 现在我们来试一试计算$\frac{1}{4} \div 3$。在分数墙中，我们可以看到当四分之一被分成三个相等的部分时，每个新的部分就是整体的十二分之一。

$$\frac{1}{2} \div 2 = \frac{1}{4}$$

$$\frac{1}{4} \div 3 = \frac{1}{12}$$

如何计算分数除以整数？

计算分数除以整数有一个简单的方法——把计算倒过来想。

1 看这个计算，你发现什么规律了吗？我们发现答案的分母是整数与分数分母的乘积。我们可以运用这个规律来进行分数除法运算，而不再需要利用分数墙了。

$$\frac{1}{2} \div 8 = \frac{1}{16}$$

$$\frac{1}{3} \div 2 = \frac{1}{6}$$

$$\frac{1}{4} \div 3 = \frac{1}{12}$$

如果我们把原来的分母与整数相乘，就得到了这个答案中的分母

将4与3相乘就得到了12

2 计算 $\frac{1}{2} \div 3$。首先，我们应该把整数写成分数形式。

$$\frac{1}{2} \div 3 = ?$$

3 把3写成分数形式，我们可以像这样把3作为分子写在上面，而分母是1，写在下面。

$$3 = \frac{3}{1}$$

整数就变成了分子

当我们把一个整数化为分数时，分母总会是1

4 接下来，我们把新的分数的分子和分母调换位置，并把除号改为乘号。因此，现在这个算式就变成了 $\frac{1}{2} \times \frac{1}{3}$。

分母就变成了分子

将除号改为乘号

$$\frac{1}{2} \div \frac{3}{1} = \frac{1}{2} \times \frac{1}{3}$$

分子就变成了分母

5 现在只需将分子乘分子，将分母乘分母，便能得到 $\frac{1}{6}$。

$$\frac{1}{2} \div 3 = \frac{1}{2} \times \frac{1}{3} = \frac{1}{6}$$

试一试 TRY IT OUT

除法练习

现在轮到你来做啦！用你所学的分数除法知识来解决这些复杂的除法题吧！

答案见第311页

① $\frac{1}{6} \div 2 = ?$ ② $\frac{1}{2} \div 5 = ?$

③ $\frac{1}{7} \div 3 = ?$ ④ $\frac{2}{3} \div 4 = ?$

小数

小数由整数部分和小数部分组成，中间有一个小数点将两个部分隔开。

1 当我们需要进行精准测量时，比如记录运动员在比赛中所用的时间，小数就很有用。

2 在记分板上，小数点左边的数字表示整秒，小数点右边的数字表示一秒钟的一部分，或者一秒钟的几分之几。

小数也是分数

在小数中，小数点后面的数是分数的另外一种表示方法，也表示小于1的数字。我们来探究一下它们究竟代表什么。

1 十分位
如果我们把$2\frac{7}{10}$放到位值列中，整数部分的2写在个位上，7写在十分位上表示$\frac{7}{10}$。所以，我们可将$2\frac{7}{10}$写成2.7。

$$2\frac{7}{10} = \boxed{\begin{array}{c}个位\\2\end{array}} . \boxed{\begin{array}{c}十分位\\7\end{array}}$$

十分位上的7代表$\frac{7}{10}$

2 百分位
现在我们把$2\frac{72}{100}$写在位值列中，我们发现$2\frac{72}{100}$就是2.72。

$$2\frac{72}{100} = \boxed{\begin{array}{c}个位\\2\end{array}} . \boxed{\begin{array}{c}十分位\\7\end{array}} \boxed{\begin{array}{c}百分位\\2\end{array}}$$

这个2代表$\frac{2}{100}$

3 千分位
最后，我们把$2\frac{721}{1000}$放在位值列中，我们可以看到$2\frac{721}{1000}$就是2.721。

这个1代表$\frac{1}{1000}$

$$2\frac{721}{1000} = \boxed{\begin{array}{c}个位\\2\end{array}} . \boxed{\begin{array}{c}十分位\\7\end{array}} \boxed{\begin{array}{c}百分位\\2\end{array}} \boxed{\begin{array}{c}千分位\\1\end{array}}$$

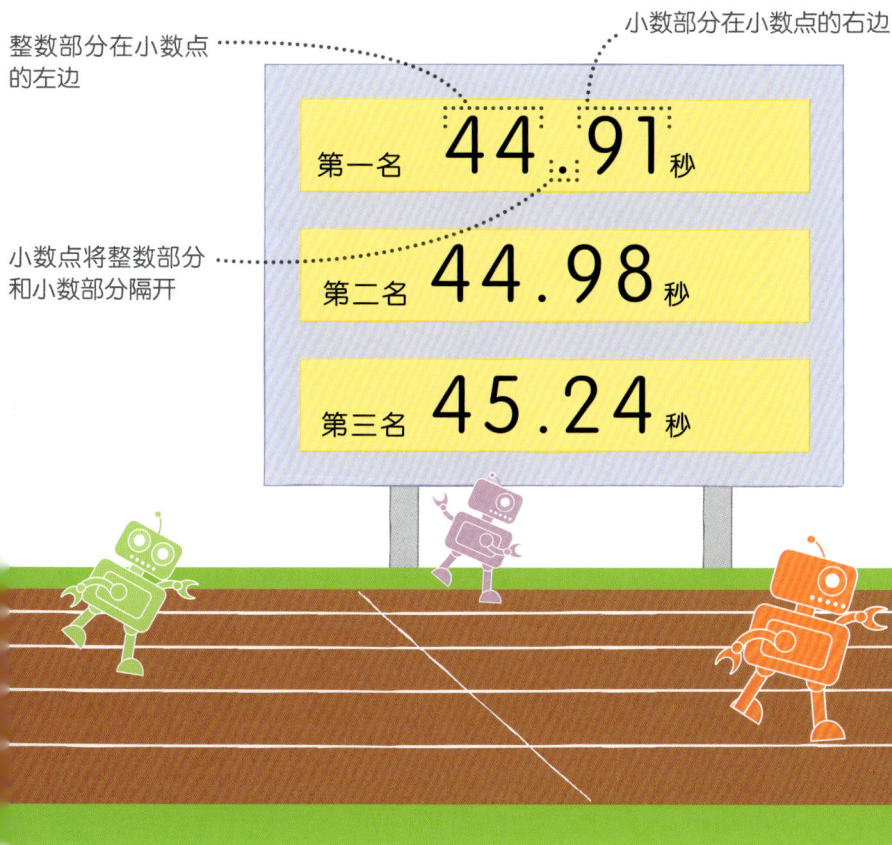

整数部分在小数点的左边

小数部分在小数点的右边

小数点将整数部分和小数部分隔开

第一名	44.91	秒
第二名	44.98	秒
第三名	45.24	秒

分数转换器

下表中是一些最常用的分数和与它们相等的小数。

分数	小数
$\frac{1}{1000}$	0.001
$\frac{1}{100}$	0.01
$\frac{1}{10}$	0.1
$\frac{1}{5}$	0.2
$\frac{1}{4}$	0.25
$\frac{1}{3}$	0.33
$\frac{1}{2}$	0.5
$\frac{3}{4}$	0.75

将分数化为小数

我们首先要找到一个与分子相乘可以等于10、100或者1000的数，然后将分数转化成十分之几、百分之几或者千分之几。

1 $\frac{1}{2}$等同于0.5

我们可以通过把$\frac{1}{2}$的分子和分母同时乘5，将它转化成$\frac{5}{10}$。当我们把$\frac{5}{10}$放到位值列中时，就得到了小数0.5。

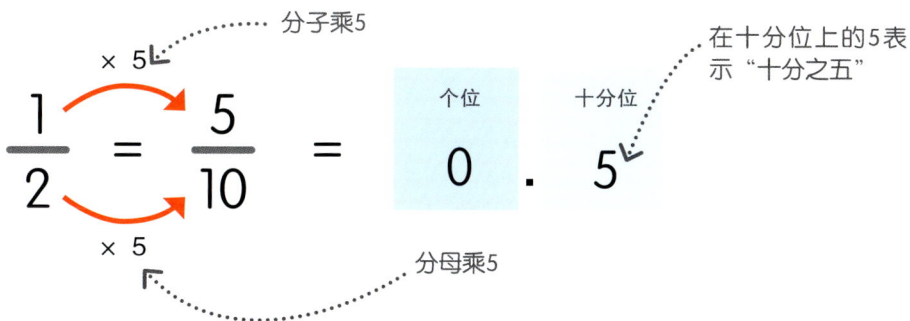

分子乘5

$$\frac{1}{2} = \frac{5}{10} =$$

× 5

× 5

分母乘5

在十分位上的5表示"十分之五"

个位		十分位
0	.	5

2 $\frac{1}{4}$等同于0.25

将分子分母同时乘25，我们可以把$\frac{1}{4}$改写成$\frac{25}{100}$。把$\frac{25}{100}$放到位值列中，我们可以发现$\frac{25}{100}$就是0.25。

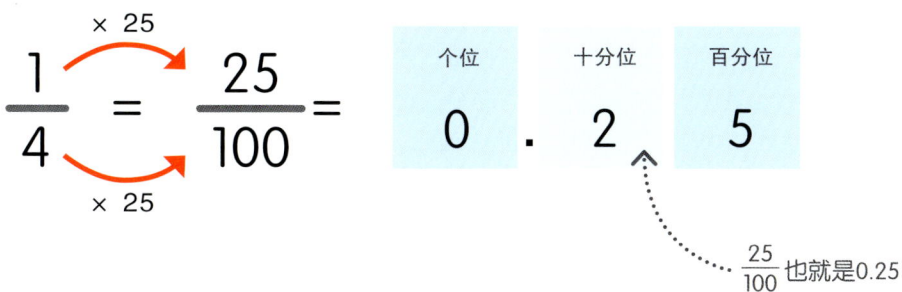

× 25

$$\frac{1}{4} = \frac{25}{100} =$$

× 25

个位		十分位	百分位
0	.	2	5

$\frac{25}{100}$也就是0.25

小数的比较和排序

像比较整数大小一样，当我们对小数进行大小比较和排序时，会用到前面学过的位值概念。

> 在比较小数时，我们首先比较位值最高的数字。

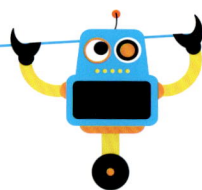

小数的比较

在比较小数大小的时候，我们首先比较位值最高的数字，来判断哪一个数更大。

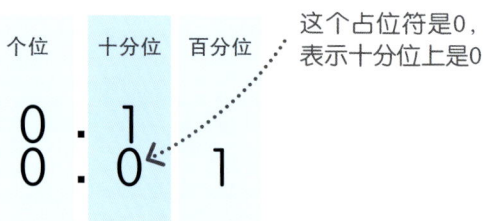

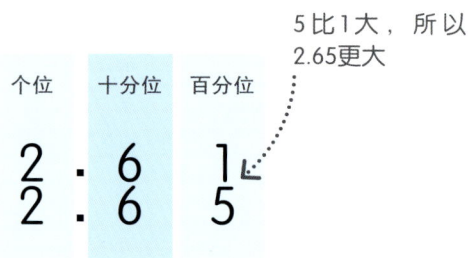

个位	十分位	百分位
0	1	
0	0	1

这个占位符是0，表示十分位上是0

1 0.1 > 0.01
个位上的数字相同，那么我们来比较十分位上的数字，发现0.1是较大的那个数。

个位	十分位	百分位
2	6	1
2	6	5

5比1大，所以2.65更大

2 2.65 > 2.61
十分位上的数字相同，这一次我们不得不比较百分位上的数字，然后发现2.65是这两个数中较大的那一个。

小数的排序

在第14页，我们已经学过如何给整数排序，给小数排序也是同样的方法。

七月气温

城市	温度 / ℃
纽约	25.01
悉尼	15.67
雅典	29.31
开普敦	14.61
开罗	29.13

从最大有效数字开始，比较每个数字的大小

	十位	个位	十分位	百分位
雅典	2	9	3	1
开罗	2	9	1	3
纽约	2	5	0	1
悉尼	1	5	6	7
开普敦	1	4	6	1

1 让我们把表中的城市按照温度从高到低排序，帮助喜欢阳光的机器人克鲁格选择一个度假胜地。和整数一样，我们通过比较它们的有效数字来给小数排序。

2 要找到最大的数，我们需要比较每个数的最大有效数字，如果它们是相同的，那么我们再比较第二有效数字，如果有必要，再比较第三有效数字，以此类推，直到将这些数排好序。

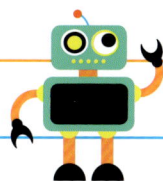

小数的四舍五入

小数的四舍五入与整数四舍五入（参见第18~19页）的方法相同。最简单的方法就是在数轴上对小数进行四舍五入。

小数四舍五入的规则和整数是一样的。小于5的数就舍掉，大于或等于5的数就入位。

1 精确到个位
这就意味着我们要把小数四舍五入到与它最相近的一个整数，所以1.3四舍五入到1，1.7四舍五入到2。

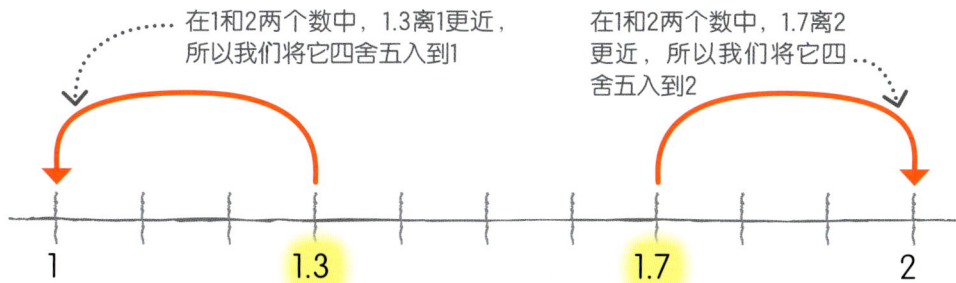

在1和2两个数中，1.3离1更近，所以我们将它四舍五入到1

在1和2两个数中，1.7离2更近，所以我们将它四舍五入到2

1　1.3　1.7　2

2 精确到十分位
这就意味着要保留小数点后一位数字，所以1.12四舍五入到1.1，1.15四舍五入到1.2。

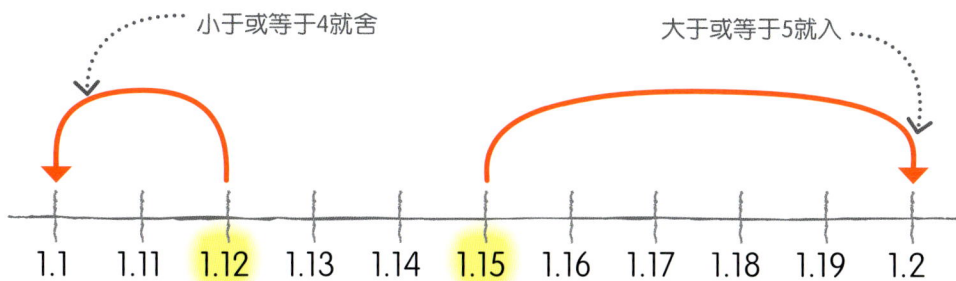

小于或等于4就舍

大于或等于5就入

1.1　1.11　1.12　1.13　1.14　1.15　1.16　1.17　1.18　1.19　1.2

3 精确到百分位
精确到百分位就是保留小数点后两位小数。所以1.114四舍五入到1.11，1.116四舍五入到1.12。

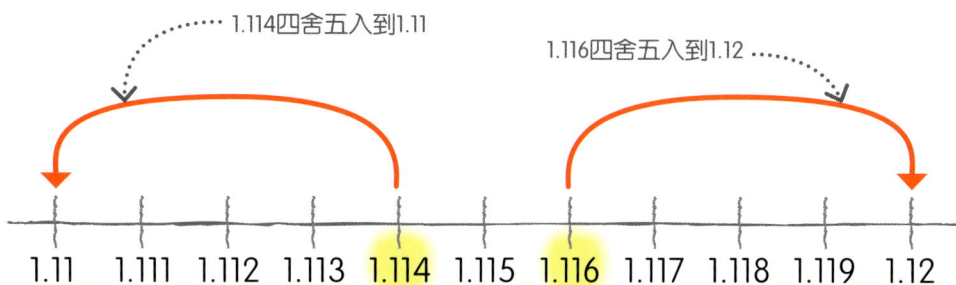

1.114四舍五入到1.11

1.116四舍五入到1.12

1.11　1.111　1.112　1.113　1.114　1.115　1.116　1.117　1.118　1.119　1.12

试一试 TRY IT OUT

小数计算

这是一份滑雪比赛参赛者所用时间的列表，你能把这些时间都精确到百分位吗？也就是在小数点后保留两位小数。看看谁滑得最快？

终点

特威格	17.239 秒
布洛普	16.560 秒
格洛克	17.211 秒
库克	16.129 秒
扎格	16.011 秒

答案见第311页

小数加法

小数的加法和整数的加法相同——翻到第79页，可以更深入地了解小数的加法运算。

1 计算4.5+7.7。为了更清楚地看出小数加法是如何进行的，我们将用计数立方体来展示运算过程。

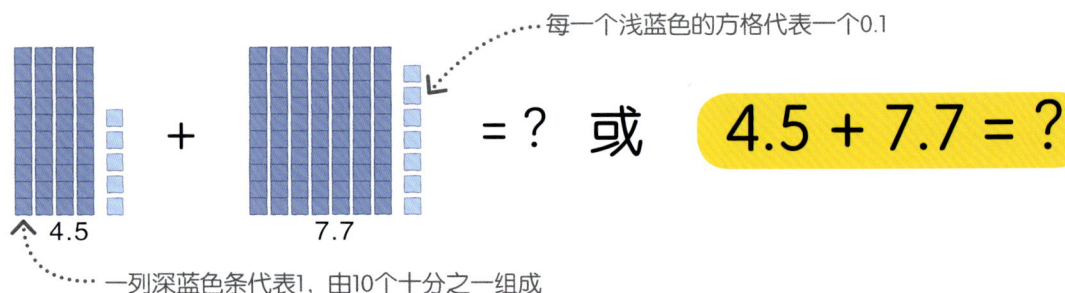

每一个浅蓝色的方格代表一个0.1

$+$　　　$=?$　或　　$4.5 + 7.7 = ?$

4.5　　　7.7

一列深蓝色条代表1，由10个十分之一组成

2 我们先把这两个数的十分位上的数相加：0.5+0.7，等于$\frac{12}{10}$，或者写成1.2。

我们把10个十分之一的方块换成一列深蓝色条

$+$　　　$=$　　或　　$0.5 + 0.7 = 1.2$

0.5　　0.7　　1.2

我们把10列代表1的深蓝色条换成一个代表10的方块

3 下面我们把整数部分相加，即4+7=11。

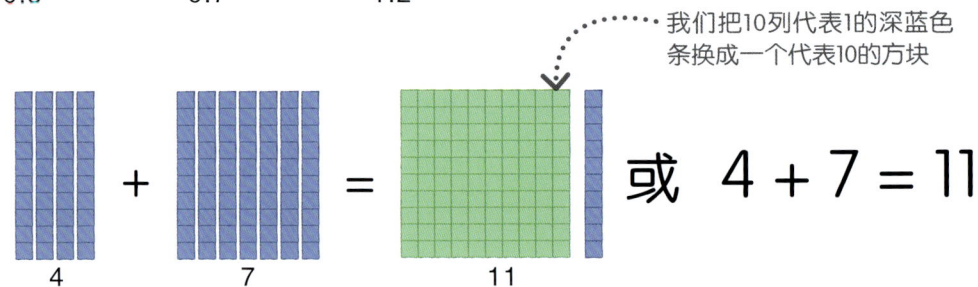

$+$　　　$=$　　或　$4 + 7 = 11$

4　　　7　　　11

这里有1个十，2个一和2个十分之一

4 接下来把得出的两个答案相加，1.2加11得到最终的答案12.2。

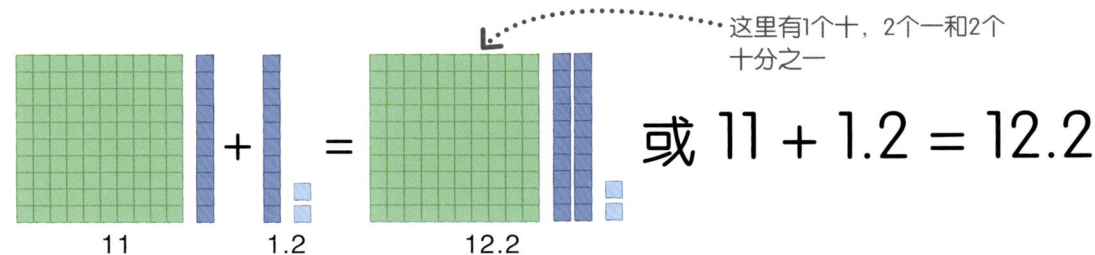

$+$　　$=$　　或　$11 + 1.2 = 12.2$

11　　1.2　　12.2

5 我们发现4.5+7.7=12.2。我们就把这个计算写成右边这样——翻到79页，可以看到更多用这种方法进行的小数加法运算。

十位	个位	十分位
	1	
	4 .	5
+	7 .	7
1	2 .	2

所以　　$4.5 + 7.7 = 12.2$

小数减法

我们用与整数减法相同的运算方法进行小数减法运算。

1 试一试计算8.2–4.7。我们将借助计数立方体来看看如何进行小数减法运算。

8个一和2个十分之一代表8.2

从原来的数8.2中拿走4个1和7个0.1

$- = ?$ 或 $8.2 - 4.7 = ?$

2 我们先用8.2减去4.7中的0.7。将8.2中1个代表1的深蓝色条换成10个代表0.1的方块，我们拿走7个0.1后得到7.5。

1个代表1的深蓝色条换成了10个0.1

$- = $ 或 $8.2 - 0.7 = 7.5$

拿走7个0.1后，还剩下7个1和5个0.1

3 现在我们从7.5中减去整数部分的4。将代表1的深蓝色条中拿走4条之后，还剩3.5。

$- = $ 或 $7.5 - 4 = 3.5$

还剩3个1和5个0.1

现在从7.5中拿走4个代表1的深蓝色条

4 所以8.2–4.7=3.5。我们可以像这样把算式写成竖式。在第88~89页我们还可以看到更多竖式减法。

个位	十分位
7	1
8 .	2
− 4 .	7
3 .	5

所以 $8.2 - 4.7 = 3.5$

试一试 TRY IT OUT

轮到你啦！

做一做这些计算题，看看你是不是掌握了小数的加减法运算。

答案见第311页

❶ $0.2 + 3.9 = ?$　　❷ $45.6 - 21.2 = ?$

❸ $10.2 + 21.6 = ?$　　❹ $96.7 - 75.8 = ?$

百分数（百分比）

"百分之……"的意思是"每一百中的……"，它表示的是100的一部分。所以百分之二十五表示100中的25。我们用符号"%"表示百分数。

> 百分数是一种特殊的分数。

100的部分

百分数有助于比较某个事物的数量。例如，在这100个机器人中，根据他们所代表的百分数的不同，机器人被分成不同颜色的组。

1　1%
在这100个机器人中，只有1个是绿色的，我们可以写成1%，也就是$\frac{1}{100}$或0.01。

2　10%
在这100个机器人中，有10个在黄色组，我们可以写成10%，也就是$\frac{10}{100}$或0.1。

3　50%
在这100个机器人中，有50个机器人在红色组，我们可以写成50%，也就是$\frac{1}{2}$或0.5。

4　100%
所有的机器人相加在一起——绿色、灰色、黄色和红色——代表100%，也就是$\frac{100}{100}$或1。

试一试 TRY IT OUT

阴影部分是百分之多少？

这些网格一共由100个方格组成，深紫色阴影的方格占整个网格的百分比分别是多少？

答案见第311页

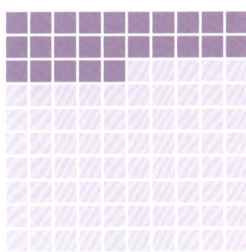
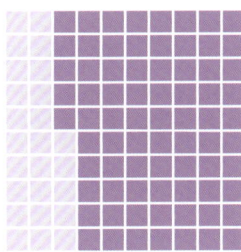
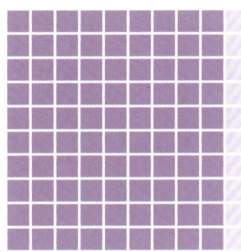

① ② ③

百分数、小数和分数

我们可以用百分数、小数和分数来表示同一个数。下表中是一些最常见的百分数，以及与之相等的小数和分数。你可以在第66～67页找到更多这样的数。

百分数	小数	分数
1%	0.01	$\frac{1}{100}$
5%	0.05	$\frac{1}{20}$
10%	0.1	$\frac{1}{10}$
20%	0.2	$\frac{1}{5}$
25%	0.25	$\frac{1}{4}$
50%	0.5	$\frac{1}{2}$
75%	0.75	$\frac{3}{4}$
100%	1	$\frac{100}{100}$

百分比计算

我们可以求出任意一个总数的百分比，这个总数可以是一个数量，比如图形的面积。有时候我们也会想要把一个数写成是另一个数的百分之几。

求图形的百分比

在第56～57页，我们通过把方形网格分成100个部分来观察百分比，但是如果一个图形只有10个部分或者20个部分呢？

一共有10个相等的部分

1 看一看这个例题：一共有10块瓷砖，有图案的瓷砖占百分之多少呢？

2 整个图形的总数量为100%。要求出一个部分所占的百分比，这里一共有10块瓷砖，我们就用100除以总份数（10），所以每块瓷砖占总瓷砖的10%。

$$100 \div 10 = 10$$

每一块瓷砖占10%

瓷砖的总数

3 我们把除得的结果（10）与有图案的瓷砖的数量（6）相乘，得到的答案是60，所以有60%的瓷砖是有图案的。

$$10 \times 6 = 60$$

60%的瓷砖有图案

试一试 TRY IT OUT

算一算

右边有几个图形，每一个图形中深色部分占百分之多少？

答案见第311页

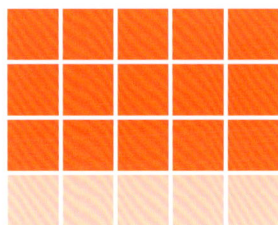
1

2

3

求一个数的百分比

我们也可以用百分比把一个数分成几个部分。求一个数的百分比的方法不止一种，但是有一种方法是先求它的1%是多少。

百分比就是分数的另一种写法。

1 我们来算一算300的30%是多少。

$$300的30\% = ?$$

2 我们需要先求出300的1%是多少，所以我们把300除以100。

$$300 \div 100 = 3$$

用总数除以100

3 接下来，我们把求得的数乘百分比中的分子。

$$3 \times 30 = 90$$

4 这样就可以得到答案：300的30%是90。

$$300的30\% = 90$$

10%方法

在上述例题中，我们是先算出总数的1%，有时候先算出总数的10%可以更快得出答案，这就叫作10%方法。

1 在这道题目中，我们需要求出350元的65%是多少。

$$350元的65\% = ?$$

2 我们需要先求出350元的10%是多少，所以把350除以10，得到35。

$$350 \div 10 = 35$$

3 我们得出10%是35，那么60%就是6个35。

$$6 \times 35 = 210$$

4 我们求出60%是210。现在我们只需要再算出5%是多少，就能求出65%是多少了。要求出5%是多少，我们只要简单地把10%的数量减半。

$$35 \div 2 = 17.50$$

5 现在把60%和5%的数量加起来就是65%的数量，因此，350元的65%是227.50元。

$$210 + 17.50 = 227.50元$$

试一试 TRY IT OUT

10%的挑战

自己计时，看看你算出下列百分比需要多长时间：

1 200的10%

2 550的10%

3 800的10%

答案见第311页

百分比的换算

我们可以用百分比来描述一个数或测量值变化的大小。当已经知道百分比的变化情况时，我们也可能会想要算出实际值到底增加或减少了多少。

计算增加的百分比

小零食　额外赠送 12g

1 这块零食本来重60g，但是现在加重了12g，那么这块零食的质量增加了百分之多少呢？

$$12g = 60g的?\%$$

2 我们先将增加的质量除以原来的质量，那就是 $12 \div 60$，答案是0.2。

改变的数量　　　原来的数量

$$12 \div 60 = 0.2$$

3 然后把结果乘100。现在，我们需要计算 0.2×100。答案是20。

$$0.2 \times 100 = 20$$

4 这就意味着这块零食比之前增加了20%的质量。

$$12g = 60g的20\%$$

计算减少的百分比

小零食　低糖

1 这是另外一种零食。它本来含糖量为8g。为了使它更加健康，现在减少了2g的糖。我们来算一算这块零食的含糖量减少了百分之多少。

$$2g = 8g的?\%$$

2 我们先将减少的糖量除以原来的含糖量。那就是 $2 \div 8$，结果是0.25。

改变的数量除以原来的数量

$$2 \div 8 = 0.25$$

3 把这个结果转化成百分数，我们只要把0.25乘100，得到答案是25。

$$0.25 \times 100 = 25$$

4 这就意味着现在这块零食减少了25%的糖。

$$2g = 8g的25\%$$

将增长的百分比转化为数量

1 一年前，这辆自行车的价格是200元，现在，它的价格上涨了5%，现在的价格贵了多少？

200的5% = ？

2 我们需要先求出200的1%是多少，我们要做的就是把200除以100。记住，我们在第128页将会学习以100为除数的除法。这里的计算结果是2。

原来的价格 $200 \div 100 = 2$

3 想要求出价格的5%，那么我们把1%的价格乘5，也就是2×5，结果是10。

原来价格的1% $2 \times 5 = 10$

4 这就意味着这辆自行车比一年前贵了10元。

200元的5% = 10元

将减少的百分比转化为数量

降价30%

1 现在我们看一看这辆自行车，它之前的价格是250元，但现在降价30%出售。如果我们现在购买这辆自行车，相比之前便宜了多少钱呢？

250的30%=？

2 正如左边例题中的另外一辆自行车，第一步是算出原来价格的1%是多少。这里是250÷100，计算结果是2.5。

$250 \div 100 = 2.5$ 250的1%

3 知道了原来价格的1%是多少，我们可以像这样算出降价30%对应的价格：2.5 × 30 = 75。

$2.5 \times 30 = 75$

4 这就意味着这辆自行车便宜了75元。

250元的30% = 75元

试一试 TRY IT OUT

百分比值

在一次销售中，这些商品都降价了。你能算出新的价格吗？要算出新的价格，就要算出价格减少了多少，再用原来的价格减去它。

答案见第311页

1 原来价格为200元的外套降价50%出售。

2 这双运动鞋原来的价格为50元，现在降价30%出售。

3 这件T恤降价10%，它原来的价格是15元。

比值

比值是比较两个数大小时所用的术语，用来表示一个数是另一个数的多少。

> 比值告诉我们一个数是另一个数的多少。

1 我们看到右图中有七个冰激凌，其中三个是草莓的，四个是巧克力的，那么可以说草莓冰激凌数量与巧克力冰激凌数量的比值是3比4。

三个草莓冰激凌　　　　　四个巧克力冰激凌

2 两个数量间的比值符号是一上一下两个点，所以我们可以把草莓冰激凌数量与巧克力冰激凌数量的比值写成3:4。

草莓冰激凌数量与巧克力冰激凌数量的比值是　**3 : 4**

比值的化简

与分数一样，我们总想尽可能把比值化为最简形式。我们可以通过把比值中的两个数除以一个相同的数来进行化简。

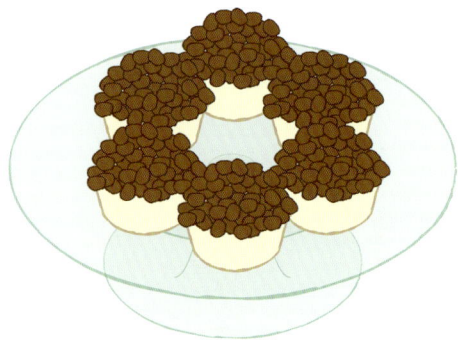

40g爆米花

50g巧克力

通过把两个数都除以10来化简

40:50

÷10　÷10

4:5

40 : 50　**=**　**4 : 5**

1 在这个食谱中，40g爆米花加上50g融化了的巧克力，做成了6个蛋糕。

2 我们每用40g爆米花，就需要50g巧克力，所以在这个食谱中，爆米花与巧克力的比值为40:50。

3 要化简这个比值，我们把两个数都除以10，得到爆米花和巧克力的比值为4:5。

比例

比例是另一种比较的方式。比例与比值不同，不是将一个数与另一个数进行比较，而是将整体的一部分与整体的总量进行比较。

> 比例告诉我们某些东西相对于整体的数量有多少。

比例的分数表示

我们经常把比例写成分数形式。这儿有10只猫，姜黄色的猫所占比例是多少？

1 我们可以看到10只猫中有4只是姜黄色的，所以姜黄色的猫占所有猫的 $\frac{4}{10}$。

2 尽可能将分数化简，把 $\frac{4}{10}$ 的分子和分母同时除以2，得到 $\frac{2}{5}$。

3 所以，姜黄色的猫在整体中所占的比例写成分数形式就是 $\frac{2}{5}$。

通过把分子和分母同时除以2来化简分数

$$\frac{4}{10} \underset{\div 2}{\overset{\div 2}{=}} \frac{2}{5}$$

10只猫中有4只是姜黄色的

姜黄色的猫所占比例 $= \frac{2}{5}$

比例的百分数表示

百分数是分数的另一种写法，所以比例也可以用百分数表示。右图中百分之多少的猫是灰色的呢？

1 我们可以看到10只猫中有1只是灰色的，所以灰色的猫所占比例写成分数形式就是 $\frac{1}{10}$。

2 要把 $\frac{1}{10}$ 写成百分数的形式，我们将它改写成相等的以100为分母的分数，所以 $\frac{1}{10}$ 就变成了 $\frac{10}{100}$。

3 我们知道"百分之十"也就是10%，所以在这群猫中，灰色的猫所占比例为10%。

10只猫中有1只是灰色的

分子和分母同时乘10转换成等值分数

$$\frac{1}{10} \underset{\times 10}{\overset{\times 10}{=}} \frac{10}{100}$$

灰色的猫所占比例 $= $ **10%**

缩放

缩放是在保持所有部分所占比例不变的情况下，对某物进行缩小或者放大，这就意味着所有部分以相同的比例缩小或者放大。

> 我们可以利用缩放改变数的大小，或者改变物体或形状的大小。

缩小

照片就像这个机器人的自拍一样，是缩小最完美的实例。

1 在这张照片中，机器人是同一个，但照片中的机器人更小。他身体的每一部分都是以相同的比例缩小的。

2 这个机器人的实际身高为75cm，而在照片中，他的身高是15cm，所以他在照片中被缩小为原来的五分之一。

3 机器人身体的实际宽度为40cm，而在照片中，他的身体宽度为8cm，也是缩小为原来的五分之一。

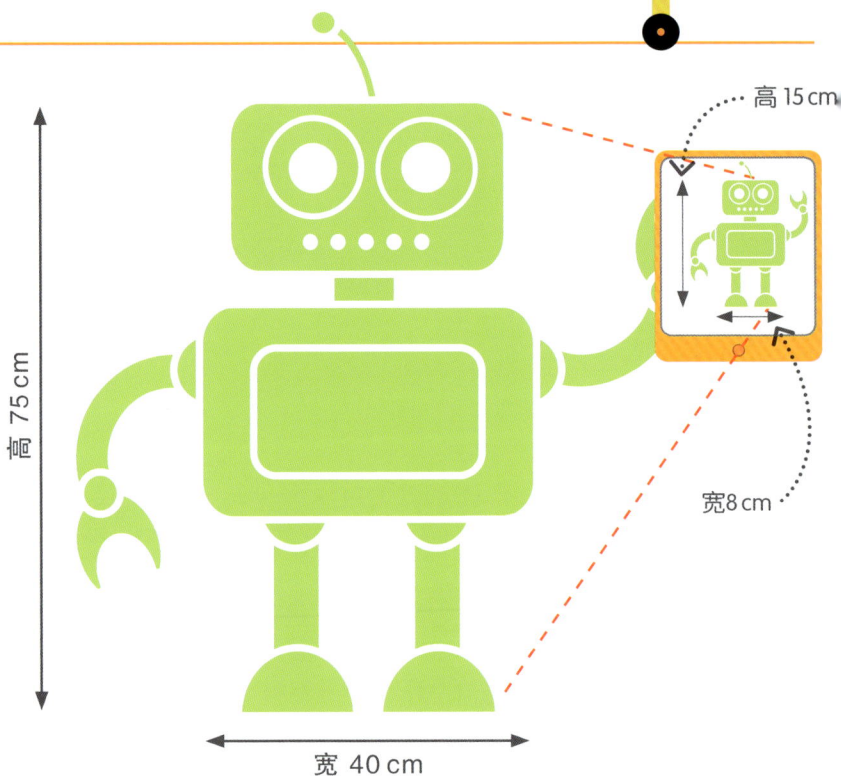

高 75 cm

宽 40 cm

高 15 cm

宽8 cm

放大

放大是使事物的每一个部分更大，我们可以放大一个数，也可以放大物体的尺寸和测量值。

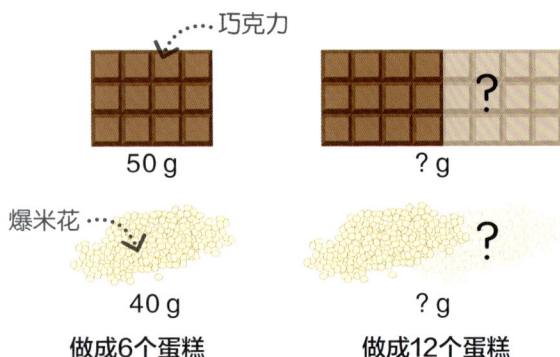

巧克力

50 g

? g

爆米花

40 g
做成6个蛋糕

? g
做成12个蛋糕

两个数都乘2

$$50 g \times 2 = 100 g$$

$$40 g \times 2 = 80 g$$

100g巧克力和80g爆米花可以做成12个蛋糕

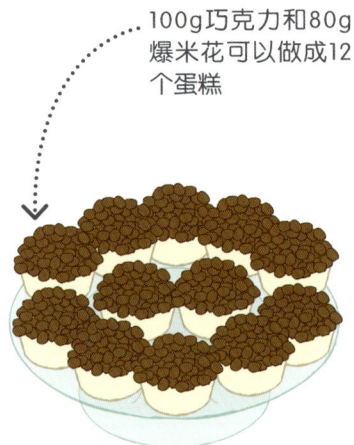

1 在第62页，我们看到了做6个巧克力蛋糕的食谱，要做12个蛋糕就需要更多的食材，但是每一份需要增加多少呢？

2 我们知道12是6的两倍。所以，我们把两种原料的数量乘2，就可以做出两倍数量的蛋糕。

3 所以，放大一种食物的制作量，我们需要把所有原料的数量乘相同的数。

地图上的比例尺

缩放对于绘制地图是很有用的。我们无法使用一个实际尺寸的地图，因为那样会导致地图太大而不能随身携带。我们把地图的比例尺写成一个比值，它能告诉我们地图上的一个单位等于实际的多少个单位。

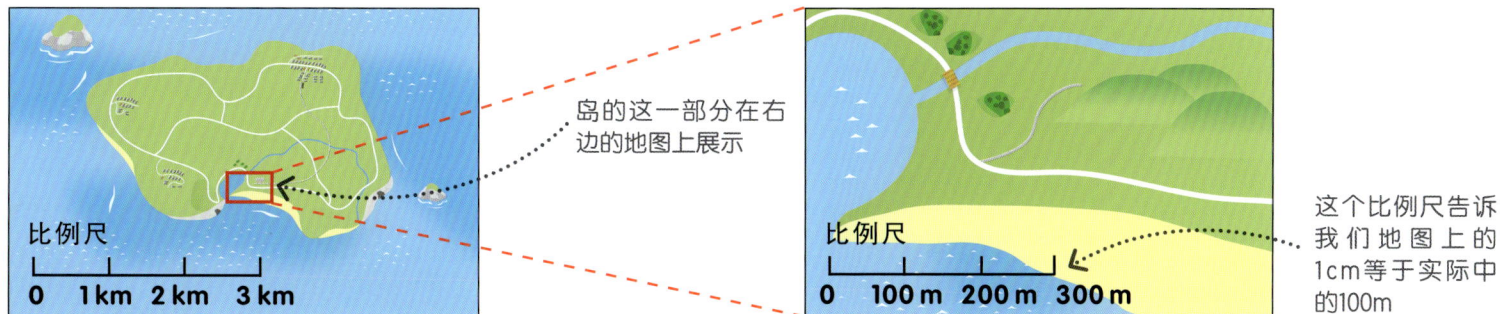

岛的这一部分在右边的地图上展示

比例尺
0 1km 2km 3km

比例尺
0 100m 200m 300m

这个比例尺告诉我们地图上的1cm等于实际中的100m

1 **1cm:1km**
在这个地图上，1cm代表实际中的1km。我们可以看到整个岛屿，但是很多细节看不到。

2 **1cm:100m**
这一次，地图上的1cm代表实际中的100m。我们可以看到更多的细节，但是只能看到整个岛屿的一小部分。

比例因子

当我们把一个事物放大或缩小时，乘或除以的那个数就叫作比例因子。

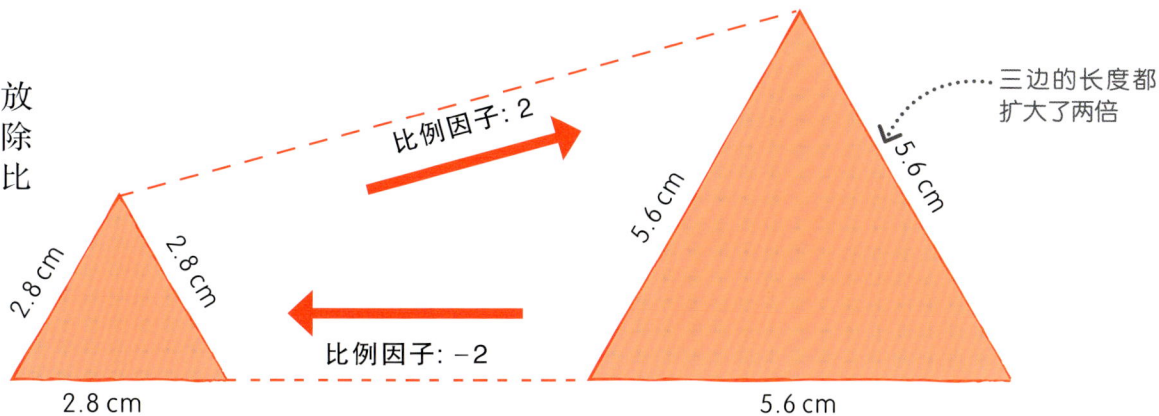

比例因子: 2

三边的长度都扩大了两倍

2.8 cm
2.8 cm
2.8 cm

5.6 cm
5.6 cm
5.6 cm

比例因子: −2

1 如果某个事物放大的比例因子是2，就使它放大了两倍。所以，边长为2.8cm的三角形就变成了边长为5.6cm的三角形。

2 如果我们把这个三角形缩小成原来的大小，我们认为它是以比例因子−2来缩小的。

试一试 TRY IT OUT

霸王龙有多高？

这个霸王龙模型的比例因子是40。如果这个霸王龙模型的身高为14cm并且体长为30cm，你能算出真实恐龙的身高和体长吗？

答案见第311页

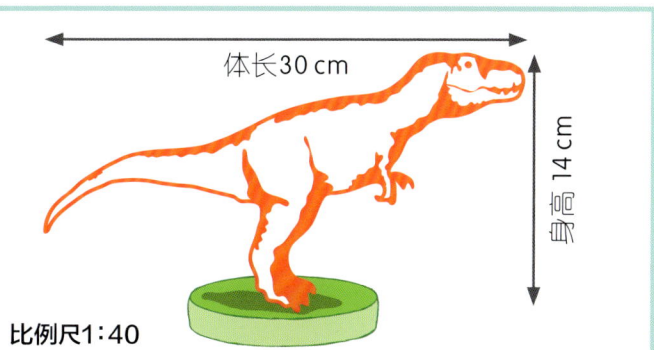

体长30 cm

身高14 cm

比例尺1:40

分数的不同表示

小数和百分数都是分数的不同表示。比值和比例也可以写成分数形式。

分数、小数和百分数都是相互联系的，我们可以用三者中任意一个来表示一个数。

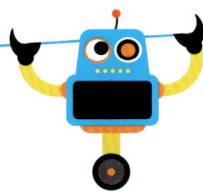

分数、小数或百分数形式的比例

看右边这20朵玫瑰，有12朵粉玫瑰和8朵红玫瑰，请分别用分数、小数和百分数来描述粉玫瑰所占的比例。

20朵玫瑰中有12朵粉玫瑰

1 用分数表示
总的20朵玫瑰中有12朵粉玫瑰，所以，粉玫瑰所占比例为$\frac{12}{20}$，或者可以将它化简为$\frac{3}{5}$。

2 用小数表示
如果把$\frac{3}{5}$化成以10为分母的分数，可以得到$\frac{6}{10}$，也就是0.6，所以，这束花的0.6部分是由粉玫瑰组成。

3 用百分数表示
如果把$\frac{6}{10}$化成以100为分母的分数，可以得到$\frac{60}{100}$，也可以写成60%，所以，60%的玫瑰是粉色的。

粉玫瑰所占比例

$$\frac{3}{5} \quad = \quad 0.6 \quad = \quad 60\%$$

比值和分数

在第62页，我们已经学过了在两个数之间打两点来表示比值，我们也可以把比值写成分数形式。

1 现在，这里有3朵玫瑰和12朵小雏菊，我们把玫瑰和小雏菊的比值写作3:12，然后化简得1:4。

2 我们也可以把这个比值写成$\frac{3}{12}$或$\frac{1}{4}$，这表示玫瑰的数量是小雏菊数量的四分之一。

玫瑰与小雏菊的比值

比值中的第一个数作分数的分子

$$3:12 \text{ 或 } 1:4 \quad = \quad \frac{3}{12} \text{ 或 } \frac{1}{4}$$

比值中的第二个数作分数的分母

相等的分数、小数和百分数

这个表中用不同的方法表示同一个分数。

整体中的部分	一组中的部分	分数的文字表述	分数的数字表述	小数	百分数
		十分之一	$\frac{1}{10}$	0.1	10%
		八分之一	$\frac{1}{8}$	0.125	12.5%
		五分之一	$\frac{1}{5}$	0.2	20%
		四分之一	$\frac{1}{4}$	0.25	25%
		十分之三	$\frac{3}{10}$	0.3	30%
		三分之一	$\frac{1}{3}$	0.33	33%
		五分之二	$\frac{2}{5}$	0.4	40%
		二分之一	$\frac{1}{2}$	0.5	50%
		五分之三	$\frac{3}{5}$	0.6	60%
		四分之三	$\frac{3}{4}$	0.75	75%

试一试 TRY IT OUT

你知道多少？

试一试这些难解的智力题，看看你是否能达到100%的正确率。

答案见第311页

1 把0.35写成一个分数形式。不要忘了将它化简哦！

2 把$\frac{3}{100}$写成百分数形式，然后再写成小数形式。

3 把比值4:6写成分数形式，然后化简。

计算

CALCULATING

计算是为了解决问题。我们可以在脑海里
进行加减乘除运算，或者把数写在纸上进
行计算。通过学习一些有用的技巧，我们
可以解决有关任何数的计算问题。记住一
些简单的规则，我们还可以分几个阶段解
决复杂的计算问题。

加法

我们把两个或两个以上的数、量合起来，得到一个更大的数、量，这就叫作加法。我们可以用两种方法来进行加法运算。

你用什么方法把数相加在一起并不重要，结果都是一样的。

什么是加法？

看这些橙子，把6个橙子和3个橙子放在一起，一共有9个橙子，这就可以说6个橙子加3个橙子等于9个橙子。

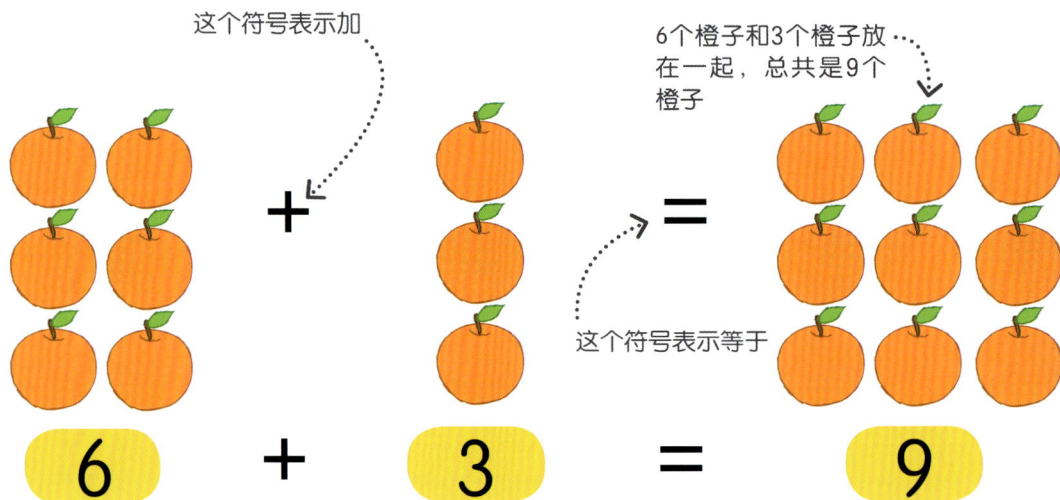

这个符号表示加

6个橙子和3个橙子放在一起，总共是9个橙子

这个符号表示等于

$$6 + 3 = 9$$

按任何顺序都可以进行加法运算

我们用哪一种方法进行加法运算并不重要，所得的和都是一样的。所以加法中的加数是可以交换位置的。

1 看这个计算，它表示5加2等于7。

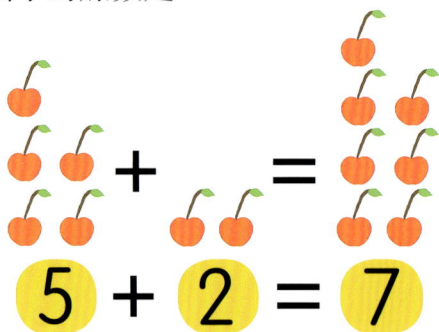

$$5 + 2 = 7$$

2 现在我们把等号左边的数交换位置，可以发现无论我们以什么顺序进行加法运算，所得的和都是一样的。

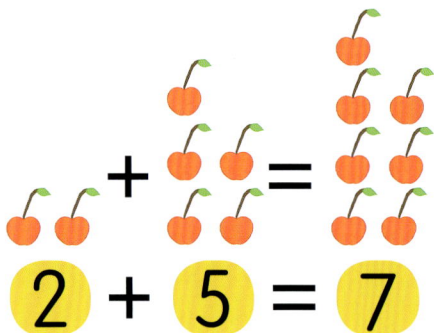

$$2 + 5 = 7$$

现实世界的数学

古老的计算器

最早的计算器是算盘，它在古埃及、古希腊等地广泛使用。算盘可以帮助人们计数，不同行上的珠子代表不同数位上的数字，比如个位数、十位数和百位数。

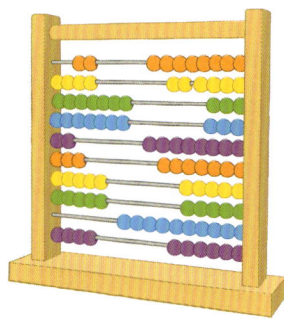

整体计数

我们可以把加法看成是把两个或两个以上的数合并成一个新数，然后再算出这个新数是多少，这种加法运算方法叫作整体计数。

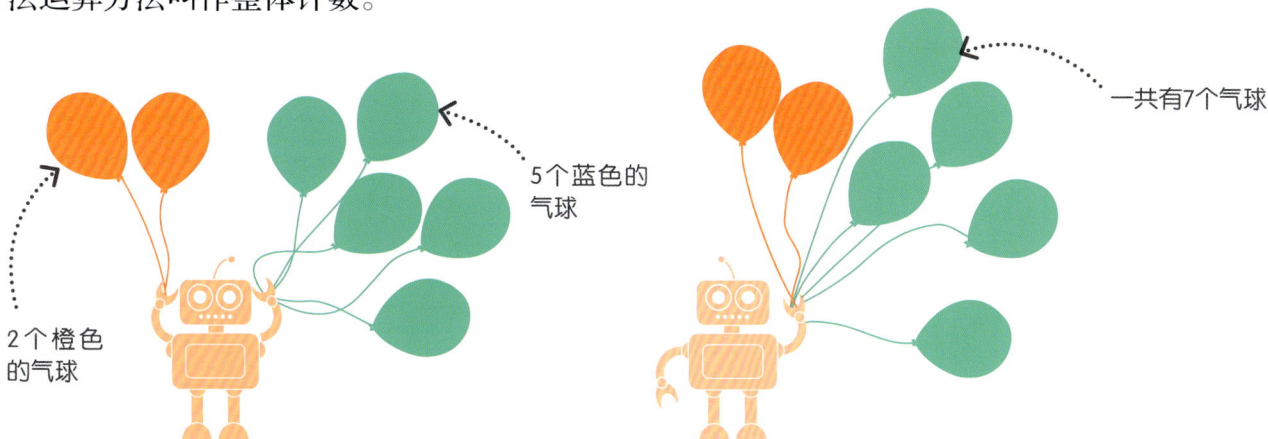

一共有7个气球

5个蓝色的气球

2个橙色的气球

1 我们可以看到这个机器人一只手拿着2个气球，另一只手拿着5个气球。

2 现在机器人把这些气球都拿在同一只手上，我们可以通过简单的整体计数，求出一共有7个气球。

3 所以，2 + 5 = 7。

$2 + 5 = ?$

$2 + 5 = 7$

计数加法

还有另外一种加法运算方法。要把一个数加上另一个数，我们可以简单地从较大的数开始计数，然后按照计数的步骤，数上较小的那个数，这就叫作计数加法。

从5开始，再数1个就是6

| 1 | 2 |
| 3 | 4 | 5 | 6 |

2 他先数第一个红色箱子，这时一共有6个箱子。

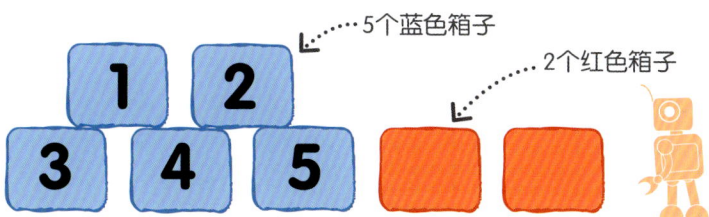

5个蓝色箱子

2个红色箱子

| 1 | 2 |
| 3 | 4 | 5 |

1 这一次，机器人是把5个蓝色箱子加上2个红色箱子，他可以从5开始计数。

| 1 | 2 | 7 |
| 3 | 4 | 5 | 6 |

从6开始，再数1个，得到7

3 然后他再数第2个红色箱子，一共就有7个箱子。

$5 + 2 = ?$

$5 + 2 = 7$

使用数轴做加法

心算是比较难的，而数轴有利于我们更直观地进行运算，包括加法运算。数轴对于20以内数的运算是非常有用的。

你可以使用数轴做加法，也可以使用数轴做减法。

1 让我们使用数轴来计算4加3等于多少。

$$4 + 3 = ?$$

2 先画一条数轴，并从0～10依次标上数。

这条线不需要很整齐，它仅仅是用来帮助你计数的

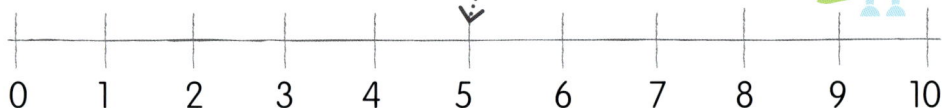

3 这个运算是从4开始，所以先要在数轴上找到4的位置。

从4开始数

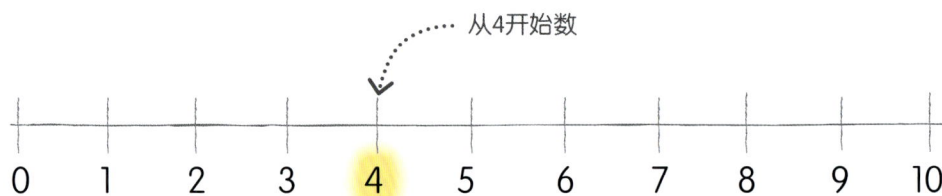

4 我们需要计算4加3，所以接下来往右移动3格，这样就到了7的位置。

$$1 + 1 + 1 = 3$$

数完3格，正好到7的位置

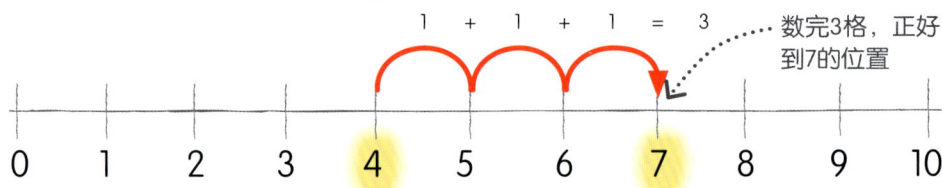

5 所以，4 + 3 = 7。

$$4 + 3 = 7$$

刻度更大的数轴

有一些运算涉及更大的数，我们仍然可以使用数轴计算，只需要让每一格表示更大的数，同样可以找到答案。

跳2个单位为10的格子

$$10 + 10 = 20$$

答案就是70

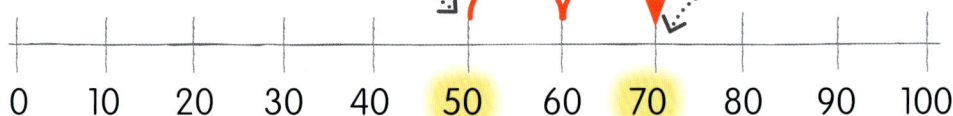

1 我们用刻度更大的数轴来计算20+50。

2 从较大的数开始，每一格代表10，只需沿着数轴跳2格，答案就是70。

3 所以，20 + 50 = 70。

使用数字网格做加法

要计算100以内数的加法，你也可以使用数字网格。数字网格一共10行，包括1～100所有的数，可以从一个方格跳到另一个方格来进行运算。

数字网格对于两位数的加法运算是很有用的，因为这些数比较大，在数轴上计算会比较麻烦。

1 用下面这个数字网格做加法时，可以分成两个阶段来看。若要加上10，就可以直接跳到下一行，因为每一行正好10个数。

2 若要加1，只需往右跳一格。当到达一行的末尾时，继续移动需跳到下一行，并从左往右开始数。

56 + 26 = ?

1	2	3	4	5	6	7	8	9	10
11	12	13	14	15	16	17	18	19	20
21	22	23	24	25	26	27	28	29	30
31	32	33	34	35	36	37	38	39	40
41	42	43	44	45	46	47	48	49	50
51	52	53	54	55	56	57	58	59	60
61	62	63	64	65	66	67	68	69	70
71	72	73	74	75	76	77	78	79	80
81	82	83	84	85	86	87	88	89	90
91	92	93	94	95	96	97	98	99	100

3 我们使用数字网格来计算56+26。

4 这个加法是从56开始，那么在网格中56的位置做上标记。

5 26里有2个10，所以需要往下跳两行，跳到了76。

6 现在我们需要加上26里的6个1，那么再往右跳6个格子，到达82。

7 所以，56 + 26 = 82。

56 + 26 = 82

加法口诀

加法口诀中是一些简单的运算，这些运算不需要算就可以背出答案。你的老师也可能把它叫作加法对。记住简单的加法口诀将帮助你进行更难的计算。

$$0 + 10 = 10$$
$$1 + 9 = 10$$
$$2 + 8 = 10$$
$$3 + 7 = 10$$
$$4 + 6 = 10$$
$$5 + 5 = 10$$
$$6 + 4 = 10$$
$$7 + 3 = 10$$
$$8 + 2 = 10$$
$$9 + 1 = 10$$
$$10 + 0 = 10$$

将这个加法算式与最后一个相比较

这和第一个加法算式很像——只是数的顺序不同

$$1 + 1 = 2$$
$$2 + 2 = 4$$
$$3 + 3 = 6$$
$$4 + 4 = 8$$
$$5 + 5 = 10$$
$$6 + 6 = 12$$
$$7 + 7 = 14$$
$$8 + 8 = 16$$
$$9 + 9 = 18$$
$$10 + 10 = 20$$

如果学了第96页中2的乘法表，那么这些加法将会是很容易的

1 以上就是10的加法口诀，这些算式的答案都是10。

2 这些是双倍加法口诀，我们称为10+10以内的双倍加法口诀。这一次，答案就都是不同的。

试一试 TRY IT OUT

加法口诀的运用

你能用10的加法口诀以及10+10以内的双倍加法口诀求出这些题目的答案吗？

答案见第311页

❶ $60 + 40 = ?$

❷ $700 + 700 = ?$

❸ $20 + 80 = ?$

❹ $0.1 + 0.9 = ?$

❺ $70 + 30 = ?$

❻ $4000 + 4000 = ?$

分块加法

如果将一个数拆分成更容易计算的几个数，然后把这些数加在一起，那么加法运算通常会变得更简便，这就叫作分块加法。分块加法有几种不同的方法。

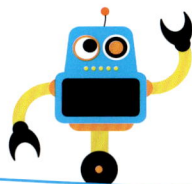

> 分块加法就是先拆分数，然后再把它们加在一起。

1 算一算47+35。

$$47 + 35 = ?$$

2 对于这些复杂的数，可以把它们放在网格中，并标上位值列。

十位	个位		十位	个位		十位	个位
4	7	+	3	5	=	?	?

3 我们先把十位上的数字相加，将答案写在等号的右边： $40 + 30 = 70$。

十位	个位		十位	个位		十位	个位
4	0	+	3	0	=	7	0

4 然后，把个位上的数字相加： $7 + 5 = 12$。

十位	个位		十位	个位		十位	个位
	7	+		5	=	1	2

5 现在很容易把两个答案重新结合，得到总数： $70 + 12 = 82$。

将十位上的数字和个位上的数字放在一起，便得出了答案

十位	个位
8	2

6 通过拆分数，我们得知 $47 + 35 = 82$。

$$47 + 35 = 82$$

拆分出10的倍数

另一种拆分方法是只拆分一个数，这样更容易与另一个数相加。通常是把一个数拆分成一个10的倍数和另外一个数。

1 计算80+54。

$$80 + 54$$

2 80已经是10的倍数，现在我们要把54像这样拆分成两个部分： $50 + 4$。

$$= 80 + 50 + 4$$

3 现在我们可以把80加上50得到130。

$$= 130 + 4$$

4 现在只需要把130加上4，就可得到答案134。

$$= 134$$

扩展竖式加法

超过两位数的加法，我们可以用竖式来计算。竖式计算的方法有两种，这里所讲的方法叫作扩展竖式加法。另一种方法叫作竖式加法，我们将在第78～79页对它进行学习。

1 用扩展竖式加法计算385+157。

$$385 + 157 = ?$$

2 像这样写出两个数，将有相同位值的数字排在同一列。

百位	十位	个位
3	8	5
+ 1	5	7

像这样写出两个数，将有相同位值的数字排在同一列

3 现在，从个位的数字开始，将每一列上面的数字与它下面的数字相加。

百位	十位	个位
3	8	5
+ 1	5	7

从个位的数字加起

4 个位上的5加7等于12，也就是12个1，另起一行，把1写在十位上，把2写在个位上。

百位	十位	个位
3	8	5
+ 1	5	7
	1	2

把答案写在答案线下

做扩展竖式加法时，将数字按位值排列很重要。

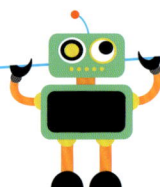

5 当计算8加5时，实际上是80加50等于130。另起一行，把1写在百位上，把3写在十位上，把0写在个位上。

百位	十位	个位
3	8	5
+ 1	5	7
	1	2
1	3	0

把十位上的数字相加

> 扩展竖式加法就像是分块加法，我们把复杂的数拆分成几个一、几个十和几个百。

6 接下来，把百位上的数字相加。将300加上100得到400。在新的一行，将4写在百位上，将两个0分别写在十位和个位上。

百位	十位	个位
3	8	5
+ 1	5	7
	1	2
1	3	0
4	0	0

把百位上的数字相加

7 现在我们已经把两行数加在一起了，再把得出的三行数相加：12 + 130 + 400 = 542。

百位	十位	个位
3	8	5
+ 1	5	7
	1	2
	1	3	0
+ 4	0	0
5	4	2

把得出的三行数相加

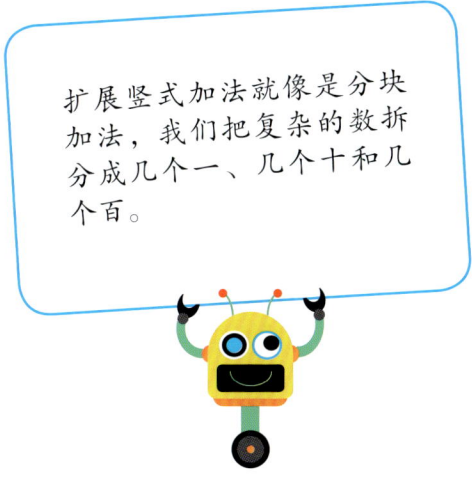

试一试 TRY IT OUT

加一加

现在你已经学会了这种有用的方法，我们可以进行较难的加法运算了。试一试这种方法的运用吧！

❶ 547 + 276 = ?

❷ 948 + 642 = ?

❸ 7256 + 4715 = ?

答案见第311页

8 所以，385 + 157 = 542。

385 + 157 = 542

竖式加法

现在我们学习另外一种竖式加法。相比扩展竖式加法，竖式加法可以更加快速地算出答案，因为不需要按个位、十位和百位的计算结果分别排行，而只需把它们写在同一行。

> 只要学会了竖式加法，你就可以用它做任何加法运算，包括较大数字的运算。

1 用竖式加法计算4368+2795。

$$4368 + 2795 = ?$$

2 先把两个数写在一个位值列中，较大的数写在较小数的上方。如果有必要，标上位值列。

千位	百位	十位	个位
4	3	6	8
2	7	9	5

将较大的数写在较小的数上面

3 现在从个位开始，将下面一行的数字与它对应的上面一行的数字相加。

千位	百位	十位	个位
4	3	6	8
2	7	9	5

从个位开始加起

4 先把5加上8，答案是13。把3写在个位上，13中的1代表1个十，所以我们把它写到十位列中，稍后再与十位上的数字相加。

千位	百位	十位	个位
4	3	ⁱ6	8
2	7	9	5
			3

把13中的1放到十位列中，在下一步十位的加法中加上这个1

5 接下来，把十位上的9加上6，所得答案是15个十，再加上从个位进位的1个十，得到16个十。把6写在十位上，并把这个1写在百位所在的列中。

千位	百位	十位	个位
4	¹3	¹6	8
2	7	9	5
		6	3

把进位的1个十加上15个十，得到16个十

6 现在把百位上的7和3相加，得到10个百，再加上进位的1个百，一共有11个百。将一个1写在百位上，另一个1进位到千位所在列中。

千位	百位	十位	个位
¹4	¹3	¹6	8
+2	7	9	5
	1	6	3

将10个百加上进位的1个百，一共11个百

7 最后，我们把千位上的数字相加。2个千加上4个千，答案是6个千，再加上进位的1个千，一共7个千，把7写在千位上。

千位	百位	十位	个位
¹4	¹3	¹6	8
+2	7	9	5
7	1	6	3

千位上的数字小于10，所以我们不需要再进位

8 所以，4368 + 2795 = 7163。

$$4368 + 2795 = 7163$$

小数加法

小数加法和整数加法一样——我们只需要确保相同位值的数字排在同一列，试试计算38.92+5.89。

1 先把较大的数写在较小的数的上方，确保小数点对齐。在底下那行也要加上一个小数点。如果需要，也可以标出每一列的位值。

十位	个位	十分位	百分位
3	8 .	9	2
+	5 .	8	9
	.		

2 现在可以像整数一样求出和。

十位	个位	十分位	百分位
¹3	¹8 .	¹9	2
+	5 .	8	9
4	4 .	8	1

3 所以，38.92 + 5.89 = 44.81。

试一试　TRY IT OUT

你会做吗？

现在你已经看到了竖式加法是怎么做的，你能用它来求出下列算式的和吗？

❶ 1639 + 6517 = ?

❷ 7413 + 1781 = ?

❸ 45.36 + 26.48 = ?

答案见第311页

减法

减法是加法的逆运算。有两种理解减法的
方式，一种理解是从一个数中取走另一个
数（也称为往回计数）；另一种理解是求
出两个数之间的差值。

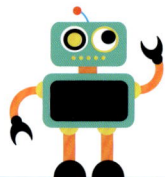

> 我们可以使用数轴来进行
> 减法运算，沿着数轴向前
> 计数或者向后计数。

什么是减法？

有时候我们用一个数减去
另一个数，这就叫作减
法。看这些橘子，当我们
在这6个橘子中减去2个
后，还剩4个橘子。

这个符号表示减去

当我们从6个橘子中减去2个
橘子后，还剩4个橘子

这个符号表示等于

$$6 - 2 = 4$$

减法是加法的逆运算

如果你掌握了加法，就很容易学会如何做减法，
因为它是加法的逆运算。对于加法，我们是加上
数，那么对于减法来说，就是减去数。

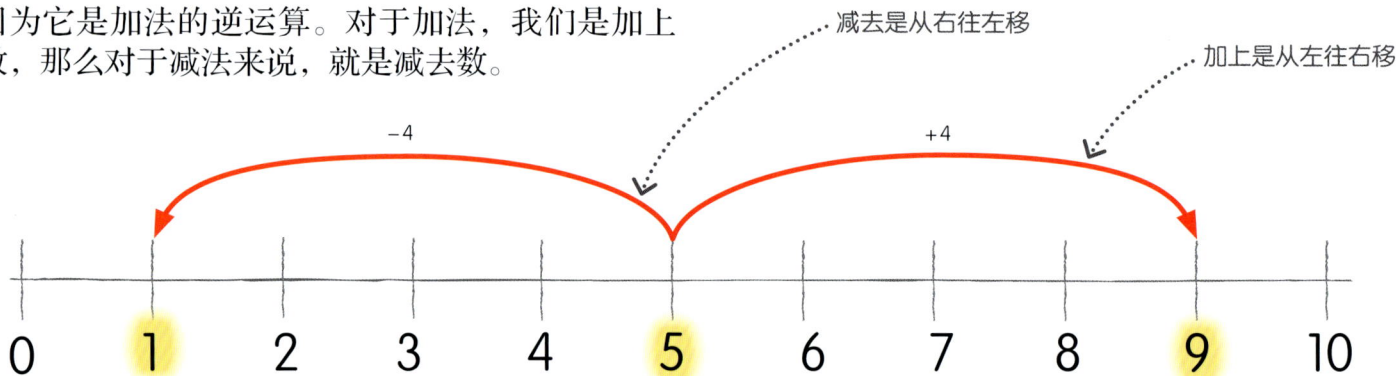

减去是从右往左移

加上是从左往右移

−4

+4

0　1　2　3　4　5　6　7　8　9　10

1 减法
用这个数轴来计算5减去4，这就要沿着数轴
往左移动4格，到达1。

2 加法
现在，把5加上4，得出的答案是9。像
减法一样，我们也是从5开始移动相同的距
离，只是往右移动。

$$5 - 4 = 1$$

$$5 + 4 = 9$$

往回计数

减法运算的一种方法叫作往回计数。当我们从一个数中
减去另一个数时，只需从第一个数开始，往回数与第二
个数相同的格数。

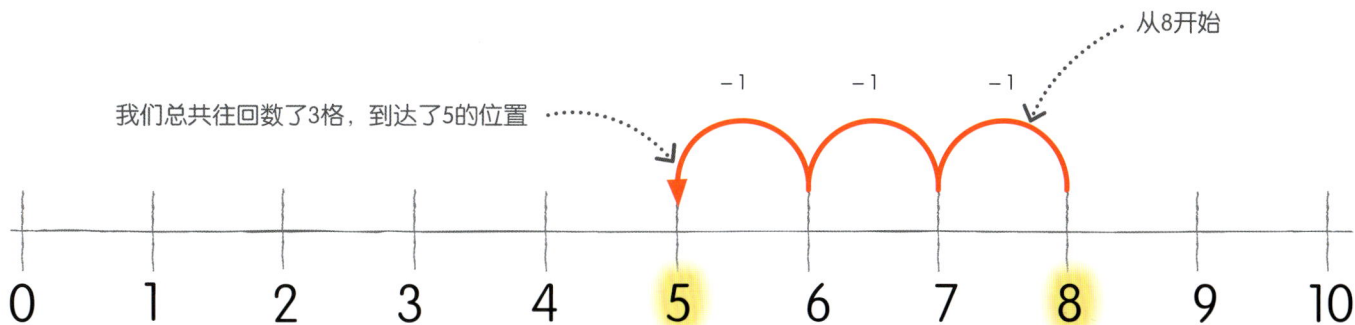

从8开始

我们总共往回数了3格，到达了5的位置

−1   −1   −1

0   1   2   3   4   **5**   6   7   **8**   9   10

1 我们可以在数轴上计算8−3。

2 我们先要找到8的位置，然后往回数3格，就到了5所在的位置。

3 所以，8−3 = 5。

$$8 - 3 = ?$$

$$8 - 3 = 5$$

求出差值

我们也可以把减法看作是求出两个数之间的差值。当
我们需要求出差值时，实际上是要求出从一个数到另
一个数需要移动多少格。

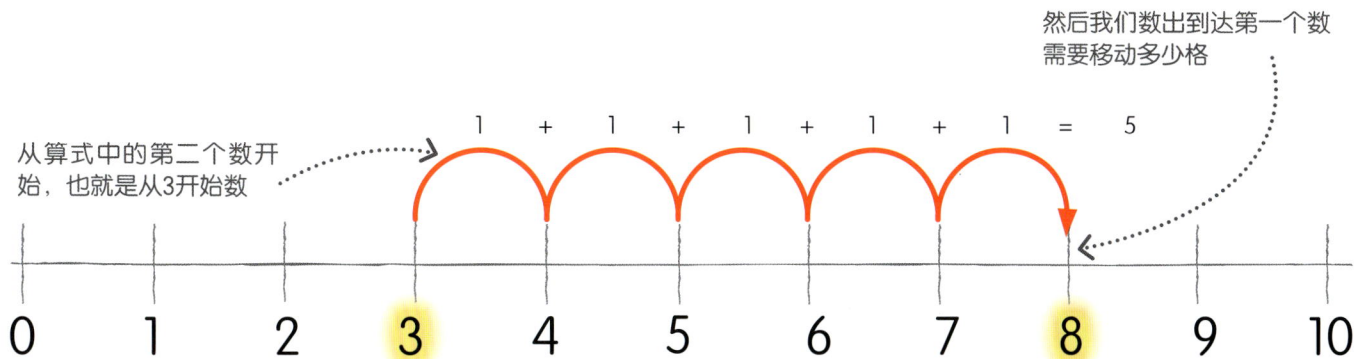

然后我们数出到达第一个数
需要移动多少格

从算式中的第二个数开
始，也就是从3开始数

1 + 1 + 1 + 1 + 1 = 5

0   1   2   **3**   4   5   6   7   **8**   9   10

1 我们可以在数轴上找到两个数之间的差值，下面来看看8−3是怎么计算的。

2 我们需要做的就是在数轴上找到3并且看它需要跳几格才能跳到8。很容易看出一共跳了5格。

3 所以，8 − 3 = 5。

$$8 - 3 = ?$$

$$8 - 3 = 5$$

减法口诀

有一些简单的口诀可以使复杂的减法运算变得简单。你学会了这些减法口诀，就可以将它们应用于其他运算。

减法口诀与我们在第74页学习的加法口诀互为逆运算。

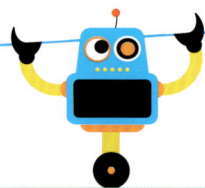

$10 - 0 = 10$

$10 - 1 = 9$

$10 - 2 = 8$

$10 - 3 = 7$

$10 - 4 = 6$

$10 - 5 = 5$

$10 - 6 = 4$

$10 - 7 = 3$

$10 - 8 = 2$

$10 - 9 = 1$

$10 - 10 = 0$

将这个减法算式与最后一个减法算式相比较

这与第一个减法算式很相似——只是有两个数调换了位置

$2 - 1 = 1$

$4 - 2 = 2$

$6 - 3 = 3$

$8 - 4 = 4$

$10 - 5 = 5$

$12 - 6 = 6$

$14 - 7 = 7$

$16 - 8 = 8$

$18 - 9 = 9$

$20 - 10 = 10$

这些减法口诀与我们在第74页所学的双倍加法口诀互为逆运算

1 这些是10的减法口诀，两个数之间的差值随着减数的增大而减小。

2 这是另外一种减法口诀。这一次，每个算式中的第二个数是第一个数的一半。

试一试　TRY IT OUT

减法口诀的应用

你能用上述减法口诀计算出这些算式的答案吗?

答案见第311页

1 $1000 - 200 = ?$

2 $120 - 60 = ?$

3 $140 - 70 = ?$

4 $100 - 30 = ?$

5 $0.1 - 0.08 = ?$

6 $0.4 - 0.2 = ?$

分块减法

如果将一个数拆分成更容易计算的几个数，然后把这些数相减，那么减法运算通常会变得更简便，这就叫作分块减法。我们通常只对减数进行拆分。

1 让我们通过拆分25来计算81−25。

$$81 − 25 = ?$$

2 对于这些复杂的数字，可以把它们放在网格中，并标上位值列。

十位	个位		十位	个位		十位	个位
8	1	−	2	5	=	?	?

3 先用81减去十位上的数值：81 −20 = 61。

十位	个位		十位	个位		十位	个位
8	1	−	2	0	=	6	1

4 接下来，用得出的61减去个位上的数值：61 − 5 = 56。

十位	个位		十位	个位		十位	个位
6	1	−		5	=	5	6

5 通过把计算过程分解成两个简单的步骤，我们可以得出：81−25=56。

$$81 − 25 = 56$$

试一试 TRY IT OUT

拆分练习

花田里有463朵花，机器人特萨摘走了86朵，花田里还剩多少朵花？

1 要计算出结果，我们可以进行分块减法。

2 原本有463朵花，摘走了86朵，那么你需要计算的是：463 − 86。

3 试一试把86拆分为几个十和几个一，然后按步骤进行计算。

答案见第311页

使用数轴做减法

我们已经知道数轴可以帮助我们进行简单的减法运算。如果用我们所学过的分块减法，也可以借助数轴来进行一些更难的减法运算。

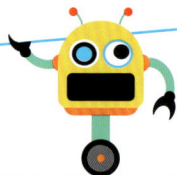

使用数轴做减法时，无论是从第一个数开始往左数，还是从第二个数开始顺着数，得出的答案都是一样的。

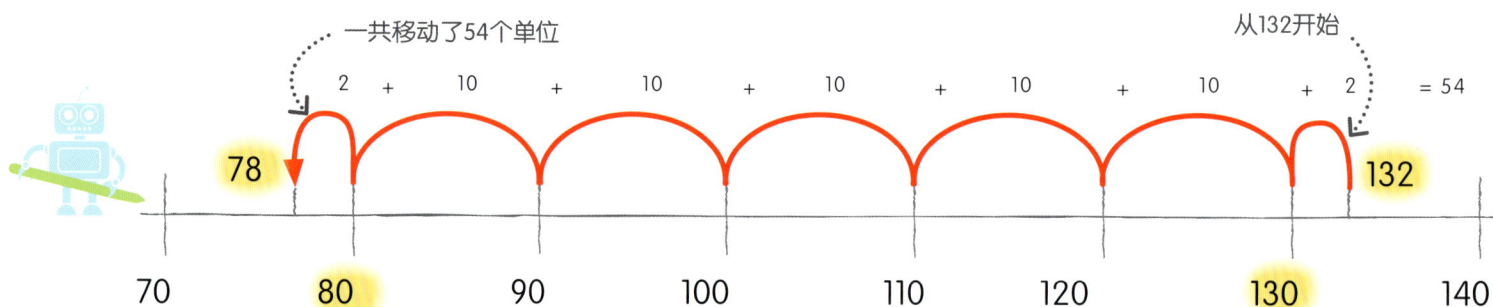

1 往左数
我们用数轴计算132-54。为了沿着数轴数更方便，我们把54拆分成三个部分。

2 从132开始，往左数2个小格到130。接下来，每一大格代表10，移动5格，也就是往左数了50，到达80所在的位置。最后，我们再移动2个小格。

3 我们总共移动了54个单位，到达了78所在的位置。所以，132 − 54 = 78。

132 − 54 = ?

132 − 54 = 78

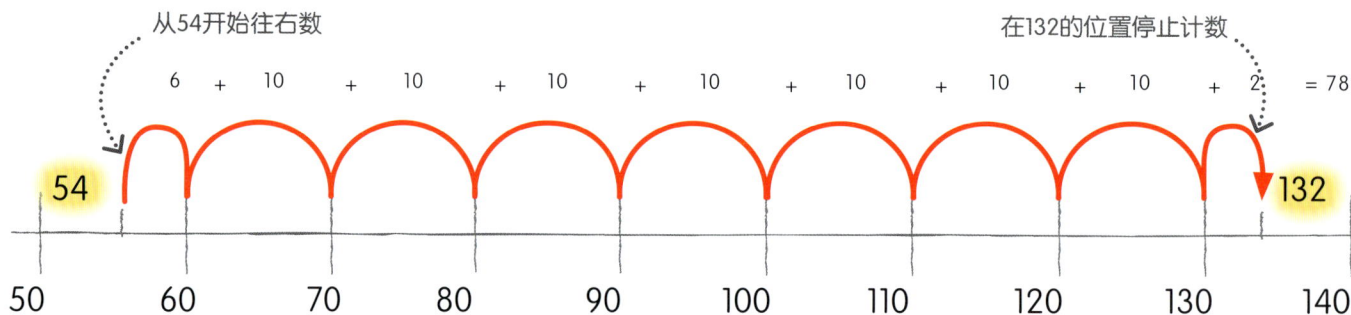

1 顺着数
请记住，我们也可以顺着数来进行减法运算，这叫作求出两个数之间的差值。我们再来计算一下132 −54。

2 这一次将从算式中的第二个数开始，也就是从54开始顺着数轴数到第一个数132。

3 首先，顺着数6个小格到60，然后，每一大格代表10，一共移动7格，最后再移动2个小格。一共移动了78个单位。所以，132 − 54 = 78。

店主的加法

在商店工作的人常常需要快速计算出要找给顾客多少零钱，他们经常在脑海里计算要找多少零钱，这种方法称为店主的加法。

1 彼得买东西要花7.35元，他支付了一张10元的纸币，应该找给他多少零钱？我们可以把这写成算式：10−7.35。

$$10.00元 - 7.35元 = ?$$

2 先将7.35元加上5分钱，得到7.4元。

$$7.35元 + 0.05元 = 7.40元$$

3 接下来，再加6角钱就是8元。

$$7.40元 + 0.60元 = 8.00元$$

4 现在，我们可以加2元达到10元。

$$8.00元 + 2.00元 = 10.00元$$

5 最后，把我们所加的钱都加起来，求出总的差值：0.05+0.60+2.00=2.65。

$$7.35元 + 2.65元 = 10.00元$$

6 所以，应该找给彼得2.65元。

$$10.00元 - 7.35元 = 2.65元$$

试一试 TRY IT OUT

当一回店主

你可以用刚刚所学的方法求出右边的这些商品分别需要找给顾客多少零钱吗？

答案见第311页

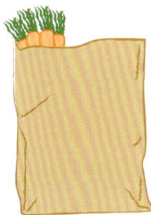

1 商品价格：3.24元 顾客给了一张10元的纸币。

2 商品价格：17.12元 顾客给了一张20元的纸币。

3 商品价格：59.98元 顾客给了两张50元的纸币。

扩展竖式减法

要求出大于两位数的数之间的差值，我们可以用减法来计算。这里所讲的方法叫作扩展竖式减法。当使用普通的竖式减法（参见第88～89页）难以求出结果时，扩展竖式减法是很有用的。

1 我们把减法运算324-178看作是求324和178之间的差值。

$$324 - 178 = ?$$

2 像这样写出两个数，将有相同位值的数字放在同一列。如果有必要，也可以标出每一列的位值。

百位	十位	个位
3	2	4
− 1	7	8

像这样写出两个数，将有相同位值的数字排在同一列

3 现在我们将178加上一些便于计算的数，直到达到324。

百位	十位	个位
3	2	4
− 1	7	8

我们将178加上某个数，直到达到324

4 我们先将178加到最接近的10的倍数，把178加上2得到180，把2写在个位那一列中。在右边写上180来记下与178相加所得的整数。

百位	十位	个位
3	2	4
− 1	7	8
		2

在这里记下目前的总数

180

5 接下来，加整十的数。180加上20等于200，这是最接近的100的倍数。把2写在十位那一列，0写在个位那一列。把新的总数写在右边。

百位	十位	个位
3	2	4
− 1	7	8
		2
	2	0

180加上20后总数达到200

180

200

6 现在，我们加上整百的数。200加上100达到300。把1写在百位那一列，把两个0分别写在十位和个位那一列。把新的总数写在右边。

百位	十位	个位	
3	2	4	
− 1	7	8	
		2	180
	2	0	200
1	0	0	300

200加上100，总数达到300

7 下面我们只需把300加上24就可以达到总数324。把2写在十位那一列，把4写在个位那一列。

百位	十位	个位	
3	2	4	
− 1	7	8	
		2	180
	2	0	200
1	0	0	300
+	2	4	324

300加上24，总数就达到324

8 最后，我们要求出所加的数的总数：2 + 20 + 100 + 24 = 146。

百位	十位	个位	
3	2	4	
− 1	7	8	
		2	180
	2	0	200
1	0	0	300
+	2	4	324
1	4	6	

求出我们所加的数的总数

9 所以，324 − 178 = 146。

$$324 − 178 = 146$$

试一试 TRY IT OUT

求出差值

你能用所学的扩展竖式减法求出两个数之间的差值吗？

① 283 − 76 = ？

② 817 − 394 = ？

③ 9425 − 5832 = ？

答案见第311页

像店主的加法（参见第85页）一样，我们在解题过程中通过加上个位数、整十的数和整百的数来求出答案。

竖式减法

进行更大数的减法运算时，用竖式减法会比用扩展竖式减法（第86～87页）更快速地求出答案。有些减法看起来很棘手，但是我们可以借助其他列的数字来帮助计算。

1 用竖式减法计算932-767。

$$932-767=?$$

2 像这样写出两个数，将有相同位值的数字放在同一列。如果有必要，也可以标出每一列的位值。

百位	十位	个位
9	3	2
- 7	6	7

像这样写出两个数，将有相同位值的数字排在同一列

3 接下来，从个位开始，把每一列上面的数减去下面的数。

百位	十位	个位
9	3	2
- 7	6	7

首先，把个位上的数相减

4 我们无法把个位上的2减去7，那么我们就要从十位上借1个十，放到个位上就是10个一，在个位上的2旁边写上一个小小的1，表示现在有12个一。

百位	十位	个位
9	3	¹2
- 7	6	7

我们无法用个位上的2减去7，那么需要把1个十换成10个一

5 把十位上的3改为2，表示已经借走了1个十。

百位	十位	个位
9	²3̶	2
- 7	6	7

把十位上的3改为2，因为我们已经把1个十换成了10个一

6 现在就可以用12个一减去7个一，得到5个一，在个位这一列写上5。

百位	十位	个位
9	3	2
− 7	6	7
		5

现在可以用12个一减去7个一

7 接下来，减去十位上的数。我们无法用2个十减去6个十，所以需要从百位借1个百换成10个十，在十位上的2旁边写上一个小小的1，表示现在有12个十。

百位	十位	个位
9	12 3	1 2
− 7	6	7
		5

我们无法用十位上的2减去6，那么需要把1个百换成10个十

8 把百位上的9改成8，表示已经借走了1个百，换成了10个十。

百位	十位	个位
8 9	12 3	1 2
− 7	6	7
		5

把百位上的9改成8，因为我们已经把1个百换成了10个十

9 现在可以用12个十减去6个十，答案是6个十。在十位这一列写上6。

百位	十位	个位
8 9	12 3	2
− 7	6	7
	6	5

现在可以用12个十减去6个十

10 最后，把8个百减去7个百，还剩1个百。把1写在百位这一列上。

百位	十位	个位
8 9	12 3	2
− 7	6	7
1	6	5

现在可以从8个百中减去7个百

11 所以，932 − 767 = 165。

$$932 - 767 = 165$$

当我们需要用一个较小的数减去一个较大的数时，可以从左边的列中借1个十、1个百或者1个千。

乘法

理解乘法的方法主要有两种：一种认为乘法是许多相同大小的数、量放在一起或者加在一起；另一种认为乘法是改变某个事物的大小 ——我们将在第92页学习这种方法。

什么是乘法？

1 看右边的橙子，一共有3组，每组4个。我们来算一算一共有多少个橙子。

这里有3组橙子，每组4个

2 为了更容易计算总数，把这3组橙子排放成3行，每行4个橙子。我们称这种排列为数组。有了数组，现在就容易计算总数了。

3行橙子，每行4个

3 数一数右边这些橙子的数量，可以看出来一共有12个。我们可以像这样把它写成一个乘法算式：$4 \times 3 = 12$。

$$4 \times 3 = 12$$

这个符号表示乘或翻倍

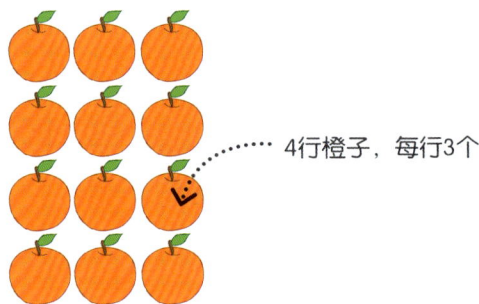

4 下面我们把这些橙子排成4行3列，一共有多少个橙子呢？相比我们排成3行4列时，橙子的总数有什么不同吗？

4行橙子，每行3个

5 数一下这些橙子的数量，可以看出仍然是12个。我们也可以像这样把它写成一个乘法算式：$3 \times 4 = 12$。

$$3 \times 4 = 12$$

乘法运算的结果叫作乘积

6 所以，4×3 和 3×4 都得到同样的总数。我们按什么样的顺序进行乘法运算并不重要，所得的总数都是相同的。这就意味着乘法中的数是可以交换顺序的。

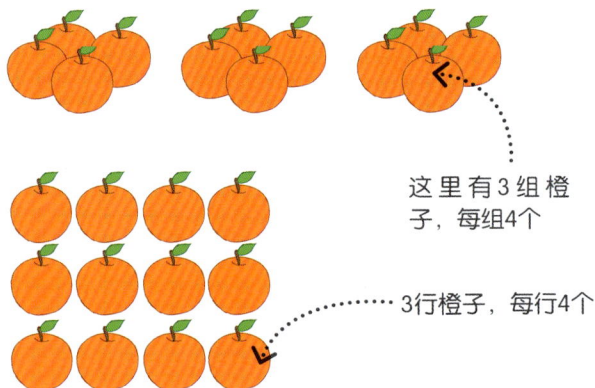

乘法就是重复加法

我们可以认为乘法是把一个以上相同大小的数加在一起，这叫作重复加法。两个数相乘，只需要将一个数加上它本身，所加的次数就是另外一个数。

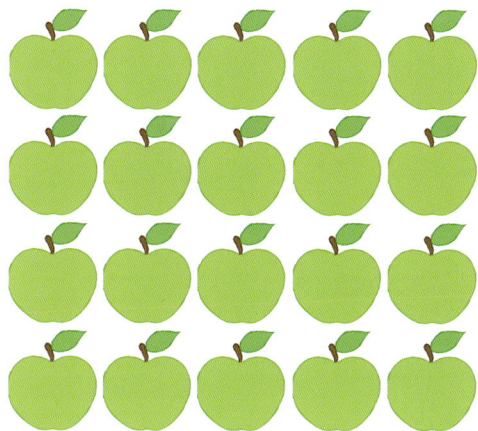

=

$$5$$
$$5$$
$$5$$
$$5 +$$
$$\overline{20}$$

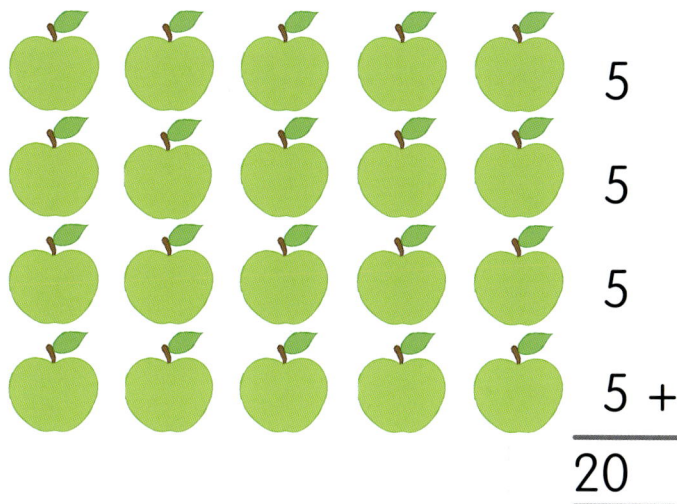

1 用这些苹果算出 5×4 的答案。我们想要求出5乘4的结果，可以借助4行5列的苹果来帮助计算。

2 要算出一共有多少个苹果，我们只需把5加4次：$5 + 5 + 5 + 5 = 20$。

$$5 \times 4 = ?$$

3 所以，用重复加法可以得到：$5 \times 4 = 20$。

$$5 \times 4 = 20$$

试一试 TRY IT OUT

乘法挑战

这里有一些重复加法的例题，你能把它们写成乘法算式并计算出结果吗？

1 $6 + 6 + 6 + 6 = ?$

2 $8 + 8 + 8 + 8 + 8 + 8 + 8 = ?$

3 $9 + 9 + 9 + 9 + 9 + 9 = ?$

4 $13 + 13 + 13 + 13 + 13 = ?$

答案见第311页

按什么样的顺序进行乘法运算并不重要——所得的总数都是相同的。

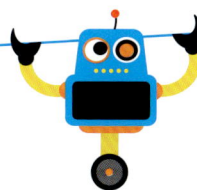

缩放乘法

重复加法不是理解乘法的唯一方法，当我们需要改变某个物体的大小时，会用到一种叫作缩放的乘法运算。我们也可以用缩放来进行分数乘法运算。

> 我们用缩放改变物体的大小并进行乘法运算。

1 看右边这三栋建筑物，它们的高度都不相同。

2 第二栋建筑的高度是第一栋的两倍，所以它的高度被放大了两倍。我们可以写成：$10 \times 2 = 20$。

3 第三栋建筑的高度是第二栋的两倍，所以我们可以说它也是被放大了两倍。我们可以写成：$20 \times 2 = 40$。

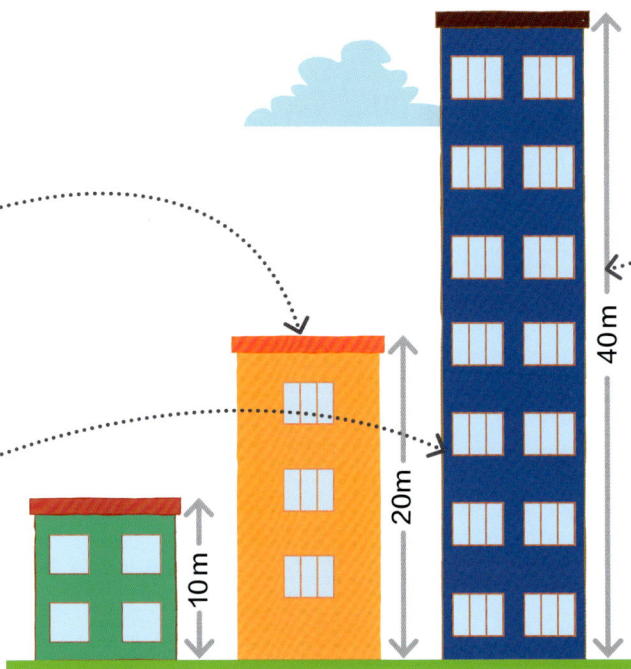

4 第三栋建筑的高度是第一栋建筑的四倍，它被放大了四倍。我们可以写成：$10 \times 4 = 40$。

5 我们也可以把这些建筑物看作是缩小了。第二栋建筑的高度是第三栋的一半，我们可以用一个分数来计算：$40 \times \frac{1}{2} = 20$。

10 m　20 m　40 m

缩放和分数

正如我们刚刚所看到的，我们也可以以分数为比例进行缩放。乘以小于1的真分数，会使得数更小，而不是更大。

1 看右边的算式，我们想要把 $\frac{1}{4}$ 乘 $\frac{1}{2}$。

2 看右边的图形，它是四分之一个圆。要计算 $\frac{1}{4} \times \frac{1}{2}$，我们只需要拿走这个四分之一圆的一半。

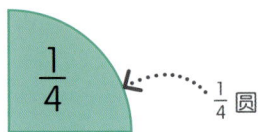

3 你可以发现四分之一圆的一半就是八分之一圆。

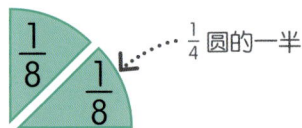

4 所以，$\frac{1}{4} \times \frac{1}{2} = \frac{1}{8}$。

$$\frac{1}{4} \times \frac{1}{2} = ?$$

$\frac{1}{4}$ 圆

$\frac{1}{4}$ 圆的一半

$$\frac{1}{4} \times \frac{1}{2} = \frac{1}{8}$$

因数对

两个整数相乘等于第三个数，那么这两个整数就叫作第三个数的因数对。每个整数至少有一组因数对，那就是它本身和1。

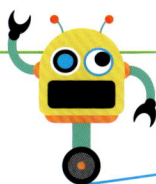

每个整数至少有一组因数对——1和它本身。

1~12的因数对

学习因数对和学习乘法口诀是一样的。了解这些基础的因数对，将有助于你进行乘法运算。右表展示了1~12中每个数的所有因数对。每一组因数对也被画成了一个数组，就像我们在第90~91页看到的数组一样。

试一试 TRY IT OUT

求因数对

你能找出以下每一个数的所有因数对吗？如果你觉得有用，可以把它们画成数组。

1 14

2 60

3 18

4 35

5 24

答案见第311页

数	因数对	数组
1	1, 1	
2	1, 2	
3	1, 3	
4	1, 4	
	2, 2	
5	1, 5	
6	1, 6	
	2, 3	
7	1, 7	
8	1, 8	
	2, 4	
9	1, 9	
	3, 3	
10	1, 10	
	2, 5	
11	1, 11	
12	1, 12	
	2, 6	
	3, 4	

倍数计算

当一个整数乘另一个整数时，结果就叫作倍数——我们在第22~23页学过倍数的概念。乘法运算有助于倍数计算。

1 **2的倍数**
看右边的数轴，它显示了从0开始以2为单位累加得到的数。这个序列中的每一个数都是2的倍数。例如，移动四次到达8，所以$2 \times 4 = 8$。

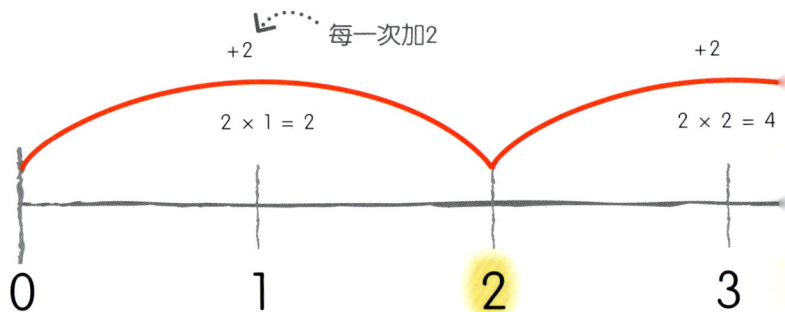

每一次加2

$+2$ $+2$

$2 \times 1 = 2$ $2 \times 2 = 4$

0　1　2　3

2 **3的倍数**
这条数轴显示了从0开始以3为单位累加得到的数。移动五次到达15，所以$3 \times 5 = 15$。

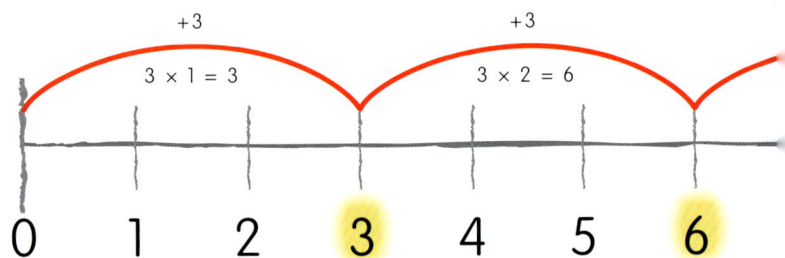

$+3$ $+3$

$3 \times 1 = 3$ $3 \times 2 = 6$

0　1　2　3　4　5　6

3 **6的倍数**
看右边的数轴，它显示了6的前几个倍数。移动三次到达18，所以$6 \times 3 = 18$。

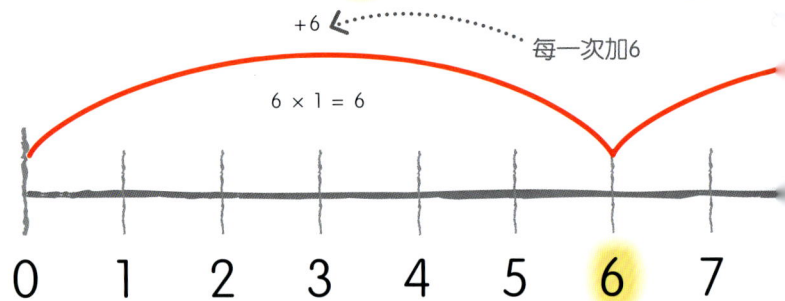

$+6$ 每一次加6

$6 \times 1 = 6$

0　1　2　3　4　5　6　7

4 **8的倍数**
这条数轴显示了从0开始以8为单位累加得到的前三个8的倍数。移动两次到达16，所以$8 \times 2 = 16$。

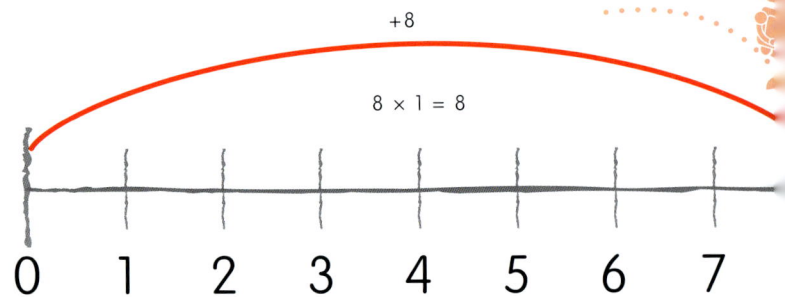

$+8$

$8 \times 1 = 8$

0　1　2　3　4　5　6　7

5 以上这些数轴显示了2，3，6和8的前几个倍数。学习倍数计算有助于我们掌握第96~97页所展示的乘法表。

第98页的乘法网格向我们展示了12×12以内的所有倍数。

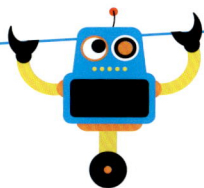

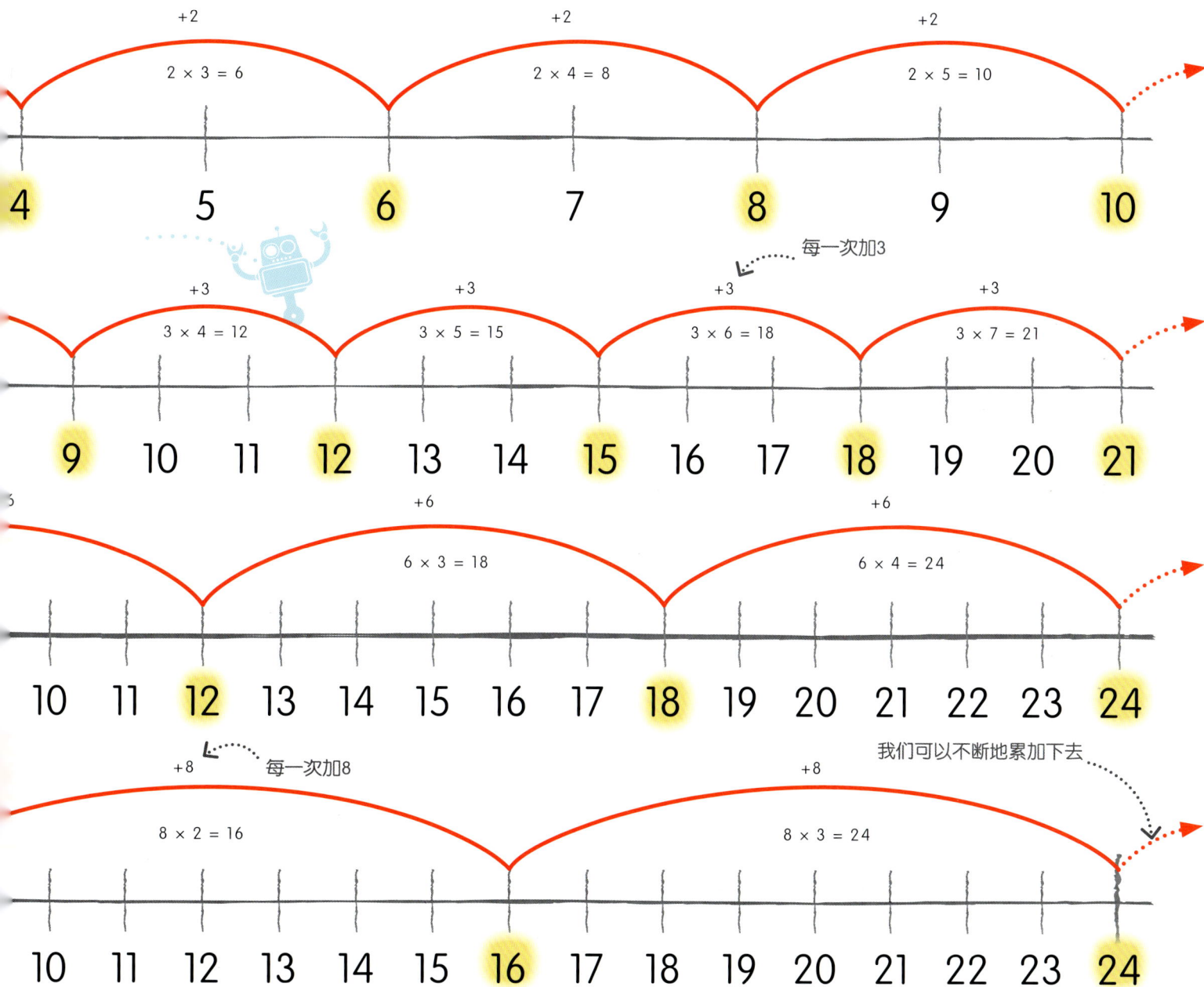

试一试 TRY IT OUT

求倍数

现在你已经了解了2，3，6和8的前几个倍数，你能不能借用数轴，或者就在脑海里计算，求出右边已给出的7，9和11的倍数之后接下来的三个倍数？

答案见第311页

1 7, 14, 21, ⋯

2 9, 18, 27, ⋯

3 11, 22, 33, ⋯

+2 $2 \times 3 = 6$ +2 $2 \times 4 = 8$ +2 $2 \times 5 = 10$

4 5 **6** 7 **8** 9 **10**

每一次加3

+3 $3 \times 4 = 12$ +3 $3 \times 5 = 15$ +3 $3 \times 6 = 18$ +3 $3 \times 7 = 21$

9 10 11 **12** 13 14 **15** 16 17 **18** 19 20 **21**

+6 $6 \times 3 = 18$ +6 $6 \times 4 = 24$

10 11 **12** 13 14 15 16 17 **18** 19 20 21 22 23 **24**

+8 每一次加8 +8 我们可以不断地累加下去

$8 \times 2 = 16$ $8 \times 3 = 24$

10 11 12 13 14 15 **16** 17 18 19 20 21 22 23 **24**

乘法表

乘法表实际上只是一个关于特定数的乘法列表，你需要学习它们。只要你知道乘法表，就将发现在进行其他运算时，它们是非常有用的。

1的乘法表			
1 × 0 =	0
1 × 1 =	1
1 × 2 =	2
1 × 3 =	3
1 × 4 =	4
1 × 5 =	5
1 × 6 =	6
1 × 7 =	7
1 × 8 =	8
1 × 9 =	9
1 × 10 =	10
1 × 11 =	11
1 × 12 =	12

2的乘法表	
2 × 0 =	0
2 × 1 =	2
2 × 2 =	4
2 × 3 =	6
2 × 4 =	8
2 × 5 =	10
2 × 6 =	12
2 × 7 =	14
2 × 8 =	16
2 × 9 =	18
2 × 10 =	20
2 × 11 =	22
2 × 12 =	24

3的乘法表	
3 × 0 =	0
3 × 1 =	3
3 × 2 =	6
3 × 3 =	9
3 × 4 =	12
3 × 5 =	15
3 × 6 =	18
3 × 7 =	21
3 × 8 =	24
3 × 9 =	27
3 × 10 =	30
3 × 11 =	33
3 × 12 =	36

4的乘法表	
4 × 0 =	0
4 × 1 =	4
4 × 2 =	8
4 × 3 =	12
4 × 4 =	16
4 × 5 =	20
4 × 6 =	24
4 × 7 =	28
4 × 8 =	32
4 × 9 =	36
4 × 10 =	40
4 × 11 =	44
4 × 12 =	48

5的乘法表	
5 × 0 =	0
5 × 1 =	5
5 × 2 =	10
5 × 3 =	15
5 × 4 =	20
5 × 5 =	25
5 × 6 =	30
5 × 7 =	35
5 × 8 =	40
5 × 9 =	45
5 × 10 =	50
5 × 11 =	55
5 × 12 =	60

6的乘法表	
6 × 0 =	0
6 × 1 =	6
6 × 2 =	12
6 × 3 =	18
6 × 4 =	24
6 × 5 =	30
6 × 6 =	36
6 × 7 =	42
6 × 8 =	48
6 × 9 =	54
6 × 10 =	60
6 × 11 =	66
6 × 12 =	72

试一试 TRY IT OUT

13的乘法表

你一定已经掌握了12以内的乘法表。右边是13的乘法表的前四行，你能把剩下的补充完整吗？

答案见第311页

13	×	1	=	13
13	×	2	=	26
13	×	3	=	39
13	×	4	=	?
...				

7的乘法表

7	×	0	=	0
7	×	1	=	7
7	×	2	=	14
7	×	3	=	21
7	×	4	=	28
7	×	5	=	35
7	×	6	=	42
7	×	7	=	49
7	×	8	=	56
7	×	9	=	63
7	×	10	=	70
7	×	11	=	77
7	×	12	=	84

8的乘法表

8	×	0	=	0
8	×	1	=	8
8	×	2	=	16
8	×	3	=	24
8	×	4	=	32
8	×	5	=	40
8	×	6	=	48
8	×	7	=	56
8	×	8	=	64
8	×	9	=	72
8	×	10	=	80
8	×	11	=	88
8	×	12	=	96

9的乘法表

9	×	0	=	0
9	×	1	=	9
9	×	2	=	18
9	×	3	=	27
9	×	4	=	36
9	×	5	=	45
9	×	6	=	54
9	×	7	=	63
9	×	8	=	72
9	×	9	=	81
9	×	10	=	90
9	×	11	=	99
9	×	12	=	108

10的乘法表

10	×	0	=	0
10	×	1	=	10
10	×	2	=	20
10	×	3	=	30
10	×	4	=	40
10	×	5	=	50
10	×	6	=	60
10	×	7	=	70
10	×	8	=	80
10	×	9	=	90
10	×	10	=	100
10	×	11	=	110
10	×	12	=	120

11的乘法表

11	×	0	=	0
11	×	1	=	11
11	×	2	=	22
11	×	3	=	33
11	×	4	=	44
11	×	5	=	55
11	×	6	=	66
11	×	7	=	77
11	×	8	=	88
11	×	9	=	99
11	×	10	=	110
11	×	11	=	121
11	×	12	=	132

12的乘法表

12	×	0	=	0
12	×	1	=	12
12	×	2	=	24
12	×	3	=	36
12	×	4	=	48
12	×	5	=	60
12	×	6	=	72
12	×	7	=	84
12	×	8	=	96
12	×	9	=	108
12	×	10	=	120
12	×	11	=	132
12	×	12	=	144

乘法网格

我们可以把乘法表里的所有数放入到一个网格中，这个网格就叫作乘法网格。因数写在网格的顶部和左边，得数写在网格中间。

1 我们用乘法网格求 3×7。

$$3 \times 7 = ?$$

2 我们所需要做的就是沿着网格的顶端找到第一个因数，这个例题中是3。

3 第二个因数是7，所以接下来我们在网格的左边找到7。

×	1	2	3	4	5	6	7	8	9	10	11	12
1	1	2	3	4	5	6	7	8	9	10	11	12
2	2	4	6	8	10	12	14	16	18	20	22	24
3	3	6	9	12	15	18	21	24	27	30	33	36
4	4	8	12	16	20	24	28	32	36	40	44	48
5	5	10	15	20	25	30	35	40	45	50	55	60
6	6	12	18	24	30	36	42	48	54	60	66	72
7	7	14	21	28	35	42	49	56	63	70	77	84
8	8	16	24	32	40	48	56	64	72	80	88	96
9	9	18	27	36	45	54	63	72	81	90	99	108
10	10	20	30	40	50	60	70	80	90	100	110	120
11	11	22	33	44	55	66	77	88	99	110	121	132
12	12	24	36	48	60	72	84	96	108	120	132	144

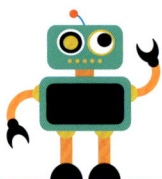

请记住，乘法中因数可以以任意顺序排列，所以你可以沿着网格的顶端或者沿着网格的左边来查看因数。

4 沿着这两个因数所在的行和列移动，直到行和列交于一个方格。

5 两个因数3和7在方格21中相遇。

6 所以，$3 \times 7 = 21$。

$$3 \times 7 = 21$$

乘法规律与技巧

有许多规律和简单的技巧可以帮助你学习乘法表，甚至是乘法表以外的运算。一些最容易记忆的规律与技巧都在本页的表格中。

乘法	规律与技巧	举例
×2	数的两倍，即一个数字加上它本身	$11 \times 2 = 11 + 11 = 22$
×4	数的两倍，然后再两倍	$8 \times 4 = 32$, 因为 8 的两倍是16，16 的两倍是 32
×5	5的倍数的个位数字遵循以下规律：5, 0, 5, 0, …	5的乘法表里前四个5的倍数是 5, 10, 15和20
	乘10，然后把结果减半	$16 \times 5 = 80$, 因为$16 \times 10 = 160$，所以160 的一半是80
×9	把这个数乘10，然后减去这个数	$7 \times 9 = （7 \times 10）- 7 = 63$
	对于10×9以内的运算，可以借助手指进行计算	以 3×9为例,举起你的双手并使手掌朝着自己，然后弯下左手的第三个手指。它的左边还剩2个手指，右边剩7个手指，所以答案是 27
×11	用11乘1~9以内的数，把这个数写两次，一次写在十位上，一次写在个位上	$4 \times 11 = 44$
×12	把这个数先乘10，再把它乘2，然后将两个得数相加	$3 \times 12 = （3 \times 10）+（3 \times 2）= 30 + 6 = 36$

以10，100，1000 为乘数的乘法

以10，100，1000为乘数的乘法是很简单的，例如，将一个数乘10，我们所要做的就是把这个数中的每一个数字在位值网格中向左移动一位。

> 一个数乘10，只需要把它的每一个数字向左移动一位。

1 乘10

计算3.2乘10，我们只需把3.2中的每一个数字在位值网格中向左移一位，那么，3.2就变成了32，是3.2的10倍。

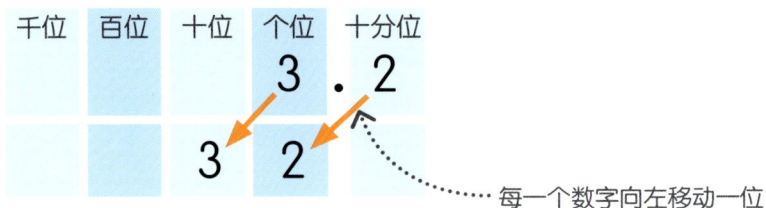

千位	百位	十位	个位	十分位
			3 .	2
		3	2	

每一个数字向左移动一位

2 乘100

这一次，我们试一试用3.2乘100。一个数乘100，只需将每一个数字向左移两位。那么，3.2就变成了320，是3.2的100倍。

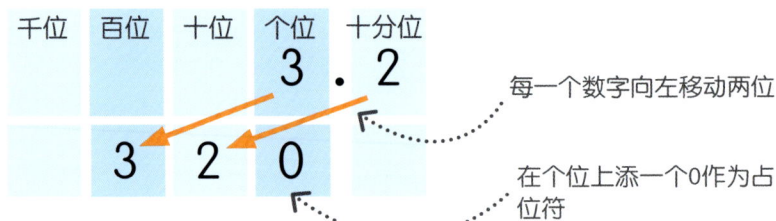

千位	百位	十位	个位	十分位
			3 .	2
	3	2	0	

每一个数字向左移动两位

在个位上添一个0作为占位符

3 乘1000

下面来计算3.2乘1000，我们需要把每一个数字向左移动三位。那么，3.2就变成了3200，是3.2的1000倍。

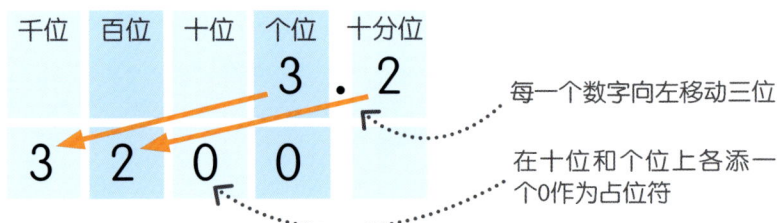

千位	百位	十位	个位	十分位
			3 .	2
3	2	0	0	

每一个数字向左移动三位

在十位和个位上各添一个0作为占位符

4

我们可以继续像这样乘10 000，100 000，甚至是1 000 000。

试一试　TRY IT OUT

向左移

你能用上述方法求出右边这些算式的答案吗？

答案见第311页

1 $6.79 \times 100 = ?$

2 $48 \times 10\,000 = ?$

3 $0.072 \times 1000 = ?$

10的倍数的乘法

我们可以结合所学过的乘法表和以10为乘数的乘法，让10的倍数的乘法运算变得更加简单。

计算一个数乘10的倍数，可以将10的倍数拆分成一个10和另一个因数，然后按步骤进行计算。

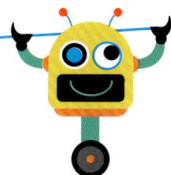

1 看右边的算式，我们想要计算126乘20，这看起来比较复杂，但如果你学会了10的倍数的乘法，这道题就很简单了。

$$126 \times 20 = ?$$

2 我们把20写成2×10，因为乘2和乘10的计算要比乘20的计算更加容易。

$$126 \times 2 \times 10$$

3 现在先把126乘2。因为26×2=52，所以可以求出：126×2=252。

$$126 \times 2 = 252$$

4 最后，只需把252乘10，就可以得到答案2520。

$$252 \times 10 = 2520$$

5 所以，126×20=2520。

$$126 \times 20 = 2520$$

试一试 TRY IT OUT

复杂的整十乘法

看看右边的算式，你能把10的倍数进行分解从而使运算更简便，然后求出答案吗？

答案见第311页

❶ $25 \times 50 = ?$

❷ $0.5 \times 60 = ?$

❸ $231 \times 30 = ?$

❹ $43 \times 70 = ?$

❺ $0.03 \times 90 = ?$

❻ $824 \times 20 = ?$

分块乘法

就像做加法、减法和除法一样，为了更容易求出答案，在乘法运算中，我们也可以把数进行拆分。

在数轴上拆分数

我们可以使用数轴将算式中的一个数拆分成两个更小的、易于计算的数。

1 使用数轴拆分数，回答以下问题：一辆货车的车长为12m，一列火车的长度是货车车长的15倍，请问一列火车有多长？

2 要求出这个问题的答案，我们需要将货车的长度（即12m）乘15。

3 我们可以拆分算式中的任意一个数。在这里，我们把15拆分成10和5。

$$12 \times 15 = ?$$

先从0开始移动

| 120 | | + | | 60 | = | 180 |

12×10　　　　　　　　　　12×5

0　10　20　30　40　50　60　70　80　90　100　110　120　130　140　150　160　170　180

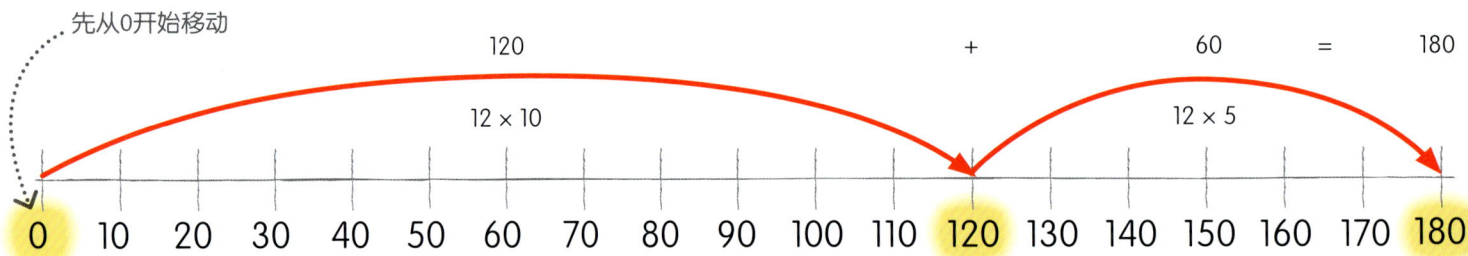

4 先将12乘10，得到答案120，所以在数轴上从0开始移动到120。

5 接下来，我们把12乘另一个数字5，得到答案60，所以在数轴上从120开始向右移动60个单位，到达180。

6 所以，一列火车的长度为180m。

$$12 \times 15 = 180$$

在网格中拆分数

我们也可以在网格中拆分乘法算式中的数，这样的网格称为开放数组。

无论拆分算式中的哪个数都是可以的，只要把数拆分之后能让运算更简便就行。

$$12 \times 15 = ?$$

1 这一次，我们用网格再来计算 12×15。像前面一样，可以将15拆分为10和5。

2 像这样画一个矩形，矩形的每一边分别代表算式中的一个数。不需要用直尺精确测量长和宽，只需大致画一个这样的矩形就行。

3 我们将15拆分成了10和5，所以在矩形中画一条线，表示这个数已经被拆分了。一边标上12，另一边标上10和5。

4 现在把网格中每个小矩形的边相乘。先将12乘10得到120，在相应的网格中写上 $12 \times 10 = 120$。

10	5
$12 \times 10 = 120$	$12 \times 5 = 60$

12

5 接下来，将12乘5得到60，在相应的网格中写上 $12 \times 5 = 60$。

6 最后，只需要将这两个得数加在一起：$120 + 60 = 180$。

7 所以，$12 \times 15 = 180$。

$$12 \times 15 = 180$$

8 我们也可以不用画网格就能拆分数，可以这样写：
$12 \times 15 = (12 \times 10) + (12 \times 5) = 120 + 60 = 180$。

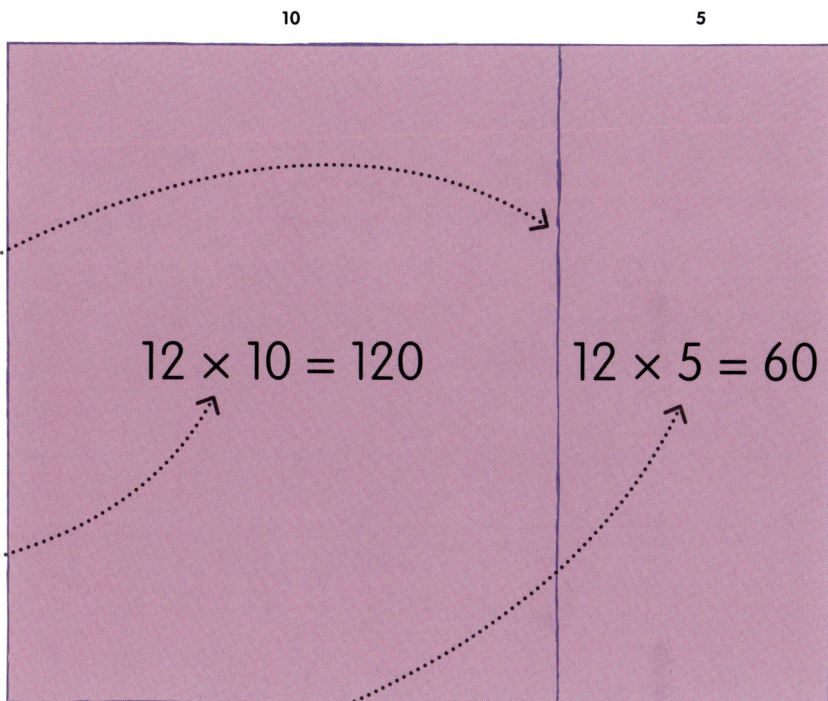

试一试 TRY IT OUT

拆分训练

试一试用数轴和网格的方法求出下列算式的答案。你更喜欢哪种方法呢？

1 $35 \times 22 = ?$ **3** $26 \times 12 = ?$

2 $17 \times 14 = ?$ **4** $16 \times 120 = ?$

答案见第311页

网格方法

我们也可以用与第103页所示的开放数组稍微不同的网格来计算乘法，这叫作网格方法。你学得越好，网格就可以画得越简单，也就能更快地求出复杂的乘法算式的答案。

学好乘法表和10的倍数的乘法将有助于你在使用网格方法时更快地求出答案。

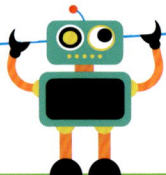

1 用网格方法计算 37×18。

$$37 \times 18 = ?$$

2 先画一个矩形，并在矩形的两边标出算式中的两个数：37和18。不需要用直尺精确测量边长，只需大致画一个这样的矩形就行。

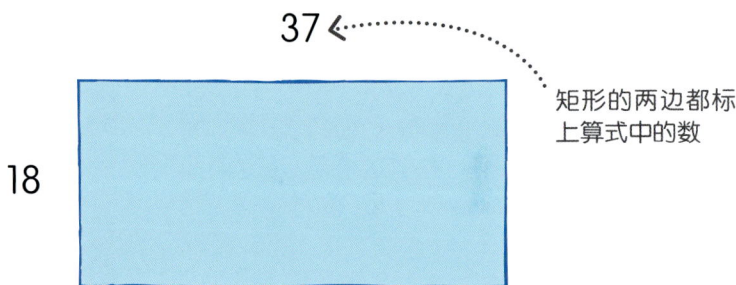

37

18

矩形的两边都标上算式中的数

3 接下来，我们把37和18拆分成更小的易于计算的数。在这里，把18拆分成10和8，并在矩形中画一条线，画在这两个数之间。

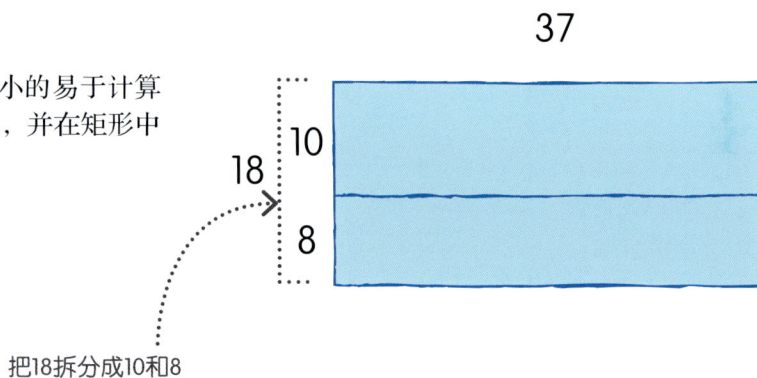

37

18

10

8

把18拆分成10和8

4 接下来，我们再把37拆分成10，10，10和7。在这个矩形中，每两个数之间画一条线。现在的矩形看起来就像是一个网格。

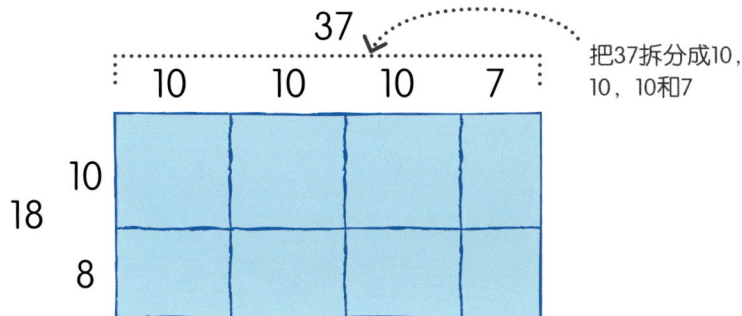

37

10　10　10　7

18

10

8

把37拆分成10，10，10和7

5 接下来，把每一列最上面的数乘每一行最前面的数，并把乘积写在网格的每一个格子中。

37

	10	10	10	7
10	100	100	100	70
8	80	80	80	56

(18)

把每一列最上面的数字乘每一行最前面的数字

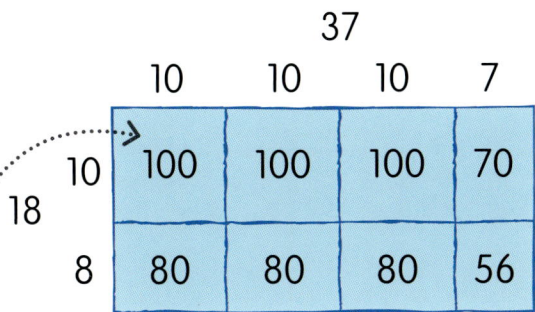

6 最后，只需逐行将网格中的每一个数相加，并在每一行的最后写上这一行的总和，得到370和296。然后我们用竖式加法把这两个数相加，求得总数370 + 296 = 666。

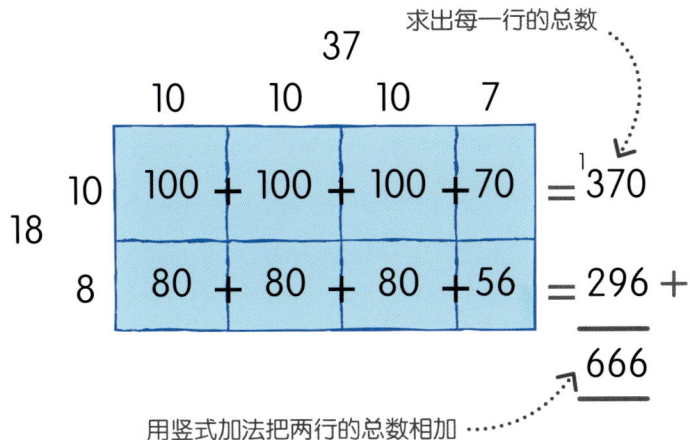

求出每一行的总数

37

	10	10	10	7	
10	100 +	100 +	100 +	70	= 370
8	80 +	80 +	80 +	56	= 296 +

(18)

666

用竖式加法把两行的总数相加

7 所以，$37 \times 18 = 666$。

$$37 \times 18 = 666$$

快速网格方法

当我们对乘法运算更有信心时，就可以使用更加快速的网格方法。快速网格方法和我们前面用的网格方法很相似，但是步骤更少，网格也更简单。下面用两种更简单的网格方法求解 37×18。

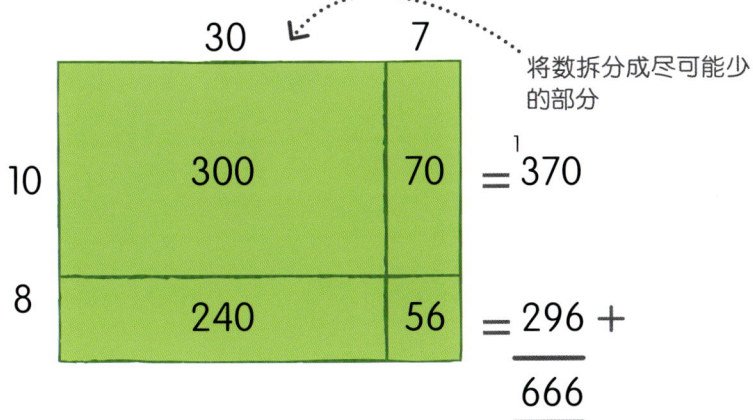

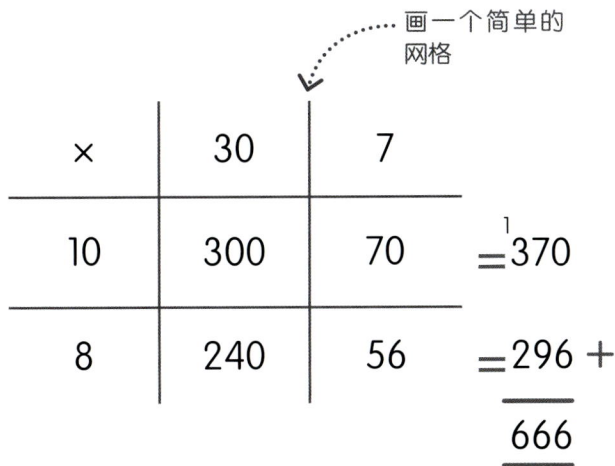

	30	7	
10	300	70	= 370
8	240	56	= 296 +

666

将数拆分成尽可能少的部分

画一个简单的网格

×	30	7	
10	300	70	= 370
8	240	56	= 296 +

666

1 如果把数拆分出的数更大，拆分的部分就会更少，也就不需要进行那么多的计算了。

2 只要我们明白每一步是在做什么，就可以快速地画一个简单的网格。

扩展短乘法

如果乘法算式中有一个数不止一位，把数写成一列会有助于解题。这样的方法不止一种。这里所讲的方法叫作扩展短乘法，它有助于计算一位数与多位数相乘的结果。

1 用扩展短乘法计算423×8。

$$423 \times 8 = ?$$

2 像这样写出两个数，将有相同位值的数字放在同一列。这样可以方便地标出位值，但实际上并不需要标出。

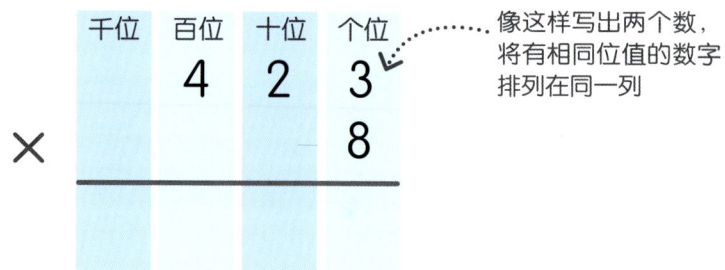

像这样写出两个数，将有相同位值的数字排列在同一列

3 现在我们从个位开始，把下面一行中的8与上面一行中的每一个数字相乘。

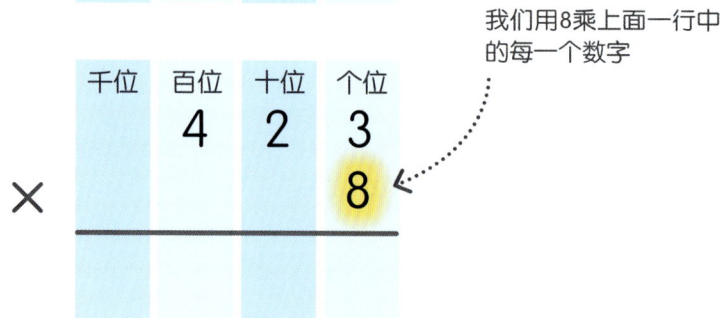

我们用8乘上面一行中的每一个数字

4 先将8个一乘3个一，得到24个一。把24写在答案的第一行。

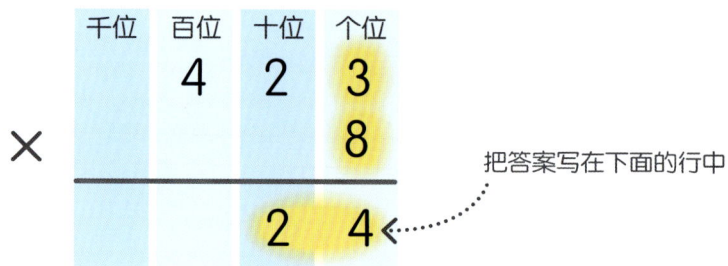

把答案写在下面的行中

5 接下来，我们把8个一乘2个十，得到16个十，也就是160，所以把160写在24的下面一行。

千位	百位	十位	个位
	4	2	3
×			8
		2	4
		1	6	0

将十位上的数字乘8

6 然后把8个一乘4个百，得到32个百，也就是3200，所以在160的下面一行写上3200。

千位	百位	十位	个位
	4	2	3
×			8
		2	4
	1	6	0
3	2	0	0

将百位上的数字乘8

7 最后，只需把得到的三个数相加，就可得出最终的答案：

24 + 160 + 3200 = 3384。

千位	百位	十位	个位
	4	2	3
×			8
		2	4
	1	6	0
+	3	2	0	0
3	3	8	4

把答案栏中的数加在一起

8 所以，423×8=3384。

$$423 × 8 = 3384$$

试一试 TRY IT OUT

自我检测

1只蜘蛛有8条腿，384只蜘蛛有多少条腿呢？

答案见第311页

1 我们可以用扩展短乘法求出答案，只需要计算8×384。

2 我们所要做的就是将8与384中的每一个数字相乘，然后把所有得数相加。

进行多位数的乘法运算时，需要添加更多的行来写答案。

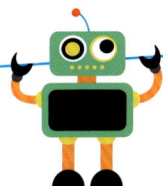

短乘法

现在我们学习另外一种短乘法，这种短乘法可以比扩展短乘法（我们在第106～107页所学的）更快地计算出答案。因为这种短乘法不是把与个位、十位、百位相乘的结果写在单独的行里，而是把它们写在同一行。

1 用短乘法计算736×4。

$$736 \times 4 = ?$$

2 像这样写出两个数，将有相同位值的数字放在同一列。这样可以方便地标出位值，但实际上并不需要标出。

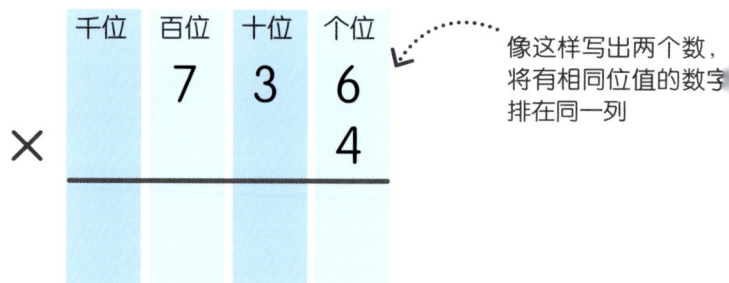

像这样写出两个数，将有相同位值的数字排在同一列

3 现在我们从个位开始，把下面一行中的4与上面一行中的每一个数字相乘。

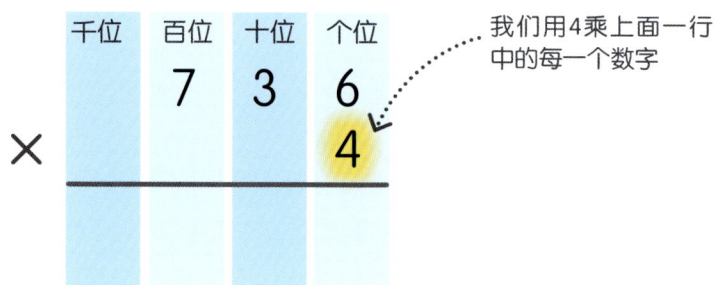

我们用4乘上面一行中的每一个数字

4 先将4个一乘6个一，得到24个一。把4写在个位那一列，2代表2个十，所以我们把它进位到十位所在的那一列，在下一步的计算中将它与十位所得的数相加。

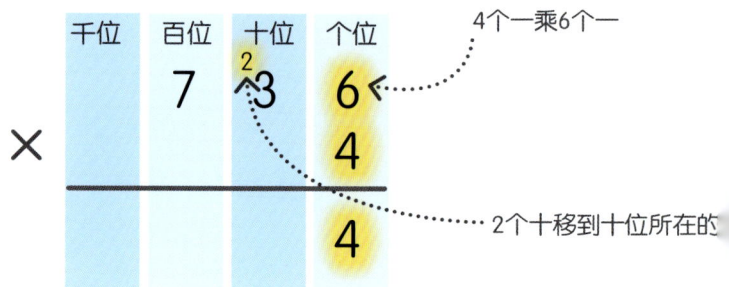

4个一乘6个一

2个十移到十位所在的

5 接下来，把4个一乘3个十，得到12个十，加上个位相乘进位的2个十，一共14个十。把4写在十位所在的那一列，并把1进位到百位所在的列。

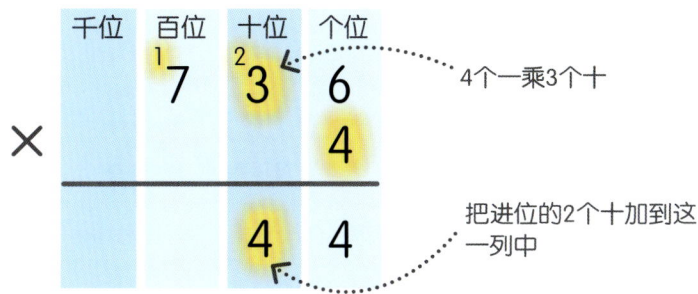

千位	百位	十位	个位
	¹7	²3	6
×			4
		4	4

4个一乘3个十

把进位的2个十加到这一列中

6 然后把4个一乘7个百，得到28个百，加上十位相乘进位的1个百，一共29个百。把9写在百位所在的那一列，并把2写在千位所在的列。

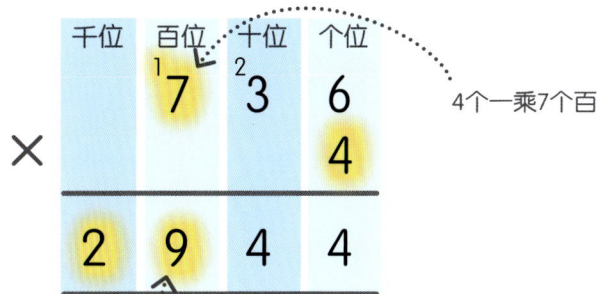

千位	百位	十位	个位
	¹7	²3	6
×			4
2	9	4	4

4个一乘7个百

把进位的1个百加到这一列中

7 所以，$736 \times 4 = 2944$。

$$736 \times 4 = 2944$$

试一试 TRY IT OUT

技能测试

你能用短乘法求出这些算式的答案吗？对于一位数乘四位数的乘法运算，只需额外添加一列，写上答案中千位上的数字即可。

❶ $295 \times 8 = ?$

❷ $817 \times 5 = ?$

❸ $2739 \times 3 = ?$

❹ $4176 \times 4 = ?$

❺ $6943 \times 9 = ?$

只要学会了短乘法，你就可以用它来进行任意一个一位数乘多位数的乘法运算。

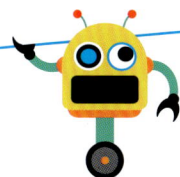

答案见第311页

扩展长乘法

当我们需要进行两个多位数的乘法运算时，可以采用长乘法。长乘法主要有两种，这里所讲的叫作扩展长乘法。另外一种方法叫作长乘法，将在第112~115页中介绍。

1 用扩展长乘法计算37×16。

$$37 \times 16 = ?$$

2 像这样写出两个数，将有相同位值的数字放在同一列。这样可以方便地标出位值，但实际上并不需要标出。

百位	十位	个位
	3	7
×	1	6

像这样写出两个数，将有相同位值的数字排在同一列

3 现在我们将下面一行的每一个数字与上面一行的每一个数字相乘。先用下面一行个位上的6与上面一行的每一个数字相乘。

百位	十位	个位
	3	7
×	1	6

将下面一行个位上的6与上面一行的每一个数字相乘

4 先将6个一乘7个一，得到42个一。在新的一行中，把4写在十位所在的列，把2写在个位所在的列。

百位	十位	个位
	3	7
×	1	6
	4	2

6个一乘7个一

在下面一行写上答案

5 接下来，将6个一乘3个十，得到18个十，也就是180。另起一行，把1写在百位所在的列，8写在十位所在的列，0写在个位所在的列。

百位	十位	个位
	3	7
×	1	6
	4	2
1	8	0

6个一乘3个十

6 下面我们将十位上的1与上面一行的每一个数字相乘，并继续把答案写在下面。

百位	十位	个位
	3	7
×	1	6
	4	2
1	8	0

将十位上的1与上面一行的每一个数字相乘

7 先将1个十乘7个一，得到7个十，也就是70。再另起一行，把7写在十位所在的列，把0写在个位所在的列。

百位	十位	个位
	3	7
×	1	6
	4	2
1	8	0
	7	0

1个十乘7个一

8 接下来，将1个十乘3个十，得到30个十，也就是300，因为我们是把30和10相乘。在新的一行中，把3写在百位所在的列，一个0写在十位所在的列，另一个0写在个位所在的列。

百位	十位	个位
	3	7
×	1	6
	4	2
1	8	0
	7	0
3	0	0

1个十乘3个十

9 现在我们已经把第二行的每一个数字与上面一行的每一个数字相乘了，最后再把四行的得数加在一起：

$42 + 180 + 70 + 300 = 592$。

百位	十位	个位
	3	7
×	1	6
1	4	2
1	8	0
	7	0
+ 3	0	0
5	9	2

我们把4个十、8个十、7个十和0个十相加，得到19个十，所以往百位所在列进1

10 所以，$37 \times 16 = 592$。

把四个得数加在一起

$$37 \times 16 = 592$$

长乘法

现在我们学习另外一种长乘法（我们在第110页提到过）。它是另外一种计算多位数乘以多位数的方法，这种方法可以更快地求出答案。

只要学会了长乘法，你就可以用它来计算任意两个多位数的乘法了。

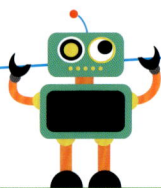

1 用长乘法计算86×43。

$$86 \times 43 = ?$$

2 像这样写出两个数，将有相同位值的数字放在同一列。这样可以方便地标出位值，但实际上并不需要标出。

千位	百位	十位	个位
		8	6
×		4	3

像这样写出两个数，将有相同位值的数字排在同一列

3 现在我们将下面一行的每一个数字与上面一行的每一个数字相乘。先用下面一行个位上的3与上面一行的每一个数字相乘。

千位	百位	十位	个位
		8	6
×		4	3

将下面一行个位上的3与上面一行的每一个数字相乘

4 先将3个一乘6个一，得到18个一。在新的一行中，把8写在个位所在列上，18中的1代表1个十，所以我们把它进位到十位所在的列，并在下一步计算中将它加到十位上。

千位	百位	十位	个位
		¹8	6
×		4	3
			8

3个一乘6个一

1个十进位到十位所在的列

5 接下来，将3个一乘8个十，得到24个十。加上与个位相乘进位的1个十，一共是25个十，也就是250。把2写在百位所在的列，并把5写在十位所在的列。

千位	百位	十位	个位
		¹8	6
×		4	3
	2	5	8

3个一乘8个十

进位的1个十被加到这一列的数字中

6 下面把十位上的4与上面一行的每个数字相乘，并把乘得的结果写在新的一行中。

千位	百位	十位	个位
		8¹	6
×		4	3
	2	5	8

将4个十分别与6个一和8个十相乘

7 当与这个4相乘时，实际上是乘40。所以，先在新的一行中的个位上写上一个0作为占位符。

千位	百位	十位	个位
		8¹	6
×		4	3
	2	5	8
			0

这个4表示4个十或者40

在新的一行的个位上写上一个0

8 现在，把4个十乘6个一，得到24个十。把4写在十位所在的列，把2进位到百位所在的列，并在下一步的计算中将它加到百位上。

千位	百位	十位	个位
	2	8¹	6
×		4	3
	2	5	8
		4	0

4个十乘6个一

2被进位到百位所在列

9 接下来，把4个十乘8个十，得到32个百。加上进位的2个百，一共是34个百，把4写在百位所在的列，把3写在千位所在的列。

千位	百位	十位	个位
	2	8¹	6
×		4	3
	2	5	8
3	4	4	0

4个十乘8个十

进位的2个百被加在了这一列的数字中

10 现在，我们已经把下面一行的所有数字与上面一行的所有数字相乘了，最后再把两行得数加在一起：
$258 + 3440 = 3698$。

把答案栏里的两行得数相加

千位	百位	十位	个位
	2	8¹	6
×		4	3
	2	5	8
+ 3	4	4	0
3	6	9	8

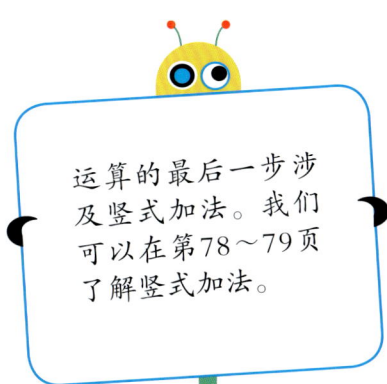

运算的最后一步涉及竖式加法。我们可以在第78～79页了解竖式加法。

11 所以，$86 \times 43 = 3698$。

$$86 \times 43 = 3698$$

更多位数的长乘法

当我们需要将一个两位数乘一个多位数时，也可以使用长乘法。那么大的数看起来可能很复杂，但我们所需要做的就是多使用一些步骤。

1 计算7242×23。

$$7242 \times 23 = ?$$

2 像这样写出两个数，将有相同位值的数字放在同一列。然后从个位开始，把下面一行的每一个数字与上面一行的每一个数字相乘。

十万位	万位	千位	百位	十位	个位
		7	2	4	2
×					2 3

> 将个位上的3与上面一行的每一个数字相乘

3 先将3个一乘2个一，得到6个一。在新的一行中，把6写在个位所在的列。

十万位	万位	千位	百位	十位	个位
		7	2	4	2
×					2 3
					6

> 3个一乘2个一

4 接下来，将3个一乘4个十，得到12个十，也就是120。把2写在十位所在列，120中的1代表1个百，所以我们将它进位到百位所在的列，并在下一步的计算中将它加到百位上。

十万位	万位	千位	百位	十位	个位
		7	2₁	4	2
×					2 3
				2	6

> 1被进位到百位所在列
> 3个一乘4个十

5 下面把3个一乘2个百，得到6个百。加上十位相乘进位的1个百，一共有7个百。把7写在百位所在的列。

十万位	万位	千位	百位	十位	个位
		7	2₁	4	2
×					2 3
			7	2	6

> 3个一乘2个百
> 进位的1被加在这一列的数字中

6 接下来，将3个一乘7个千，得到21个千。把1写在千位所在的列，把2写在万位所在的列。

十万位	万位	千位	百位	十位	个位	
		7	¹2	4	2	3个一乘7个千
×				2	3	
	2	1	7	2	6	

7 现在我们把十位上的2与上面一行中的每一个数字相乘，并另起一行写上得数。当我们乘2个十，实际上是乘20，也就是10的2倍。所以，我们先在新的一行的个位上写上一个0作为占位符。

十万位	万位	千位	百位	十位	个位	
		7	¹2	4	2	这个2表示2个十或者20
×				2	3	
	2	1	7	2	6	
					0	在新的一行的个位上写上一个0

8 接下来，像用3乘上面一行中的数字一样，我们用同样的方法把2个十乘上面一行中的每一个数字。在最下面一行写上得数 144 840。

十万位	万位	千位	百位	十位	个位	
		7	¹2	4	2	2个十乘上面一行的每一个数字
×				2	3	
	2	1	7	2	6	
1	4	4	8	4	0	

9 现在我们已经把下面一行的所有数字与上面一行的所有数字相乘了，最后再用竖式加法把答案栏里的两行得数加在一起：
21 726 + 144 840 = 166 566。

十万位	万位	千位	百位	十位	个位
		7	¹2	4	2
×				2	3
	2	¹1	7	2	6
+ 1	4	4	8	4	0
1	6	6	5	6	6

把两个得数相加

10 所以，7242 × 23 = 166 566。

$$7242 \times 23 = 166\,566$$

小数乘法

我们可以用长乘法来进行小数的乘法运算。小数乘法看起来可能比较复杂，但实际上它和其他数的乘法一样简单，我们所要做的就是确保答案线下面的小数点与上面题目中的小数点要对齐。

进行小数乘法运算时，可以先估算一下结果，这样就能看出最后结果有没有算错。

1 计算 6.3×52。

$$6.3 \times 52 = ?$$

2 先把小数写在整数的上方，不需要按照位值将数字排列。在新的一行中标上小数点，标在题目中小数点的正下方。

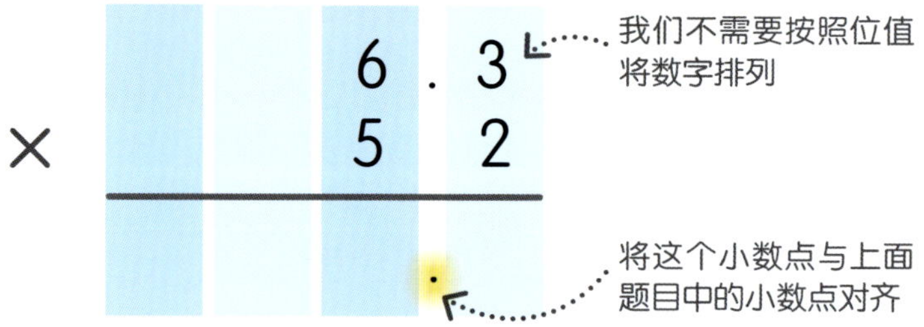

我们不需要按照位值将数字排列

将这个小数点与上面题目中的小数点对齐

3 接下来，我们把下面一行中每一个数字与上面一行中的每一个数字相乘。先用2乘上面的所有数字。

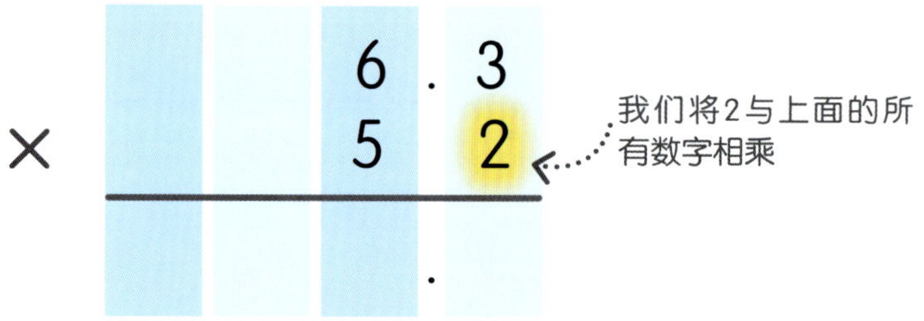

我们将2与上面的所有数字相乘

4 先将2乘3，得到6。把6写在第一列中。

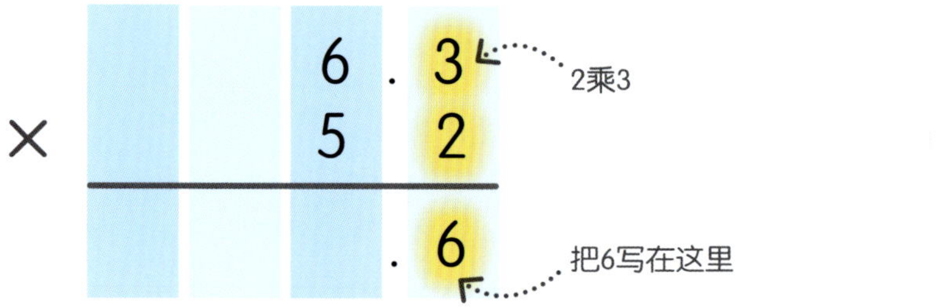

2乘3

把6写在这里

5 接下来，将2乘6，得到12。把2写在紧挨着小数点的左边一列中，再把1写在2的左边一列。

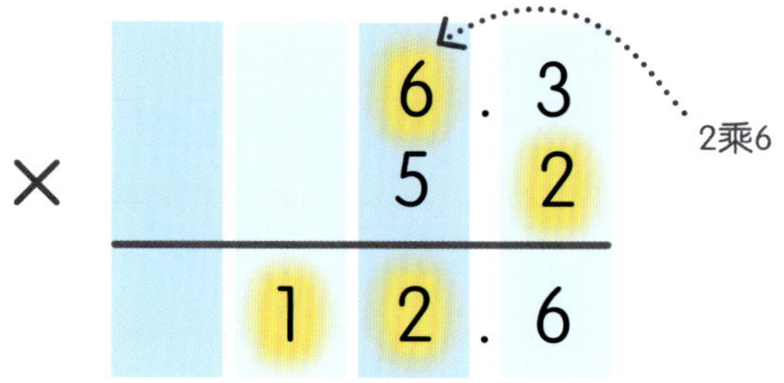

2乘6

6 现在我们再把5乘上面一行的所有数字，并把得数写在新的一行中。在新的一行中标上小数点，并使之与上面的小数点对齐。

我们将5乘上面一行中的每一个数字

在新的一行中标上小数点

$$\begin{array}{r} 6.3 \\ \times5\,2 \\ \hline 1\,2.6 \end{array}$$

7 当我们以这个5为乘数时，实际上是乘50，也就是5的10倍。所以，我们在新的一行的第一列写上一个0作为占位符。

这个5表示5个十或者50

在新的一行中写上一个0作为占位符

$$\begin{array}{r} 6.3 \\ \times5\,2 \\ \hline 1\,2.6 \\ .0 \end{array}$$

8 下面将5乘3，得到15。把5写在小数点左边的一列中，把1进位到下一列中，并在下一步计算中加上它。

1被进位到下一列

5乘3

$$\begin{array}{r} {}^1\quad 6.3 \\ \times5\,2 \\ \hline 1\,2.6 \\ 5.0 \end{array}$$

9 接下来，将5乘6，得到30。再加上前一步中进位到十位的1，一共是31。在5的左边一列中写上1，在1的左边一列写上3。

5乘6

进位的1被加在这一列的数字上

$$\begin{array}{r} {}^1\quad 6.3 \\ \times5\,2 \\ \hline 1\,2.6 \\ 3\,1\,5.0 \end{array}$$

10 现在已经把下面一行的所有数字与上面一行的所有数字相乘了，最后再把答案栏中的两行数字相加：

12.6 + 315.0 = 327.6。

把答案栏中的两行数相加

$$\begin{array}{r} {}^1\quad 6.3 \\ \times5\,2 \\ \hline 1\,2.6 \\ +\;3\,1\,5.0 \\ \hline 3\,2\,7.6 \end{array}$$

11 所以，6.3 × 52 = 327.6。

6.3 × 52 = 327.6

格子法

正如你所看到的，乘法运算方法有好几种，下面要讲的格子法与长乘法很相似，但是是把数写在网格中，而不是写成一列。我们可以用格子法来进行较大的整数乘法运算和小数乘法运算。

格子法适用于整数乘法和小数乘法。

1 用格子法计算78×64。

$$78 \times 64 = ?$$

2 算式中的数都是两位数，所以我们可以画一个长为两个单位、宽为两个单位的格子，沿着格子的边写下算式中的数字。

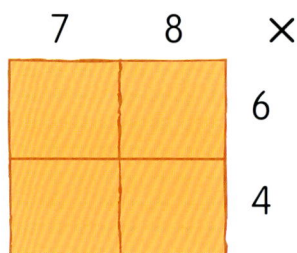

3 在每一个小格子中，从右上方往左下方画一条对角线。我们将沿着对角线写上有着相同的位值的数字。

将对角线延长到格子边的外面

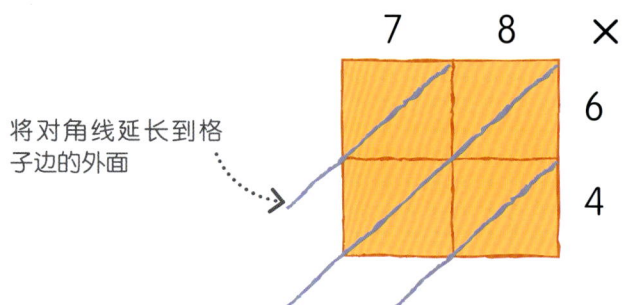

4 接下来，把每一列最上面的数字与每一行末尾的数字相乘。当我们计算7乘6时，答案是42。把4写在格子中对角线的上方，2写在格子中对角线的下方，这样就把数字按十位和个位分开了。

把十位上的数字写在对角线的上方

把个位上的数字写在对角线的下方

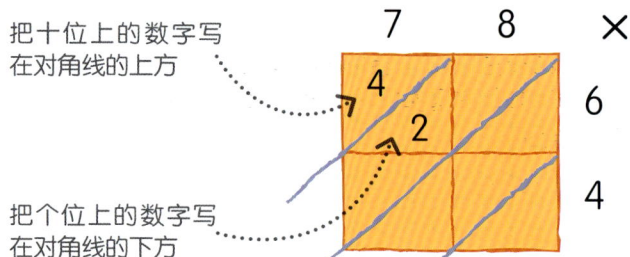

5 继续将每一列最上面的数字与每一行末尾的数字相乘，直到填满所有格子。

在每一个格子中写上乘积

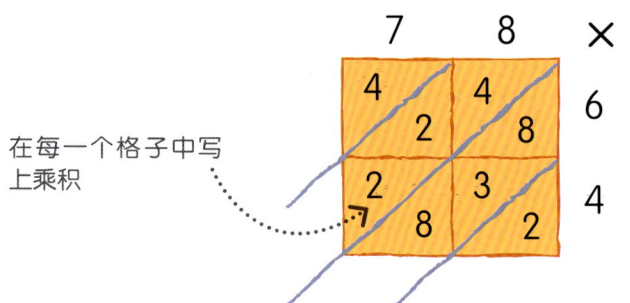

6 从右下角开始，把每条对角线上的数相加。第一条对角线下只有一个2，所以我们在对角线末端的边缘写上一个2。

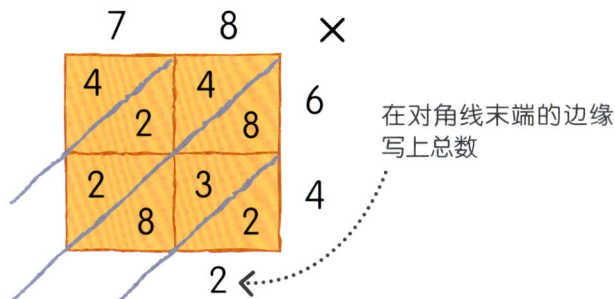

在对角线末端的边缘写上总数

7 现在将第二条对角线上的数相加：$8 + 3 + 8 = 19$。把9写在对角线的末端，把1进位到下一条对角线里，并在下一步计算中把它加上。

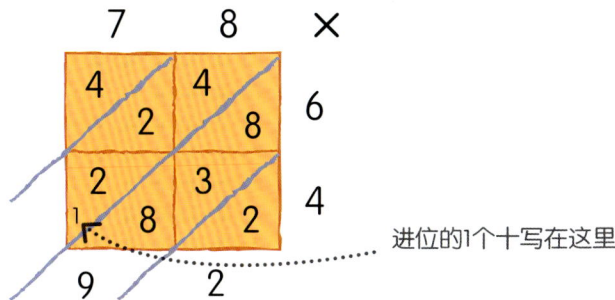

进位的1个十写在这里

8 继续把每一条对角线上的数相加，直到计算到左上角，分别得出的数是4，9，9和2。所以，答案就是4992。

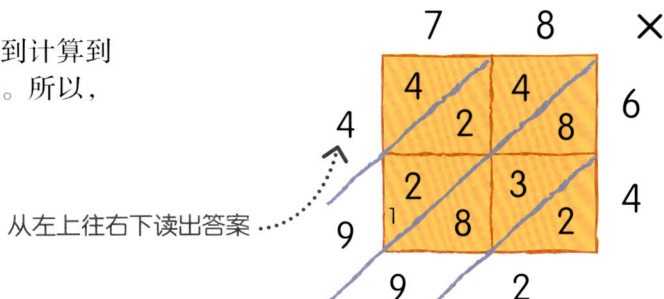

从左上往右下读出答案

9 所以，$78 \times 64 = 4992$。

$$78 \times 64 = 4992$$

用格子法进行小数乘法运算

我们也可以用格子法进行小数乘法运算，只需找到小数点在哪里相遇即可。

1 计算3.59乘2.8。首先，沿着格子的边写下这两个数，包括小数点。然后按照上述整数乘法运算的步骤进行计算。

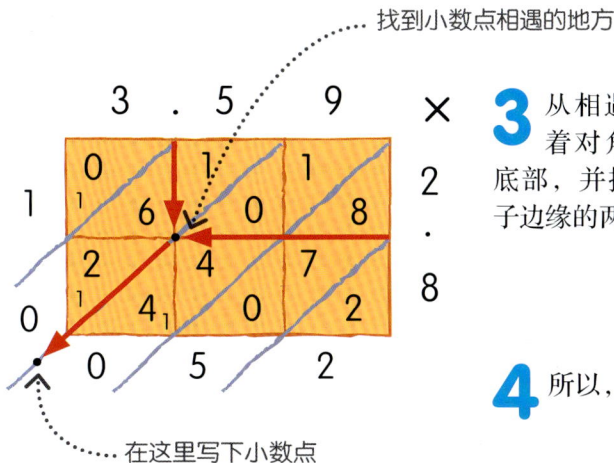

2 接下来，从上面的小数点往下看，从边上的小数点往左看，找到两个小数点在格子中相遇的地方。

找到小数点相遇的地方

在这里写下小数点

3 从相遇的点开始，沿着对角线到达格子的底部，并把小数点写在格子边缘的两个数字之间。

4 所以，$3.59 \times 2.8 = 10.052$。

除法

除法是把一个数分成几个相等的部分，或者求出一个数是另一个数的几倍。除法并不总是能算出精确的数值，有时候会有一些余数。

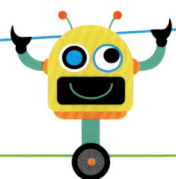

除法就是把某个东西平均分成几个部分。

除法就是分配

当我们用除法分配某些东西时，比如一些苹果，就是将它们平均分配。除法算式中的每一部分都有它特定的名字。

每个篮子里4个苹果

这表示"除以"

12	÷	**3**	=	**4**
被除数 我们所需分配的总数量		**除数** 要分成多少个部分		**商** 每一部分有多少

1 3个机器人采摘这颗树上的12个熟苹果，每个机器人可以摘几个？我们需要用除法来计算。

2 如果我们把这12个苹果平均分配给3个机器人，每个机器人可以得到4个苹果，所以，12÷3 = 4。

再多一个苹果

如果现在一共有13个苹果，而不是12个，又会怎么样呢？这3个机器人仍然每人能摘4个苹果，但现在还有1个苹果剩余。我们把剩余的1个苹果叫作余数，并在它的前面写上"……"。

13 ÷ **3** = **4 ……1**

除法是乘法的逆运算

如果我们知道一个乘法算式，就可以用它写出一个除法算式，这是因为除法是乘法的逆运算。我们还是以机器人和苹果为例。

仓库里一共有12个苹果

3个机器人

一个篮子装4个苹果

1 3个机器人要储藏苹果，每个机器人提着一篮4个苹果，并把它们倒入仓库。仓库里苹果的总数是12，因为4×3=12。

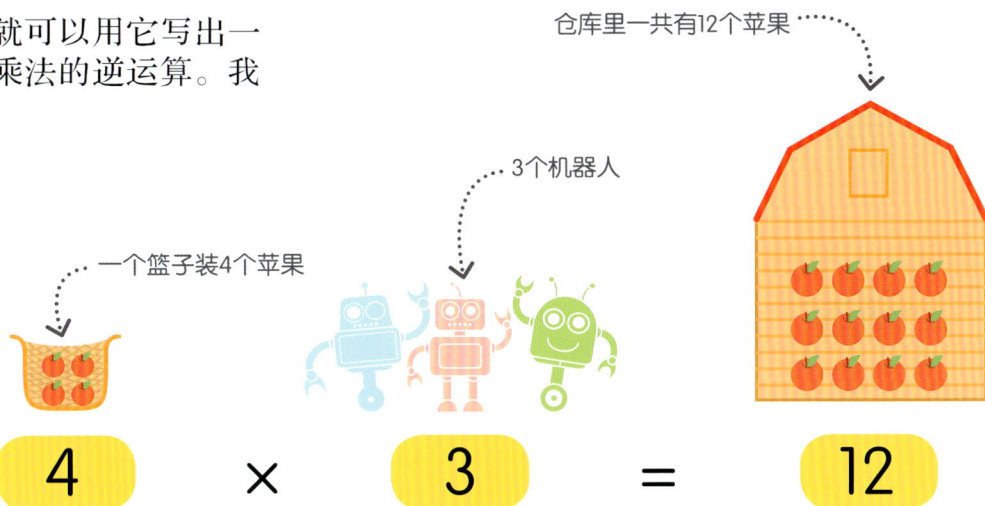

$$4 \times 3 = 12$$

2 储藏苹果的乘法运算(4×3=12)是分配苹果的除法运算(12÷3=4)的逆运算。3还是在中间那个位置，但其他两个数的位置交换了。所以，如果知道一个乘法算式，只需将数重新排列就能写出除法算式；反之亦然。

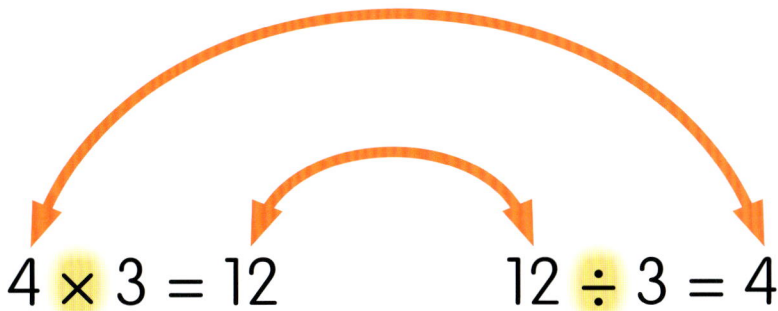

$$4 \times 3 = 12 \qquad 12 \div 3 = 4$$

除法就是重复减法

除法也像是一次又一次地用一个数减去另一个数，我们把它称为重复减法。让我们来看一看当机器人从仓库中取出苹果时会发生什么。

> 重复减法是重复加法的逆运算，我们在第91页已经学习过重复加法。

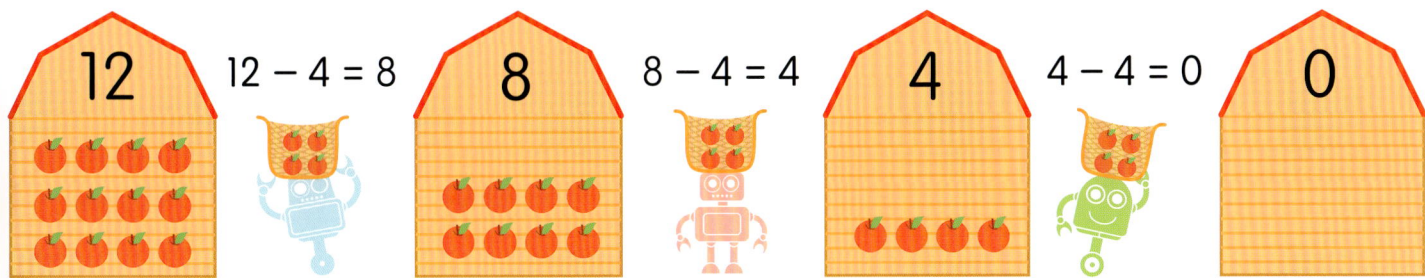

| 12 | 12 − 4 = 8 | 8 | 8 − 4 = 4 | 4 | 4 − 4 = 0 | 0 |

1 第一个机器人从仓库里取走他的4个苹果后，仓库里还剩8个苹果。

2 第二个机器人从仓库里取走他的4个苹果后，仓库里还剩4个苹果。

3 第三个机器人取走仓库里最后4个苹果。

4 现在仓库已经空了，这告诉我们：12÷3=4。

使用倍数的除法

我们已经学会了用数轴来进行加法、减法和乘法运算，也可以借助它来求一个数（除数）的多少倍等于另一个数（被除数）。如果沿着数轴，以除数的倍数为单位移动，那么除法将会变得更简单。

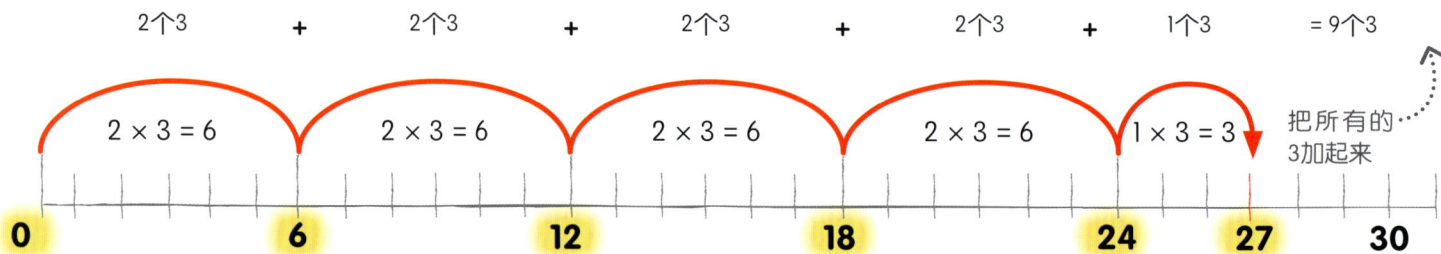

| 2个3 | + | 2个3 | + | 2个3 | + | 2个3 | + | 1个3 | = 9个3 |

$2 \times 3 = 6$ $2 \times 3 = 6$ $2 \times 3 = 6$ $2 \times 3 = 6$ $1 \times 3 = 3$

把所有的3加起来

0   6   12   18   24   27   30

1 计算$27 \div 3$。我们从0开始，每次移动两个3格，也就是移动6格。

2 移动4次到达24。最后移动3格就把我们带到了27所在的位置。一共移动了9个3格，所以答案就是9。

3 如果我们每次移动更多格，就可以通过更少的步骤求出答案。

$$27 \div 3 = ?$$

$$27 \div 3 = 9$$

什么是余数？

有时候并不能正好移动到我们想要到达的那个数，这种情况下就会留下一个余数。一起来看一看用数轴计算44除以3会发生什么样的情况。

> 倍数越大，你需要的步骤就越少。

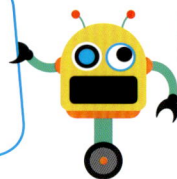

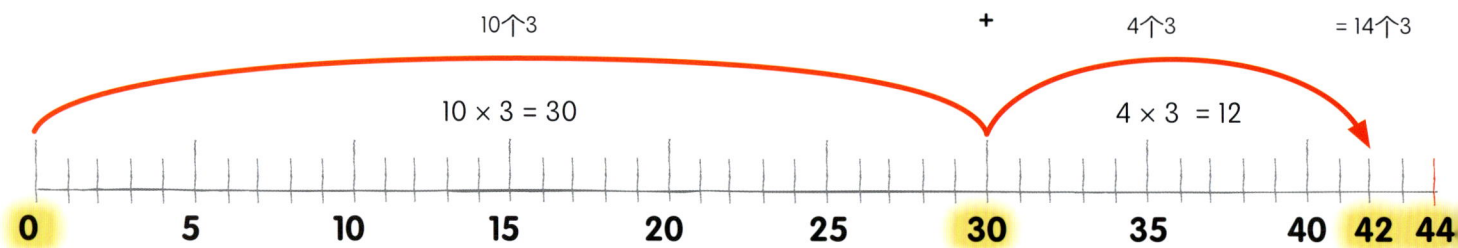

| 10个3 | + | 4个3 | = 14个3 |

$10 \times 3 = 30$ $4 \times 3 = 12$

0   5   10   15   20   25   30   35   40   42   44

1 先移动一大段，移动10个3格到达30，然后再移动4个3格，就又移动了12格。

2 移动2次就到达了42，但是比44还少2格，所以余数就是2。

我们无法在不超过目标数的情况下再增加一个3，所以余数就是2

$$44 \div 3 = ?$$

$$44 \div 3 = 14 \cdots\cdots 2$$

除法网格

我们可以把乘法网格（见第98页）当作除法网格使用。网格中间的数就是被除数——我们所要分配的总数。顶部和旁边的那些数分别是除数和商。

1 用除法网格计算 $56 \div 7$。

$56 \div 7 = ?$

2 先找到算式中的除数，我们可以沿着顶部这一行找到7。

3 接下来，沿着7所在的这一列往下找到被除数56。

4 最后，我们沿着56所在的行找到左边蓝色列中的8。8就是这个除法算式的答案（商）。

×	1	2	3	4	5	6	7	8	9	10	11	12
1	1	2	3	4	5	6	7	8	9	10	11	12
2	2	4	6	8	10	12	14	16	18	20	22	24
3	3	6	9	12	15	18	21	24	27	30	33	36
4	4	8	12	16	20	24	28	32	36	40	44	48
5	5	10	15	20	25	30	35	40	45	50	55	60
6	6	12	18	24	30	36	42	48	54	60	66	72
7	7	14	21	28	35	42	49	56	63	70	77	84
8	8	16	24	32	40	48	56	64	72	80	88	96
9	9	18	27	36	45	54	63	72	81	90	99	108
10	10	20	30	40	50	60	70	80	90	100	110	120
11	11	22	33	44	55	66	77	88	99	110	121	132
12	12	24	36	48	60	72	84	96	108	120	132	144

5 所以，$56 \div 7 = 8$。这是 $7 \times 8 = 56$ 的逆运算。

$56 \div 7 = 8$

可以在上面第一行或者左边第一列中找到除数。

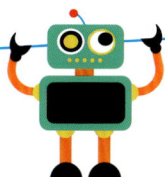

试一试 TRY IT OUT

网格计算

用网格求出右边问题的答案。

答案见第311页

1 8名获奖者平分72元的奖金，每人能得到多少奖金？

2 一袋弹珠共 54 颗，要平均分给9个小朋友，每个小朋友可以得到多少颗弹珠？

除法表

就像把乘法算式写在乘法表中一样，我们也可以把除法算式写在除法表中。除法表与乘法表是相反的，有助于我们进行除法运算。

1的除法表			
1 ÷ 1 = 1
2 ÷ 1 = 2
3 ÷ 1 = 3
4 ÷ 1 = 4
5 ÷ 1 = 5
6 ÷ 1 = 6
7 ÷ 1 = 7
8 ÷ 1 = 8
9 ÷ 1 = 9
10 ÷ 1 = 10
11 ÷ 1 = 11
12 ÷ 1 = 12

2的除法表			
2 ÷ 2 = 1
4 ÷ 2 = 2
6 ÷ 2 = 3
8 ÷ 2 = 4
10 ÷ 2 = 5
12 ÷ 2 = 6
14 ÷ 2 = 7
16 ÷ 2 = 8
18 ÷ 2 = 9
20 ÷ 2 = 10
22 ÷ 2 = 11
24 ÷ 2 = 12

3的除法表			
3 ÷ 3 = 1
6 ÷ 3 = 2
9 ÷ 3 = 3
12 ÷ 3 = 4
15 ÷ 3 = 5
18 ÷ 3 = 6
21 ÷ 3 = 7
24 ÷ 3 = 8
27 ÷ 3 = 9
30 ÷ 3 = 10
33 ÷ 3 = 11
36 ÷ 3 = 12

4的除法表			
4 ÷ 4 = 1
8 ÷ 4 = 2
12 ÷ 4 = 3
16 ÷ 4 = 4
20 ÷ 4 = 5
24 ÷ 4 = 6
28 ÷ 4 = 7
32 ÷ 4 = 8
36 ÷ 4 = 9
40 ÷ 4 = 10
44 ÷ 4 = 11
48 ÷ 4 = 12

5的除法表			
5 ÷ 5 = 1
10 ÷ 5 = 2
15 ÷ 5 = 3
20 ÷ 5 = 4
25 ÷ 5 = 5
30 ÷ 5 = 6
35 ÷ 5 = 7
40 ÷ 5 = 8
45 ÷ 5 = 9
50 ÷ 5 = 10
55 ÷ 5 = 11
60 ÷ 5 = 12

6的除法表			
6 ÷ 6 = 1
12 ÷ 6 = 2
18 ÷ 6 = 3
24 ÷ 6 = 4
30 ÷ 6 = 5
36 ÷ 6 = 6
42 ÷ 6 = 7
48 ÷ 6 = 8
54 ÷ 6 = 9
60 ÷ 6 = 10
66 ÷ 6 = 11
72 ÷ 6 = 12

试一试 TRY IT OUT

聚会问题

用除法表求解右边这些复杂的题目。

答案见第311页

假设你为聚会准备了24个三明治，在以下情况下每位客人可以分到几个三明治？

1 2 位客人　　**2** 3 位客人　　**3** 4 位客人

4 6 位客人　　**5** 8 位客人　　**6** 12 位客人

7的除法表				
7	÷	7	=	1
14	÷	7	=	2
21	÷	7	=	3
28	÷	7	=	4
35	÷	7	=	5
42	÷	7	=	6
49	÷	7	=	7
56	÷	7	=	8
63	÷	7	=	9
70	÷	7	=	10
77	÷	7	=	11
84	÷	7	=	12

8的除法表				
8	÷	8	=	1
16	÷	8	=	2
24	÷	8	=	3
32	÷	8	=	4
40	÷	8	=	5
48	÷	8	=	6
56	÷	8	=	7
64	÷	8	=	8
72	÷	8	=	9
80	÷	8	=	10
88	÷	8	=	11
96	÷	8	=	12

9的除法表				
9	÷	9	=	1
18	÷	9	=	2
27	÷	9	=	3
36	÷	9	=	4
45	÷	9	=	5
54	÷	9	=	6
63	÷	9	=	7
72	÷	9	=	8
81	÷	9	=	9
90	÷	9	=	10
99	÷	9	=	11
108	÷	9	=	12

10的除法表				
10	÷	10	=	1
20	÷	10	=	2
30	÷	10	=	3
40	÷	10	=	4
50	÷	10	=	5
60	÷	10	=	6
70	÷	10	=	7
80	÷	10	=	8
90	÷	10	=	9
100	÷	10	=	10
110	÷	10	=	11
120	÷	10	=	12

11的除法表				
11	÷	11	=	1
22	÷	11	=	2
33	÷	11	=	3
44	÷	11	=	4
55	÷	11	=	5
66	÷	11	=	6
77	÷	11	=	7
88	÷	11	=	8
99	÷	11	=	9
110	÷	11	=	10
121	÷	11	=	11
132	÷	11	=	12

12的除法表				
12	÷	12	=	1
24	÷	12	=	2
36	÷	12	=	3
48	÷	12	=	4
60	÷	12	=	5
72	÷	12	=	6
84	÷	12	=	7
96	÷	12	=	8
108	÷	12	=	9
120	÷	12	=	10
132	÷	12	=	11
144	÷	12	=	12

使用因数对的除法

你一定还记得，两个数相乘得到第三个数，那么这两个数就是一组因数对（见第20页和第93页）。与乘法一样，因数对也适用于除法。

12的因数对

$1 \times 12 = 12$

$2 \times 6 = 12$

$3 \times 4 = 12$

$4 \times 3 = 12$

$6 \times 2 = 12$

$12 \times 1 = 12$

这是乘数

12的除法

$12 \div 12 = 1$

$12 \div 6 = 2$

$12 \div 4 = 3$

$12 \div 3 = 4$

$12 \div 2 = 6$

$12 \div 1 = 12$

每组因数对中的乘数现在就是除数

1 以上这些是12的所有因数对。每个乘法算式倒过来就是12的除法算式，因数对中的乘数就变成了除法算式中的除数。

2 如果我们用12除以因数对中的一个数，那么答案将会是因数对中的另一个数。例如，$12 \div 3$一定等于4，因为3和4是12的一组因数对。

因数对与10的倍数

当你用10的倍数作除数时，也可以使用因数对。唯一的不同就是零，除零外的其他所有数都可以使用因数对。以下是一些例题。

$120 \div 30 = ?$

$120 \div 30 = 4$

$120 \div 60 = ?$

$120 \div 60 = 2$

$150 \div 50 = ?$

$150 \div 50 = 3$

1 让我们看一下$120 \div 30$，答案是4。3和4是12的因数对，所以30和4一定是120的因数对。

2 那么$120 \div 60$呢？因为6和2是12的因数对，60和2就一定是120的因数对，所以答案就是2。

3 这也适用于10的其他倍数。例如，5和3是15的因数对，因为5×3＝15。所以$150 \div 50$的答案一定是3。

整除性检验

通过简单的计算或是对数的观察就可以知道这个数是否可以整除（没有余数）。下表中的检验方法有助于我们进行除法运算。

被某个数整除	假　　设	举　　例
2	如果末位数是偶数	8, 12, 56, 134, 5000 都可以被2整除
3	如果一个数的各个数位上的数字之和可以被3整除	18 $1 + 8 = 9$ $(9 ÷ 3 = 3)$
4	如果一个数的末两位数字组成的数可以被4整除	732 $32 ÷ 4 = 8$（用32除以4没有余数，那么 732 可以被4整除）
5	如果末位数字是 0 或5	10, 25, 90, 835, 1260 都可以被5整除
6	如果一个数是偶数，并且各个数位上的数字之和可以被3整除	3426 $3 + 4 + 2 + 6 = 15$ $(15 ÷ 3 = 5)$
8	如果一个数的末三位数字组成的数可以被8整除	75 160 $160 ÷ 8 = 20$（用160除以8没有余数，那么75 160 可以被8整除）
9	如果一个数的各个数位上的数字之和可以被9整除	6831 $6 + 8 + 3 + 1 = 18$ $(18 ÷ 9 = 2)$
10	如果一个数的末位数字是 0	10, 30, 150, 490, 10 000 都可以被10整除
12	如果一个数既可以被3整除，又可以被4整除	156 $156 ÷ 3 = 52$ 并且 $156 ÷ 4 = 39$（因为156 既可以被3整除，又可以被4整除，所以它也可以被12整除）

以10，100，1000为除数的除法

以10为除数的除法很简单：只需要把这个数在位值网格中的所有数字向右移一个单位。如果是除以100或是1000，就可以把数字向右多移几个单位。

> 一个数除以10，100或1000，只需改变这个数中各个数字的位值。

1 除以 10

要测试这种方法行不行，我们试一试6452除以10。一个数除以10，每一个数字的值就缩小到原来的十分之一。为了表示缩小到十分之一，我们把每一个数字向右移一个单位，这就告诉我们6452÷10 = 645.2。

千位	百位	十位	个位	十分位
6	4	5	2.	
	6	4	5.	2

每个数字向右移一个单位

2 除以100

现在试一试计算6452除以100。一个数除以100，每一个数字的值缩小到原来的百分之一。为了表示缩小到百分之一，我们把每一个数字向右移两个单位。所以，6452÷100 = 64.52。

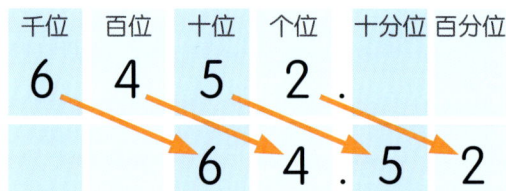

千位	百位	十位	个位	十分位	百分位
6	4	5	2.		
		6	4.	5	2

每个数字向右移两个单位

3 除以1000

最后，用6452除以1000。一个数除以1000，每一个数字的值缩小到原来的千分之一。为了表示缩小到千分之一，我们把每一个数字向右移三个单位，这就意味着6452÷1000 = 6.452。

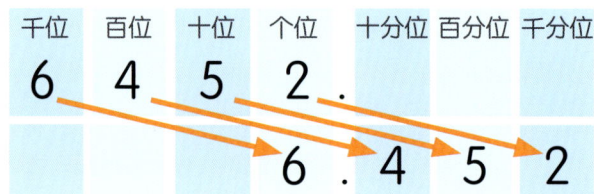

千位	百位	十位	个位	十分位	百分位	千分位
6	4	5	2.			
			6.	4	5	2

每个数字向右移三个单位

试一试 TRY IT OUT

工厂工作

你能用"向右移"这种方法求出右边问题的答案吗？

答案见第311页

1 一个工厂老板将182 540元平均分给1000名工人，每一名工人能得到多少钱？

2 这个工厂今年生产了455 700辆汽车，这是50年前一年生产汽车数量的100倍，计算50年前一年能生产多少辆汽车？

以10的倍数为除数的除法

如果除数（你所要除以的那个数）是10的倍数，我们可以把这个除法运算拆成简单的两步。例如，我们先除以10，然后再除以5，而不是直接除以50。

> 在这种除法中要拆分10的倍数，可以把这个数拆成一个10和另一个因数。

1 这个算式是要计算6900中有多少个30。虽然被除数是一个比较大的数，但是它并不像看起来的那么难。

$$6900 \div 30 = ?$$

2 因为30是10的倍数，所以我们可以将这个除法运算分成两步：先除以10，再除以3，这比直接除以30要更加容易。

$$6900 \div 10 \div 3$$
步骤一　步骤二

3 我们先用6900除以10。如果需要，可以翻到第128页（上一页），看看除以10是如何计算的。答案是690。

$$6900 \div 10 = 690$$

4 接下来，用690除以3，答案是230。

$$690 \div 3 = 230$$

5 所以，$6900 \div 30 = 230$。

$$6900 \div 30 = 230$$

试一试 TRY IT OUT

令人难以置信的倍数

右边题目中的除数都是10的倍数，先拆分10的倍数，然后求出答案。

答案见第311页

1 一个班20个学生需要为学校手工艺品展览会打广告，一共需要发860张传单。如果他们平分任务，那么每个学生应该发多少张传单？

2 学生们制做了一些珠子手链在集市上售卖，每一条手链上有40颗珠子。他们用1800颗珠子可以做成多少条手链？

分块除法

当被除数是一个多位数时，最好把这个数拆分成易于计算的更小的数。

如何拆分？

分块除法的第一步就是把我们要除的总数（被除数）拆分成两个更小的数，通常是把被除数拆分成一个10的倍数和另一个数。然后我们用这两个数除以我们要除的数（除数）。最后，把两个得数（商）相加得到最终答案。

把147分成容易除的数

140

7

1 用分块除法计算147 ÷ 7。

$$147 \div 7 = ?$$

147

2 我们将147拆分成140和7。

140   7

分别用这两部分除

3 先用140 ÷ 7，我们从7的乘法表中可以得知7 × 10 = 70，那么7 × 20 = 140。这就告诉我们140 ÷ 7 = 20。

$$140 \div 7 = 20$$

4 现在用7 ÷ 7，那就很容易了！答案就是1。

$$7 \div 7 = 1$$

5 最后我们把两个除法的得数相加：20 + 1 = 21。

$$20 + 1 = 21$$

把这两个商相加得到所求的答案

6 所以，147 ÷ 7 = 21。

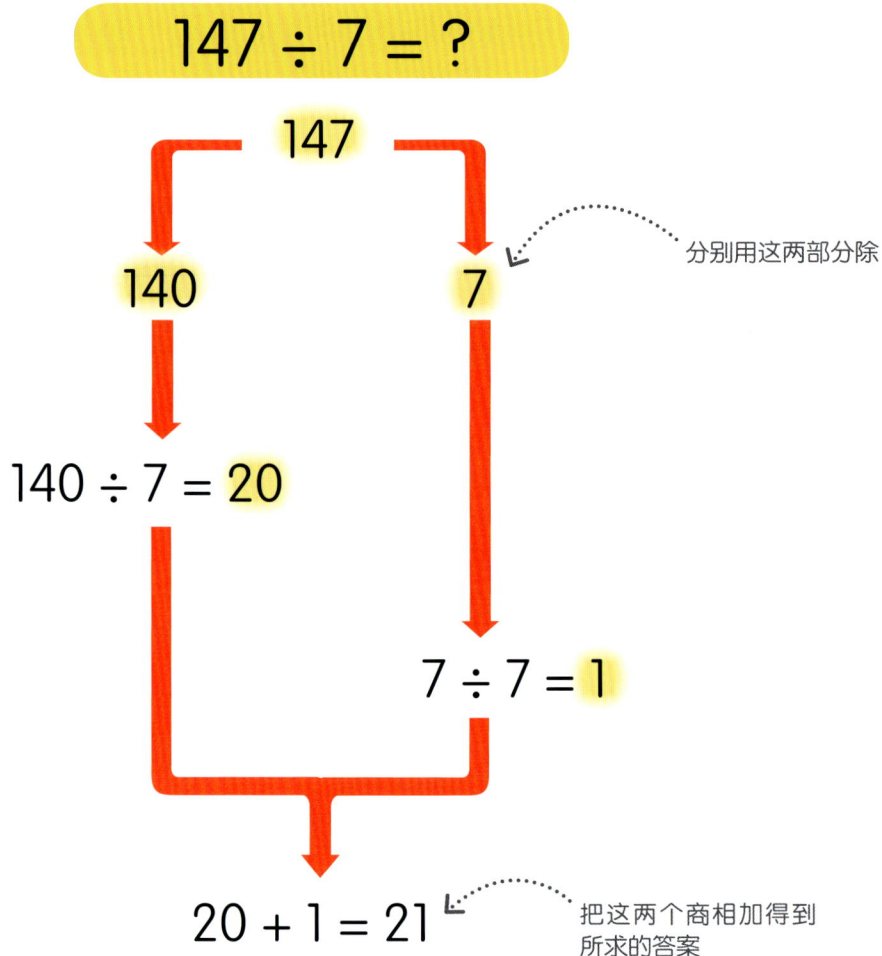

$$147 \div 7 = 21$$

有余数的分块除法

用分块除法有时也会有余数，这种情况下分块除法仍然有效——只需要在将答案（或是商）相加时，把余数也包括进去。

1 假设291天之后你将去度假，你想知道还要等多少个星期才能到这个假期。因为每个星期有7天，所以你需要计算291除以7，从而求出还需要等多少个星期。

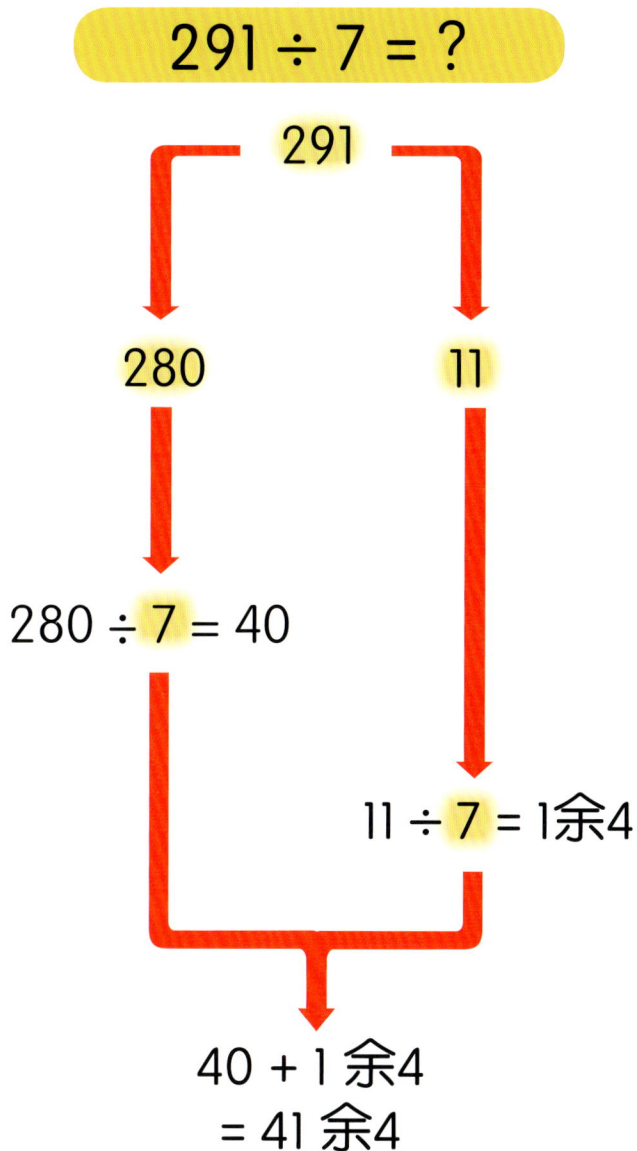

$291 \div 7 = ?$

291

280   11

2 从7的乘法表中可知$7 \times 4 = 28$，所以我们知道$7 \times 40 = 280$，这非常接近但还没有超过被除数（291），所以我们就把291拆分成280和11。

3 我们知道 $7 \times 40 = 280$，那么也能得知$280 \div 7 = 40$。

$280 \div 7 = 40$

4 接下来用$11 \div 7$，答案是1余4。

$11 \div 7 = 1$余4

5 包括余数一起，把商都加起来，得到最终的答案是41余4。

$40 + 1$余4
$= 41$余4

6 所以，$291 \div 7 = 41 \cdots\cdots 4$。

$291 \div 7 = 41 \cdots\cdots 4$

7 记住，我们是在计算多少个星期，所以我们也可以把答案写成 41 个星期多4天。

扩展短除法

当我们所要除以的数（除数）只有一位时，可以采用短除法。要使运算更加容易，我们可以用扩展短除法。使用这种方法时，我们减去除数的倍数，或者除数的一部分。

1 试一试用扩展短除法计算156÷7。

$$156 ÷ 7 = ?$$

2 先写下要除的数（被除数），在这个题目中是156。我们在它的外面画一个竖式除号（就像汉字"厂"），然后把除数7写在竖式除号的外面，156的左边。

百位	十位	个位

$$7\overline{)156}$$

你可能会发现标上位值更好

竖式除号

3 现在我们准备开始计算。扩展竖式除法就像是重复减法，但是每次不是重复减去7，而是减去更大的数。首先，我们可以减去70，也就是10个7。从156里减去70之后，剩下86。

百位	十位	个位

$$7\overline{)156}$$
$$-\quad 70 \quad (7 × 10)$$
$$\quad\quad 86$$

我们写下减去了几个7

画一条线，写下剩余的数，并确保位值对齐

4 还剩86，我们可以从中再减去一个70，剩下16。现在我们已经从156中减去了20个7。

百位	十位	个位

$$7\overline{)156}$$
$$-\quad 70 \quad (7 × 10)$$
$$\quad\quad 86$$
$$-\quad 70 \quad (7 × 10)$$
$$\quad\quad 16$$

我们可以在第121页中看到扩展短除法中用到的重复减法。

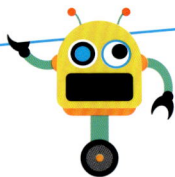

$86 - 70 = 16$

记下另外的10个7

5 现在，原来的被除数156里只剩下16了，这个数太小，不能继续减去70，所以我们需要求出从16里最多还能减去几个7，答案当然是2，因为 7 × 2 = 14。

百位	十位	个位	
7 ⟌ 1	5	6	
−	7	0	(7×10)
	8	6	
−	7	0	(7×10)
	1	6	
−	1	4	(7×2)
		2	

6 接下来，我们从16里减去14，那就还剩2。不能用2再去减7的倍数，所以我们的减法到此结束，剩下的2就是余数。

这就是余数

继续写下减去了几个7

7 最后一步是算出我们一共减去了多少个7。这就是为什么我们要一边计算，一边在一旁记下减去了多少个7的原因所在。10 + 10 + 2 = 22，所以一共是减去了22个7。把22写在竖式除号的上方，然后把"余2"写在它的旁边，表示7不能整除156。

把一共减去了多少个7写在这里

百位	十位	个位	
	2	2	余2
7 ⟌ 1	5	6	
−	7	0	(7×10)
	8	6	
−	7	0	(7×10)
	1	6	
−	1	4	(7×2)
		2	22

8 所以，$156 \div 7 = 22 \cdots\cdots 2$。

计算一共减去了多少个7

$$156 \div 7 = 22 \cdots\cdots 2$$

试一试 TRY IT OUT

技能拓展

试一试用扩展短除法进行右边的除法运算。

答案见第311页

1 $196 \div 6 = ?$

（提示：首先减去30个6。）

2 $234 \div 5 = ?$

每次减去的数越大，要做的减法越少。

短除法

短除法是当除数是一位数时的另外一种笔算除法。与扩展短除法相比（见第132~133页），我们需要做的是更多地在头脑中计算，而要写下来的会少一些。

1 用短除法计算156÷7。

$$156 \div 7 = ?$$

2 像这样写下算式。

百位	十位	个位

7) 1 5 6

如果需要的话，标上位值

3 现在从被除数156的百位数字1开始，用每一个数字所代表的值除以7。

百位	十位	个位

7) **1** 5 6

首先用156的第一个数字除以7

4 因为1不能除以7，所以在竖式除号上面1的上方，什么都不用写。我们把这个1放到十位这一列，放到十位的1代表1个百，也就是10个十。

百位	十位	个位

7) 1 ₁5 6

把1个百放到十位这一列中

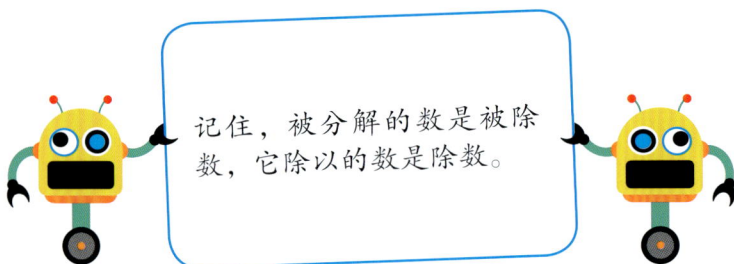

记住，被分解的数是被除数，它除以的数是除数。

5 因为我们把百位的1移到了十位，接下来就不是用5÷7，而是用15÷7。我们知道7×2=14，所以15里有2个7还多一个1。把2写在竖式除号上面的十位上，并把余下的1放到个位，这个1代表1个十，或者10个一。

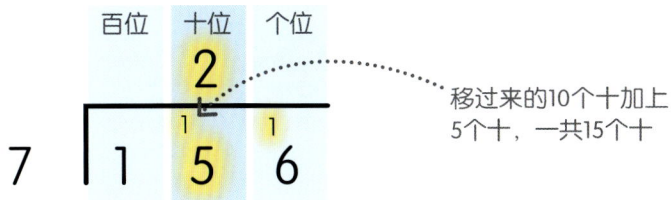

百位 十位 个位
2

7) 1 5 6

移过来的10个十加上5个十，一共15个十

6 现在看个位这一列，由于我们把十位的1移过来了，所以用16÷7。16里面有2个7，还多一个2，在竖式除号上方的个位上写上2，并把余下的2写在它的旁边。

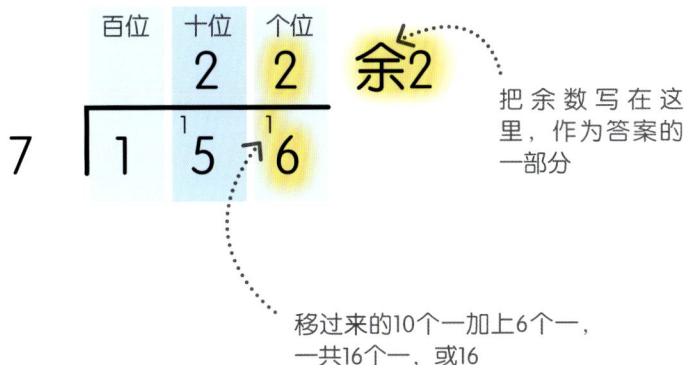

百位 十位 个位
2 2 余2

7) 1 5 6

把余数写在这里，作为答案的一部分

移过来的10个一加上6个一，一共16个一，或16

7 所以，156÷7=22……2。

$$156 \div 7 = 22\cdots\cdots2$$

试一试 TRY IT OUT

能力测试

格罗布一直忙于将螺丝钉按不同颜色分类，现在她需要把每一种颜色的螺丝钉分成几组以备使用。你能用短除法帮助她算出每一种颜色的螺丝钉可以分成几组吗？

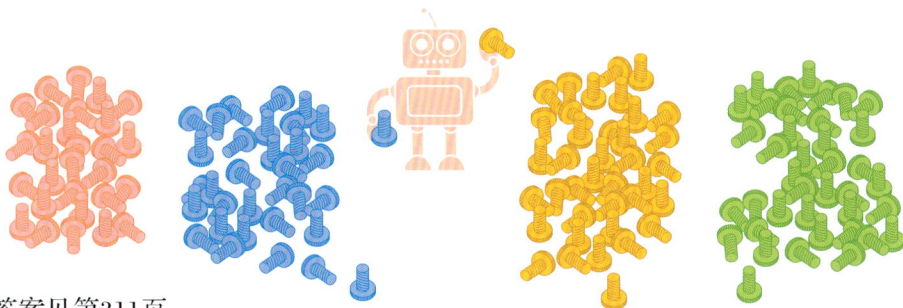

1 有279颗粉色的螺丝钉，格罗布需要把它们分成每组9颗。

2 有286颗蓝色的螺丝钉，格罗布需要把它们分成每组4颗。

3 有584颗黄色的螺丝钉，格罗布需要把它们分成每组6颗。

4 有193颗绿色的螺丝钉，格罗布需要把它们分成每组7颗。

答案见第311页

扩展长除法

当我们要除以的数（除数）是多位数时，需要用到长除法。下面我们将学习的是扩展长除法，它是长除法（见第138～139页）的一种。

1 我们将以4728÷34为例，来讲解什么是扩展长除法。

$$4728 \div 34 = ?$$

2 在计算之前，我们写下想要除的总数，即被除数，也就是4728。然后在它的外面画一个竖式除号，把除数34写在竖式除号的外面，4728的左边。

千位	百位	十位	个位

$$34 \overline{)\ 4\quad 7\quad 2\quad 8}$$

你可能会发现标上位值更好

3 现在我们开始进行计算。就像在扩展短除法中所做的一样，我们将每次减去这个数中的一大部分。最容易找到的一大部分就是减去100个34，也就是3400。从4728中减去3400，还剩1328。我们把减去的34的个数写在右边。

千位	百位	十位	个位
4	7	2	8
− 3	4	0	0
1	3	2	8

34 | ... (34×100)

写下减去了多少个34

画一条线，写下剩余的数，并确保数字的位值对齐

4 无法从1328中再减去一个3400，所以我们减去一个较小的数。50个34是1700，40个34是1360。这两个数都比1328要大，30个34是多少呢？是1020，所以从1328里减去1020，还剩308。

千位	百位	十位	个位
4	7	2	8
− 3	4	0	0
1	3	2	8
− 1	0	2	0
	3	0	8

34 | ... (34×100) (34×30)

1328 − 1020 = 308

记下又减去了30个34

5 原来的被除数4728里就只剩下308了，已经不够减10个34，也就是340了。但是可以减去9个34，也就是306。

6 从308里减去306，还剩2。不能再继续减34的倍数了，所以我们的减法到此结束，剩下的2就是余数。

继续记下减去的34的个数

千位	百位	十位	个位	
34	4	7	2	8
−	3	4	0	0	(34×100)
	1	3	2	8
−	1	0	2	0	(34×30)
		3	0	8
−		3	0	6	(34×9)
				2

还有一个2剩余

7 最后，计算一共减去了多少个34。我们一边计算一边在旁边做了记录，100+30+9=139，所以，一共是减去了139个34。把139写在竖式除号上方，然后把"余2"写在它旁边，表示4728里有139个34，还有一个余数2。

把一共多少个34写在这里

	千位	百位	十位	个位	
		1	3	9	余2
34	4	7	2	8	
−	3	4	0	0	(34×100)
	1	3	2	8	
−	1	0	2	0	(34×30)
		3	0	8	
−		3	0	6	$(34 \times 9)+$
				2	139

计算一共减去了多少个34

> 每次减去的数越大，要做的减法越少。

8 所以，4728 ÷ 34 = 139……2。

$$4728 \div 34 = 139\cdots\cdots2$$

试一试　TRY IT OUT

卖鱼问题

一个渔夫捕了6495条鱼，他把这些鱼卖给43家鱼店，每家鱼店都卖给相同数量的鱼，剩下的鱼给他的猫吃。

答案见第311页

1 你能用扩展长除法算出每家鱼店能买到多少条鱼吗？

2 会留给猫多少条鱼？

长除法

在扩展长除法中（见第136～137页），我们通过减去除数的倍数来进行除法运算。长除法是与之不同的一种方法，在长除法中，我们依次用被分解的数（被除数）中的每一个数字除以除数。

1 我们将以4728÷34为例，来讲解什么是长除法。

$$4728 \div 34 = ?$$

2 首先写下我们想要分解的数，也就是4728，然后在它的外面画一个竖式除号。把除数34写在竖式除号的外面，4728的左边。

千位	百位	十位	个位
4	7	2	8

34)

你可能会发现标上位值更好

3 现在我们尝试用被除数的第一个数字除以34。4不能除以34，所以我们看到下一个数字，并用47除以34，答案是1，把1写在竖式除号上面，7的上方。在47的下面写上34，用47减去34得到余数13，把余数写在下面。

千位	百位	十位	个位
	1		
4	7	2	8
3	4		
1	3		

34)

在这里写上47里有多少个34

画一条线，并在它下面写上减法的差

4 接下来把被除数的下一个数字移下来，写到我们刚刚写的13的旁边，把13变成132。

千位	百位	十位	个位
	1		
4	7	2	8
3	4		
1	3	2	

34)

把下一个数字移下来时，保持它所在的位值列不变

长除法运算遵循以下方法：除，减，移下来。

5 然后用132÷34。我们把34拆成整十和个位数（30和4），可以使计算更容易。我们知道30×3=90，4×3=12，所以3×34=102。把3写在竖式除号上面，2的上方，把102写在132的下面。用132减去102求出余数，余数是30。

千位	百位	十位	个位
	1	3	

34) 4　7　2　8

－　3　4

　　1　3　2

－　1　0　2

　　　3　0

在这里写下132里有多少个34

从132里减去102

把减法的答案写在下面

6 再一次，将被除数的下一个数字移下来，写到我们刚刚写的30的旁边，把30变成308。

千位	百位	十位	个位
	1	3	

34) 4　7　2　8

－　3　4

　　1　3　2

－　1　0　2

　　　3　0　8

把8移下来，写在减法所得结果的旁边

7 然后用308除以34。我们知道3×9=27，所以30×9=270。我们也知道9×4=36，270+36=306。所以，9×34=306。把9写在竖式除号上面，8的上方，这代表9×34。把306写在308的下面，然后用308减去306，得到余数是2。把余数写在竖式除号上答案的旁边。

千位	百位	十位	个位
	1	3	9	余2

34) 4　7　2　8

－　3　4

　　1　3　2

－　1　0　2

　　　3　0　8

　　－　3　0　6

　　　　　　2

在竖式除号上方，把余数写进答案里

8 所以，4728÷34 = 139……2。

$$4728 \div 34 = 139\cdots\cdots2$$

余数的转化

我们可以把除法运算中的余数转换成小数或者分数。

当你把答案写在竖式除号上方时，要将小数点与竖式除号下面的小数点对齐。

把余数转化成小数

如果除法运算的答案有余数，我们可以在被除数后加一个小数点并继续计算，从而把余数转化成小数。

1 我们用扩展短除法计算75÷6，并把余数转化成小数。

$$75 \div 6 = ?$$

2 我们像这样写下算式。

十位	个位	十分位

在每列标出位值

6) 7 5

3 先用被除数中的第一个数字7除以6。因为7里面只有1个6，在竖式除号上面、7的上方写上1，并在7的下面写上6，然后用7减去6，得到余数1。

写下你从7里面减去了几个6

画一条线，写下剩余的数，并保持位值对齐

4 然后我们把被除数中的下一个数字5移下来，把它写在算式下面1的旁边。计算15÷6，我们知道6×2=12，所以把2写在竖式除号上方的个位上。把12写在15的下面，并用15减去12，得到3，余数就是3。

把5移下来

5 要把余数3转化成小数，需要继续计算。在被除数的后面标上一个小数点，并在小数点后添一个0。在竖式除号的上方再添一个小数点，并保证十分位就在小数点的右边。把被除数中新添的0移到下面3的旁边，然后用30÷6。我们知道6×5=30，所以答案就是5。把5写在竖式除号上的十分位上。

	十位	个位	十分位
	1	2 .	5
6	7	5 .	0
−	6		
	1	5	
	1	2	
		3	0

在个位和十分位之间添一个小数点

6 因为没有余数了，所以可以在这里结束计算。所以，75 ÷ 6 = 12.5。

$$75 ÷ 6 = 12.5$$

把余数转化成分数

把余数转化成分数很简单。首先，我们进行除法运算，为了把余数转化成分数，只需把余数作为分数的分子，把除数作为分数的分母。

分子是分数中上面的那个数，分母是下面那个数。

1 在这里，用扩展短除法计算20除以8，答案是2余4。

	十位	个位
		2
8	2	0
−	1	6
		4

余4

用除数作为分数的分母

用余数作为分数的分子

2 所以，余数就是$\frac{4}{8}$。我们知道$\frac{4}{8}$等于$\frac{2}{4}$，等于$\frac{1}{2}$，所以我们可以用分数$\frac{1}{2}$代替余数。

$$余4 = \frac{4}{8} = \frac{2}{4} = \frac{1}{2}$$

3 所以，20 ÷ 8 = $2\frac{1}{2}$。我们可以确定这个余数是正确的，因为我们知道8的二分之一是4，所以余数4可以写成$\frac{1}{2}$。

$$20 ÷ 8 = 2\frac{1}{2}$$

小数除法

如果你学会了整数除法以及10的倍数的乘法（见第100~101页），
那么以小数为被除数或者除数的除法就很简单了。

除以一个小数

当除数（要除以的那个数）是一个小数时，首先将它
乘10的倍数，化成一个整数。你也要将被除数（被分
解的那个数）同样乘10的倍数，然后进行除法运算，
并且所得的结果与你乘10的倍数之前的运算结果是一
样的。

> 将被除数和除数同时乘10，直到把算式中的小数化为整数。

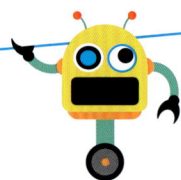

1 计算$536 \div 0.8$。

$$536 \div 0.8 = ?$$

2 先将除数和被除数都乘10，那么536就变
成了5360，0.8就变成了8。

$$536 \times 10 = 5360$$

$$0.8 \times 10 = 8$$

3 接下来计算5360除以8。通过计算可以得
到 $5360 \div 8 = 670$。

千位	百位	十位	个位
	6	7	0

8 | 5 | 3 | 6 | 0

－ 4 | 8

5 | 6

你将需要为这个计算标四个位值列

4 所以，$536 \div 0.8$ 与 $5360 \div 8$
的答案都是670。

$$536 \div 0.8 = 670 \ 并且 \ 5360 \div 8 = 670$$

小数除以一个数

如果被除数（被分解的数）是一个小数，可以简单地按照没有小数点的情况进行计算，只要确保答案中的小数点写在正确的位置——被除数中小数点的正上方。

1 计算1.24÷4。

$$1.24 \div 4 = ?$$

2 因为除数（我们所要除以的数）比被除数大，所以知道答案一定会小于1。写出除法竖式，然后开始计算。

你将需要为小数部分标上位值

个位	十分位	百分位
4 ⟌ 1 . 2 4		

3 因为1不够除以4，在竖式除号上面、1的上方写一个0，然后紧接着在右边标上一个小数点。现在我们看被除数的下一个数字，并用12÷4。我们知道4×3=12，所以在竖式除号上面、小数点的后面、2的上方写上3。把1.2写在被除数1.2的下面，相减等于0。

小数点写在个位和十分位之间，并与被除数的小数点对齐

个位	十分位	百分位
0 . 3		
4 ⟌ 1 . 2 4		
− 1 . 2		
0		

4 下面把被除数中最后一个数字4移下来，写在竖式下面0的旁边。

把4移到竖式的下方

个位	十分位	百分位
0 . 3		
4 ⟌ 1 . 2 4		
− 1 . 2		
0 4		

5 接下来，用4÷4，答案是1。把1写在竖式除号上的百分位上，也就是4的上方。因为没有余数，所以计算到这一步就结束了。

用4除以4

个位	十分位	百分位
0 . 3 1		
4 ⟌ 1 . 2 4		
− 1 . 2		
0 4		

6 所以，1.24÷4 = 0.31。

$$1.24 \div 4 = 0.31$$

运算顺序

有一些运算比只有两个数的运算要复杂，有时候一道计算题里包含几种运算，知道其中的运算顺序显得尤为重要，只有这样才能计算得出正确的答案。

先乘方再乘除后加减

在计算时，我们可以记住这样一个口诀：在混合运算中，先算乘方（或开方），再算乘除，后算加减，有括号先算括号里的部分。即使算式不是按这种顺序写的，我们也应该按这样的顺序进行运算。

$$4 \times (2 + 3) = 20$$

1 括号

看到这个算式，其中有两个数在一个括号里。括号告诉我们必须先算括号里的这一部分。所以，我们首先必须求出 $2+3$ 的和，然后将4与所得的和相乘，求出最终答案。

$$5 + 2 \times 3^2 = 23$$

2 乘方（或开方）

相同因数的乘法被称为乘方，反之称为开方，我们可以在第28~31页看到这样的数字。在完成括号里的运算之后，就可以进行乘方或开方运算了。在这个题目中，我们先求出 $3^2 = 9$，然后计算 $2 \times 9 = 18$，最后再加上5等于23。

$$6 + 4 \div 2 = 8$$

3 除法

接下来再算除法和乘法。在上面这个例题中，即使除法是写在加法之后，我们也要先算除法。所以，先求 $4 \div 2 = 2$，然后再算 $6 + 2 = 8$。

$$8 \div 2 \times 3 = 12$$

4 乘法

除法和乘法是同级运算，所以可以从左到右依次运算。在上面这个例题中，我们先算除法，再算乘法：$8 \div 2 \times 3 = 4 \times 3 = 12$。

$$9 \div 3 + 12 = 15$$

5 加法

最后计算加法和减法。在上面这个例题中，我们知道在算加法前要先算除法，所以，$9 \div 3 + 12 = 3 + 12 = 15$。

$$10 - 3 + 4 = 11$$

6 减法

像乘法和除法一样，加法和减法也是同级运算，所以也是从左到右依次运算。在上面这个例题中，我们先算减法再算加法：$10 - 3 + 4 = 7 + 4 = 11$。

运算顺序口诀的应用

如果你记住了运算顺序的口诀，即使看起来很复杂的运算，做起来也会很简单。

1 让我们计算这个复杂的算式。

$$17 - (4 + 6) \div 2 + 36 = ?$$

2 我们知道，首先应该计算括号里的部分，所以我们计算4+6=10。现在，可以把算式写成这样：17−10÷2+36。

$$17 - 10 \div 2 + 36 = ?$$

3 这个算式里面没有乘方，所以我们接下来算除法：10÷2=5。现在可以把算式写成这样：17−5+36。

$$17 - 5 + 36 = ?$$

4 现在，我们可以从左到右依次进行加减法运算。17−5＝12，最后，12+36=48。

$$12 + 36 = 48$$

5 所以，17 −（4 + 6）÷ 2 + 36 = 48。

$$17 - (4 + 6) \div 2 + 36 = 48$$

试一试 TRY IT OUT

按顺序计算

现在轮到你啦！按运算顺序计算，看你能否计算得出正确答案。

1 $12 + 16 \div 4 + (3 \times 7) = ?$

2 $4^2 - 5 - (12 \div 4) + 9 = ?$

3 $6 \times 9 + 13 - 22 \div 11 = ?$

答案见第311页

运算顺序口诀：先乘方，再乘除，后加减，有括号先算括号里的部分。

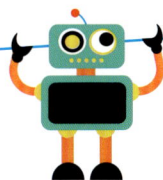

算术法则

记住算术法则中的三个基本法则将有助于计算，特别是对于一个算式中有多种运算的计算，这些法则非常有用。

交换律

当两个数相加或者相乘时，无论按什么顺序写下这两个数，答案都是一样的，这就是交换律。

1 **加法**
看右边这些鱼，5加上6一共是11条鱼，把6加上5也是一共11条鱼。我们可以按任意顺序运行加法运算，得到相同的答案。

$$5 + 6 = 11 \qquad 6 + 5 = 11$$

2 **乘法**
这里有2群鱼，每群鱼有3条，一共是6条鱼。如果这里有3群鱼，每群鱼有2条，同样也是一共6条鱼。无论按什么顺序计算，乘积都是一样的。

2群鱼，每群鱼有3条，也就是3×2

3群鱼，每群鱼有2条，也就是 2×3

$$3 \times 2 = 6 \qquad 2 \times 3 = 6$$

结合律

当三个或三个以上的数相加或者相乘时，数的结合方式并不会影响最后的结果，这就是结合律。

1 **加法**
结合律有助于进行复杂数的加法运算，如136 + 47。

$$136 + 47$$

2 我们可以把47拆成40+7。我们通过求解这个算式，可以得到答案183。

$$136 + (40 + 7) = 183$$

3 通过增加一个括号，可以使计算更加简便。首先把136加上40，然后再加上7，最终得到183。

$$(136 + 40) + 7 = 183$$

分配律

一个数乘几个数的和与这个数分别乘这些数，再把乘积相加所得到的答案是一样的。我们把这叫作分配律。

当一个算式中有括号时，首先求出括号里的部分，我们可以在第144～145页看到这个运算顺序。

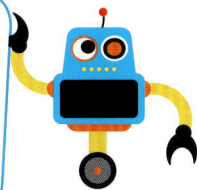

1 我们来探究一下如何用分配律求3×14。

$$3 \times 14 = ?$$

2 如果我们不知道3的乘法表一直乘到14是多少，那么这个题就很难了。所以我们要把14拆成$10 + 4$，这样就会使计算更简便。

$$3 \times (10 + 4) = ?$$

3 接下来，我们通过把括号里的每一项分别与3相乘来简化计算。

$$(3 \times 10) + (3 \times 4) = ?$$

4 然后我们先进行括号里的乘法运算，再把结果相加：$(3 \times 10) + (3 \times 4) = 30 + 12 = 42$。

$$30 + 12 = 42$$

5 因此，通过把14拆分成更简单的数，再把它们分别与3相乘，我们就可以求出：$3 \times 14 = 42$。

$$3 \times 14 = 42$$

1 乘法
当我们需要乘一个复杂的数时，结合律同样可以使运算更简便，比如6×15。

$$6 \times 15 = ?$$

2 我们可以把15拆分成它的两个因数5和3，这样我们就可以计算出答案是90。

$$6 \times (5 \times 3) = 90$$

3 结合律允许我们移动括号的位置，以使运算更简便。如果在乘3之前先计算6×5，答案仍然是90。

$$(6 \times 5) \times 3 = 90$$

使用计算器

计算器是一种能够进行数学运算的电子机器。当然，心算和利用计算公式笔算对我们也很重要。但是，有时候使用计算器能够帮助我们更快更容易地得到答案。

> 使用计算器得到答案后，一定要记得检查两次，因为我们很容易不小心按错按键。

计算器的按键

大多数计算器都有相同的基础按键，就像右边这个一样。我们只要输入想要计算的数据，然后再按"="键。现在让我们来看看每个键是用来做什么的。

显示器显示输入的数字或答案

1 开启和清零键
这个键是用来打开计算器的，也可以用来清除显示器，即把显示值清零。

2 数字键
0到9的数字键是计算器键盘的主要部分，我们用这些按键输入数字进行计算。

3 小数点键
如果计算时需要输入小数，我们就要按这个键。像输入4.9，我们就要先按"4"键，然后按小数点"."键，最后再按"9"键。

4 正负转换键
这个是把正数变负数、把负数变正数的按键。

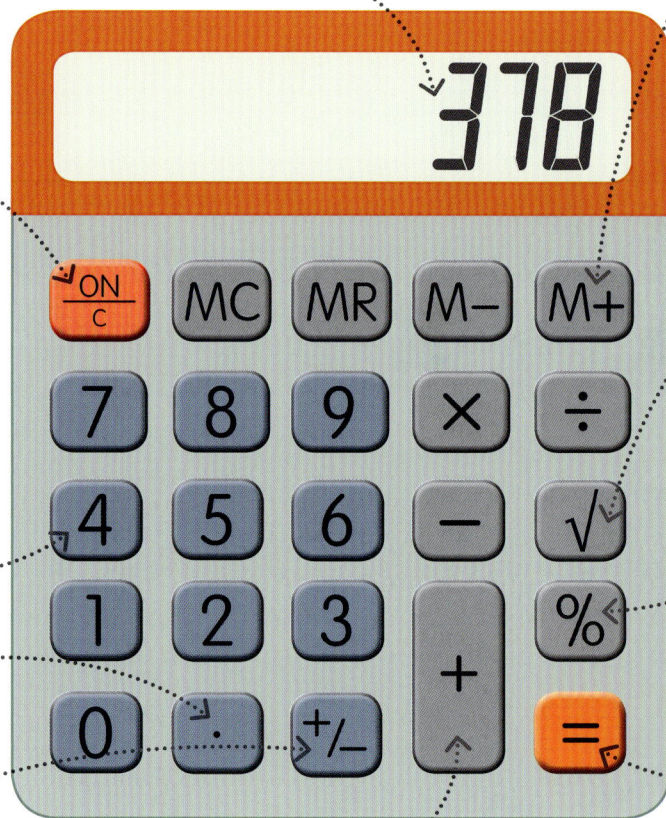

5 运算功能键
所有的计算器都有加号键"+"，减号键"−"，乘号键"×"，除号键"÷"。如果我们想计算14×27，应先输入"1"，"4"，"×"，"2"，"7"，然后按"="键。

试一试 TRY IT OUT

用计算器计算

现在你已经知道计算器上的所有重要按键，以及如何去使用它们了，试试看你能否利用计算器计算出右边这些问题的答案。

答案见第311页

1 $983 + 528 = ?$

2 $7.61 - 4.92 = ?$

3 $-53 + 21 = ?$

4 $39 \times 64 = ?$

5 $697 \div 41 = ?$

6 $600 \times 40\% = ?$

---

6 存储键

有时候我们可以通过按它让计算器记住一个答案，之后我们就能再次找到这个答案。"M+"键是在计算器记忆库中增加一个数，而"M−"键则是清除数。"MR"键是直接使用存在计算器记忆中的数，不需要我们再次输入。而"MC"键则是清除记忆。

7 平方根键

这个按键可以用来计算一个数的平方根，它常被用于更加高级的数学运算中。

8 百分比键

百分比键可以用来计算百分数。这个按键在不同的计算器上的作用有一点点不同。

9 等号键

这个键是等号键，当我们在键盘上输入完数据后，如14×27，还需要按"="键，显示器上才会出现答案。

估算答案

使用计算器时，很容易因为输错数字而导致计算错误。估算答案是一个能让你确保答案正确的方法，具体参见第16～17页的估算。

$$307 \times 49 = ?$$

1 估算一下307×49的答案。

$$300 \times 50 = ?$$

2 让我们心算其实是非常难的，所以我们可以采用找近似值的方法，先将307减少为300，再把49增加到50。

$$300 \times 50 = 15\,000$$

3 $300 \times 50 = 15\,000$，所以307×49的答案也是接近$15\,000$的。

4 如果我们用计算器算出307×49的答案是1813，可以很快知道这个答案是不对的，因为估算告诉我们答案应该接近$15\,000$，那么一定是我们在输入数据时漏了一个数字。

测量

MEASUREMENT

$b \times h$

m^2

kg

°C

从古至今，人们已经用了许多不同的测量系统来描述现实的世界。大多数国家现在都用着同一种测量系统，叫作公制测量系统。它可以用来度量一个东西有多大、多重或者有多热。用公制测量系统很容易计算，单位之间的转化也很简单。

长度

长度就是两个点之间的距离。我们可以用公制单位来度量距离，包括毫米（mm）、厘米（cm）、米（m）和千米（km）。

米和千米

我们可以用许多不同的词语来描述长度，但是它们都是表示两点之间的距离。

1 高度是指某个物体距地面有多高，但是它跟长度真的没什么区别，所以我们用相同的单位来度量高度。例如，这栋建筑的高度为700 m。

2 某个物体的宽度是指它的一边到另一边的距离，它也是一种长度。例如，这栋建筑的宽度为250 m。

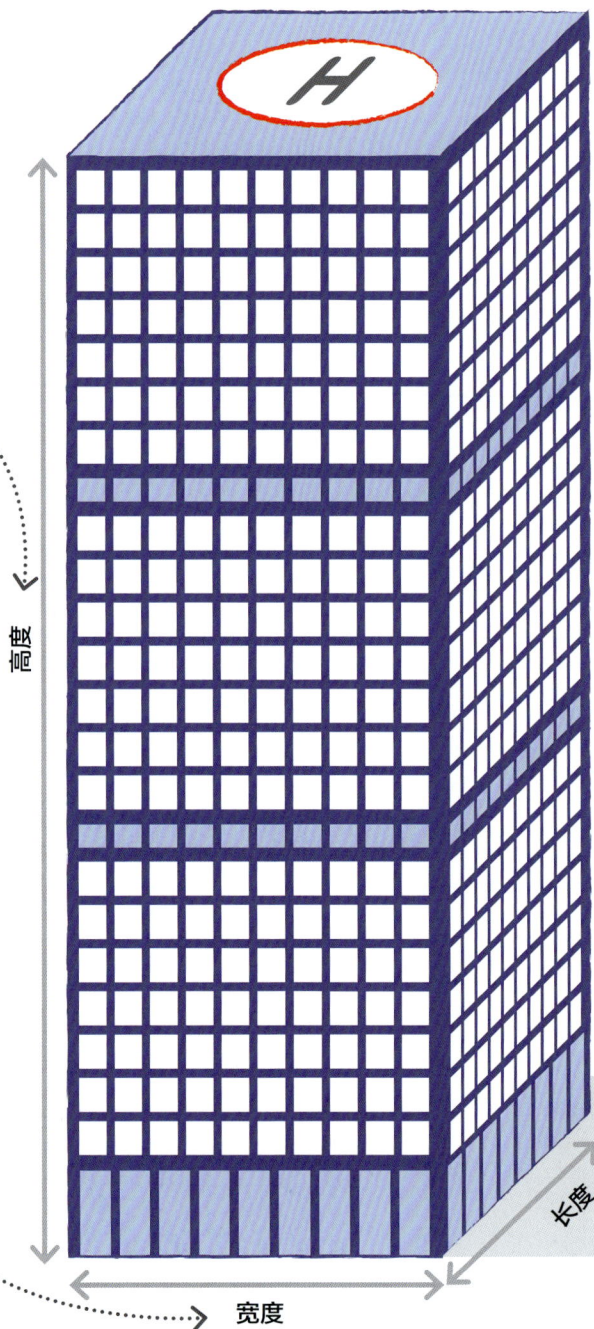

3 度量长度的另一个单位是千米（km）。1 km等于1000 m。例如，直升机在1 km的高空飞行。

4 我们可以把直升机飞行的高度转化成以米为单位，所以直升机飞离地面1000 m。

5 我们可以用另一个词语"距离"来表示长度，它表示从一个地方到另一个地方有多远。长距离一般以千米为度量单位。

高度

长度

宽度

长度、宽度、高度和距离都是用同样的度量单位。

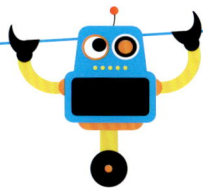

厘米和毫米

米（m）和千米（km）适用于度量较大的物体，而很少用于度量很小的物体。我们可以厘米（cm）和毫米（mm）为单位来测量较短的长度。

1 1m等于100cm，1cm等于10mm。

2 看看左边这只小狗，它的高度为60cm。

3 把它（60cm）除以100，就可以很容易地将它的高度转换成以m为单位，所以，小狗的身高为0.6m。

4 把它（60cm）乘10，我们就可以将它转换成以mm为单位，所以，小狗的身高就是600mm。

5 我们经常用mm来测量更小的事物。例如，在小狗身旁嗡嗡叫的黄蜂的身长是15mm。

长度单位的转换

长度单位之间很容易转换，我们需要做的就是把它们乘或除以10，100或者1000。

厘米转换成毫米 × 10	米转换成厘米 × 100	千米转换成米 × 1000
5000mm	500cm	5m	0.005km
毫米转换成厘米 ÷ 10	厘米转换成米 ÷ 100	米转换成千米 ÷ 1000

1 把mm转换成cm，需要除以10。把cm转换成mm，需要乘10。

2 把cm转换成m，需要除以100。把m转换成cm，需要乘100。

3 把m转换成km，需要除以1000。把km转换成m，需要乘1000。

长度计算

长度的计算与其他计算一样，你只需简单地对这些数字进行加、减、乘、除运算。

相同单位的计算

1 一棵树现在高为16.6 m，四年前高为15.4 m。它长高了多少？

2 要求出高度上的差值，我们需要用较大的数减去较小的数：16.6 – 15.4 = 1.2。

3 这就表示这棵树在四年内长高了1.2 m。

4年前   3 年前   2 年前   1 年前   现在

4 我们再来求解一个复杂的问题。我们知道在过去四年内，这棵树长高了1.2 m，那么平均每年长高了多少呢？

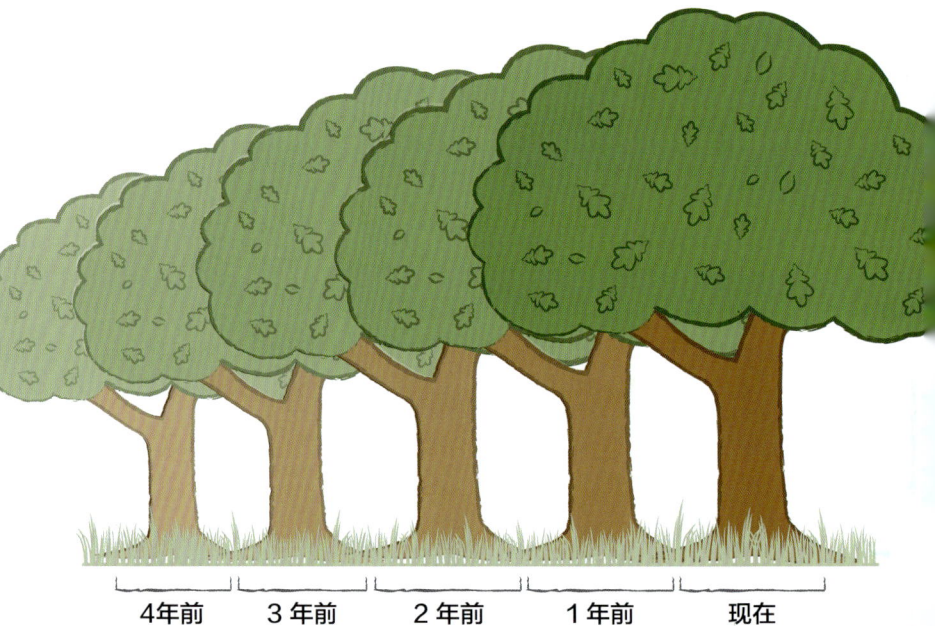

5 要解答这个问题，我们需要做的就是把长高的高度除以成长的年数：1.2 ÷ 4 = 0.3。

6 所以，这棵树平均每年长高了0.3 m。

试一试 TRY IT OUT
距离分配

这个跑道长200m。如果四个机器人在接力赛中所跑的距离相同，那么每个机器人需要跑多远才能跑完这个跑道？

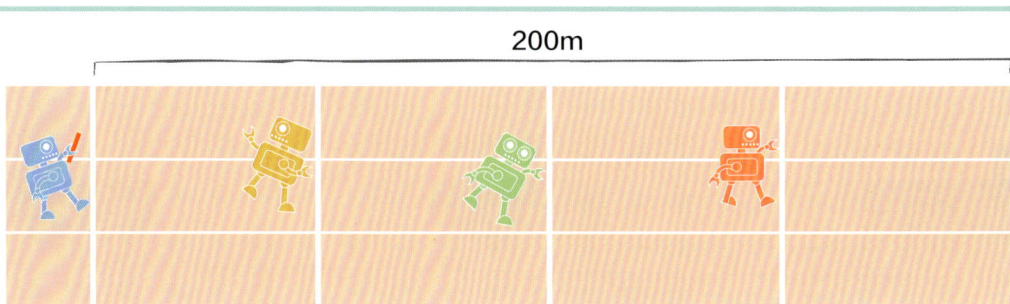

200m

1 要求出答案，你所要做的就是一个简单的除法运算。

2 只需把跑道的长度除以机器人的数量。

答案见第311页

混合单位的计算

我们已经知道可以用不同的单位来表示同一个长度，在开始长度计算之前，一定要确保所有数值的单位相同。

在进行距离的计算时，一定要确保测量值的单位相同。

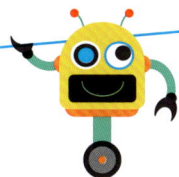

1 下图中的机器人打算从家里出发去动物园游玩。它家距玩具店760m，玩具店距游乐场1.2km，游乐场距动物园630m。那么从它家到动物园的距离有多远？

2 我们必须先把所有的测量值都转换成相同的单位。这里，我们需要把从玩具店到游乐场的距离，从以km为单位的测量值转换成以m为单位。

3 回想一下，要把千米转换成米，我们只需要把千米数乘1000，因为1km等于1000m，所以，$1.2 \times 1000 = 1200$。

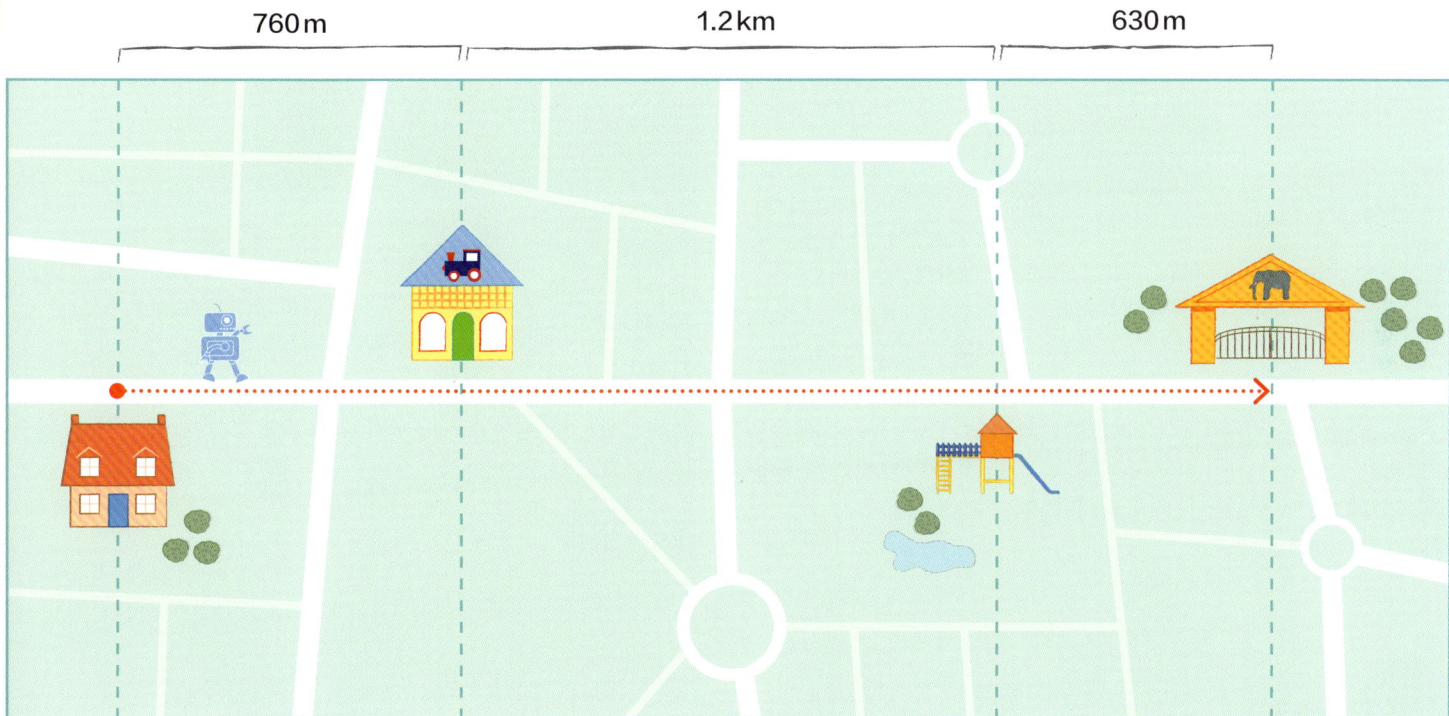

| 760m | 1.2km | 630m |

4 现在所有距离的单位都是m，可以把它们加起来：
$760 + 1200 + 630 = 2590$。

5 2590是一个非常大的数，因此，把它的单位再转换成km比较合适。把单位化成km，只需要将它除以1000：$2590 \div 1000 = 2.59$。

6 所以，机器人一共要走2.59km。

周长

周长是指围成封闭图形的边的总长度。如果把图形想象成是用围栏围起的一块地，那么围栏的长度就是这个图形的周长。

> 一个图形的周长就是它所有边的长度之和。

24 m

11 m　　　　　　　　　　　　　　　　　**11 m**

24 m

1 要求一个图形的周长，我们需要测量出它每一条边的长度，并把它们相加。

2 周长的单位与长度的单位相同，当我们把各边长相加计算周长时，最重要的是把各边长转换成相同的单位。

3 看看这个网球场，通过把每一边的长度相加，我们可以求出网球场的周长：$11 + 24 + 11 + 24 = 70$。

4 所以，网球场的周长为70 m。

试一试 TRY IT OUT

特殊图形的周长

计算特殊图形周长的方法与计算矩形周长的方法相同——只需求出各边长之和。你能把右边这两个图形的各边长相加，求出它们的周长吗？

1
15 cm
15 cm
12 cm
20 cm
13 cm
12 cm

2
10 cm
20 cm
25 cm
20 cm
5 cm
30 cm

答案见第311页

如果不知道每一条边的长度怎么办？

有时候我们并不知道一个图形所有边的长度，例如一个图形由一个或多个矩形构成，并且有一条边的长度不知道，我们仍能求出这条边的长度以及它的周长。

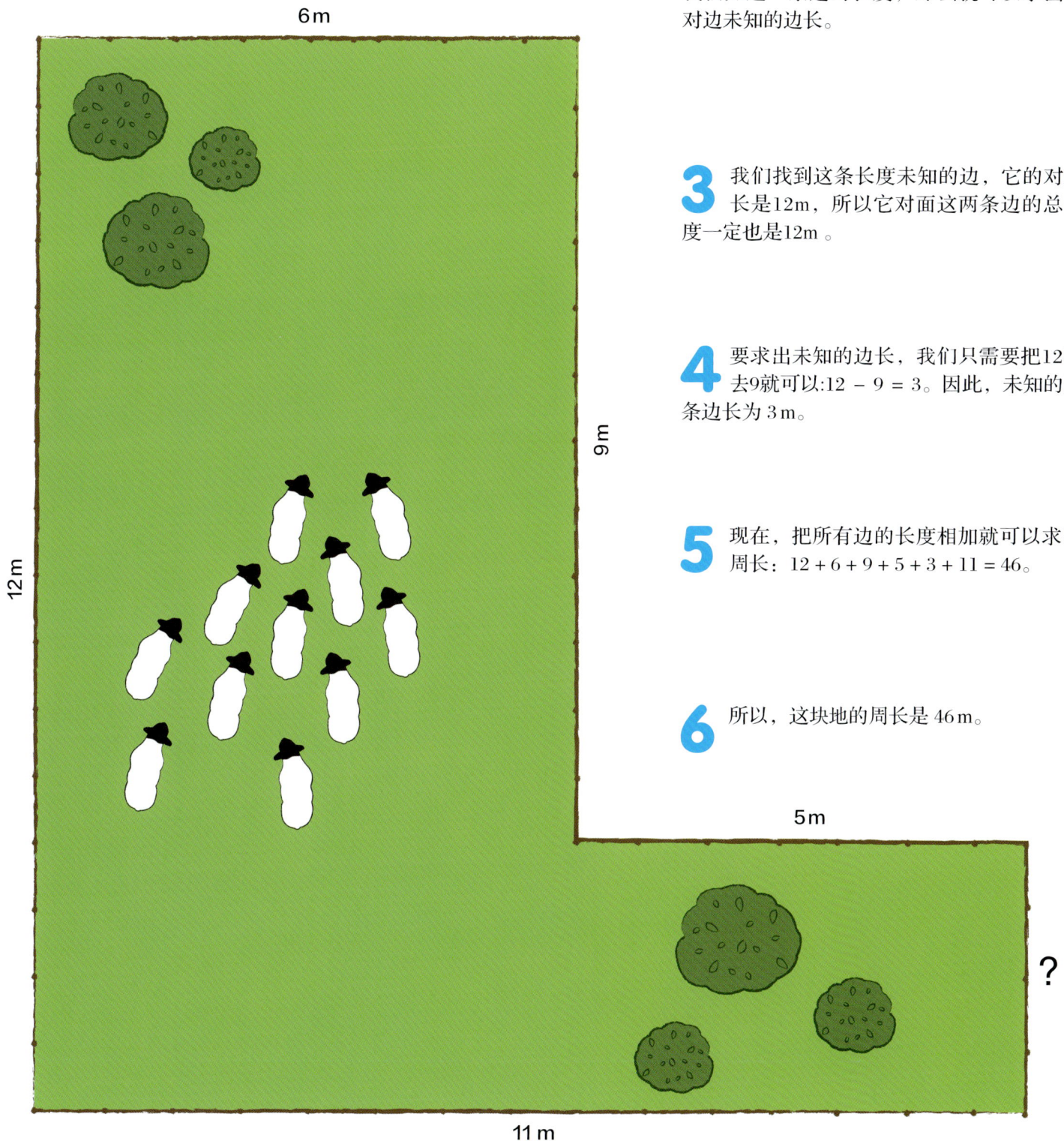

1 看看这一块地，我们需要求出它的周长，但是有一条边的长度是未知的。

2 这块地的角都是直角，所以它的每一组对边都是互相平行的。那就意味着如果我们知道一条边的长度，那么就可以求出它对边未知的边长。

3 我们找到这条长度未知的边，它的对边长是12m，所以它对面这两条边的总长度一定也是12m。

4 要求出未知的边长，我们只需要把12减去9就可以：$12 - 9 = 3$。因此，未知的这条边长为3m。

5 现在，把所有边的长度相加就可以求出周长：$12 + 6 + 9 + 5 + 3 + 11 = 46$。

6 所以，这块地的周长是46m。

6 m

9 m

12 m

5 m

11 m

?

周长计算公式

如果我们还记得与平面图形有关的一些基本规律，就可以用公式求出图形的周长。这些公式都是用字母代表边长，这样我们就能更容易地记住不同图形的周长公式。

正方形

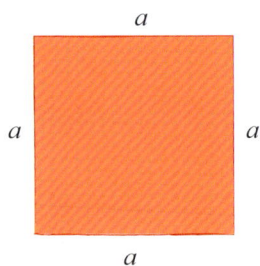

1 我们知道正方形的四条边长度相等，通过把四条边的长度相加，可以求出正方形的周长。

2 看到这个红色的正方形。如果每一条边长为a，那么正方形的边长$= a + a + a + a$。这也可以简写成：

正方形的周长 $= 4a$

3 假设一个正方形的每一条边长为 $2\,cm$，周长就是 $8\,cm$，因为 $4 \times 2 = 8$。

长方形

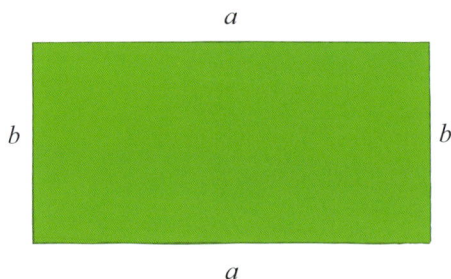

1 长方形有两组平行且相等的对边，假设一组对边的边长为a，另一组对边的边长为b。

2 对于长方形来说，它的周长就等于两条不相等的边长之和乘2，因为每个长度对应两条边。我们用公式表示为：

长方形的周长 $= 2\,(a+b)$

3 所以，如果一个长方形的两条边分别是2cm和4cm，那么它的周长是12cm，因为 $2 \times (4 + 2) = 12$。

平行四边形

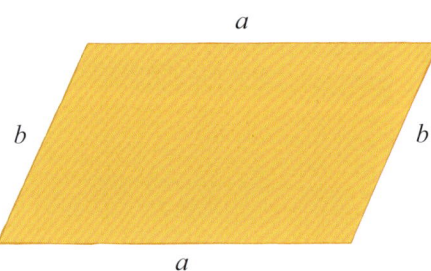

1 和长方形一样，平行四边形也有两组平行且相等的对边。

2 所以，我们可以用与长方形同样的公式来求平行四边形的周长，将两条相邻的边长相加，再乘2：

平行四边形的周长 $= 2\,(a + b)$

3 所以，如果一个平行四边形相邻的两条边长分别是3cm和5cm，那么它的周长就是16cm，因为 $2 \times (5 + 3) = 16$。

已知周长求边长

如果我们已知一个图形的周长，而且只有一条边的长度未知，就可以用一个简单的减法求出未知的边长。

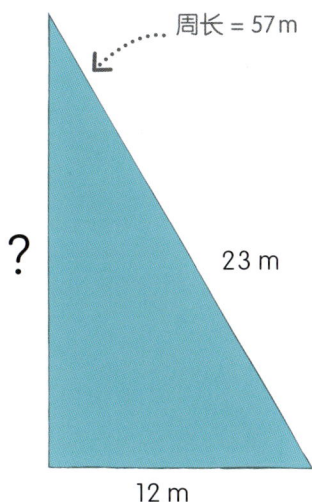

周长 = 57 m

23 m

?

12 m

1 左边是一个三角形，已知它的周长和两条边的长度，让我们求出未知的边长。

2 我们可以用已知的周长减去已知的边长，求出未知的边长：57−23−12 = 22。

3 所以，未知的边长为22 m。

等边三角形

a a

a

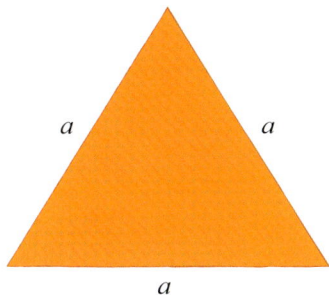

1 我们知道等边三角形的三条边长相等。

2 就像我们计算正方形的周长一样，只需要把一条边的长度乘边的数量。如果等边三角形的边长为a，公式就可以写成：

等边三角形的周长=$3a$

3 假设一个等边三角形的三边长都是4 cm，它的周长就是12 cm，因为 $3 \times 4 = 12$。

等腰三角形

a a

b

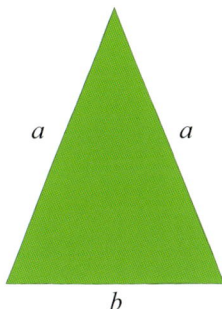

1 等腰三角形的两条腰长相等，底长与腰长不相等。

2 如果两条相等的边长都为a。要求出三角形的周长，我们只需把a乘2然后加上另外一条边的长度b：

等腰三角形的周长= $2a + b$

3 所以，如果等腰三角形的腰长为4 cm，底长为3 cm，周长就是11 cm。

不等边三角形

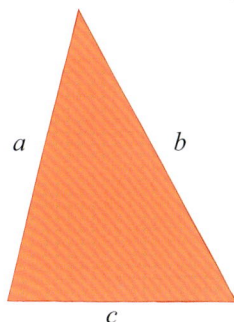

a b

c

1 不等边三角形三条边的长度都不相等。

2 如果这三条边长分别是a、b、c，把三条边相加就能求出三角形的周长。我们可以用公式表示为：

不等边三角形的周长= $a + b + c$

3 所以，如果三角形的三边长分别是4 cm、5 cm和6 cm，那么周长就是15 cm，因为 $4 + 5 + 6 = 15$。

面积

平面图形所占空间的数量叫作面积。用来度量面积的单位叫作平方单位，它是基于我们所用的长度单位来确定的。

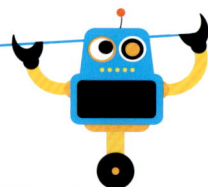

我们可以把一个长方形分成几个相等的正方形，通过计算这几个正方形的面积求出长方形的面积。

1 看看右边这块草地，它的长和宽都是1m，它的面积就是1平方米，写作：1m²。

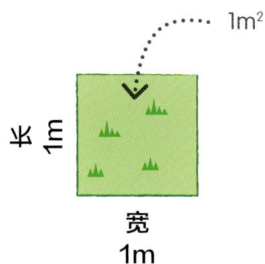

长 1m

宽 1m

1m²

3 当花园被填满时，我们发现它的宽等于两块草地的长，它的长等于三块草地的长。

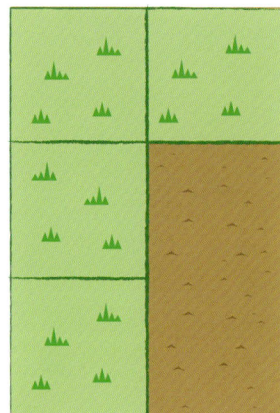

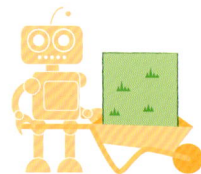

2 右边是一个花园，用1m²的草地将它铺满，然后数一数一共铺了多少块草地，就能求出它的面积。

2m

3m

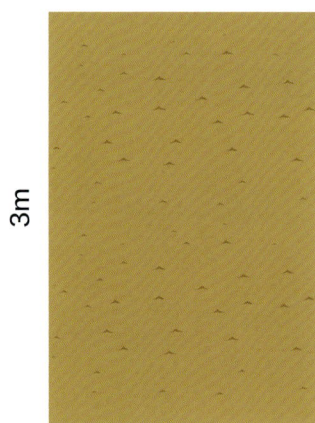

4 我们一共用了6块1m²的草地来铺满这个花园，那么这个花园的面积就是6m²。

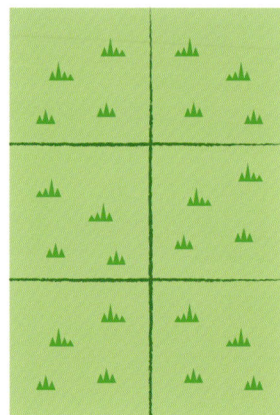

试一试 TRY IT OUT

特殊图形的面积

我们也可以用平方面积来计算复杂图形的面积。数一数右边这些图形里有多少个面积为1cm²的小正方形，你能求出这些图形的面积吗？

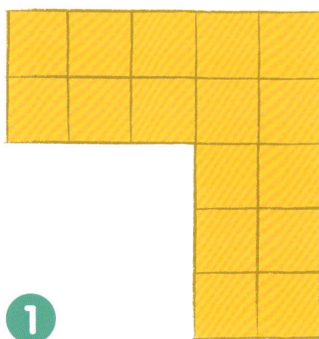

1

2

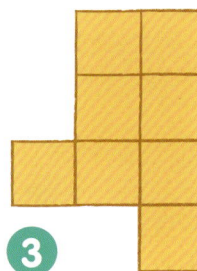

3

答案见第311页

面积估算

计算不是由正方形或长方形组成的不规则图形的面积似乎很麻烦，但是我们可以结合整体的面积与部分的面积来估算这些图形的面积。

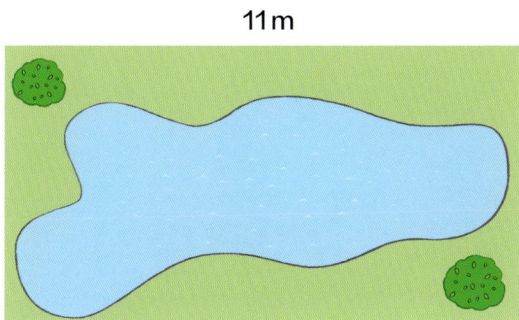

11m

6m

1 上图中有一个池塘，它是一个不规则图形，很难求出它的面积。

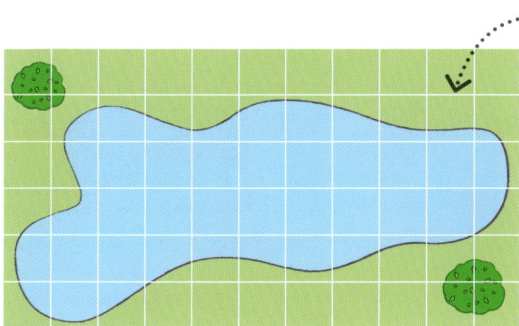

每一个正方形的边长为1m

2 我们可以在池塘上面画一个正方形网格，每一个正方形面积为1m²。

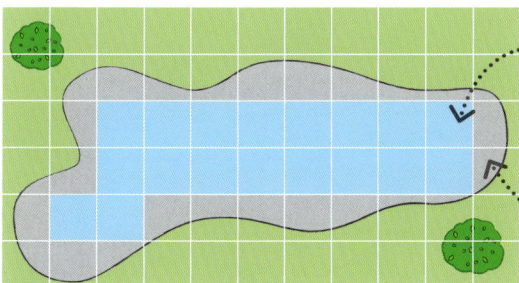

数一数完整的正方形有多少

先忽略不计没有全部在池塘内的正方形

3 我们把池塘内所有完整的正方形染上颜色，数一数发现一共有18个完整的正方形。

数一数池塘内不完整的正方形

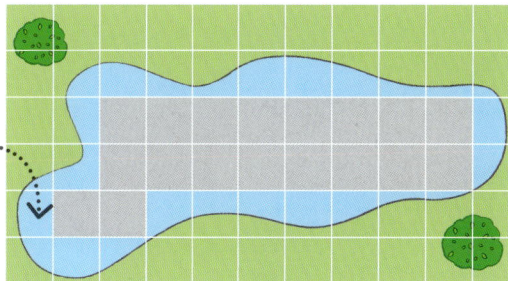

4 接下来，数一数池塘内不完整的正方形，发现一共有26个。

5 大部分不完整的正方形都超过了半个完整的正方形，或是比半个完整的正方形小一点点。所以，要估计池塘所覆盖的正方形面积，我们可以先把不完整正方形的数量除以2：26 ÷ 2 = 13。

6 最后，把完整正方形的面积和不完整正方形的面积相加，得到池塘面积的估计值：18 + 13 = 31。

7 因此，池塘的面积大约是31m²。

在不规则图形上画一个正方形网格，有助于估算它的面积。

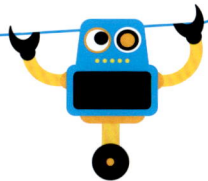

面积计算公式

使用公式求面积比数正方形格子求面积要更加容易，它可以更快速地求出大图形的面积。

> 正方形或长方形的面积等于：长×宽。

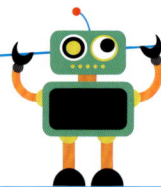

1 右图是一个操场，它的宽为6m，长为8m。

2 如果我们在操场上画一个正方形网格，可以画出8行6列1m²的小正方形，求出总面积为48m²。

3 有一个求面积的方法比数格子更快，那就是运用公式求面积。

4 如果把6×8，得到48。这个数与操场上所容纳的小正方形的数量是相等的。

5 我们可以写出长方形（包括正方形）的面积公式：面积＝长×宽。

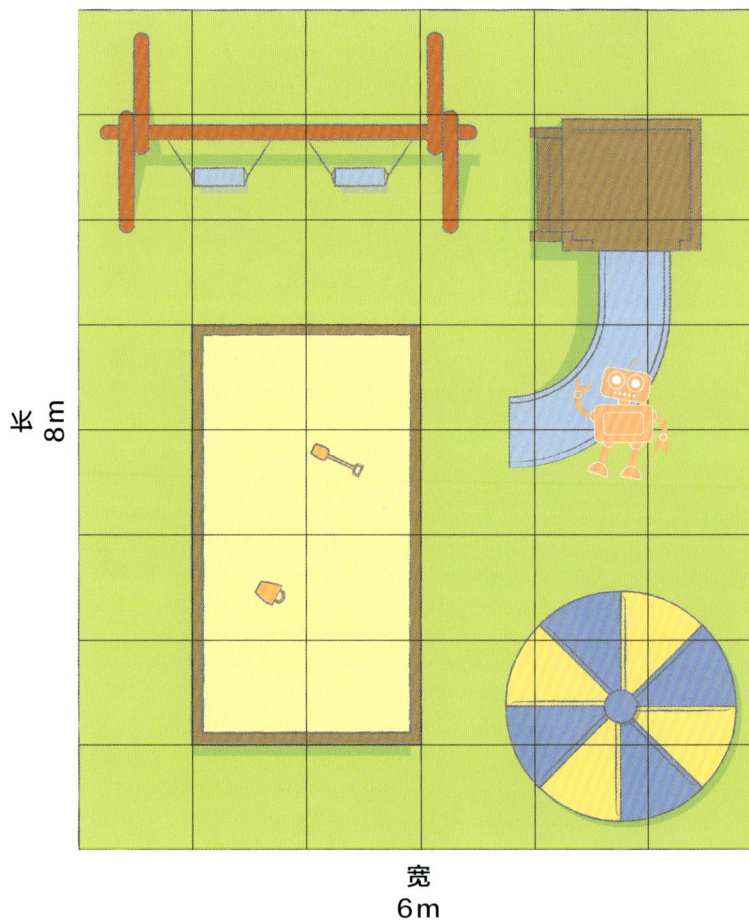

长
8m

宽
6m

试一试 TRY IT OUT

独立完成

操场上有一个沙坑，长为4m，宽为2m。你能用公式求出沙坑的面积吗？

答案见第311页

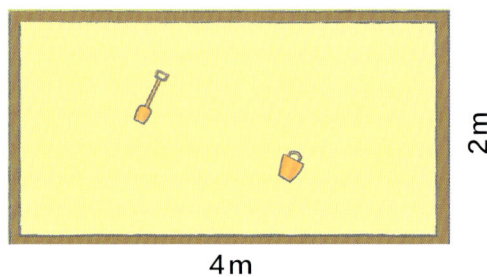

2m

4m

面积与未知边长

有时候我们已知长方形的一条边长和面积，但是另一条边的长度是未知的。要求出未知边的长度，只需用已知的数进行一次除法运算。

1 已知面积，要求一条边的长度，我们只需把面积除以已知边的长度。

2 右边卧室的面积是30 m²，并且已知它的宽为5 m，求卧室的长。

3 用面积除以宽的长度，可以求得长为：$30 \div 5 = 6$。

4 这个卧室的长为 6 m。

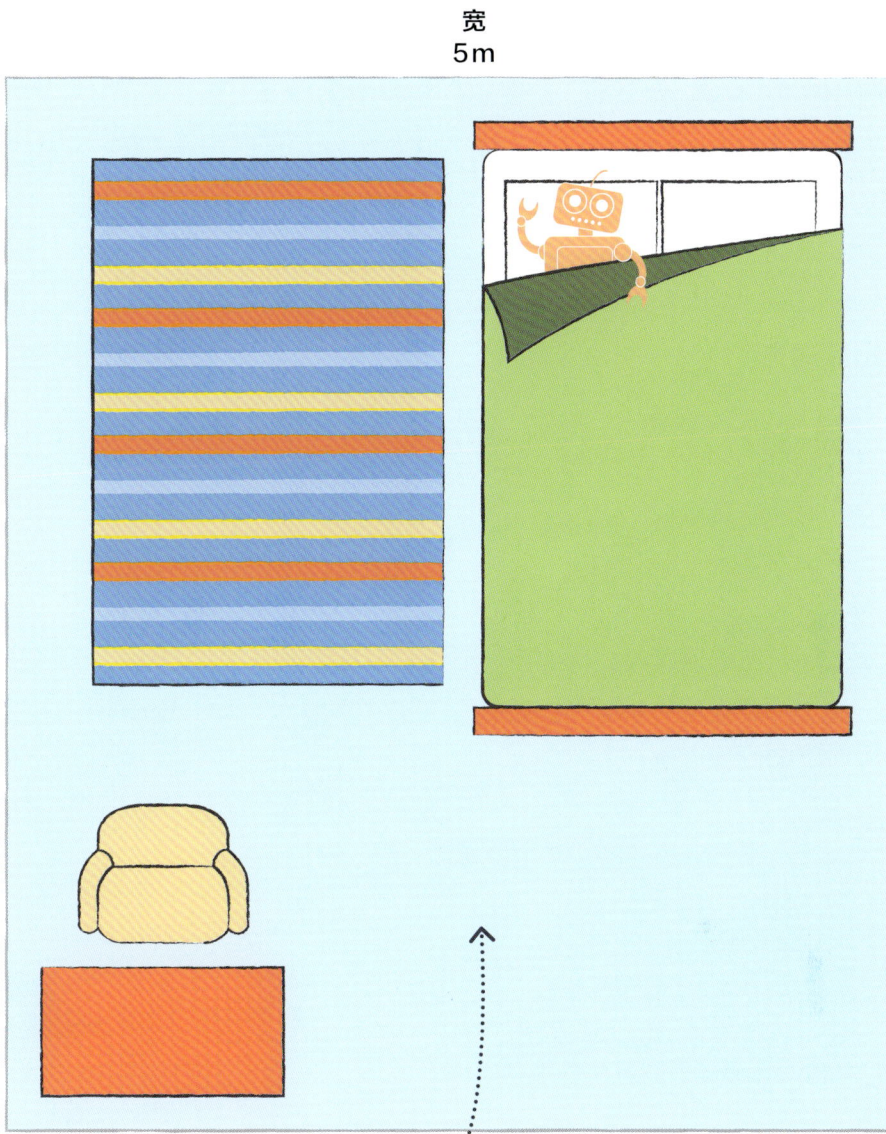

宽
5 m

长 ?

面积 = 30m²

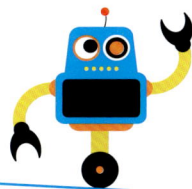

试一试 TRY IT OUT
神秘的边长

现在你已经学过如何求未知的边长，下面检查一下看你有没有掌握。右边这块地毯的面积是6m²，它的宽是2m，那么地毯的长为多少呢？

答案见第311页

面积= 6m²

2m

?

三角形的面积

并不只有正方形和长方形可以用公式求面积，我们也可以用公式求其他图形的面积，比如三角形。

三角形的面积等于 $\dfrac{\text{底}\times\text{高}}{2}$。

直角三角形

1 上图是一个直角三角形，我们试一试用公式求出它的面积。

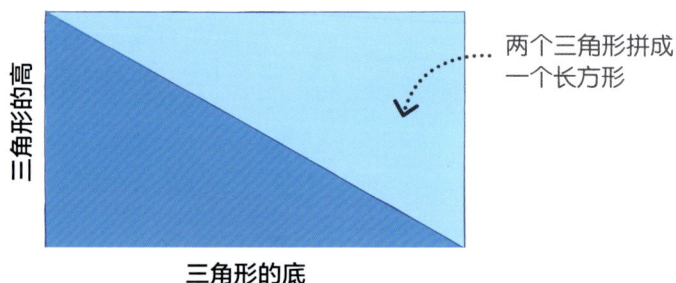

两个三角形拼成一个长方形

三角形的高

三角形的底

2 我们可以用两个这样的三角形拼成一个长方形，所以，三角形的面积就等于长方形面积的一半。

3 我们已经学过长方形的面积等于：长 × 宽。在这里，长方形的长等于三角形的底，宽等于三角形的高。

4 我们也知道三角形的面积是长方形面积的一半，所以三角形的面积公式是：

$$\text{三角形的面积} = \dfrac{\text{底}\times\text{高}}{2}$$

其他三角形

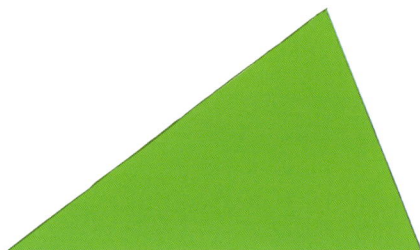

1 要用这个不规则的三角形拼成一个长方形看起来似乎有点困难。

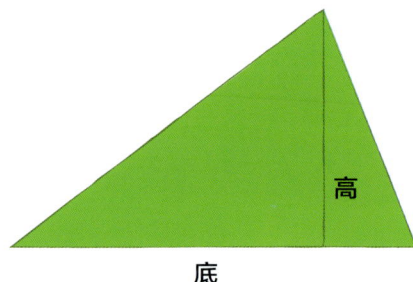

高

底

2 先过顶点向底边作一条垂线，把这个不规则的三角形分成两个直角三角形。

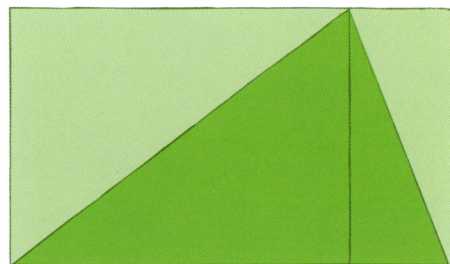

3 现在，可以像前面一样，把这两个三角形分别拼成长方形。三角形的面积仍然是长方形面积的一半。所以，面积公式还是一样的：

$$\text{三角形的面积} = \dfrac{\text{底}\times\text{高}}{2}$$

平行四边形的面积

平行四边形与长方形没有太大的不同——它们都是有两组对边平行且相等的四边形。由于平行四边形与长方形如此相似，我们可以用同样的公式求出平行四边形的面积。

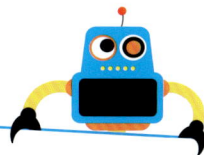

平行四边形的面积等于：底 × 高。

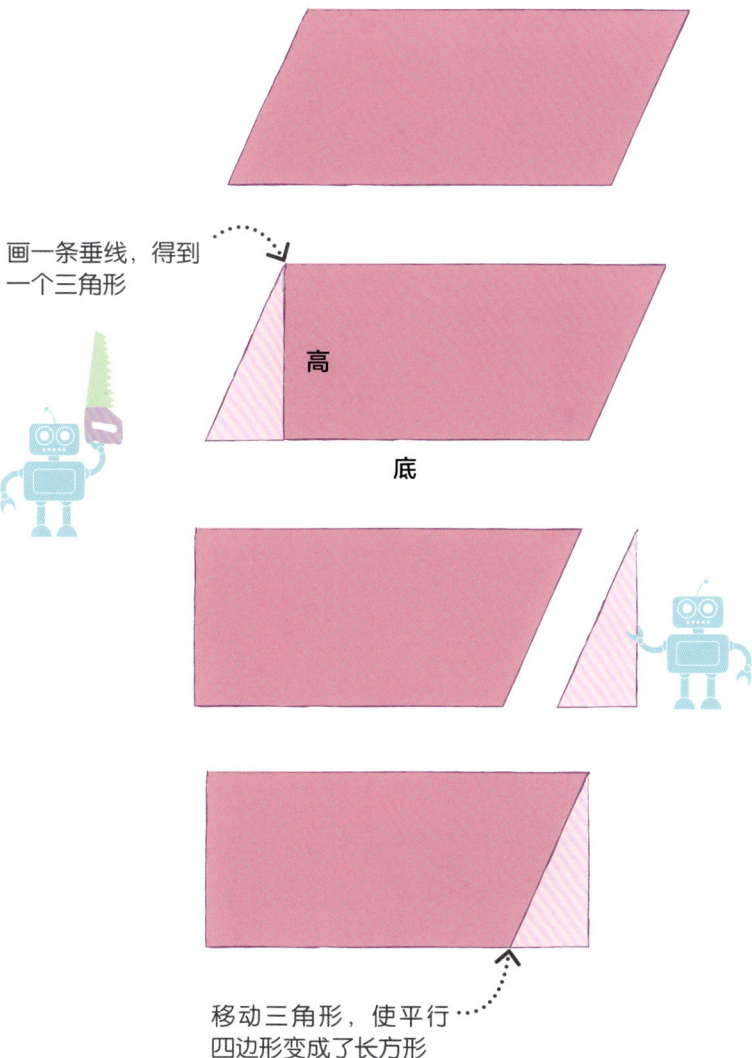

1 右图是一个平行四边形，我们来看看为什么它的面积计算公式和长方形的面积计算公式相同。

2 先从平行四边形的顶点向底边作垂线，得到一个直角三角形。

画一条垂线，得到一个三角形

高

底

3 想象一下，你可以将这个三角形切割下来，并移动到平行四边形的另一端。

4 当你把三角形固定到平行四边形的另一端时，它正好可以使平行四边形变成一个长方形。

5 那么我们可以像求长方形的面积一样，用平行四边形的底乘高，求出它的面积：

移动三角形，使平行四边形变成了长方形

平行四边形的面积=底×高

复杂图形的面积

有时候会需要求出复杂图形的面积，可以把这些图形拆分成我们学过的熟悉的图形，例如长方形，这样就能更容易地求出复杂图形的面积。

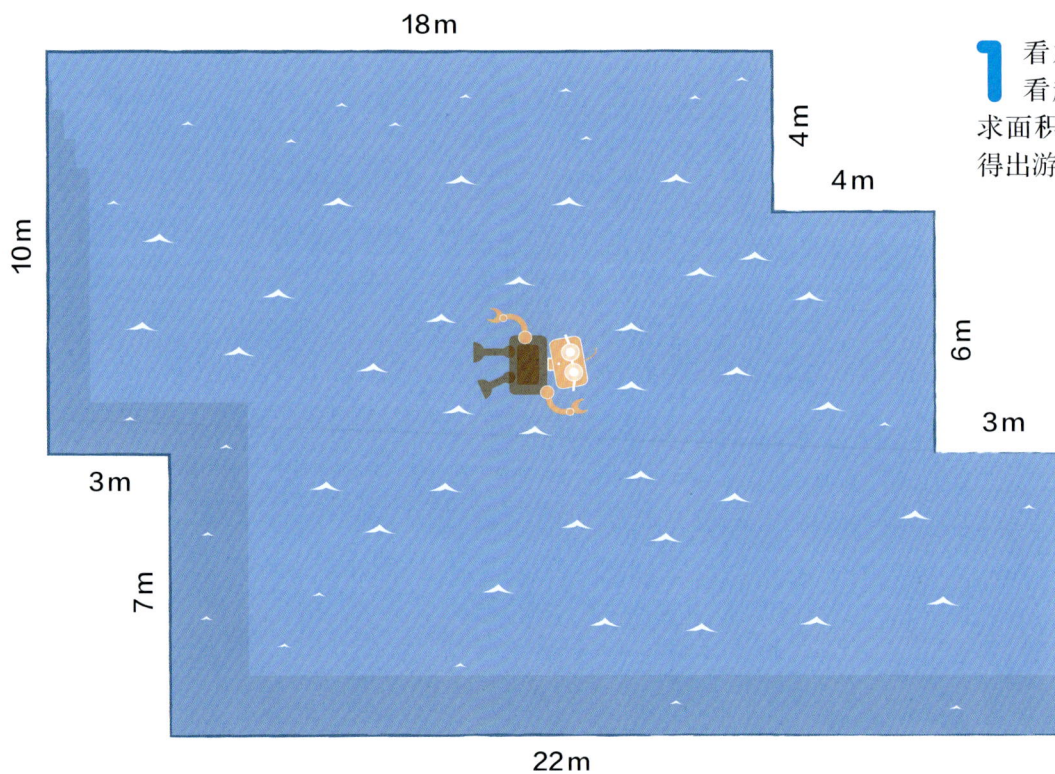

18m

4m

4m

10m

6m

3m

3m

7m

7m

22m

1 看左图的游泳池，要求它的面积看起来比较难，但我们只需要把求面积分解成几个简单的步骤，就能得出游泳池的面积。

边都是直的，并且所有的角都是直角——这样就很容易求出游泳池的面积

把游泳池分成三个长方形

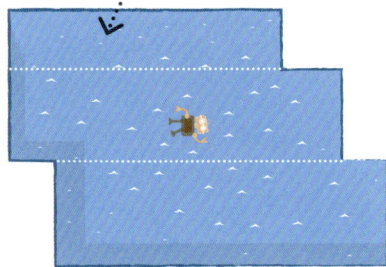

18m

4m

2 如果像这样把这个图形分解成几个长方形，我们就可以计算出每个长方形的面积，然后把它们相加。

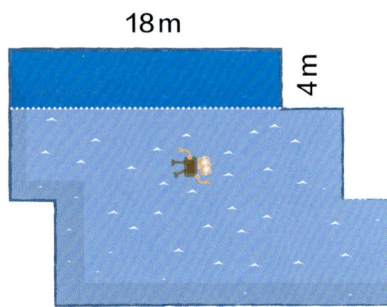

3 把第一个长方形的长乘宽，求出它的面积：$18 \times 4 = 72$（m²）。

计算复杂图形的面积，可以把这个复杂图形分成几个部分，求出每一部分的面积，然后把面积相加。

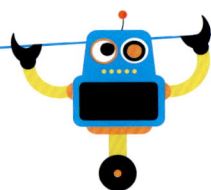

把两个测量值相加，得出这一段的长度 ⋯⋯⋯

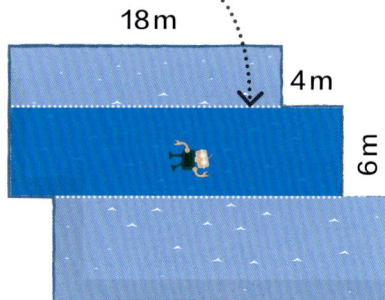

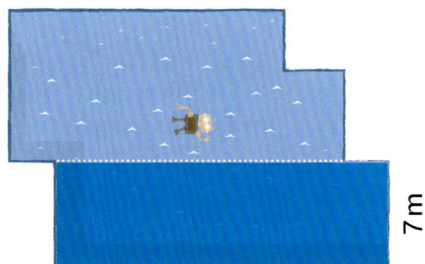

18 m

4 m

6 m

现在我们已经知道游泳池这三个部分的面积是多少 ⋯⋯⋯

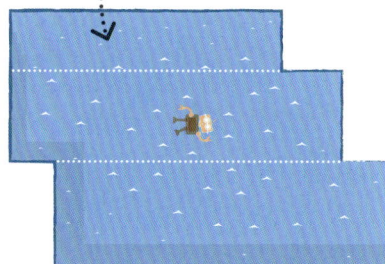

7 m

22 m

4 计算第二个长方形的面积，我们先把4加18得到22，求出它的长，然后把长乘宽：$22 \times 6 = 132$（m^2）。

5 最后一部分，只需把它的长和宽相乘求出面积：$22 \times 7 = 154$（m^2）。

6 现在我们要做的就是把这三个面积加起来，求得游泳池的总面积：$72 + 132 + 154 = 358$（m^2）。

7 所以，游泳池的面积就是 $358\,m^2$。

试一试 TRY IT OUT

这间房子有多大？

现在你已经学过如何计算复杂图形的面积，你能求出右边这间房间地板的总面积吗？

1 首先把地板分成几个长方形，分解的方法不只一种。

2 一旦把图形进行了分解，你就只需要通过一些加法或减法求出所需要计算的边的长度。

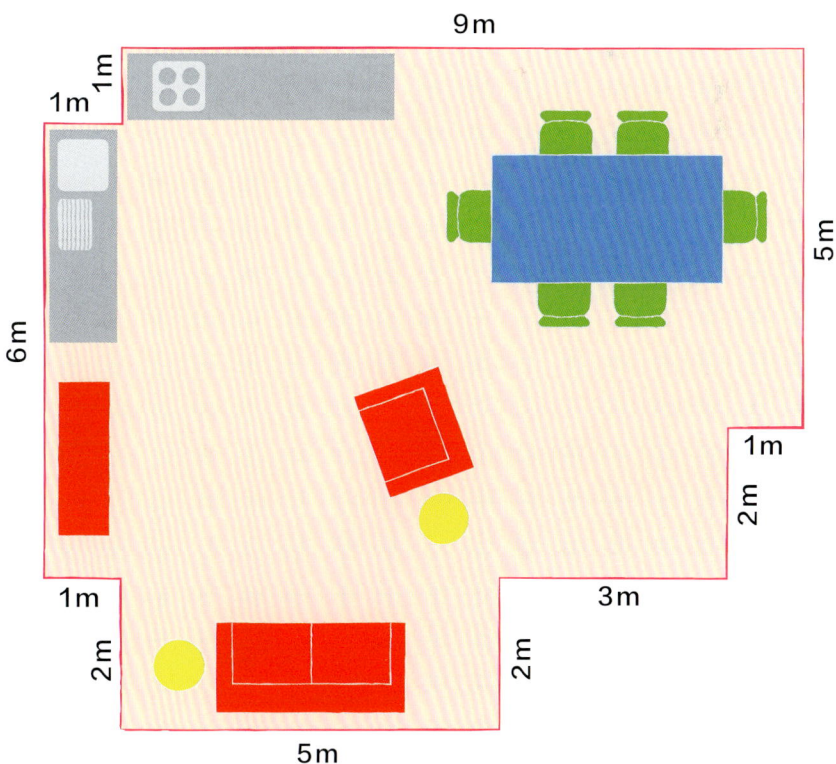

9 m

1 m 1 m

1 m

6 m

5 m

1 m

2 m

1 m

3 m

2 m

2 m

5 m

答案见第311页

面积与周长的比较

我们已经学会如何求一个图形的周长和面积，它们之间有什么联系呢？两个图形的面积相等，它们的周长并不一定相等，反过来也是一样。

> 即使图形的面积相等，它们的周长也可能不相等。同样，周长相等的图形，面积也不一定相等。

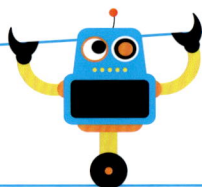

面积相等但周长不等

右边是动物园的三个围栏，它们所围的面积都是240 m²。这是不是意味着它们的周长也相等呢？

1 我们首先来看斑马园的围栏，可以算出它的周长是62 m。

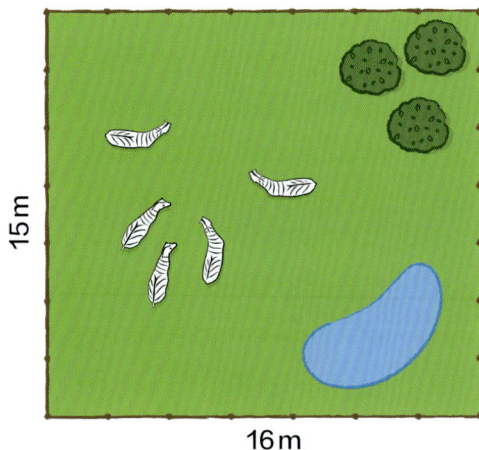

15 m   16 m

周长 = 62 m

面积 = 240 m²

2 企鹅园围栏的周长是64 m，虽然与斑马园的面积相等，但企鹅园围栏的周长比斑马园围栏的周长要长。

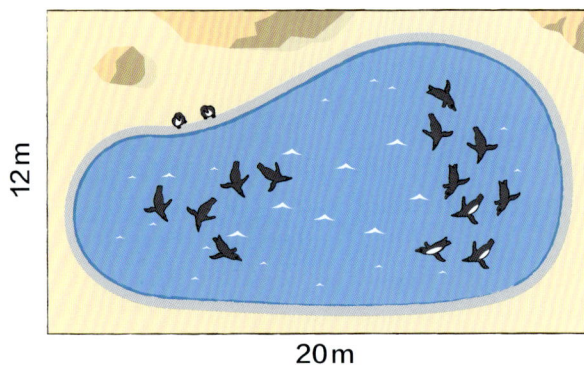

12 m   20 m

周长 = 64 m

面积 = 240 m²

3 乌龟园围栏的周长要更长，它是68 m。

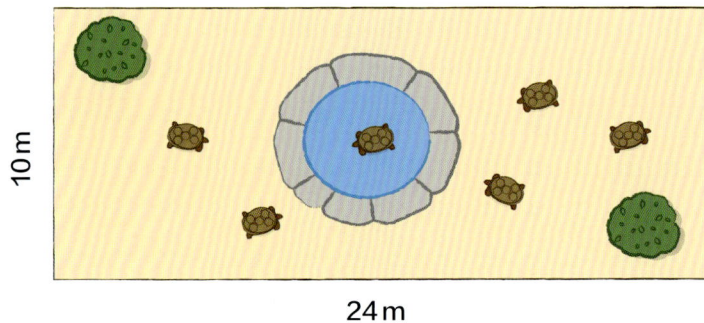

4 我们发现，虽然图形的面积相等，但它们的周长不一定相等。

10 m   24 m

周长 = 68 m

面积 = 240 m²

周长相等但面积不等

现在再来看右边这两个围栏。它们的周长都是80m，这是不是意味着它们的面积也相等呢？

1 我们把美洲豹园围栏的长和宽相乘，可以得出它的面积是375m²。

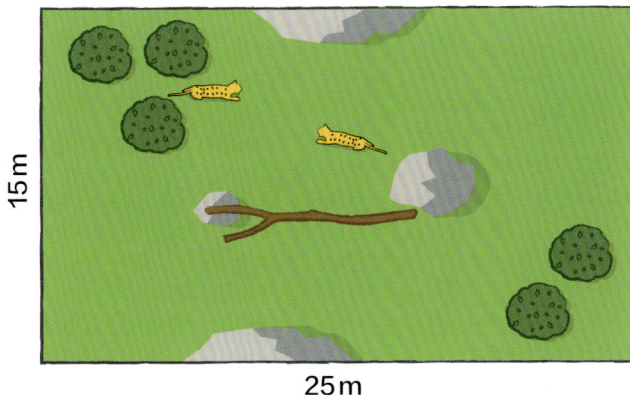

2 鳄鱼园的面积是400m²，虽然它与美洲豹园围栏的周长相等，但是鳄鱼园的面积更大。

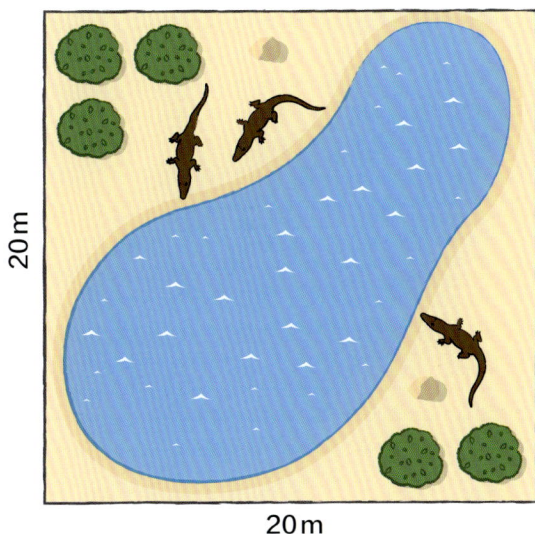

3 因此我们发现，周长相等的图形，面积并不一定相等。

15m
25m

周长 = 80m

面积 = 375m²

20m
20m

周长 = 80m

面积 = 400m²

它们为什么不相等？

当一个图形的边长发生变化时，为什么它的周长和面积的变化不一样呢？周长是围成一个图形的边的总长度。面积是由周长所围成的封闭图形所占空间的大小。这就意味着周长和面积之中的一个值发生改变，另一个值并不会受到同样的影响。

1 看右图这个长方形，如果保持它的周长不变，使它的长增加1cm，宽减少1cm，你可能会认为面积会保持不变。

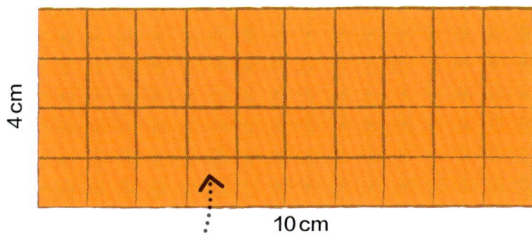

4cm
10cm

周长 = 28cm
面积 = 40cm²

2 长方形的面积和周长发生了什么变化呢？当这个图形发生变化时，我们从底部拿走10cm²的小正方形，但只在旁边加上了3cm²的小正方形。

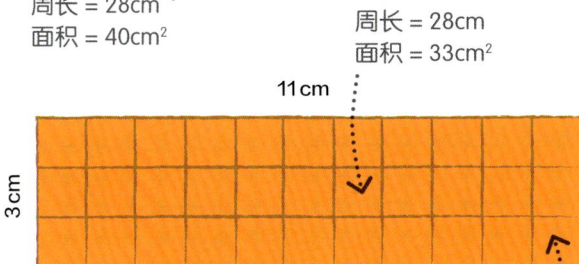

3 所以，周长保持不变，但是现在的面积更小了。

周长 = 28cm
面积 = 33cm²
11cm
3cm

拿走10cm²
加上3cm²

容积

容器内部所占的空间叫作它的容积。容积通常被用来描述一个容器可以容纳多少液体，比如一个水瓶的容积。容器的容积是它所容纳的最大量。

容积是 50L

1 容积的度量单位有毫升（mL）和升（L）。1 L 等于1000 mL。

2 毫升用来度量较小的容器，比如一个茶杯（250mL）或者茶匙（5mL）。

3 升用来度量较大的容器，比如一个大的果汁包装盒（1 L）或者一个浴缸（80 L）。

4 上图是一个鱼缸，它的容积是50 L。

升与毫升的转换

升与毫升之间的转换很容易。把升转换成毫升，只需将升数乘1000；把毫升转换成升，只需将毫升数除以1000。

1 把5 L转换成以毫升为单位，只需把5乘1000，答案是5000mL。

2 反过来，把毫升转换成升，只需把5000mL 除以 1000，得到 5L。

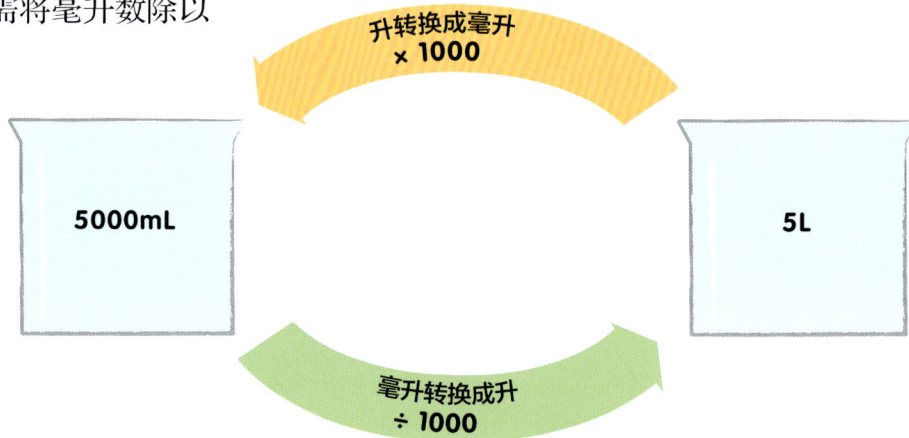

升转换成毫升
× 1000

5000mL

5L

毫升转换成升
÷ 1000

体积

体积是衡量一个物体在三个维度中有多大的量，液体的体积与容积相似，也是以毫升和升来度量。液体体积的加减与其他运算是一样的。

1 再看看这个鱼缸，我们知道它的容积是50L，但是现在装了一些水，水的体积是10L。

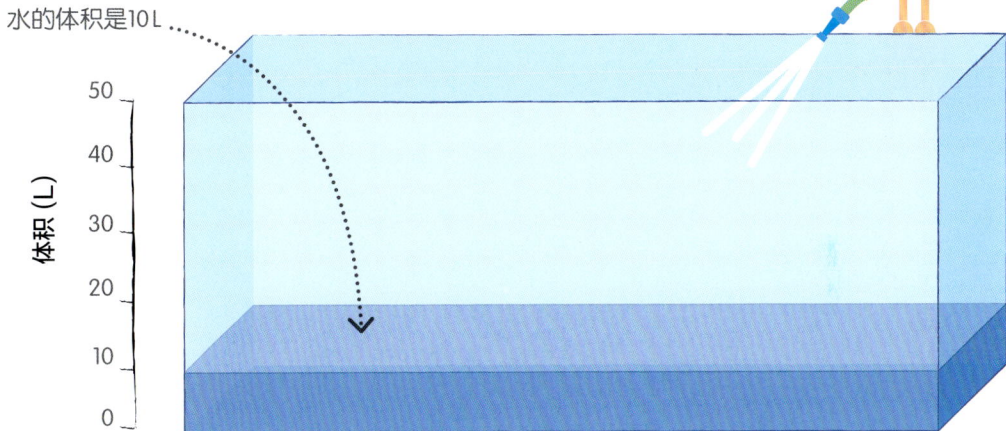

水的体积是10L

2 如果机器人再往鱼缸内倒30L的水，那么现在水的体积是多少？

3 要求出体积的和，我们只需把这两个数相加：10 + 30 = 40。

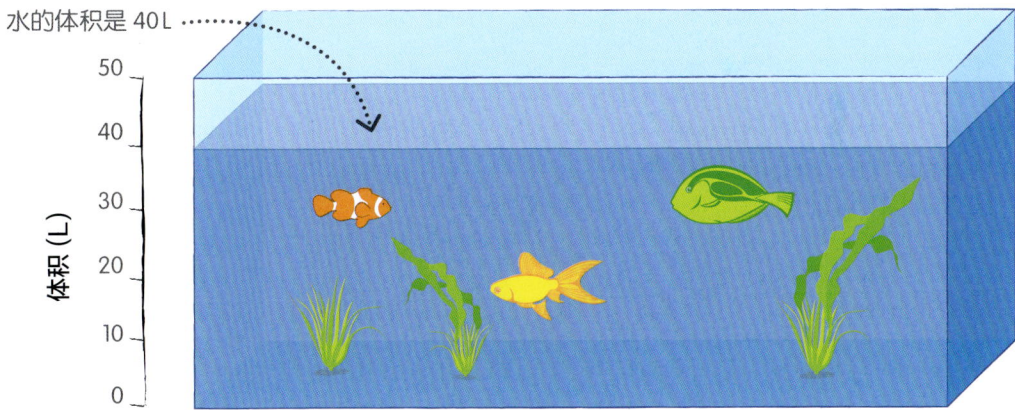

水的体积是40L

4 所以，现在鱼缸内水的体积为40L。

混合单位的计算

有时候计算里的单位可能不同，最简单的方法就是转换成相同单位之后再计算。

1 这瓶果汁的体积是1.5L。如果你喝掉300mL的果汁，瓶子内还剩多少果汁？

2 改变其中一个量的单位可以使计算更简便。还记得吗？把升转换成毫升要乘1000。

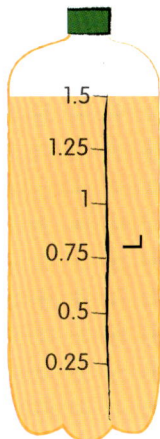

3 我们把瓶子的体积转换成以毫升为单位：1.5 × 1000 = 1500。

4 现在计算就很简单了：1500 − 300 = 1200。

5 所以，瓶子内还剩1200mL果汁。

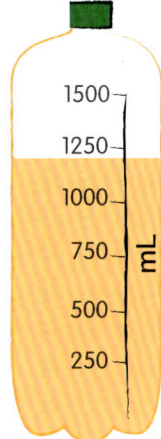

立方体的体积

立方体的体积通常用立方单位来度量，立方单位是基于长度单位而确定的，包括立方厘米和立方米等。

1 右边是一块方糖，方糖的每一条边长都为1cm，所以它的体积是1立方厘米或者1cm³。

2 如果每一条边长为1mm，它的体积就是1mm³。如果每条边长为1m，体积就是1m³。

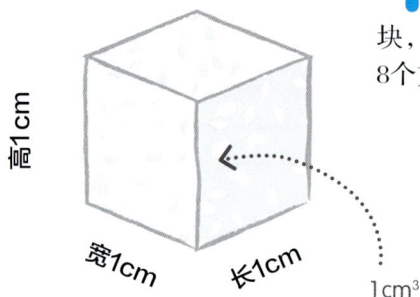

高1cm
宽1cm
长1cm

1cm³

4 先把盒子底部这一层装满方块，可以在这一层放8个方块。

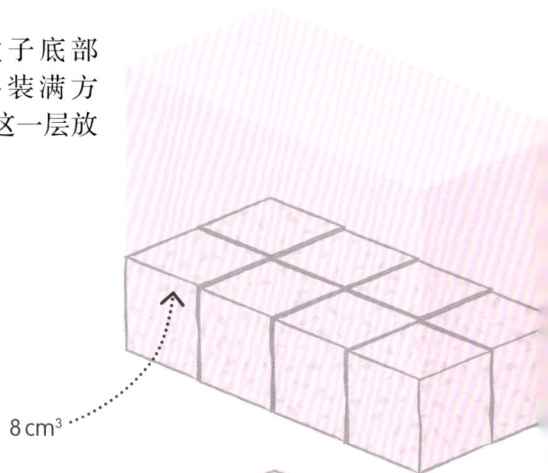

8cm³

3 现在看看右边这个盒子，我们可以将它装满1cm³的方块，然后求出它的体积。

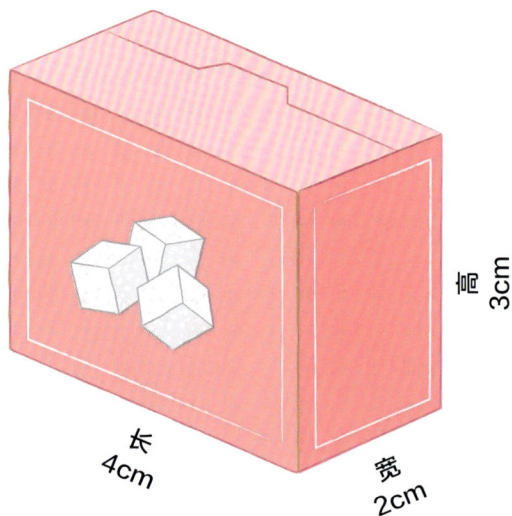

高
3cm
长
4cm
宽
2cm

5 直到将盒子装满，我们发现一共可以装24个1cm³的方块，也就是说，它的体积是24cm³。

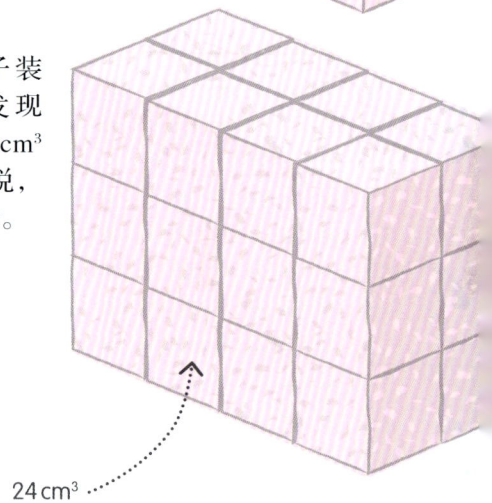

24cm³

试一试 TRY IT OUT

不规则图形

不仅仅是规则图形，你可以用刚刚所学的方法求出所有图形的体积。数一数有多少个1cm³的方块，然后求出右边三个图形的体积。

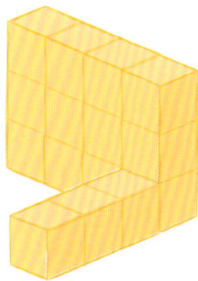

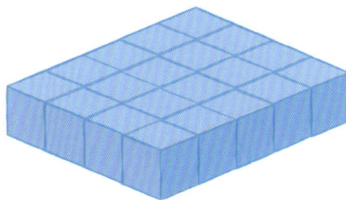

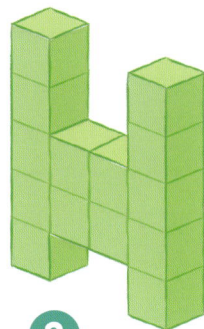

① ② ③

答案见第311页

体积计算公式

有一种更加容易的方法，即不用数立方体方块，就可以计算出如长方体一样简单图形的体积。我们可以用公式计算出立方体的体积，而不用去一个个数。

> 正方体和长方体的体积计算公式：长×宽×高。

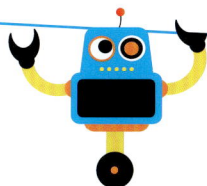

1 长方体体积的计算公式如下：

长方体体积 = 长 × 宽 × 高

2 算出右边这个荞麦食品盒子的体积。

3 我们先将长、宽相乘: 24×8=192。

4 然后，我们把长、宽相乘的结果再乘高: 192×30 = 5760。

5 得出这个盒子的体积是 5760 cm³。

高 30 cm

长 24 cm

宽 8 cm

试一试 TRY IT OUT

大包装里的小物件

这个机器人准备用1cm³的骰子把纸箱填满，已知这个箱子的体积为1m³，你能用公式算出这个箱子里将会填入多少个骰子吗？答案可能会让你很惊讶！在开始计算之前，记得把箱子体积的单位换成立方厘米。

答案见第311页

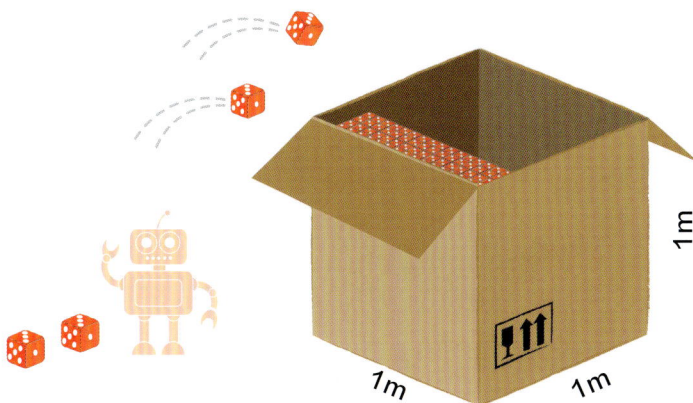

1m

1m

1m

4吨

质量

质量是指一个物体中所包含的物质的量。我们可以用公制计量单位，如毫克（mg）、克（g）、千克（kg）以及吨（t）来测量质量。

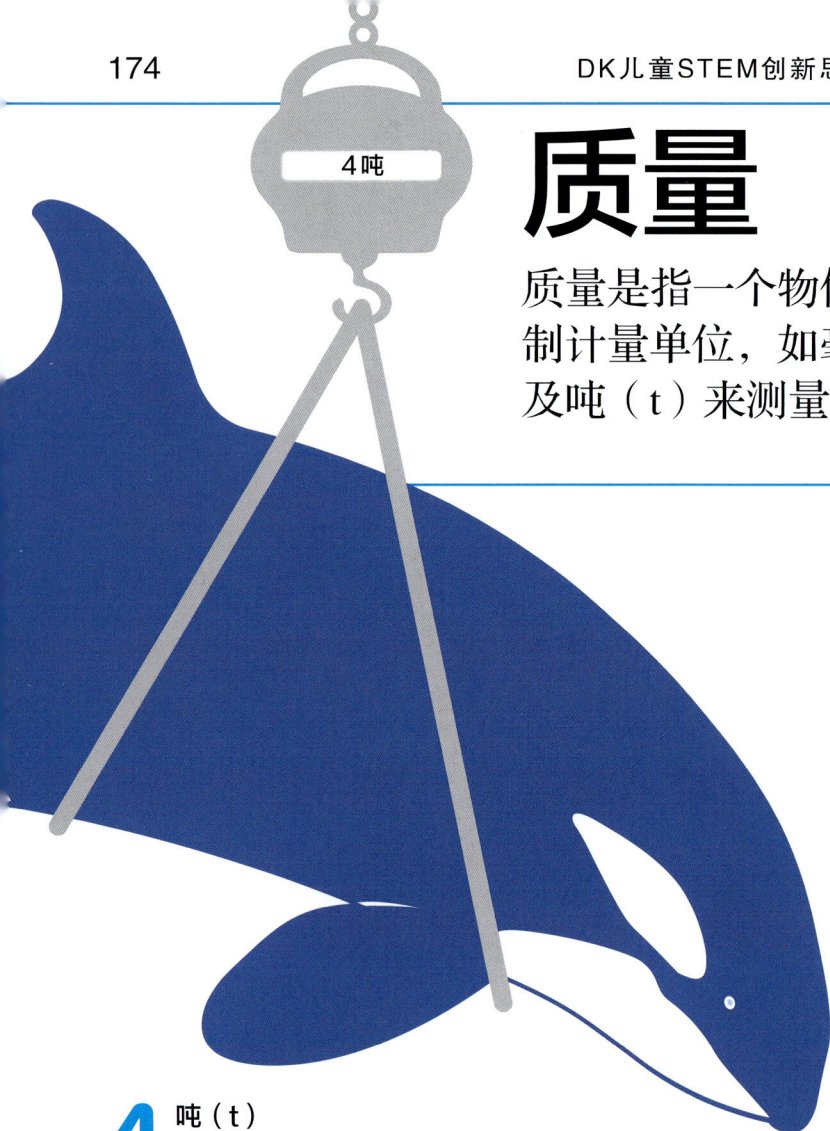

1 毫克（mg）
我们测量很小的物体的质量时用毫克。例如，这只蚂蚁的质量为7mg。

7mg

2 克（g）
这只青蛙的质量为5g。1000mg为1g。1g就相当于一只曲别针的质量。

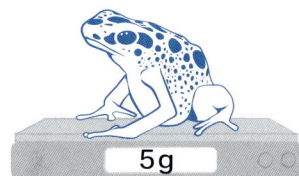

5g

4 吨（t）
吨用来测量非常重的物体的质量。例如，这只鲸的质量为4t，1t为1000kg。

3 千克（kg）
这只猫的质量为8kg。1kg就等于1000g。

8kg

质量单位的转换

质量单位很容易换算。我们只需要乘或者是除以1000就可以进行相互转换。

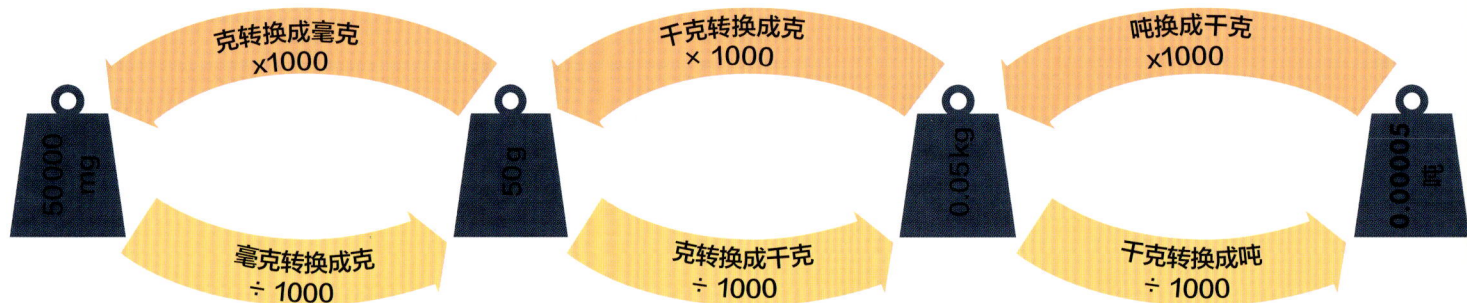

克转换成毫克
×1000

50000 mg

50g

毫克转换成克
÷1000

千克转换成克
×1000

0.05kg

克转换成千克
÷1000

吨换成千克
×1000

0.00005 吨

千克转换成吨
÷1000

1 把毫克转换成克需要除以1000，若是克转换成毫克则要乘1000。

2 把克转换成千克需要除以1000，若是千克转换成克则要乘1000。

3 把千克转换成吨需要除以1000，若是吨转换成千克则要乘1000。

质量与重量

当我们表达质量的意思的时候，我们通常会用到重量这个词。但是，事实上它们的意思并不相同。重量是指物体受重力大小的度量，用特殊单位牛顿（N）来衡量。

> 质量是指一件东西所包含的物质的量。而重量则是指反映在某件东西上的重力的量。

1 如果你在宇宙旅行，你的重量将会随着所处地点的不同而改变。这是因为重力在你身上的反映会随着地点的不同而不同。

2 尽管你的重量会不同，但质量却是保持不变的。这是因为质量就是你身体所组成的东西，所以是不会变的。

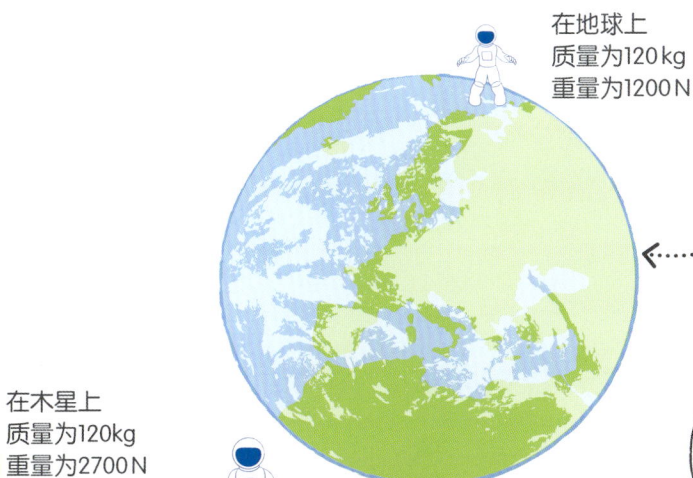

在地球上
质量为120 kg
重量为1200 N

3 你的质量和重量在地球上的任何地方几乎都是一样的。例如，这位宇航员在地球上的重量是1200N，质量是120kg。

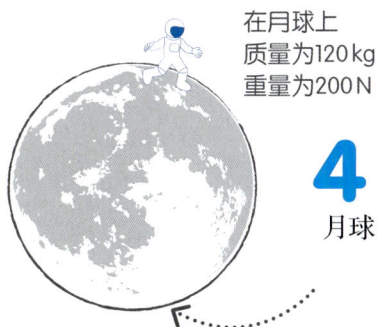

在月球上
质量为120 kg
重量为200 N

4 在月球上，这位宇航员的重量是地球上的 $\frac{1}{6}$，这是因为月球的重力是地球重力的 $\frac{1}{6}$。

在木星上
质量为120 kg
重量为2700 N

在太空中
质量为120 kg
重量为0 N

5 在太空中是没有重力的，所以尽管宇航员没有重量，但他的质量与在地球上时是一样的。

6 与在地球上相比，宇航员在木星上的重量是其在地球上的两倍多，这是因为木星上的重力要比地球上的大得多。宇航员在木星上会感觉到自己非常重，但是质量却保持不变。

质量的计算

我们可以像计算长度、面积、体积一样，进行质量的计算。只要质量的单位相同，我们就可以通过简单的加、减、乘、除来计算它。

同一单位的质量计算

85g

1 看这三只鹦鹉，如果把它们的质量加在一起，那么它们的总质量是多少？

2 要计算出答案，我们只需把三只鹦鹉的质量相加：85 + 73 + 94 = 252。

73g

3 所以，鹦鹉的总质量是252 g。

94g

混合单位的质量比较

当你解决涉及质量的问题时，需要重点注意质量单位。如果质量单位不一样，那么就需要先将其换算成一样的单位。质量单位换算见第174页。

85g

1 看这三种动物，你能将它们从重到轻依次排列吗？

2 第一眼看上去可能有些复杂，因为它们的质量单位并不相同。为了使它更容易一点，我们要先进行单位换算。

3 把鹦鹉的质量单位转换成kg，从而使质量单位相同，都变为kg。

试一试 TRY IT OUT

称一称

质量相减与质量相加一样容易。你能算出这只黄色的犀鸟比绿色的重多少吗？你要做的就是拿大一点的质量减去小一点的质量。

答案见第311页

87g

80g

记住，1000g是1kg，1000kg是1吨（t）。

35kg

130kg

4 把85g转换成kg，我们只需除以1000：85÷1000=0.085（kg）。

5 现在将动物按质量大小排序就容易多了。我们只需把数从大到小排好就行。

6 老虎的质量最大，为130kg；蛇的质量第二大，为35kg；鹦鹉的质量最小，只有0.085kg。

试一试 TRY IT OUT
单位换算与计算
你能计算出这几只长臂猿的总质量吗？记得注意单位。

1 首先，你需要把长臂猿的质量单位换算成一样。

2 然后，你只需把它们的质量相加。

820g

940g

5.2kg

6.4kg

答案见第311页

温度

温度可以用来衡量物体的冷热程度。我们用温度计来测量温度，用摄氏温度（°C）或华氏温度（°F）作单位来记录温度。一般把摄氏温度简称为摄氏度，把华氏温度简称为华氏度。

1 温度计上面的读数可以告诉我们温度是多少。温度计看起来有点像尺子，又有点像数轴。

2 0°C（32°F）是水结冰的温度。

3 如果温度低于0°C或者0°F，我们就在0以下的数前面做个"－"的标记，这叫做负数（详见第10~11页）。

4 华氏度和摄氏度在-40°C（-40°F）相遇。

100°C 水开始沸腾

20°C室内温度

0°C 冰水混合物

5 100°C（212°F）是水的沸点。

6 这只温度计显示的室内温度是20°C（68°F），这是舒适的温度。

现实世界的数学
绝对零度

威廉·汤姆逊是工程师和物理学家，他认为零度不应该被认作是水的凝固点，而应该代表整个宇宙最低可能的温度。他把这个温度称为绝对零度——0K（开尔文），等于-273.15°C（-459.67°F）。

温度的计算

尽管我们不能将温度相乘除，但却可以以摄氏度和华氏度为单位对温度进行加减运算。

> 温度计上的刻度跟数轴上的刻度作用相同。

1 这座山的底部温度为30°C。山顶的温度要比山底低40°C。让我们来算一算山顶的温度是多少？

2 想要得到答案，我们只需进行减法运算，我们知道结果肯定会是负数，因为40大于30。

3 计算过程是用30减去40：30-40=-10。

4 所以，山顶的温度为-10°C。

5 我们还可以像这样画数轴来进行计算。

6 以10°C为一组，分为四组，从30°C开始计数，得到答案-10°C。

从30°C开始，每一小格代表10°C

-40°C
-30°C
-20°C
-10°C
0°C
+10°C
+20°C
+30°C
+40°C

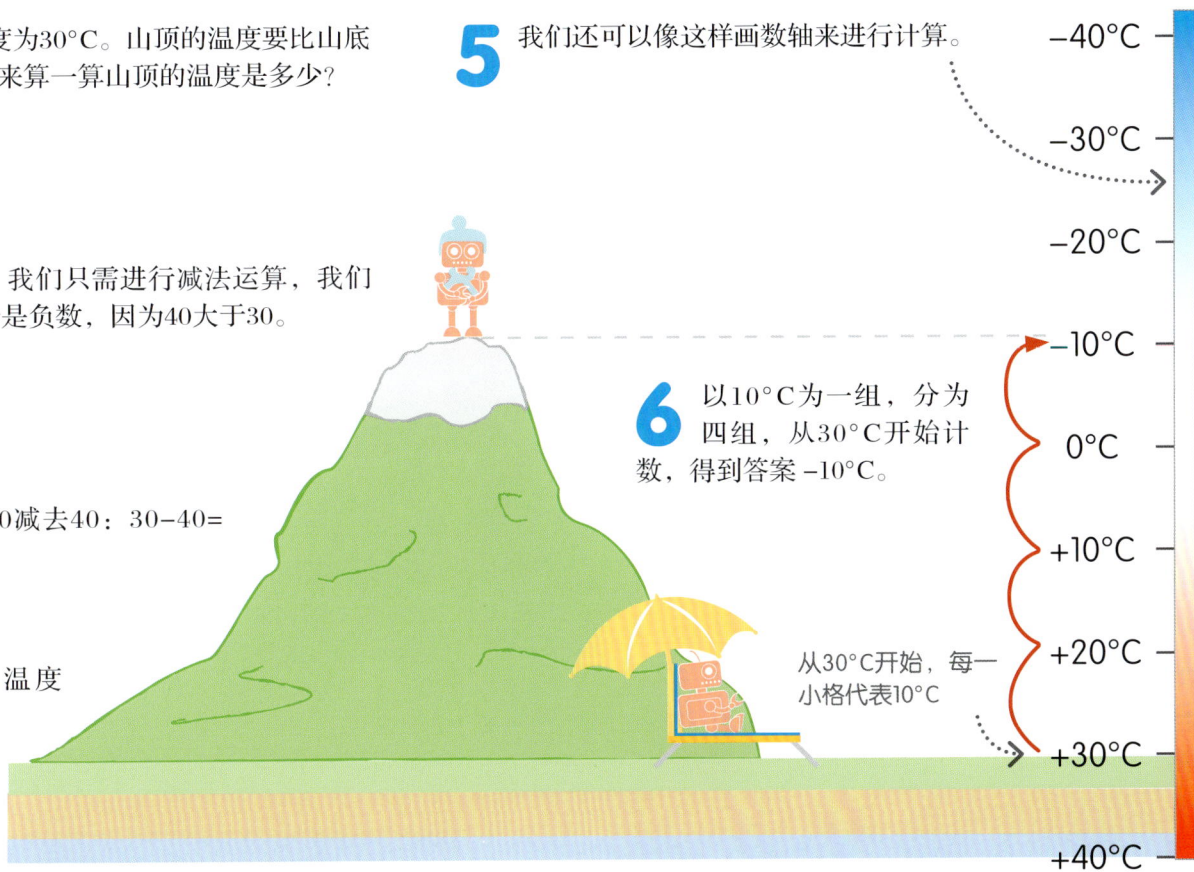

试一试 TRY IT OUT

世界天气

瑞典二月平均气温为-3°C。如果印度的气温要比其高29°C，那么印度的温度是多少度？

答案见第311页

瑞典
-3°C

印度
?°C

英制单位

我们用来衡量的单位是公制。而有些国家使用的却是不同的测量体制——英制单位。学习英制单位对于我们理解测量的内容也有帮助。

英制单位

英制单位与公制大不相同，因为它受到几千年来不同事物的启发。

1 质量
与公制一样，英国度量衡制中也有一系列不同的单位用来测量质量，比如盎司、磅以及英吨。

2 在英制单位中，我们用磅来衡量物体的质量。

3 例如，这条狗的质量是55磅。

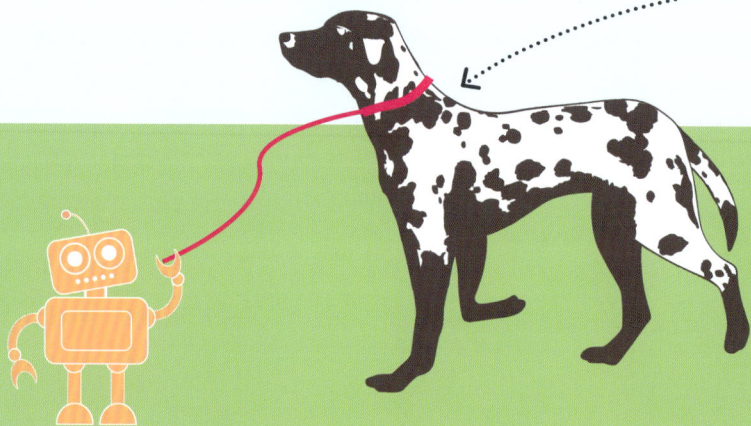

4 如果我们用公制来衡量这条狗的质量，应该使用kg。这条狗的质量大概是25kg。

现实世界的数学

消失的探测器

1999年，美国宇航局因为单位问题犯下非常严重的错误，一架价值12 500万美元的火星气象探测器因为单位转换出错而消失了。一个团队用的是公制，而另一个团队用的却是英制。结果，探测器因为离火星太近而消失，原因可能是进入火星大气层而被毁灭。

5 长度
用来衡量长度、距离的英制单位是英寸、英尺、码以及英里。

6 这栋建筑有760码高，与狗距离1英里远。

7 用公制衡量的话，这栋建筑大概有690m高，距离狗大概1.6km。

8 体积和容积
体积和容积常用的两个英制单位是品脱和加仑。这个池塘的体积是480品脱，也可以说是60加仑，相当于270L。

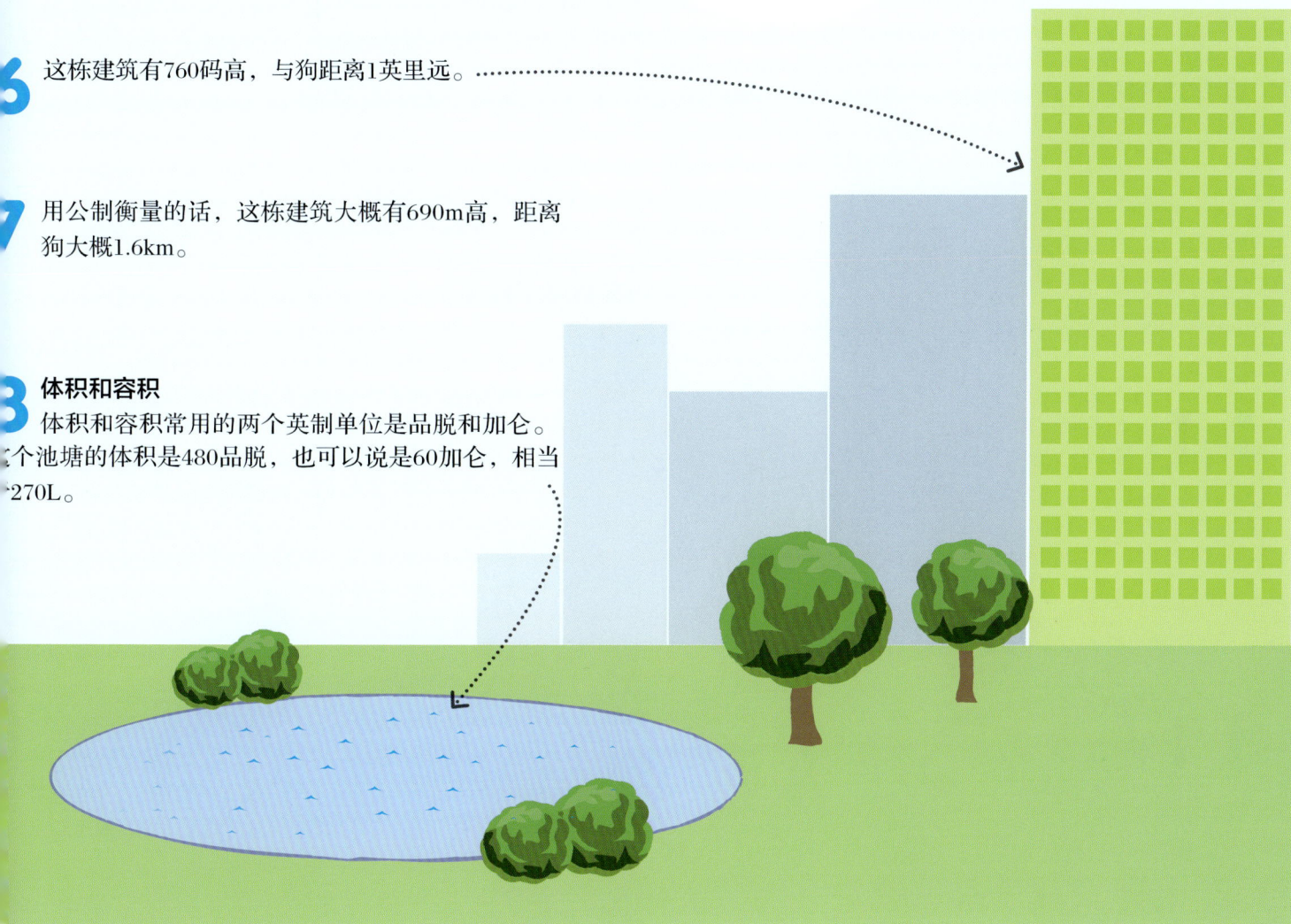

公制与英制单位的转换

我们已经学了公制单位内的转换方法，同样也可以把公制单位和英制单位进行转换，只需要知道换算系数便可。

1 让我们把26米（m）换成英尺（ft）。我们只需把每一米乘其英尺值即可。我们把这个值称为换算系数。

2 1m等于3.3ft，所以我们把米换成英尺的换算系数是3.3。

3 现在我们把26乘换算系数：26 × 3.3 = 85.8。

4 所以，26m就等于85.8ft。

26米 ? 英尺

$26\,m = ?\,ft$

$26 \times 3.3 = 85.8$

$26\,m = 85.8\,ft$

长度、体积和质量的单位

同公制一样，英制单位中也有很多我们可以用来测量长度、体积、容量以及质量的单位。在第180～181页，我们已经将两者进行了比较。

长度

1 在英制单位中，用来测量长度的单位有英寸、英尺、码以及英里。

2 看看这只猫，我们用英寸作单位测量其身高。这只猫高12英寸。

3 12英寸为1英尺，所以，我们可以说这只猫高1英尺。

4 码是用来测量较长距离的，1码为3英尺，所以这只猫高$\frac{1}{3}$码。

5 英里通常是用来测量更长距离的，比如两个城镇之间的距离。1英里为1760码。

体积和容积

1 体积和容积单位在英制单位里有品脱和加仑。我们同样可以采用立方英制单位，比如立方英寸、立方英尺。立方单位见第172～173页。

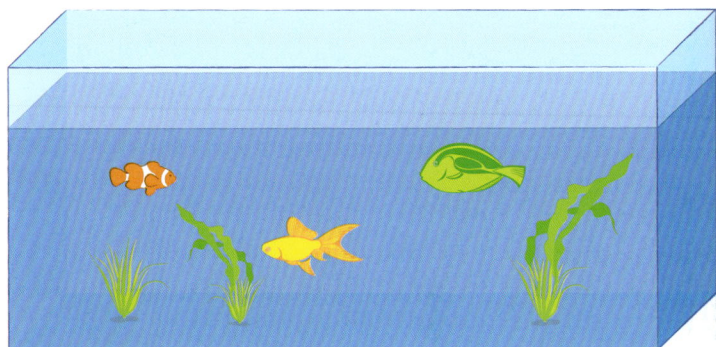

2 看看这个鱼缸，我们可以用品脱来度量它的容积。其容积为88品脱。

3 我们还可以用英制单位中的加仑来度量它的容积。8品脱为1加仑，所以我们通常用加仑这个单位来度量较大的容积或是液体体积。

4 我们可以说这个鱼缸的容积是11加仑。

质量

1 我们可以用英制单位中的盎司来度量非常小的物体的质量。这是一只质量为3盎司的鸟。

2 我们同样也可以用磅来度量质量。这只大猫的质量为18磅，1磅等于16盎司。

3 英吨用来度量非常重的东西。1英吨为2240磅。这只大象的质量为3英吨。在公制中有一个非常相似的单位叫做吨，或者叫公吨，与英吨的质量有一点点不同。

英制单位与公制单位

英制单位与公制单位的联系并不紧密。右表中注明了英制单位与公制单位的等效量，可以帮助你了解这些单位之间是如何相互转换的。

长度

1 英寸 = 2.54 厘米	1 厘米 = 0.39 英寸
1 英尺 = 0.30 米	1 米 = 3.28 英尺
1 码 = 0.91 米	1 米 = 1.09 码
1 英里 = 1.61 千米	1 千米 = 0.62 英里

体积和容积

1 品脱 = 0.57 升	1 升 = 1.76 品脱
1 加仑 = 4.55 升	1 升 = 0.22 加仑

质量

1 盎司 = 28.35 克	1 克 = 0.04 盎司
1 磅 = 0.45 千克	1 千克 = 2.20 磅
1 英吨 = 1.02 吨	1 吨 = 0.98 英吨

时间的描述

我们通过测量时间来安排日常生活。有时候我们想知道做一件事需要多久，又或者我们需要在一定时间到达某个地方，于是我们用分、秒、时、天、周、月、年来测量时间。

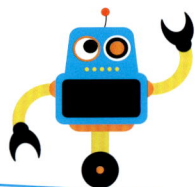

如果我们用12小时制来计时，就需要在时间前注明是上午还是下午。

时钟

1 看一看这个时钟，其边缘的数字告诉我们一天中到了什么时候。一天有24个小时——白天12个小时，晚上12个小时。

2 时钟上最短的指针叫作时针，它指示的是一天中的哪一个小时。

3 绕着时钟边缘的标记是告诉我们一小时的分钟数。60分钟为1小时。

4 稍微长一点的指针叫作分针。分针在时钟上每走一小格是1分钟，每走一个数字是5分钟。

指针绕着这个方向走叫作顺时针方向

5 60秒钟为1分钟。有些时钟上会有一根又细又长的秒针绕着表面快速移动——每绕满一圈就是1分钟。

时钟的类型

并不是所有的时钟都是一种类型，有些时钟上面甚至没有指针。有些时钟上面一天24小时都可以显示，而不仅仅只有数字1～12。

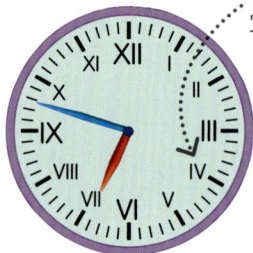

有时候数字4写作"IIII"

时   分

15:27

1 一些时钟用罗马数字标记小时。我们已经在第2～3页见过罗马数字。

2 24小时制的时钟上面有12到24的数字，因为一天是24小时。

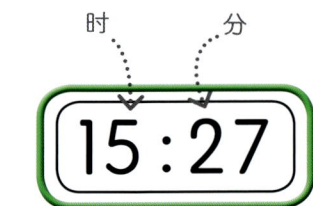

3 数字钟没有指针，它们直接用数字告诉我们时间，经常为24小时制的时钟。

读时

我们通常通过说出一天中的某个时刻，或者这一小时已经过去多少分钟来描述时间。我们可以描述刚刚过去了多少分钟，又或者离下个整点还有多少分钟。

1 在整点上
当分针指向12时，时间便到了整点。我们用"点钟"来表示，表中的时间是8点钟。

分针处于表盘一半的位置，所以是两点半

2 半小时
当分针指向6时，就代表这一小时已过半。上面这个钟显示的时间是两点半。

4点已过去了5分钟

3 过了几分钟
我们描述一些时间时通常不会很精确，而是喜欢使用5的倍数。这个钟上面的时间显示为4点过5分，也就是说4点钟已经过去了7分钟。

4 一小时过去了一刻钟
我们可以把时间平分成四份，当分针指向3时，我们说这是一小时过去了一刻钟。这个时钟显示的时间为10点一刻。

离下一小时还剩15分钟

5 一小时还差一刻
当分针指向9时，我们说这是离下个小时还差一刻，而不是这小时已过去了三刻。这个时钟显示的时间为7点差一刻。

6 一小时还剩多少分钟
当分针转过数字6的时候，我们就说离下个小时还有多少分钟。这个时钟显示的时间为5点差10分。

秒、分、时、天的转换

60秒为1分钟，60分钟为1小时，24小时为1天。时间的转换相对于其他单位的转换要难一些。

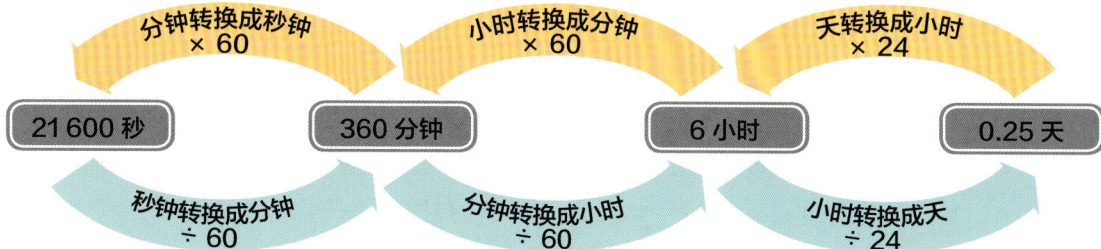

分钟转换成秒钟 × 60
小时转换成分钟 × 60
天转换成小时 × 24

| 21 600 秒 | 360 分钟 | 6 小时 | 0.25 天 |

秒钟转换成分钟 ÷ 60
分钟转换成小时 ÷ 60
小时转换成天 ÷ 24

1 把21 600秒转换成分钟，我们只需除以60，得到答案360分钟。把分钟转换成秒钟，则是乘60。

2 把360分钟转换成小时，我们除以60，得到答案6小时。把小时转换成分钟，则是乘60。

3 把6小时转换成天数，我们只需除以24，得到答案0.25天。把天数转换成小时，则是乘24。

日期

除了秒、分、时之外，我们还可以用天、周、月、年等单位来测量时间。我们用这些单位测量超过24小时的时间段。

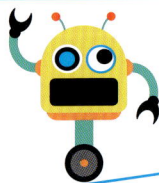

除了闰年是366天，其余每一年都是365天。

地球自转一圈为一天

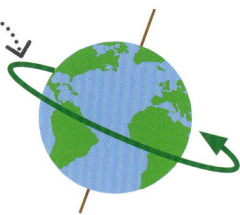

一周是一个满月到下一个满月之间的 $\frac{1}{4}$ 时间

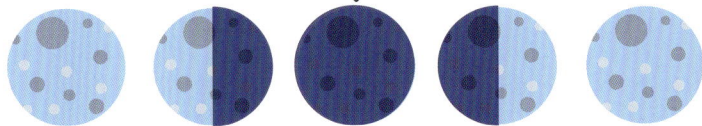

1 天
24小时为1天。1天是地球绕轴旋转一圈的时间。

2 周
几天成一组，作为一个单位，称为周。7天为一周，可能是因为这是月亮的 $\frac{1}{4}$ 个周期（一个满月与下一个满月之间的时间）。

一个月以月亮公转的周期为基础

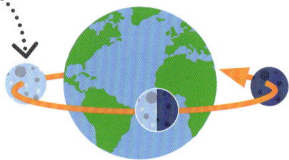

一年指的是地球绕太阳一周需要多长的时间

3 月
一个月有28天到31天。"月"可能最先来自阴历，但随着时间推移已经发生了改变。并非所有月份的天数都一样。

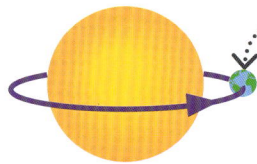

4 年
一般而言，一年有365天，大概52周，12个月。一年指的是地球绕太阳一圈的时间长度。

一个月有多少天？

知道每个月有多少天有助于我们计算时间。一年中除了闰年的2月有29天，大多数月都是30天或者31天，2月通常是28天。

1月 31天
2月 28或29天
3月 31天
4月 30天
5月 31天
6月 30天
7月 31天
8月 31天
9月 30天
10月 31天
11月 30天
12月 31天

1 看一看这些指关节，前七个凸起的关节都标记了一个月。

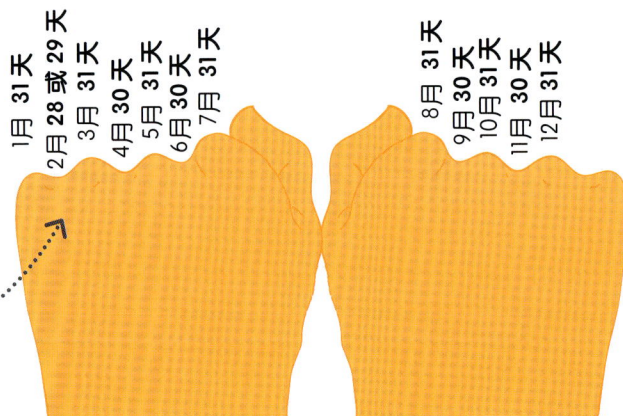

2 在前七个凸起的指关节上的月份都是31天，有1月、3月、5月、7月、8月、10月和12月。

3 在两个指关节凹陷处的月份，除了2月，其余的4月、6月、9月和11月都是30天。

日历

我们用日历把一年中的所有天数分成月份和星期。日历帮助我们测量与记录过去的时间。

这年的1月开始于星期五，结束于星期日

一月

M	T	W	T	F	S	S
				1	2	3
4	5	6	7	8	9	10
11	12	13	14	15	16	17
18	19	20	21	22	23	24
25	26	27	28	29	30	31

二月

M	T	W	T	F	S	S
1	2	3	4	5	6	7
8	9	10	11	12	13	14

2月将会从星期一开始

1 这份日历显示的是1月的时间。

2 一年有365天，没法平均到每个月、每个星期，所以每月开始的某一天是星期几，每年都不一样。

3 这里，1月开始于星期五，结束于星期日。这就意味着前一个月（12月）是在星期四结束，下一个月（2月）将会从星期一开始。

4 在接下来的几年中，1月将会在不同的星期开始并结束。

5 当我们想提及一年中的某一天或者日期时，我们先说年份和月份，接着再说日历中的这一天。

6 因此，我们可以把这份日历中1月的最后一天说成1月31日，星期日。

天、周、月、年的转换

7日为一周，12月为一年，时间单位的转换可能会有一点点难。把日、周转换成月更加困难，因为每个月的天数跟周数都不尽相同。

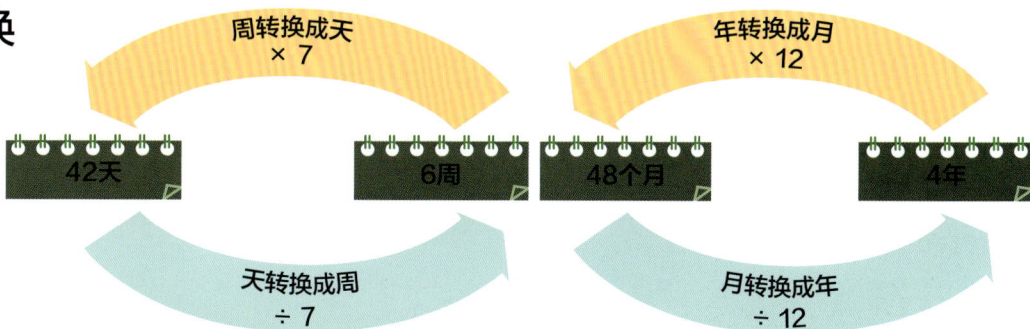

周转换成天 × 7

42天 → 6周

天转换成周 ÷ 7

年转换成月 × 12

48个月 → 4年

月转换成年 ÷ 12

1 把42天转换成周，我们除以7，得到答案6周。如果要换回来，把周换成天，则只需乘7，又回到了42天。

2 把48个月转换成年，我们除以12，得到答案4年。如果要换回来，则只需乘12，又回到了48个月。

时间的计算

时间的加、减、乘、除很简单，跟其他测量值的计算一样，我们只需保证其数值单位相同即可。

> 在计算时间的时候，在计算之前要记得把时间转换成同一单位。

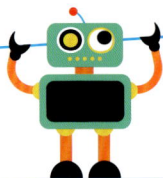

同一单位的时间计算

如果时间是在同一单位下进行测量，那么就很容易将其进行加减运算。但是，如果是在一开始就计时，我们就必须记得要把最近的分钟、时或者是天数算出总数，再加上任何剩余的时间。

1 现在是下午2:50。一个机器人正准备去坐摩天轮，走向游乐场的出口。让我们来算一算当机器人到达出口时是几点。

2 我们先要将每一段路程的时间加起来。摩天轮的排队时间为8分钟，坐摩天轮需要6分钟，走到游乐场出口需要2分钟，把时间加起来就是：8 + 6 + 2 = 16。

3 然后，我们再把下午2:50加上这十几分钟，就到了下一个小时。我们先把下午2:50加上10分钟，这就到了下午3:00。

4 最后我们再把剩余的6分钟加上，时间就到了下午3:06。

5 所以，机器人到达游乐场出口的时间为下午3:06。

混合单位的时间比较

有时候，我们计算时间的单位是混合的，在计算之前必须确保计算数值的单位相同。

1 看看以下从纽约出发的三趟航班的时间。让我们比较一下每趟旅程的时间，算一算哪趟航班所需的时间最少。

2 当每趟旅程的时间单位不同时，我们不太容易看出哪趟所需时间最少。为了方便计算，让我们把这三趟航班的时间都换算成小时。

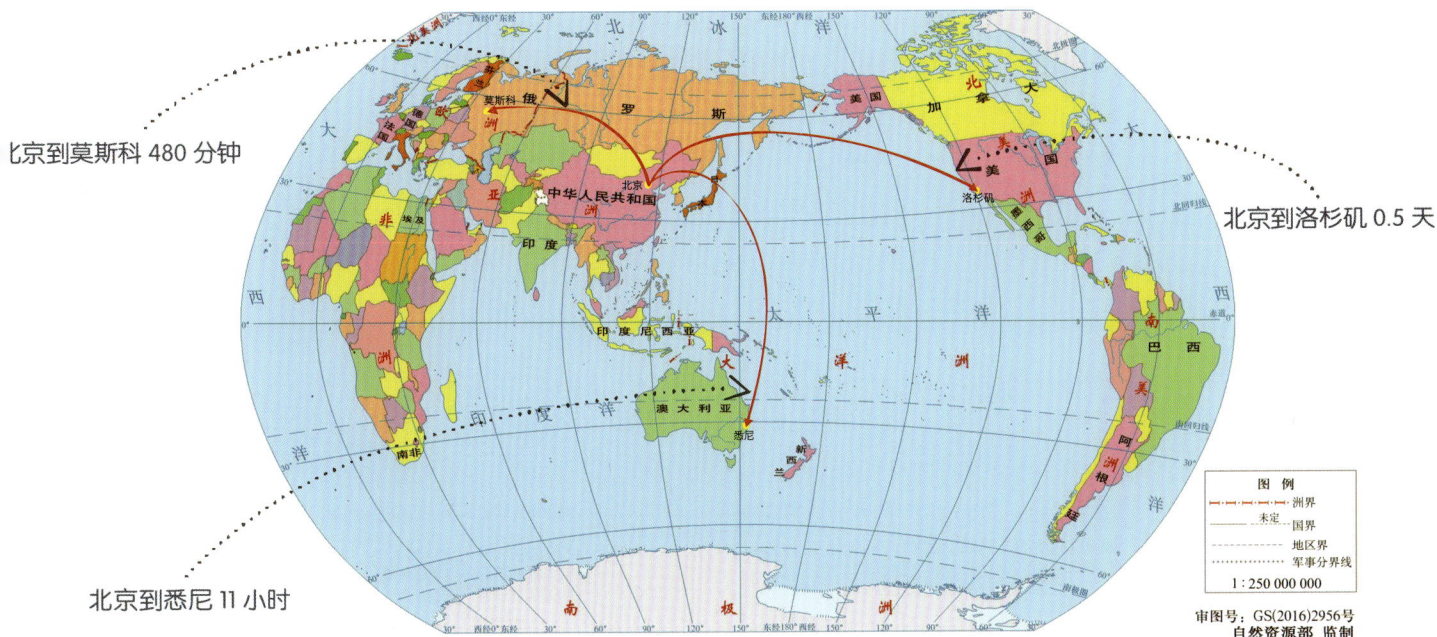

比京到莫斯科 480 分钟

北京到洛杉矶 0.5 天

北京到悉尼 11 小时

图例
洲界
未定
国界
地区界
军事分界线
1：250 000 000

审图号：GS(2016)2956号
自然资源部 监制

3 飞往布宜诺斯艾利斯的时间已经是用小时计了，所以我们先转换飞往迪拜的时间单位。24小时为1天，只需将24乘0.5：0.5×24=12。所以，纽约到迪拜的旅程时间为12小时。

4 接着，我们转换飞往巴黎的时间。计算这个我们只需除以60，因为60分钟为1小时：480÷60＝8。所以，纽约飞往巴黎需要8小时。

5 我们已经计算出从纽约飞往巴黎需要8小时，飞往布宜诺斯艾利斯需要11小时，飞往迪拜需要12小时。所以，飞往巴黎的航班用时最少。

试一试 TRY IT OUT

计算时间

这些机器人正在看一部两个半小时的电影，它们已经看了80分钟了，这部电影还剩多少分钟？

1 把电影时长转换为分钟。

2 现在你要做的就是拿电影总时长减去已经看了的时间。

结束

答案见第311页

货币

了解货币能帮助我们在购物的时候算出货物有多贵，并且准确地找零。很多货币制度（又叫通货）在世界范围内都使用。在中国，我们用的货币单位包括元、角和分。

1 看一看这家商店中的商品，看看它标的价格是多少。

2 我们在元前加¥的符号，或者在金额后面写上角或分。

3 ¥1表示1元，1元等于10角，1角等于10分。我们把人民币叫作十进制货币，也可以把角和分看做是元的小数部分。

4 元和角写在一起时，如果角的总额超过了10角，我们就把10角转换成1元，小于10的角可以写在元后面作为小数部分。如果分的总额超过了100分，就把100分转换成1元，小于100分的写在元后作为小数部分。

5 所以，1元46分（1元4角6分）写作¥1.46。

6 那些小于1元的数额，就用角或分表示。

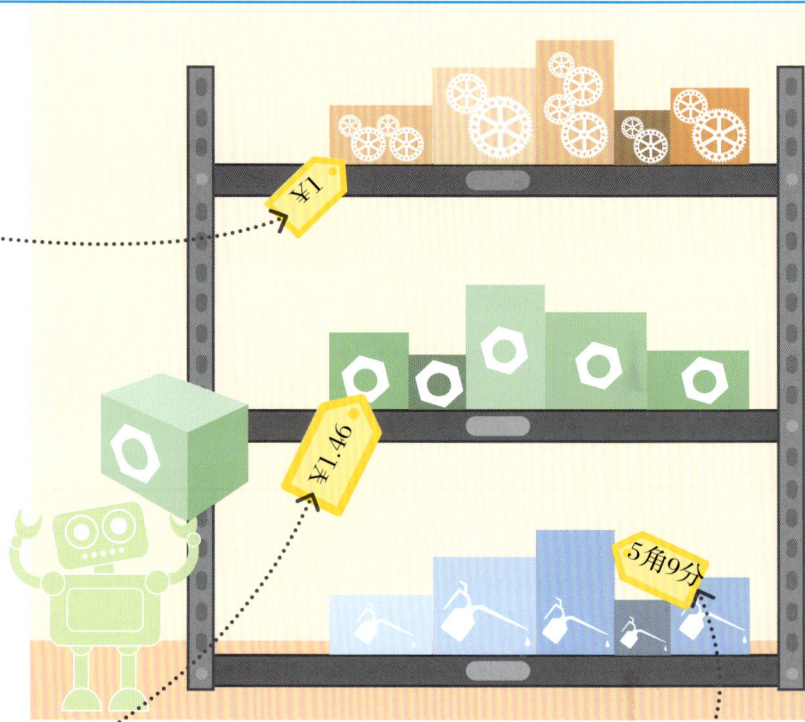

货币单位的转换

元与分之间的转换很容易，因为100分就是1元。把分换算成元，只需除以100；把元换算成分，则要乘100。

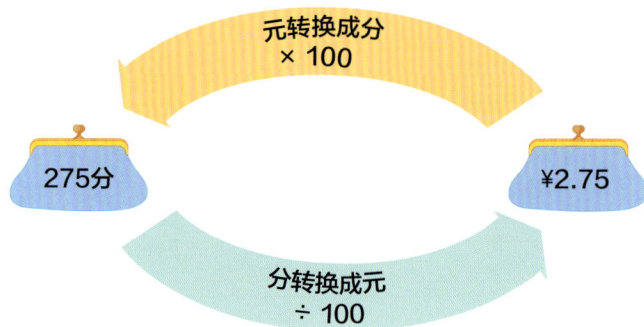

元转换成分
× 100

275分

¥2.75

分转换成元
÷ 100

1 把275分转换成元，我们只需将275除以100，得到答案¥2.75。

2 把元转换成分，只需将2.75乘100，得到答案275分。

货币的使用

中国的货币包括纸币和硬币，常见的纸币有八种（一角、五角、一元、五元、十元、二十元、五十元和一百元），常见的硬币有三种（一角、五角和一元）。我们可以把它们组合在一起得到我们想要的钱数。

1 右图是我们常用的硬币，可以用它们组合成不同钱数，看一看我们能用什么不同的方式把它们组合在一起，得到2.7元。

2 我们可以用两个1元的硬币、1个5角的硬币和2个1角的硬币组合成2.7元。

3 我们也可以用一个1元的硬币、三个5角的硬币和2个1角的硬币，组合得到2.7元。

4 我们甚至可以用二十七个1角的硬币组合得到2.7元。用硬币组合成2.7元的方法还有很多种！

5 当我们去商店购物时，有时候会得到找回的零钱，这些零钱通常可能是硬币。

我们可以把不同的纸币和硬币组合在一起，得到不同的金额。

现实世界的数学

古币

纵观历史，人们使用过各种各样的东西来充当货币，像贝壳、大象尾毛、羽毛以及鲸鱼齿。因为这些东西被认为是很有价值的。

货币的计算

货币的计算与小数的运算是一样的。我们可以用所知道的数进行心算，也可以笔算，比如竖式加法（见第78～79页）或竖式减法（见第88～89页）。

增加金额

1 运用竖式加法将26.49元加上34.63元。我们已经在第78～79页学过如何列竖式做加法。

$$26.49元 + 34.63元 = ?$$

2 我们先把一个数写在另一个数的上方，将小数点对齐写在同一列，然后在答案线下对应的位置标上小数点。

3 然后，我们从右至左，将每个数加到一起，得到答案61.12元。

小数点对齐

4 所以，26.49元+34.63元= 61.12元。

$$26.49元 + 34.63元 = 61.12元$$

凑整数

我们算钱还有另外一种办法，就是先加上或减去几角或几分钱，把它凑成整元，这样把数值凑成整数就更容易算出一个大概的总额。然后我们只需要在最后调整一下答案就好。记住，1元等于100分。

1 让我们把39.98元和45.99元凑成与其最接近的整元数。

$$39.98元 + 45.99元 = ?$$

2 我们先把39.98元加上2分，得到40元，把45.99元加上1分得到46元。在这个过程中，我们总共加了3分。

$$40元 + 46元 = ?$$

3 然后，我们把两个数值加到一起：40元+46元=86元。

$$40元 + 46元 = 86元$$

4 最后，我们只需要减去我们一开始加上的3分即可：86元-3分=85.97元。

$$86元 - 3分 = 85.97元$$

5 所以，39.98元+45.99元=85.97元。

$$39.98元 + 45.99元 = 85.97元$$

找零

当我们付钱时，知道还能找回多少零钱很重要。我们要做的就是找到商品价格与我们所付金额的差值，然后把金额加到一起。如果金额的货币单位不一样，我们一开始要先进行单位换算。

1 看一看这些动物，如果我们用10元买3只仓鼠和1只兔子，算一算还能找回多少零钱？

2 我们先要计算出买这些动物总共要花多少钱。我们知道80分就是0.80元，所以：（0.80 × 3）+ 2.70 = 2.40 + 2.70 = 5.10。买这些动物总共要花费5.10元。

3 现在我们可以来计算花10元买这些动物找回的零钱了。先凑成最近的整元数，把5.10元加上90分得到6元。

4 然后计算要加上几元可以使其达到10元。加上4元即能达到总数10元。

5 现在，我们再把这两个数值加在一起：4元 + 90分 = 4.90元。

6 所以，我们用10元买完动物后得到的零钱是4.90元。

仓鼠每只
80分

兔子每只
2.70元

试一试 TRY IT OUT

算花费

你能以元为单位，算出这些商品的总费用吗？记得转换数值以确保它们是同一个单位。

每个50分

每瓶1.70元

每瓶80分

答案见第311页

几何

GEOMETRY

在几何学中，我们会学习线、角、图形、对称以及空间。在大自然中，我们可以看到很多的几何图案，比如水晶的形状以及对称的雪花。几何学在日常生活中也有很多其他用途——举个例子，在导航中我们会用到它；在设计和建筑结构中，比如建筑桥梁、房屋的时候也会用到它。

什么是线？

一条线连接两点。在几何学中，线既可以是直的，也可以是弯的。线有长度，可以测量，但没有厚度。

> 我们把线称为一维线，它们有长度却没有厚度。

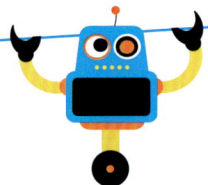

1 请看A与B之间的这条线，它告诉我们两点之间最短的距离。

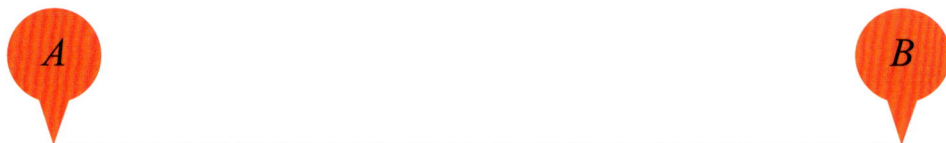

A ————————————— *B*

2 这条曲线绕树弯曲，使得A与B之间的距离要大于直线。

求证

这张地图上显示了A与B两点之间三条可能的路线。有一个很容易的办法可以证明两点之间直线路程最短。

路线2

路线1

路线3

1 路线1是一条笔直的小路，从A点沿着此路拉一根绳子到B点，在绳子碰到B点的时候做上记号。

2 现在对路线2做同样的事情，在绳子碰到B点的时候做上标记。绳子上新的标记要长出许多，所以路线2一定要比路线1长。

3 现在沿着路线3也就是河流拉一根绳子。这次你在绳子上所做的记号最远，所以路线3是最长的。

水平线和垂直线

我们用不同的名字来描述线，比如它们的方向，或者它们与其他线的关系。水平线从一边到另一边都是水平的，而垂直线则是上下垂直的。

1 两条水平线平行，就跟这架飞机的机翼一样，它们跟地平线是平行的（水平）。

2 支撑机翼的支柱是垂直的，它们上下垂直，与地平线成直角。

3 图上还有很多垂直线和水平线，看看你能找出多少条。

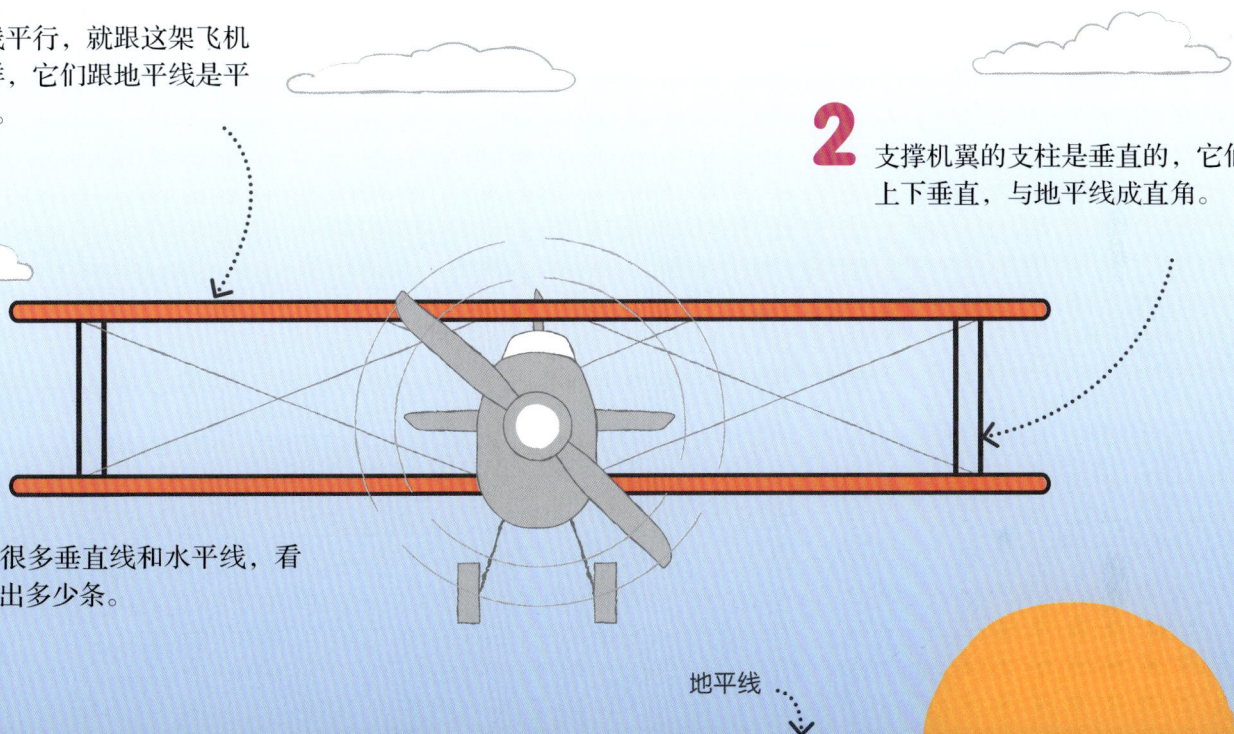

地平线

现实世界的数学

到底是不是水平线？

有些东西必须要保持水平，比如书架，又或者是房屋墙壁上的砖层。如果一条道路有轻微的斜坡，那么车子就会一直溜到底，除非我们拉住手刹。

斜线

倾斜的直线称为斜线。斜线既不是垂直的也不是水平的。

直线可以是水平的、垂直的或者是斜的。

1 看这幅图上的滑索，它是由水平线、垂直线以及斜线组成的。

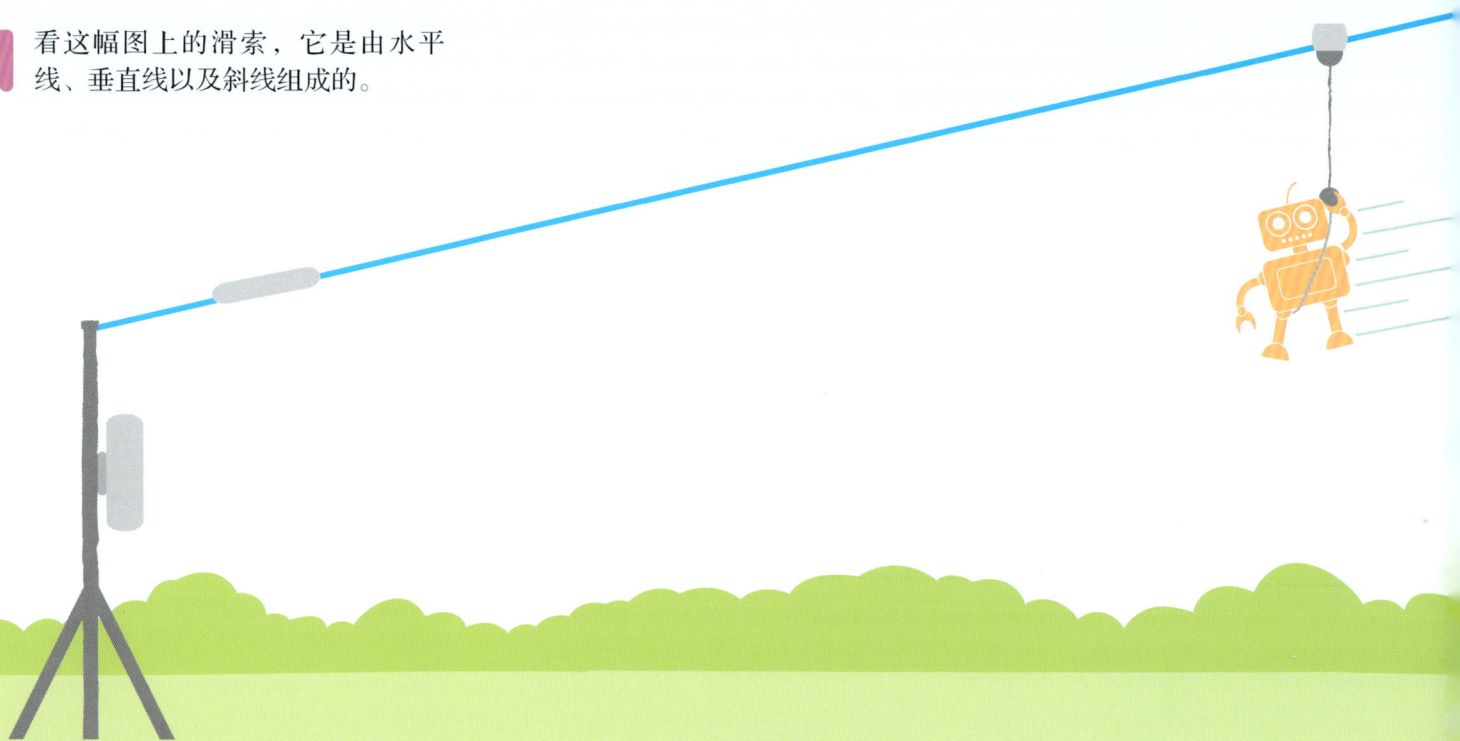

图形里的对角线

在几何学中，图形里的斜线称为对角线。对角线是图形内的线段，它连接两个不相邻的角。

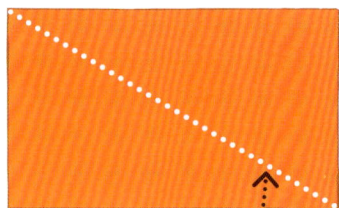

对角线

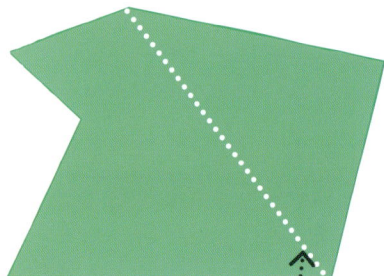

对角线

对角线

1 这里有一些内对角线的例子。每个图形上都有一条对角线。

2 图形的边越多，里面的对角线就会越多。

2 斜线可以稍微倾斜，就像这图上的滑索一样。

3 斜线也同样可以倾斜得很厉害，就像这个通往滑索的梯子一样。

4 斜线可以向任一方向倾斜，就像图中的滑索和梯子一样。

5 你还能在这幅图上找到其他的斜线吗？

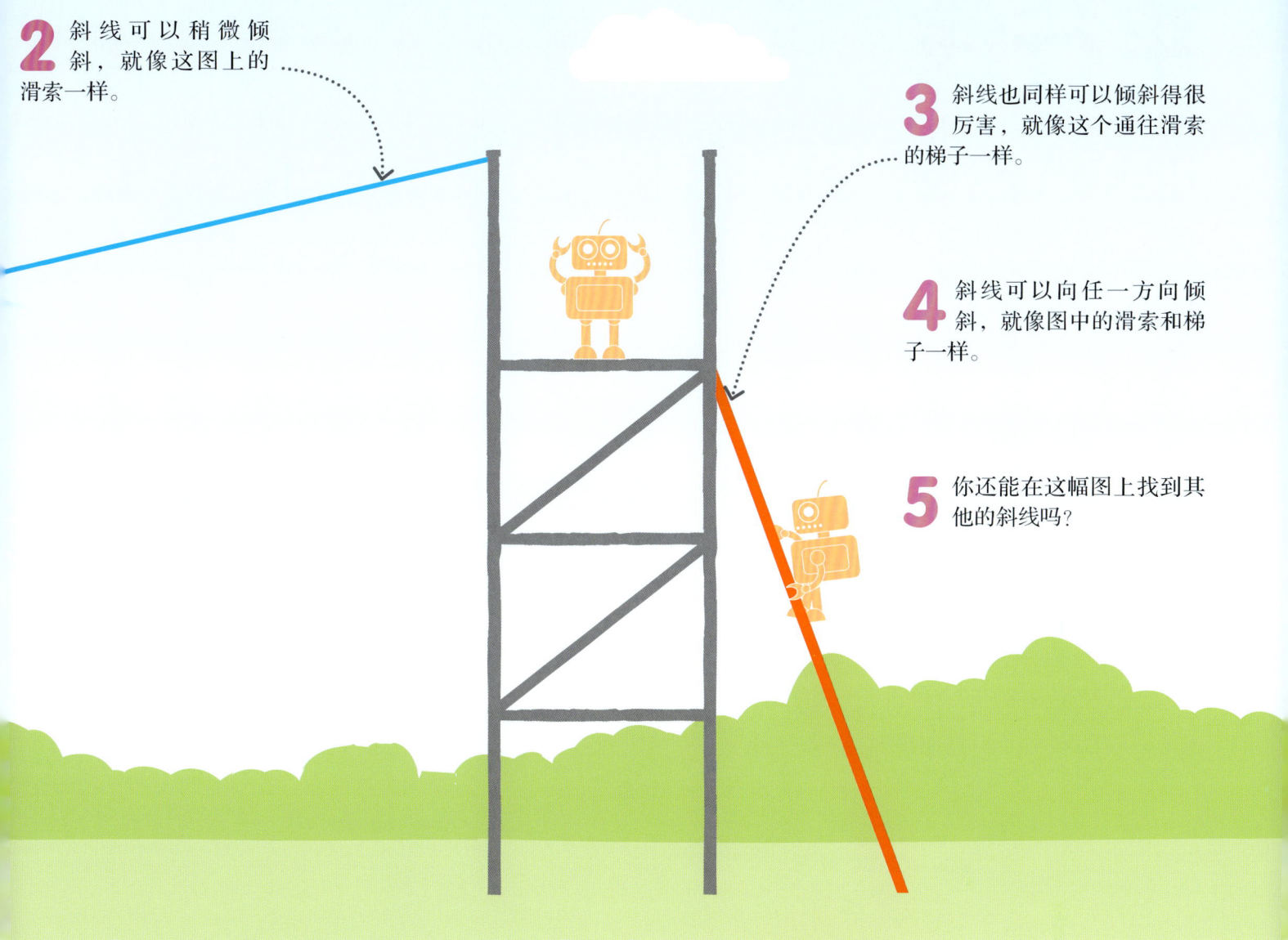

试一试 TRY IT OUT

用对角线制作图案

画一个正六边形（6条边相等的图形），或者就用右边这个图形。用尺子和铅笔从一个角到另一个角连接对角线。右图已经画出了三条白色的对角线，请把所有的对角线都画出来，你能数出一共有多少条对角线吗？翻到312页检查你是否做对了，然后给其上色，制成图案。

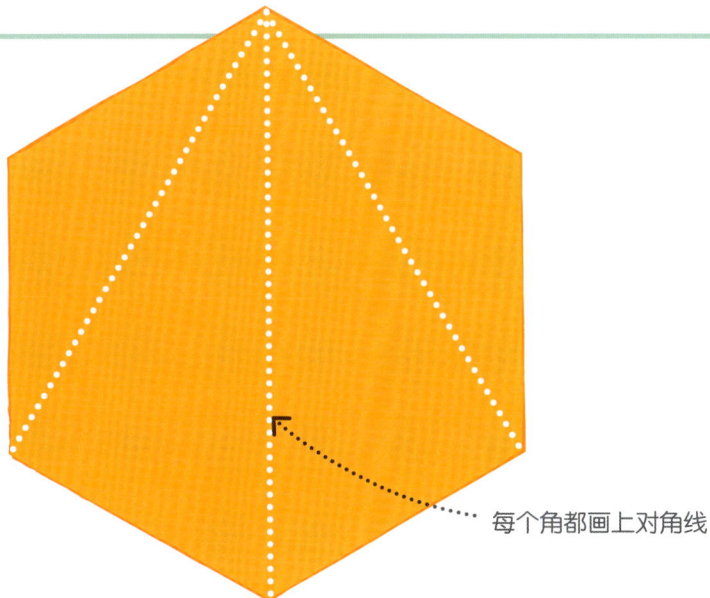

每个角都画上对角线

答案见第312页

平行线

当两条或两条以上的线的长度无限延伸且它们之间的距离完全一样时，它们被称为平行线。

> 你不可能只画出一条平行线，因为平行线总是有两条或者两条以上。

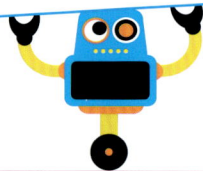

1 平行线
这些滑雪痕是平行的，不管你把雪痕延伸多长，它们都不会相交。

即使无限延伸，平行线也永远不会相交

2 非平行线
这两条雪痕并非平行线。沿着雪痕往远处看，两条线之间的距离并不相同。如果雪痕一直延伸，最后将会相交。

在这一端，非平行线将会越离越远

3 平行曲线
平行线可以像雪痕一样成波浪状或曲折状。重要的是它们之间的距离总是相等，并且永不相交。

4 当线平行时，我们给它们标上这样的小箭头：

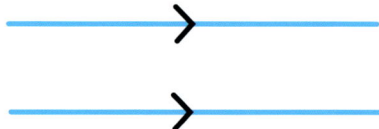

它们是平行线吗？

右边的场景是由多条平行线与非平行线组成的，你能把它们都认出来吗？

答案见第312页

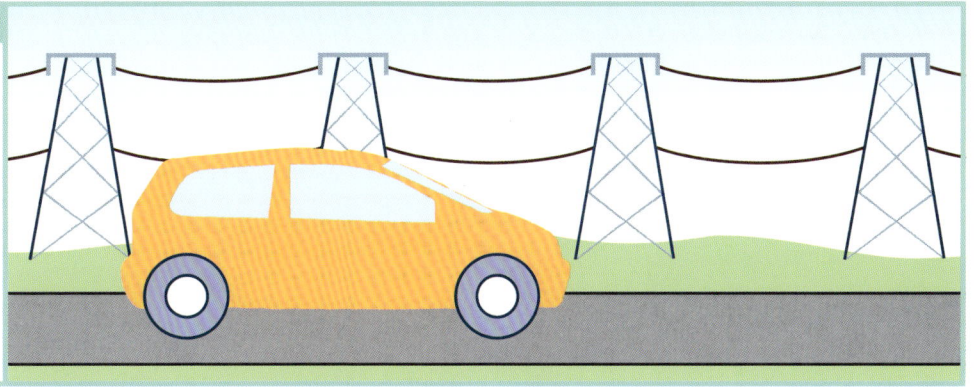

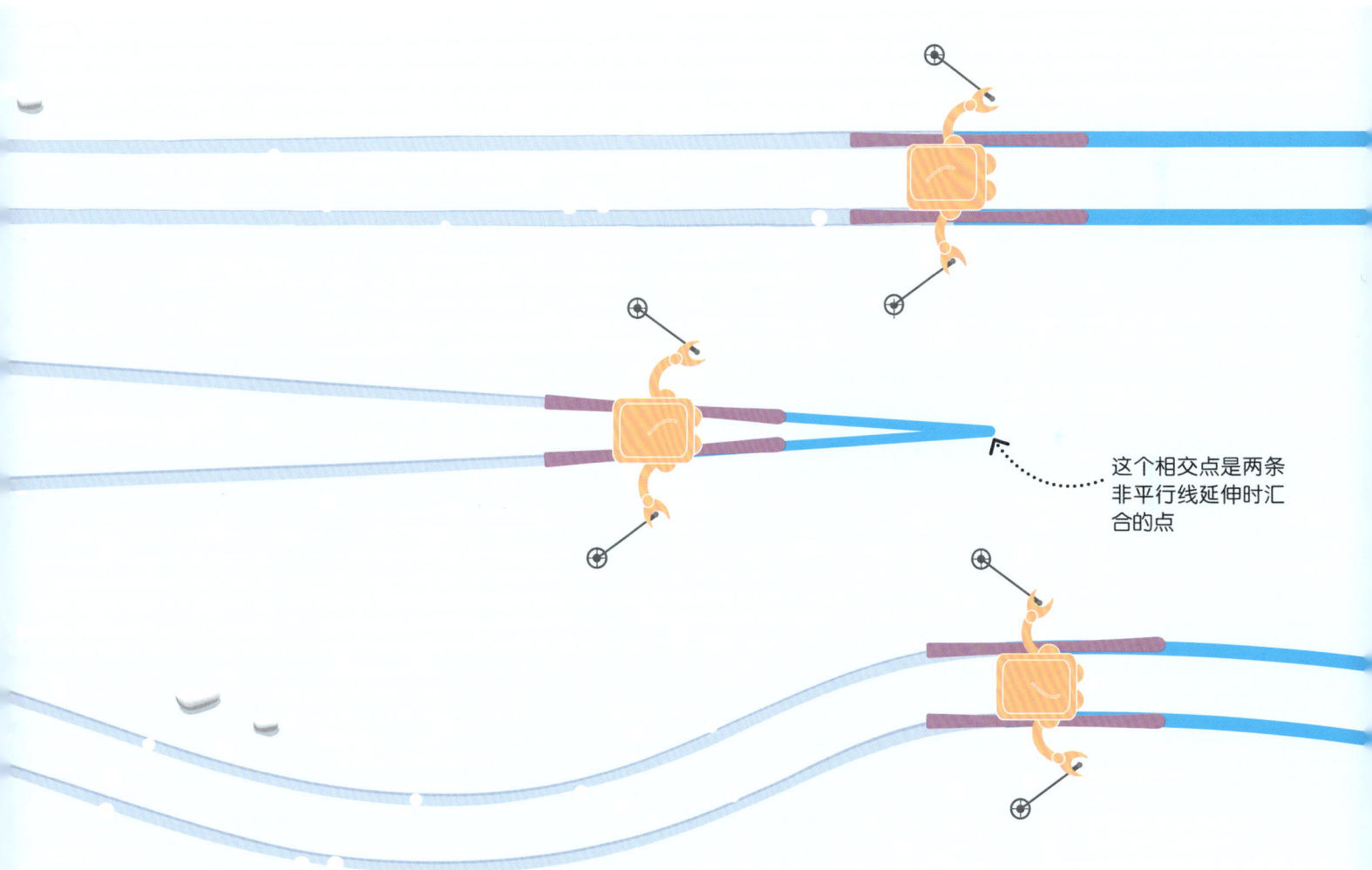

这个相交点是两条非平行线延伸时汇合的点

5 平行线并非只能是一对——两条以上的直线也可以相互平行。平行线也不一定要长度相等。

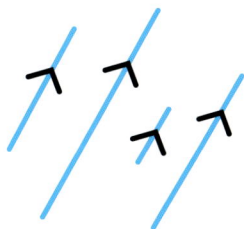

6 连接成圆的线也可以是平行的，就像这些以同一中心为基点的圆，叫作"同心圆"。

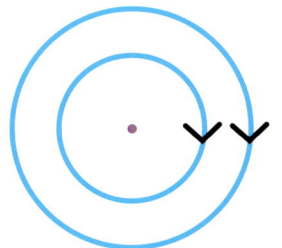

垂线

垂线成对出现。当两条直线相互成直角时，我们把它称为垂线。有关直角的内容可以在第224页找到。

1 看这幅图中处于发射台上的火箭。你可以看到平行线、垂直线和斜线。其中有些线是互相垂直的。

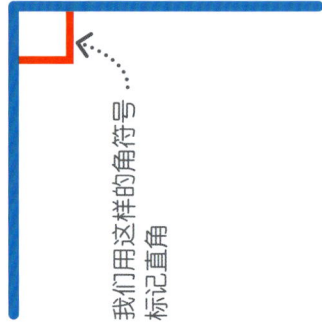

对角线相交构成直角的斜线为垂线

2 当垂直线与水平线像这样相交时，我们说它们相互垂直。把其相交构成的角叫作直角。

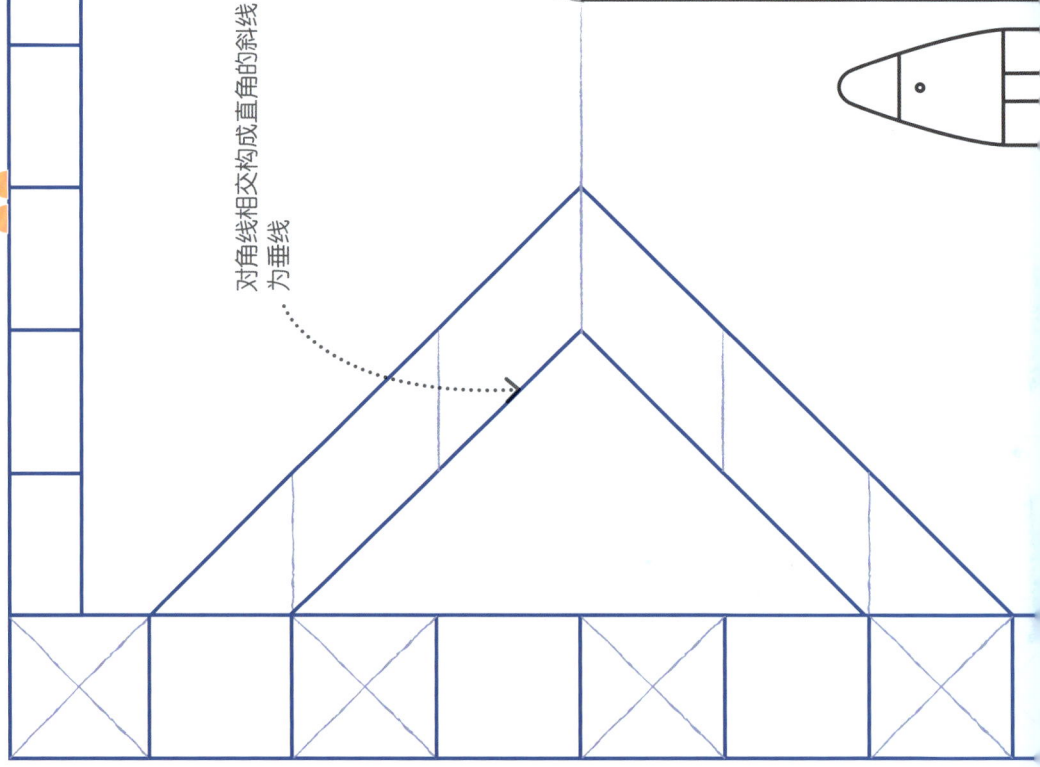

我们用这样的角符号标记直角

水平线与垂直线相互垂直

当直线相交成直角时，它们就是垂线

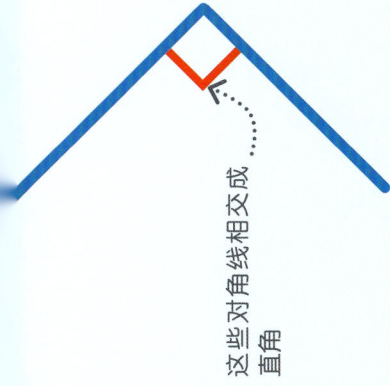

这些对角线相交成直角

3 任何两条线相交成直角则相互垂直。垂线不必须是水平的，也不必须是垂直的。

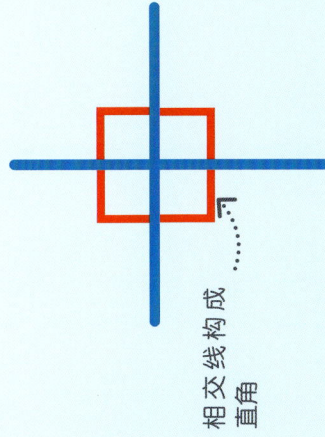

相交线构成直角

4 当两条线相交或交叉成直角时，它们也是垂线。

5 你能在图片中找到上述三种垂线的更多例子吗？

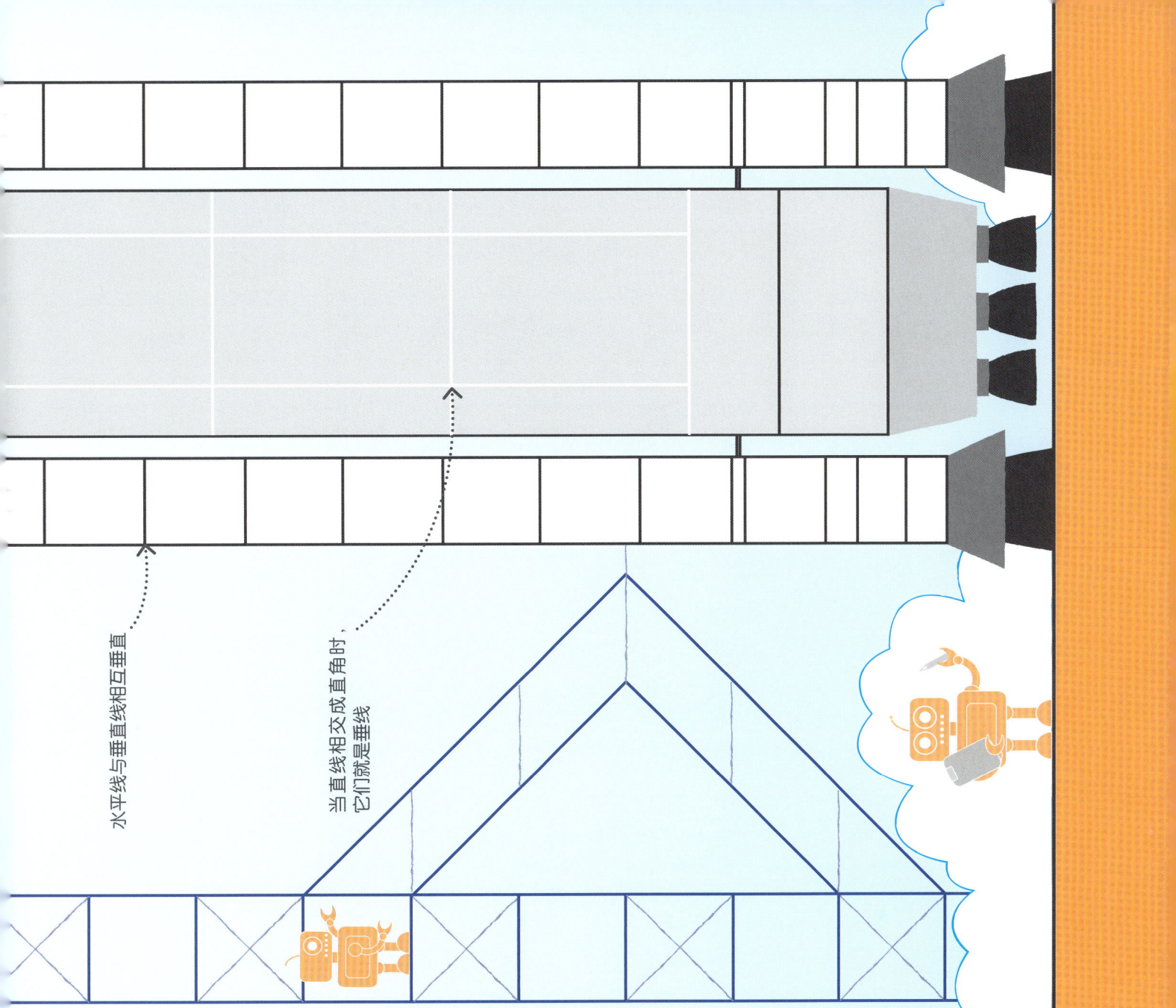

平面图形

平面图形是平的，就像我们在纸上或者电脑屏幕上画的图形一样。平面图形又叫2D图形，2D也称二维，因为其图形有长和高或者长和宽，但是没有厚度。

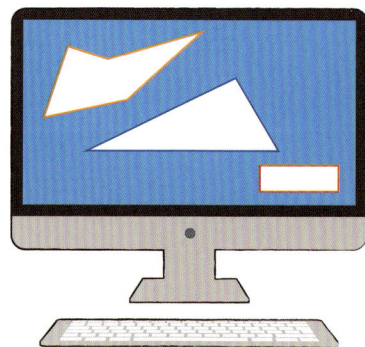

多边形和非多边形

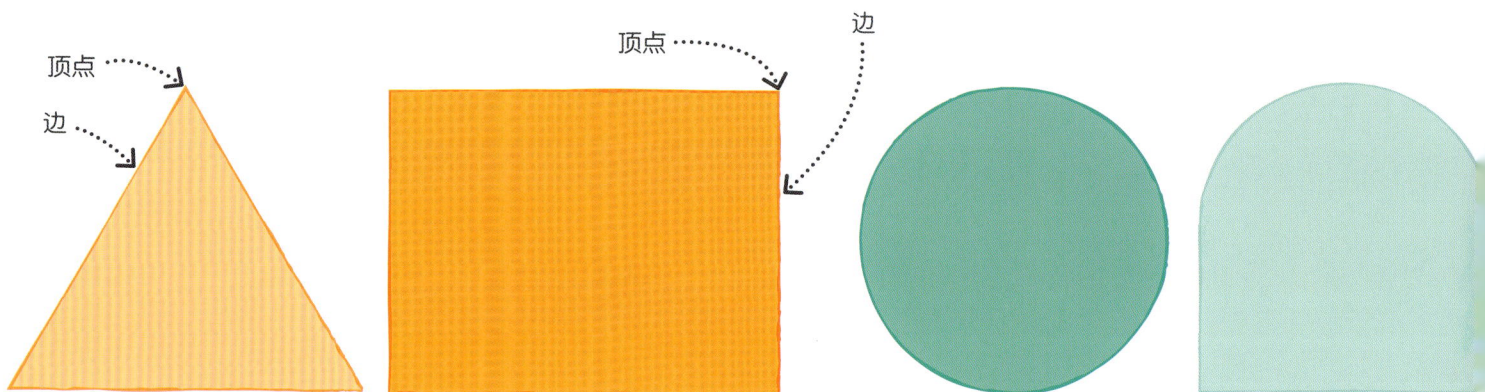

顶点

边

顶点

边

1 多边形

多边形是由三条或三条以上的边和角组成的直边图形。两条线相交成角的点叫作顶点。

2 非多边形

其他还有一些平面图形是由曲线组成的，像上面的圆，或者其旁边的由曲线和直线共同组成的图形。

多边形的描述

我们通常用短横线标记多边形的边，以表示哪些边是相等的。

标了一条短横线的边是相等的

标记了两条短横线的边也是相等的

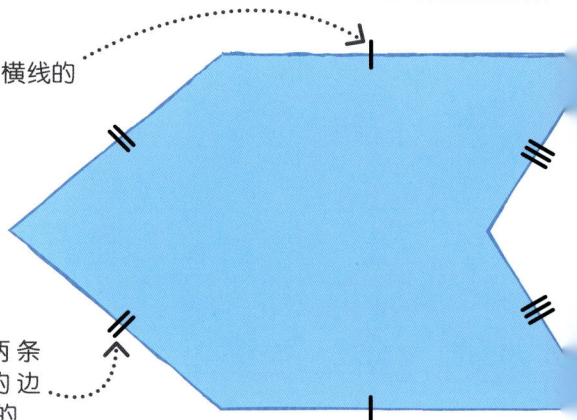

每条边上都标了一个短横线，表明它们长度相等

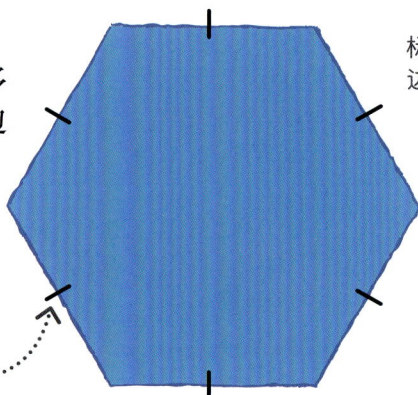

1 为了表示每条边的长度相等，六边形（六角形）的六条边上都标上了一条短横线。

2 这个六边形共有三组相同长度的边。第一组标记了一条短横线，第二组标记了两条短横线，第三组标记了三条短横线。

正多边形和不规则多边形

多边形是由直边组成的二维图形。正多边形边长相等，角度相同。
不规则多边形的边长与角度都不相同。

---

1 三角形
正三角形有一个特殊的名字——等边三角形。不同的非正三角形也有特殊的名称，详见第207页。

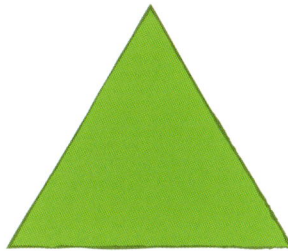

正三角形

三条边长不同，角度不同 ⋯⋯

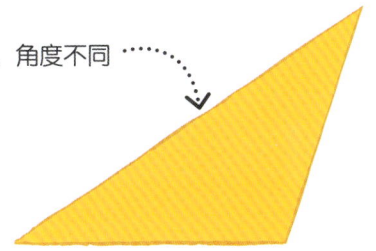

不规则三角形

2 四边形
四边形有四条边，正四边形叫正方形。

正四边形

其边长可以不同 ⋯⋯

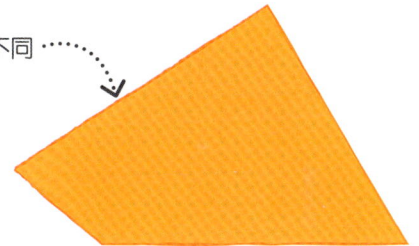

不规则四边形

3 六边形
六条边的多边形叫六边形。

六条边相等，其角度也相等 ⋯⋯

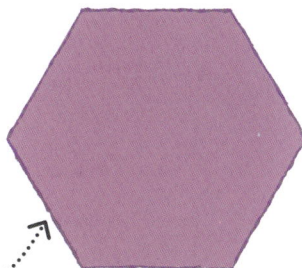

正六边形

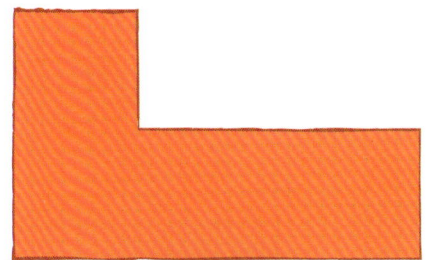

不规则六边形

试一试 TRY IT OUT

格格不入

这些五边形只有一个是正多边形，其边长和角度都相等，你能找出它来吗？

答案见第312页

❶

❷

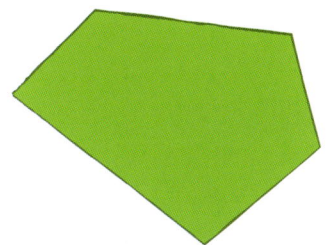

❸

三角形

三角形是多边形的一种。三角形有三条边、三个顶点和三个角。

三角形是有三条直边和三个角的多边形。

三角形的组成部分

在几何学中，我们给予三角形的不同部位以不同的名称。

1 边
组成三角形的三条直线叫作边。

2 点
三角形中两条边相交的地方叫作点。

顶点

3 底边及顶点
底边是支撑三角形的边。顶点是三角形中最高的点，与底边相对。

底边位于底部

全等三角形

两个或两个以上拥有等边、等角的三角形叫全等三角形。右边这些三角形的方向虽然不同，但它们依然全等。

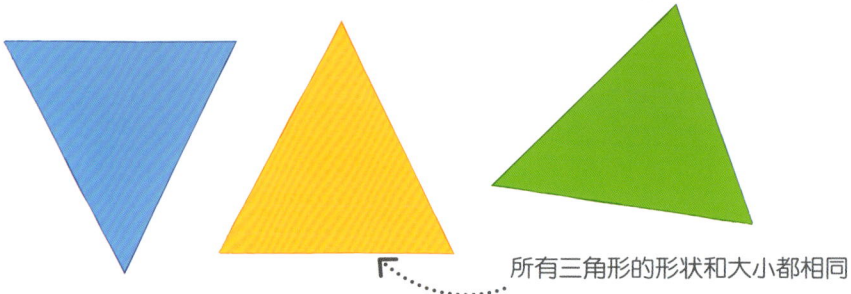

所有三角形的形状和大小都相同

三角形的种类

根据边长和角度的不同，我们给予三角形不同的名字。第232～233页有详细的关于三角形的角度的知识。

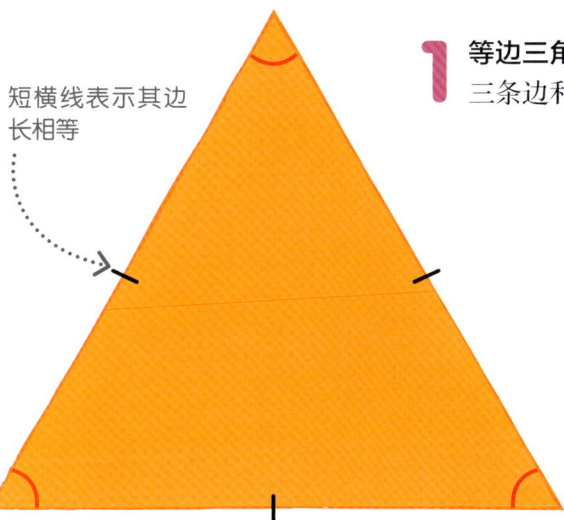

短横线表示其边长相等

1 等边三角形
三条边和三个角都相等。

这个符号表示直角

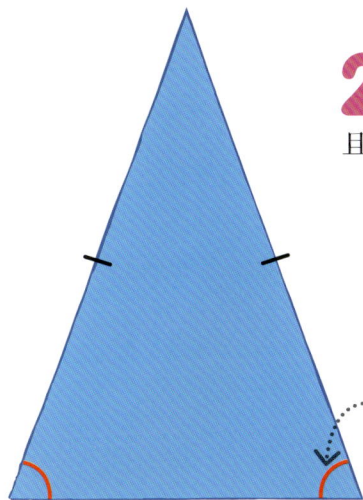

3 直角三角形
两条边相交成直角（90°）。直角知识详见第224页。

2 等腰三角形
三角形的两条边相等，且相等的边对的角相等。

曲线（弧线）标记相等的角

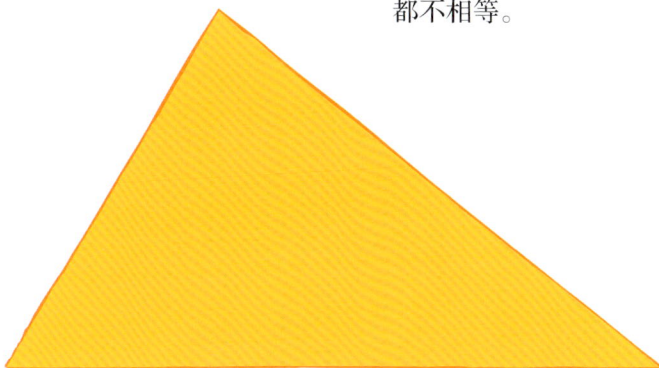

4 不等边三角形
三条边和三个角都不相等。

试一试 TRY IT OUT

三角形测验

这幅图包含了不同种类的三角形。你能分别找出等边三角形、等腰三角形、不等边三角形和直角三角形吗？

答案见第312页

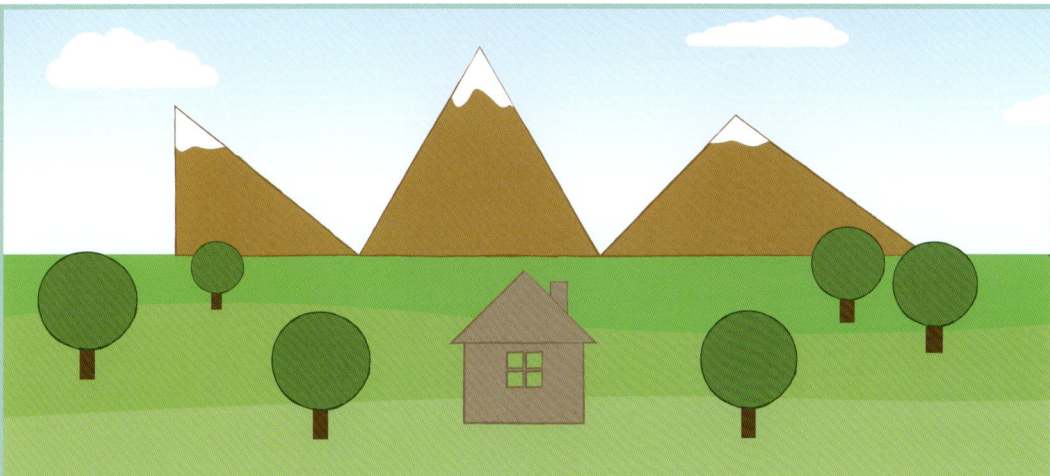

四边形

四边形是有四条直边、四个点和四个角的多边形。

四边形的边是直的，你找不到
一个四边形的边是弯曲的！

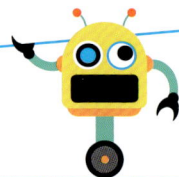

四边形的类型

这儿有一些最常见的四边形。

对边用短横线标记，表示它们长度相等

平行边用同样的箭头标记

1 平行四边形

平行四边形有两组互相平行的边，其对角和对边都相等。

2 长方形

长方形的对边长相等，且相互平行，其四角都是直角。

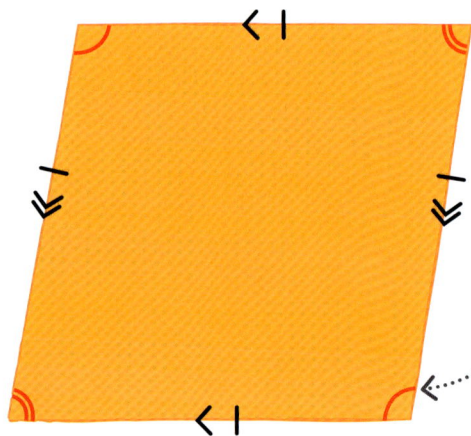

相等的角用曲线
（弧线）标记

3 菱形

菱形四边相等，对边平行，且对角相等。

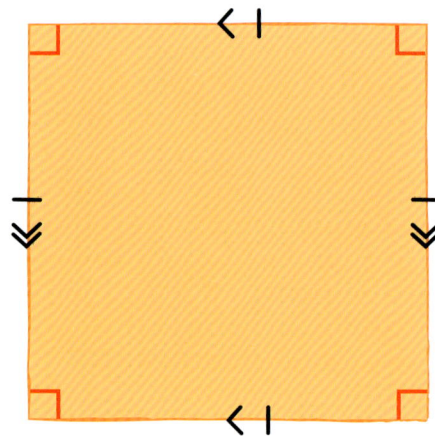

4 正方形

正方形四边相等，四个角都是直角。正方形的对边平行。

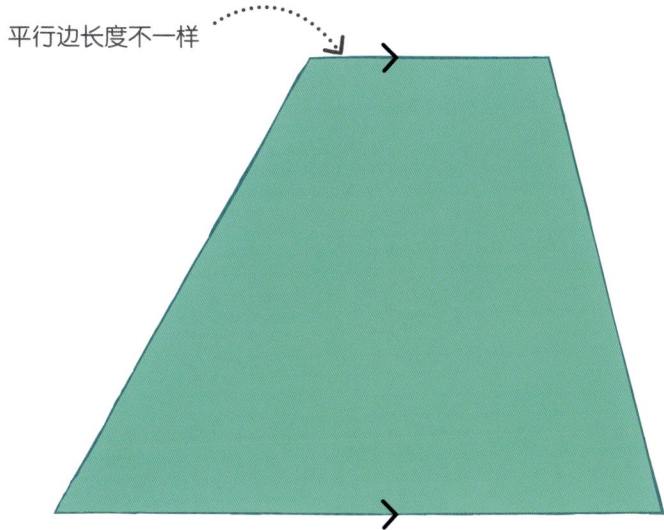

平行边长度不一样

5 **梯形**
梯形有一对平行边，又叫作不规则四边形。

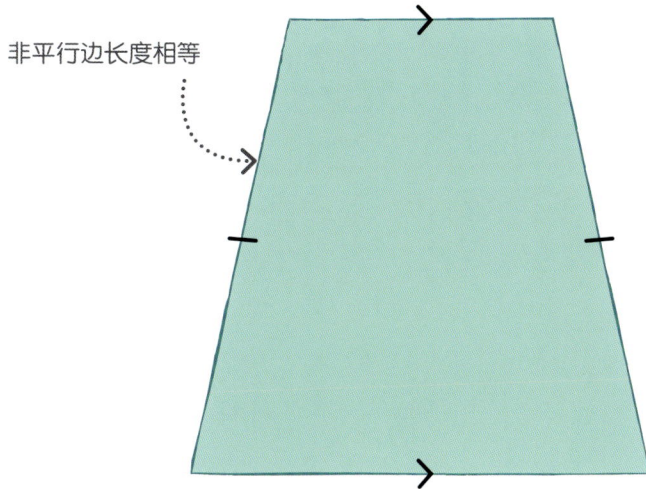

非平行边长度相等

6 **等腰梯形**
等腰梯形与普通梯形不同的地方在于它的两条腰长度相等。

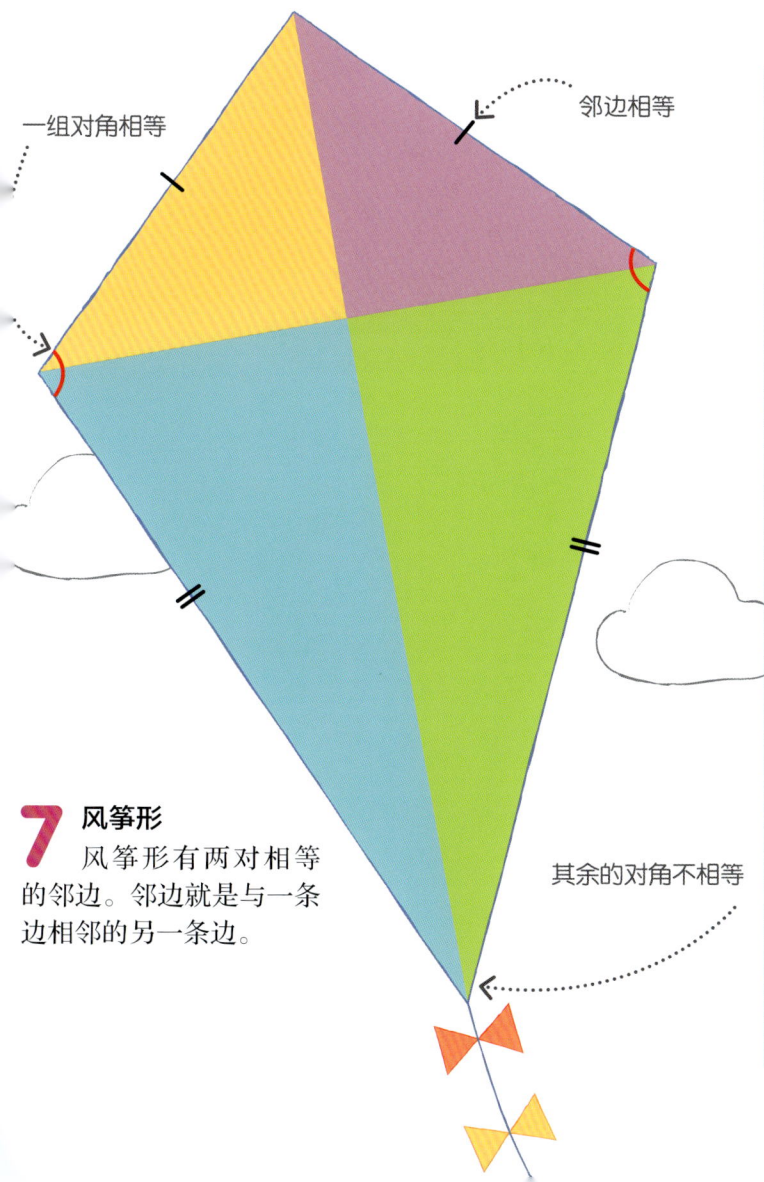

一组对角相等

邻边相等

7 **风筝形**
风筝形有两对相等的邻边。邻边就是与一条边相邻的另一条边。

其余的对角不相等

试一试 TRY IT OUT

图形的歪斜

看一看下面的正方形和菱形。菱形看起来像是正方形的歪斜版本，好像是把正方形侧向推了一下。现在再来看长方形，如果你以同样的方法把它歪斜一下，会得到什么样的图形呢？

正方形

菱形

长方形

?

答案见第312页

多边形的命名

多边形以其边数和角数命名。这儿有一些
最常见的多边形。

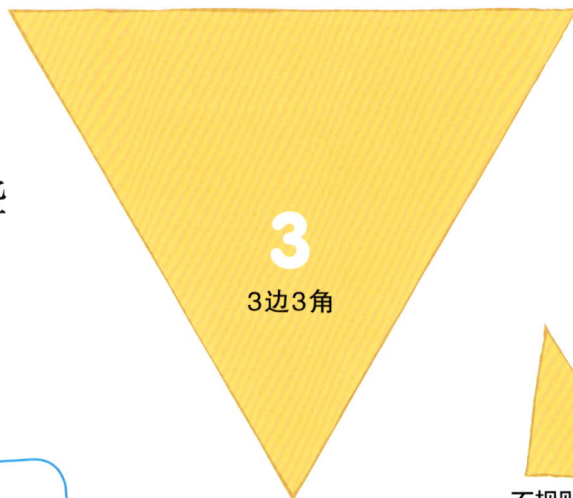

3

3边3角

正三角形

不规则三角形

多边形的边数与
角数相同。

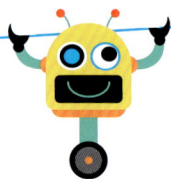

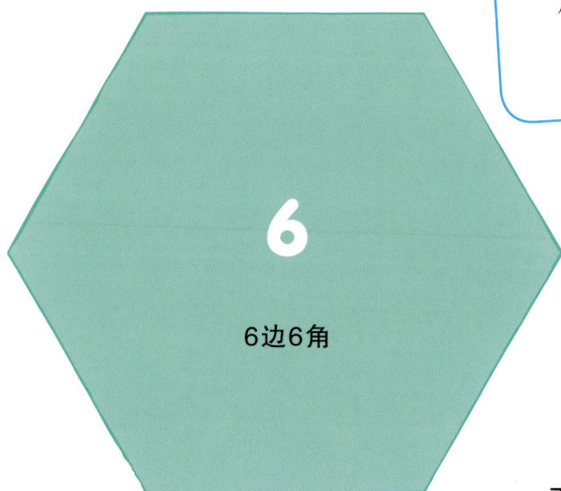

6

6边6角

正六边形

不规则六边形

7

7边7角

正七边形

不规则七边形

现实世界的数学

六边形中的蜂蜜

为了储存自己酿造的蜂
蜜，一些蜜蜂会用自己体
内产生的蜡做成蜂巢。蜂
窝状细胞是正六边形，它
们完美地结合在一起，为
蜂蜜建造了一个坚固且节
省空间的存储空间。

10

10边10角

正十边形

不规则十边形

4

4边4角

正四边形

所有正多边形的边长、角度都相等

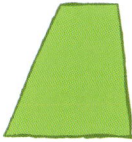

不规则四边形

5

5边5角

正五边形

不规则五边形

不规则多边形的边长是不相等的

8

8边8角

正八边形

不规则八边形

9

9边9角

正九边形

不规则九边形

12

12边12角

正十二边形

不规则十二边形

20

20边20角

正二十边形

不规则二十边形

圆

圆是二维图形，它是以圆心为定点，围绕一周而成的封闭曲线。其曲线上任意一点到圆心的距离都相等。

> 从圆心出发，到圆上任意一点的距离都相等。

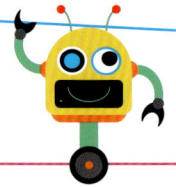

圆的部分

下图展示了圆最重要的部分。这上面有些部分有着特殊的名称，不会出现在其他二维图形上。

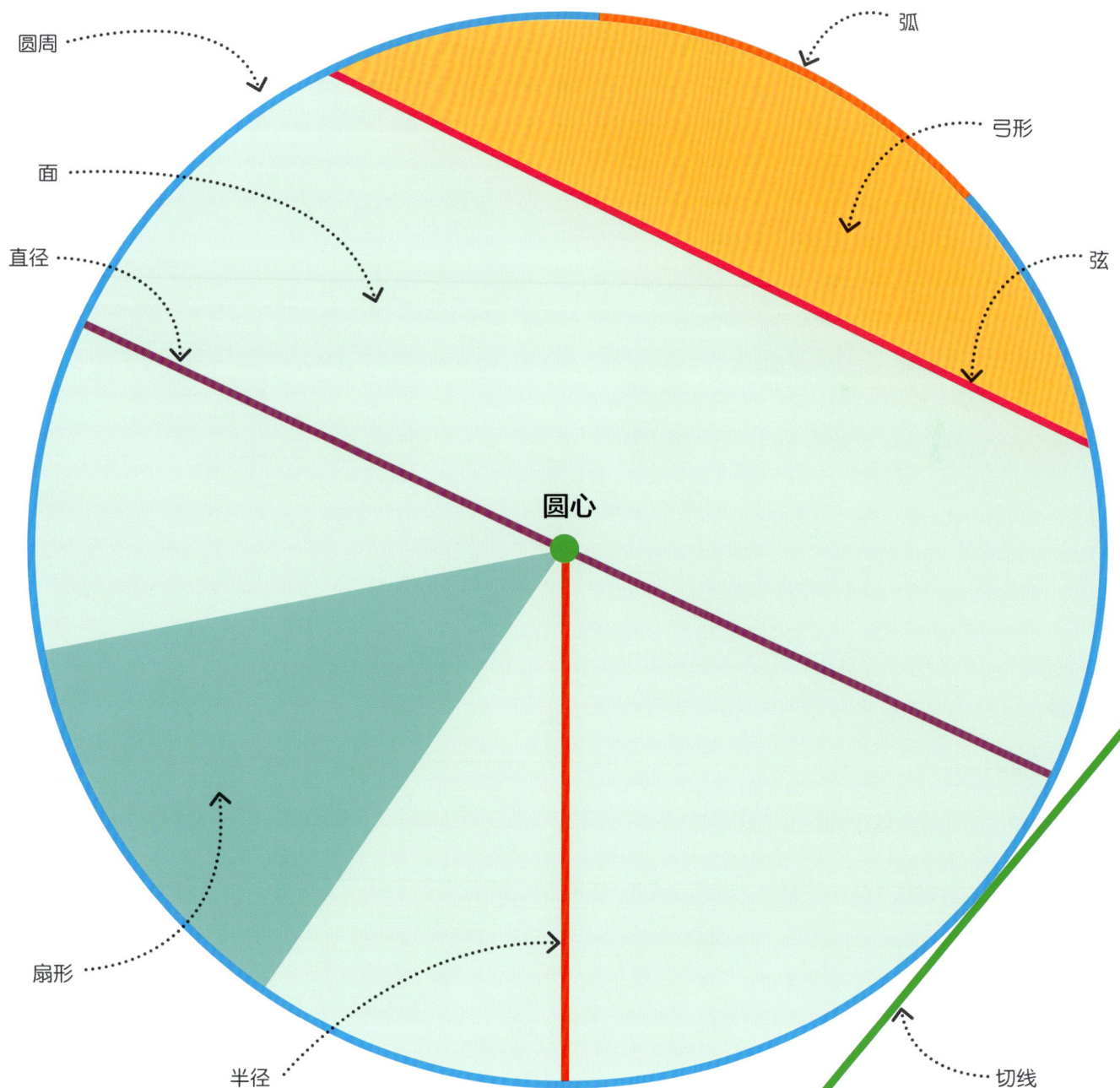

圆周

面

直径

弧

弓形

弦

圆心

扇形

半径

切线

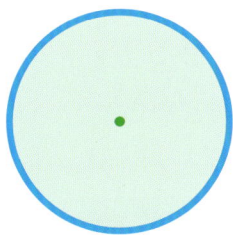

1 圆周
圆一圈的长度，是指圆的周长。

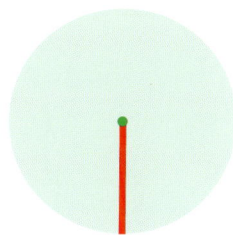

2 半径
连接圆心和圆上任意一点的线段。

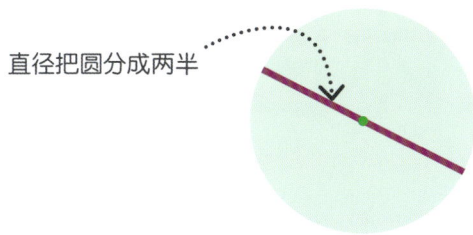

3 直径
通过圆心并且两端都在圆上的线段。直径是半径的两倍。

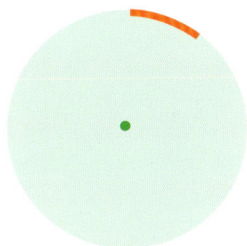

直径把圆分成两半

4 弧
圆周上任意两点之间的部分叫作弧。

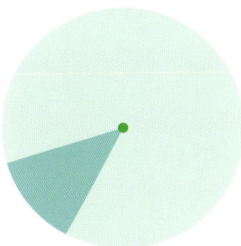

5 扇形
一条弧和经过这条弧两端的两条半径所围成的图形。

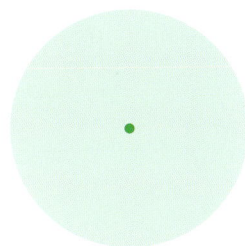

6 面
圆周内的空间量。

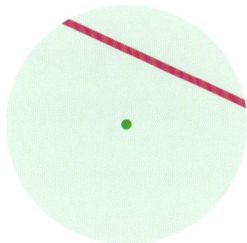

7 弦
连接圆上任意两点的线段。

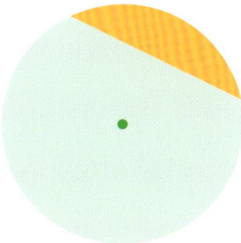

8 弓形
介于弦和弧之间的空间。

9 切线
与圆只有一个交点的直线。

试一试 TRY IT OUT

测量直径

我们无法用尺子来测量圆周，因为尺子无法测量曲线。但是，我们只要把圆的直径乘3.14就能得到任何圆的圆周。

1 首先测量这个轮子的直径，然后把它的直径乘3.14，就可以计算出圆的周长。

2 现在用一条线绕圆一圈，再用尺子测量线的长度，你能得到相同的答案吗？

用尺子测量其直径

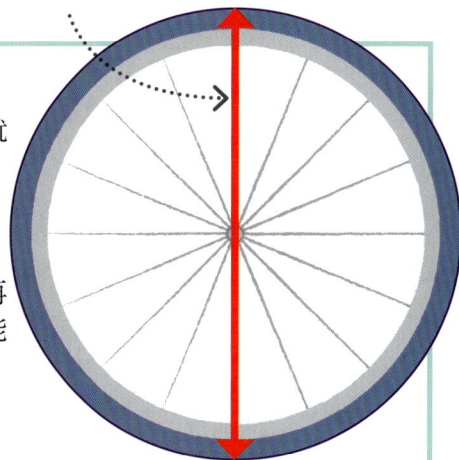

答案见第312页

立体图形

立体图形（或三维图形）是指有长、宽、高的
图形。立体图形可以是实心的，像岩石块一
样；也可以是空心的，比如足球。

所有的立体图形都是三维的，有长、宽和高。而平面图形只有长和宽，或者长和高。

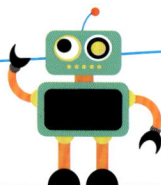

1 看看这幅图上的花房

它由平面、连接线和交点组成。在几何学
中，这些被称为面、棱和顶点。

顶点是指棱相交的地方

棱是指两个平面相交的地方

高

面由平面图形组成

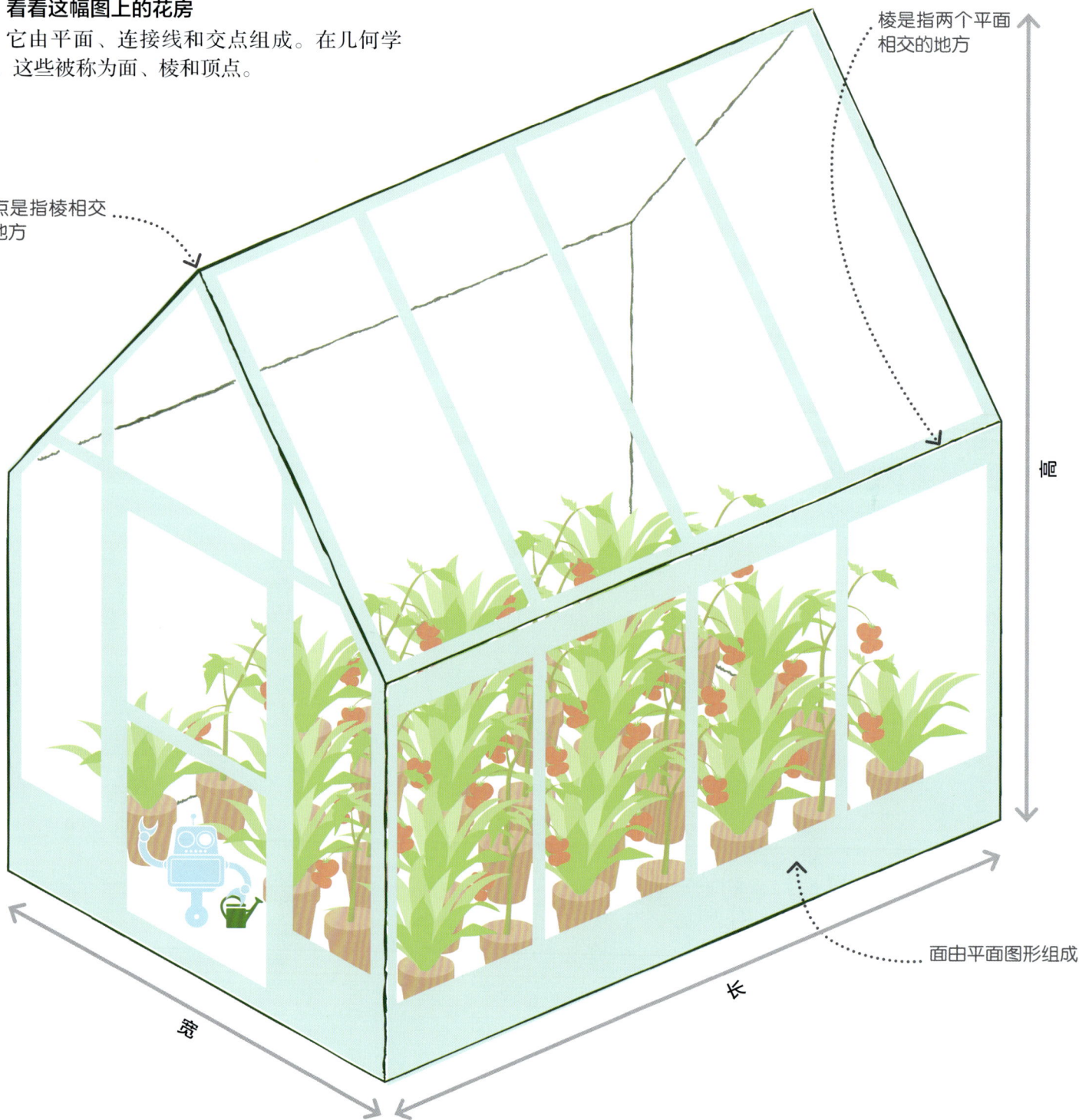

宽

长

这个图形有7个面

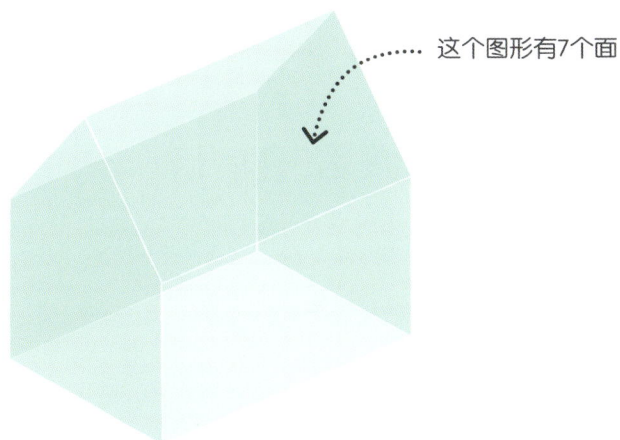

2 面
立体图形的表面由叫面的平面图形组成，面可以是平的，也可以是曲的。

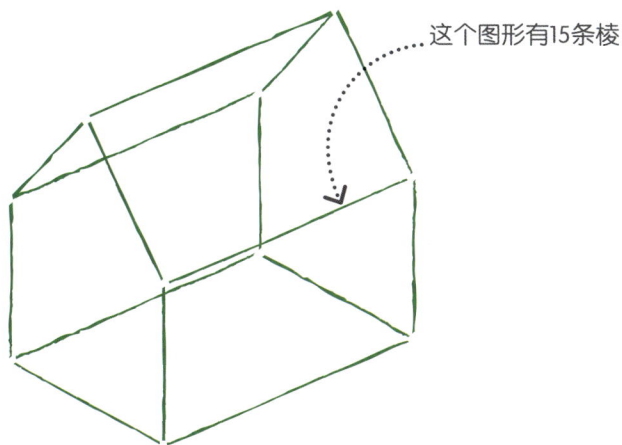

这个图形有15条棱

3 棱
立体图形的棱是由两个平面或多个平面相交所组成的。

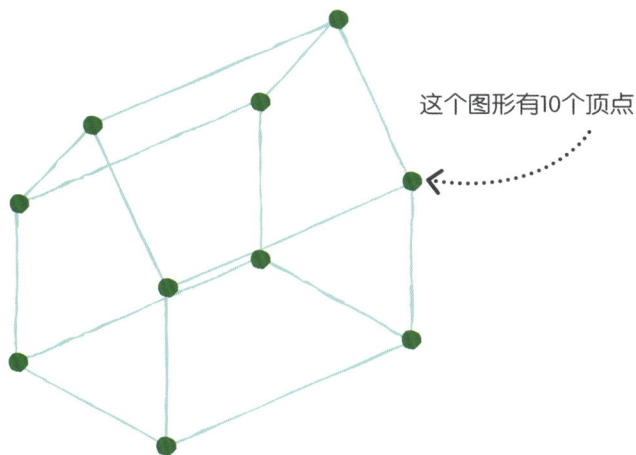

这个图形有10个顶点

4 顶点
两条或两条以上棱相交的地方叫顶点。

试一试 TRY IT OUT

找一找面
你能在下面的立体图形上找出所有的面、棱、顶点吗？

答案见第312页

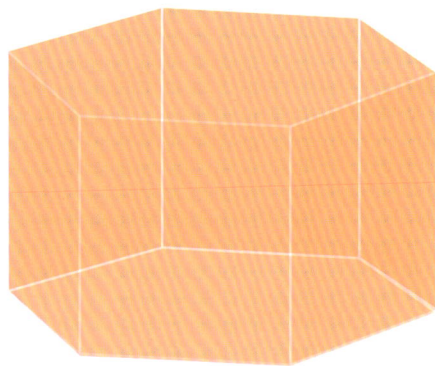

现实世界的数学
立体的世界
所有拥有长、宽、高的东西都是立体的。即使是再小的东西，就像厚度小于1mm的一张纸也是有高度的，所以，它也是立体的。一个复杂的图形，就像下面花盆里的植物，尽管很难测量其尺寸，但它也是立体的。

立体图形的种类

立体图形可以是任何形状，也可以是任何大小，下面是一些几何学中经常遇到的图形，让我们一起来看一看。

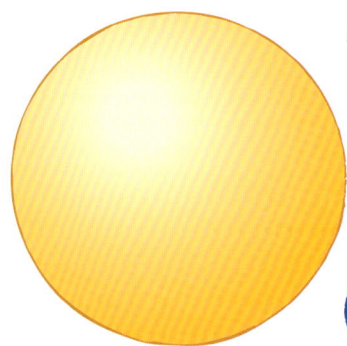

将两个半球的平面合在一起可以组成一个球

相对面是相同的长方形

1 球体
球体是圆实心的，只有一个面，没有棱和顶点，其表面的任何一点到球体中心的距离相同。

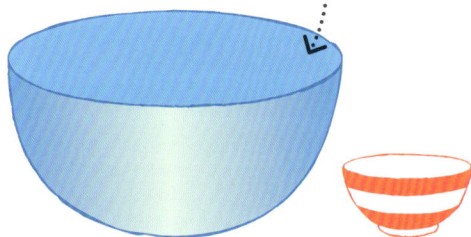

2 半球
半球就是半个球体，它有一个平面和一个曲面。

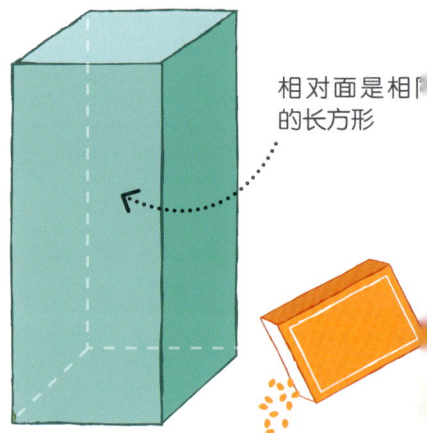

3 长方体
长方体是有6个面的像盒子一样的形状体。它有8个顶点和12条棱，其相对面是相等的。

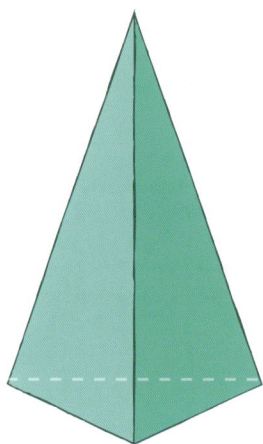

顶点

圆面

5 三角金字塔
三角金字塔又叫四面体，它有4个面、4个顶点、6条棱。在日常生活中，这种形状的物体不太常见。

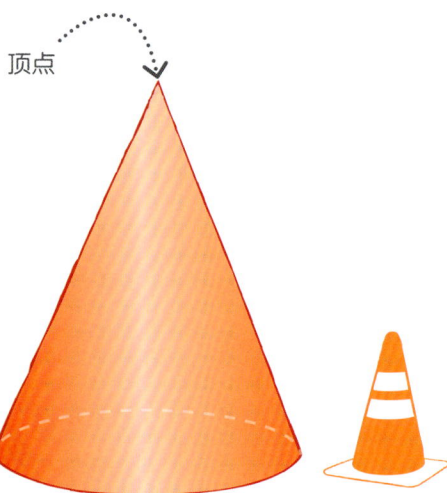

6 圆锥体
圆锥体有一个圆底和一个曲面，其基部中心正上方的点为顶点。

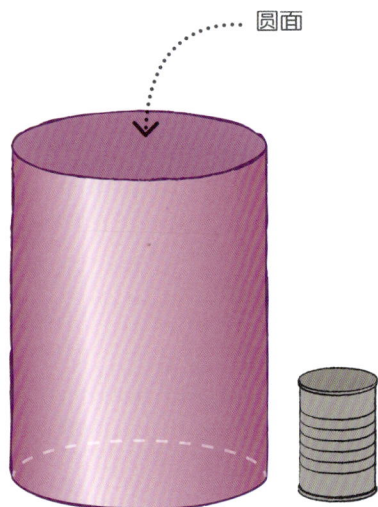

7 圆柱体
圆柱体有两个相同的圆面，这两个圆面由一个曲面连接。

除了球体——它没有棱和顶点，大多数立体图形都由面、棱和顶点组成。

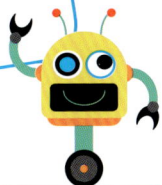

所有的面都是正方形

4 立方体
立方体是一种特殊的长方体。它也有6个面、8个顶点和12条棱，但是它的棱都是相等的，且其面都是正方形。

三角形的面在顶点处相遇，被称为顶端

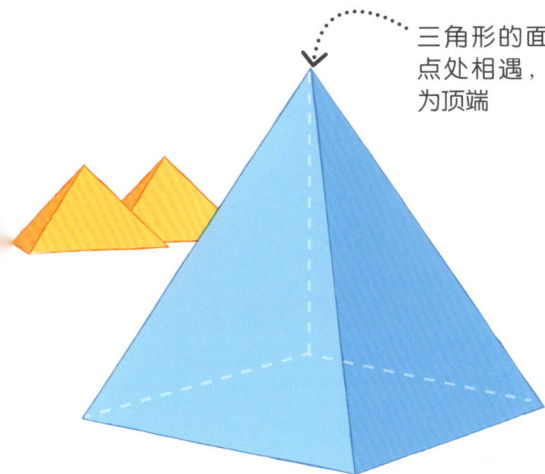

8 方形金字塔
方形金字塔的底部为正方形面，其余面为三角形。它有5个顶点和8条棱。

正多面体

正多面体是由一样大小、形状的正多边形组成的立体图形。在几何学中，只有5种正多面体，它们以古希腊数学家柏拉图的名字命名，叫作柏拉图立体。

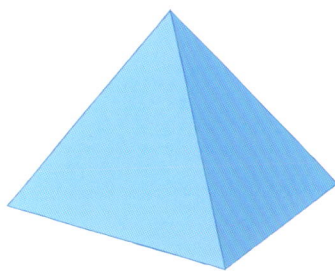

四面体
4 个面
4 个顶点
6 条棱

面是等边三角形

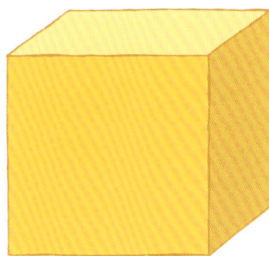

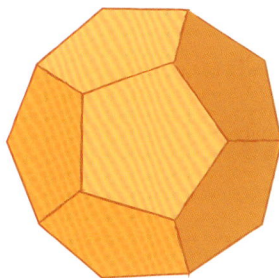

立方体
6 个面
8 个顶点
12 条棱

面是正方形

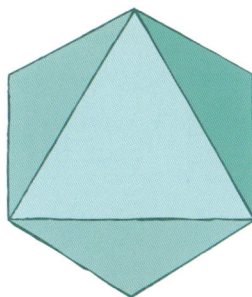

八面体
8 个面
6 个顶点
12 条棱

面是等边三角形

十二面体
12 个面
20 个顶点
30 条棱

面是正五边形

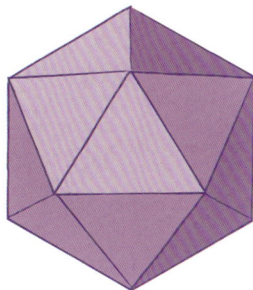

二十面体
20 个面
12 个顶点
30 条棱

面是等边三角形

棱柱

棱柱是一种特殊的立体图形。它是多面体，也就是说它的所有的面都是平面，其两端的面也是大小相等、形状相同，并且相互平行的。

棱柱的横截面大小相等、形状相同。

找棱柱

看一看这幅图上的营地，其中已经标出了一些棱柱，你能把其他的棱柱都找出来吗？你应该可以找到8个棱柱。

帐篷形状的两端是平行三角形，所以我们把它叫作棱柱

这颗棉花软糖是棱柱——它平行的两端是正方形

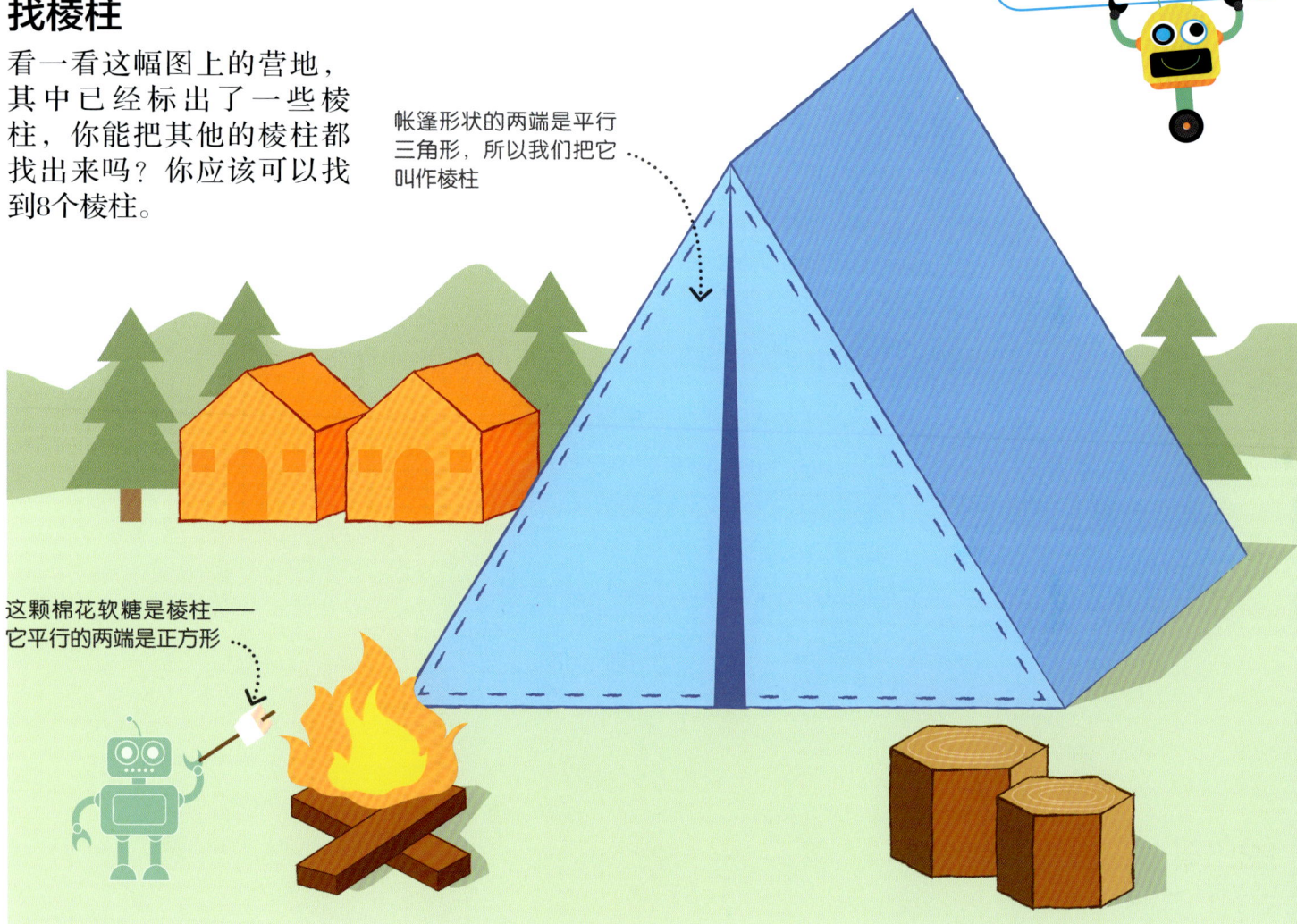

横截面

如果你切下一块棱柱使其平行于端面，那么所得到的新的面就叫作横截面，它与最初的平面形状相同、大小相等。

所有横截面的形状都相同，大小都相等。

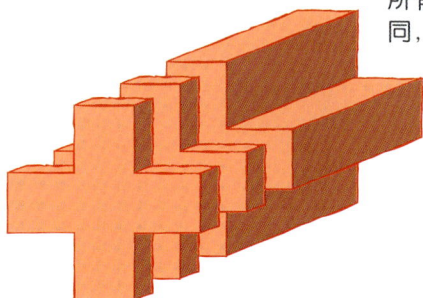

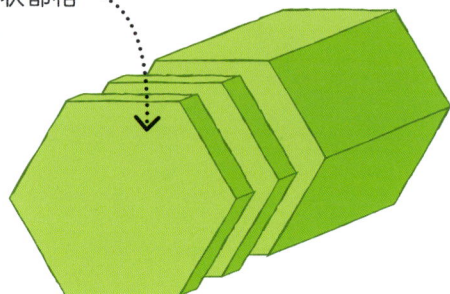

棱柱的种类

几何学中有很多的棱柱，这儿是一些最常见的。

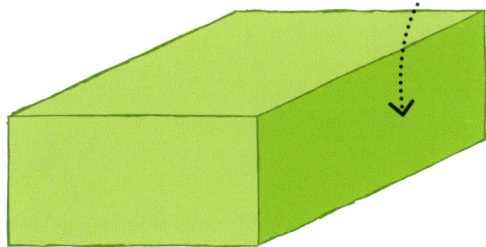

棱柱的侧面都是平行四边形

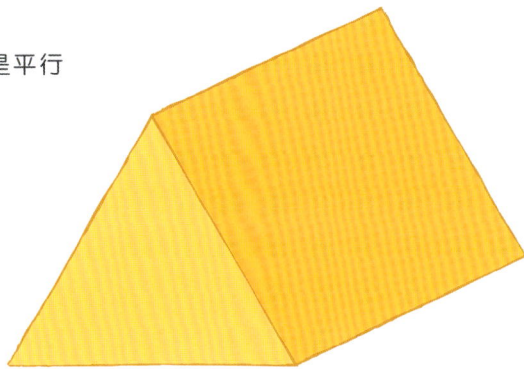

1 长方体
长方体是棱柱，其相对的端面是长方形，所以我们把它叫作矩形棱柱。

2 三角棱柱
三角棱柱就像帐篷，其端面为三角形。

3 五棱柱
五棱柱的端面都是五边形，还有5个长方形面。

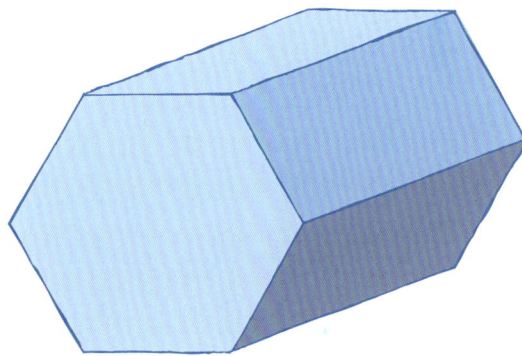

4 六棱柱
六棱柱的平行端面为六边形——有6条边的多边形。

试一试 TRY IT OUT

找出非棱柱

右边的图形中有哪一个不是棱柱？检查两端是否有平行面。此外，如果你切下一块图形，使其平行于端面，那么这些横截面都会相同吗？

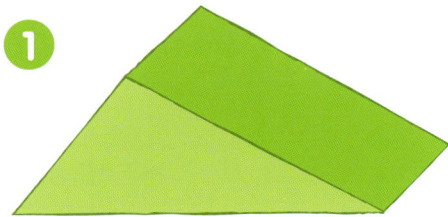

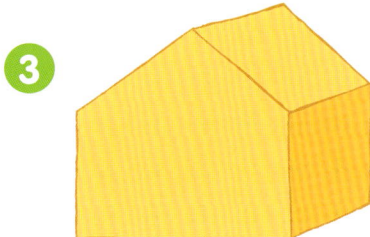

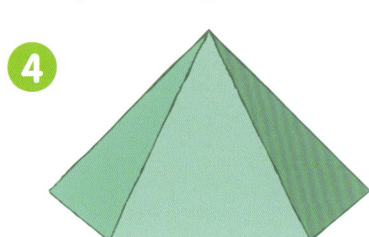

答案见第312页

展开图

展开图是平面图形，可以将它们裁剪、折叠，粘在一起后成为立体图形。一些立体图形，比如这页书上的立方体，就可以做成很多不同的展开图。

> 展开图就是立体图折开成平面图后的样子。

立方体的展开图

1 这个图形由6个正方形组成，可以折叠成1个立方体。在几何学中，我们说这个图形是立方体的展开图。

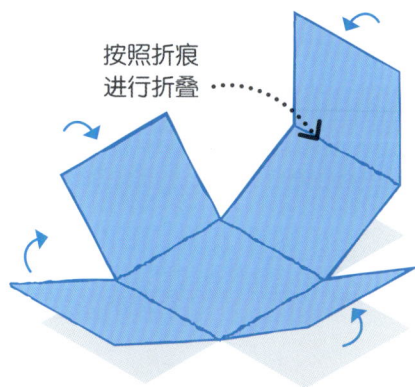

按照折痕进行折叠

2 图形沿着折线被分割成方形。沿着线折叠起来时，折痕就成了立方体的棱。

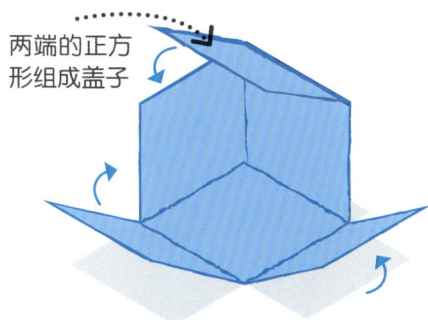

两端的正方形组成盖子

3 中间正方形周围的正方形是立方体的面，离中间正方形最远的面将成为"盖"。

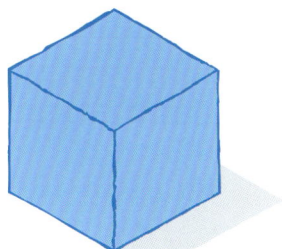

4 这个平面展开图现在变成了一个立方体。

试一试 TRY IT OUT

找到更多的展开图

下面有3个立方体的展开图。事实上，立方体的展开图有11种之多，你能做出其他的展开图吗？

1

2

3

答案见第312页

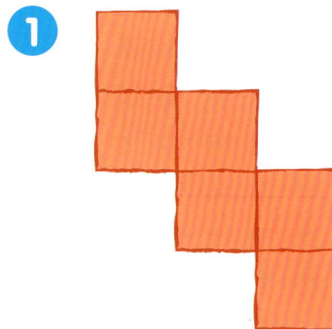

其他立体图形的展开图

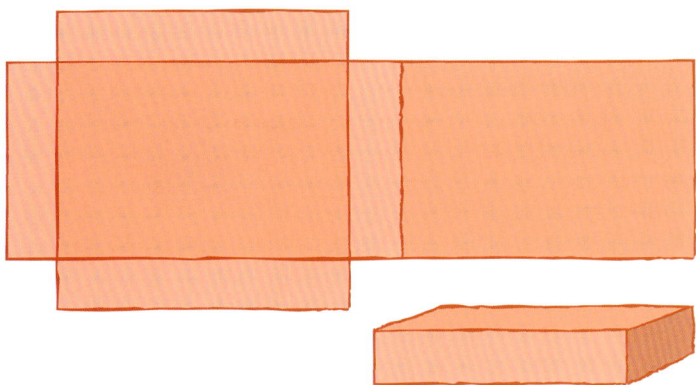

圆柱首尾两端的圆

1 长方体
长方体的展开图由3对不同大小的长方形组成。

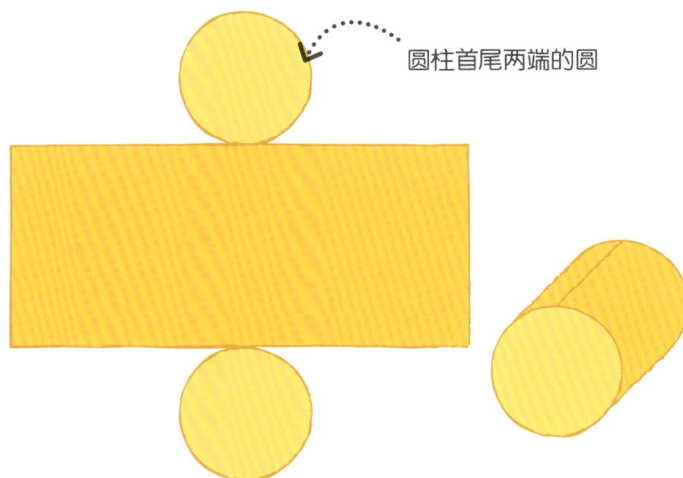

2 圆柱
圆柱的展开图由2个圆和1个长方形组成。

3 方形金字塔
方形金字塔的展开图由1个正方形和4个三角形组成。

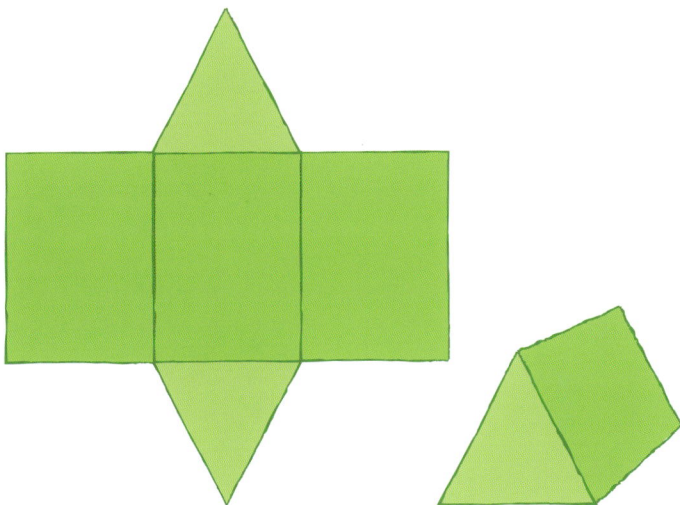

4 三棱柱
三棱柱的展开图由3个长方形和2个三角形组成。

现实世界的数学

盒子需要糊头

当我们为真正的立体图形画展开图时，我们通常要留出糊头。糊头是指图形边上所加的襟翼，以便我们更容易地把盒子粘在一起。如果你把一个空的麦片盒拆开，你会看到糊头可以将面板粘在一起，从而组成盒子。

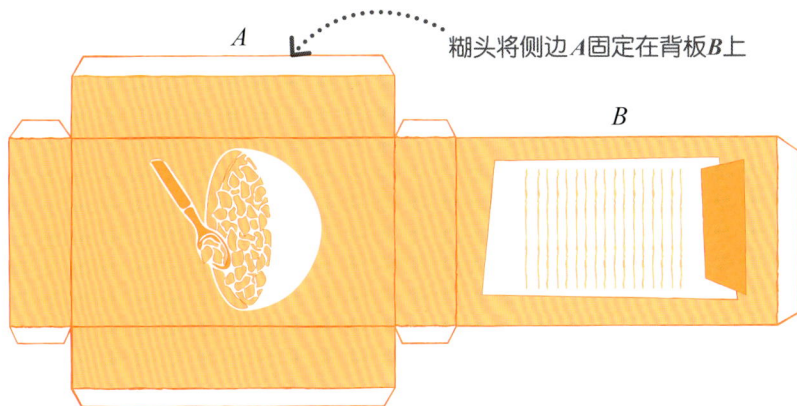

A

B

糊头将侧边A固定在背板B上

角度

角度是从一个方向到另一个方向所转动或旋转的量度，也是两条线从不同方向相交于一点所构成的夹角的量度。

> 角度是某物围绕某一定点转动的量的量度。

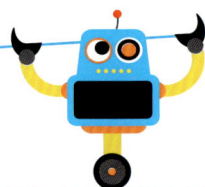

1 让我们看看一些围绕中心点的线。随着它们的旋转，就形成了角。

线从这里开始转起

2 绿线的一端一直保持在中心，而另一端已经开始转动了。

中心点

3 如果紫线转到这儿，它就已经从开始转了四分之一圈，我们把这叫作四分之一转。

5 如果让这条线转完一圈，就会回到它初始的地方，这就叫全转。

4 蓝线从它开始的地方已经转了一半，成为一条直线，我们把它称为半转。

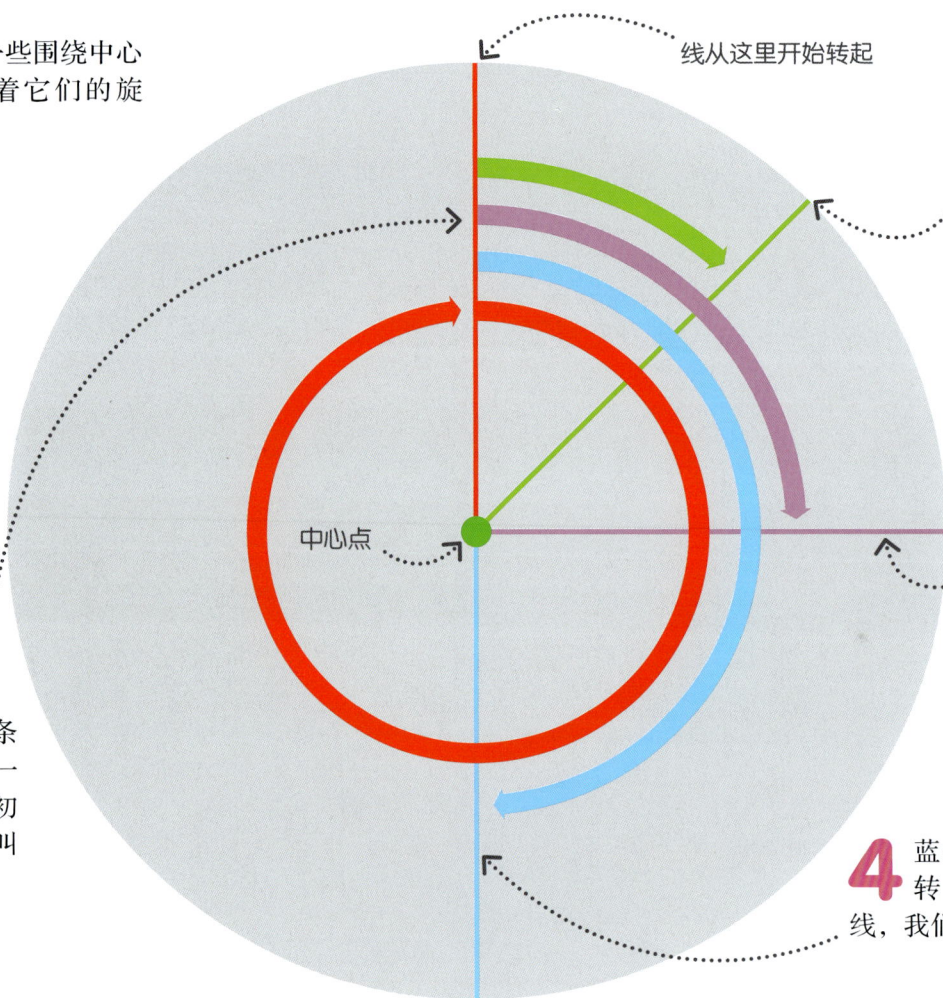

角度的描述

角度由三部分组成，包括2条线（又叫角臂）和1个顶点（即两条线相交的点）。在2条线之间，我们画弧线表示角度，度数写在角度里面或者弧线旁边。

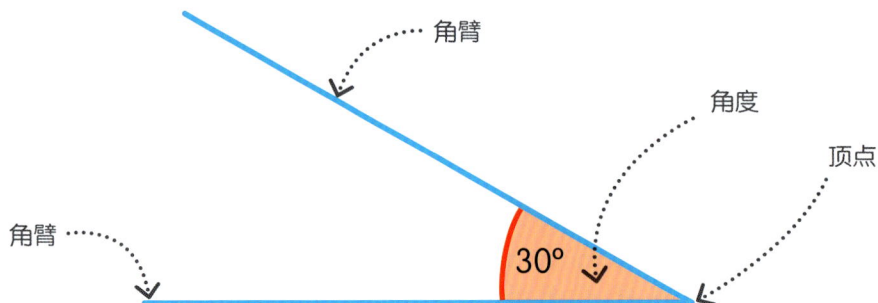

角臂

角臂

角度

顶点

30°

度数

我们用度数来精准地描述角度的量，它可以帮助我们测量
角度的大小。度数的标记是一个小圈，就像这样："°"。

1 右边是一个被分成
360份的全转，每个
全转都是360°。

2 这是1度角（1°），
相当于 $\frac{1}{360}$ 个全转。

中心点

3 这表示10度角
（10°）。我们可
以看到，这个角的度数
是1°角的10倍。

4 这表示的是100度
（100°）的角。

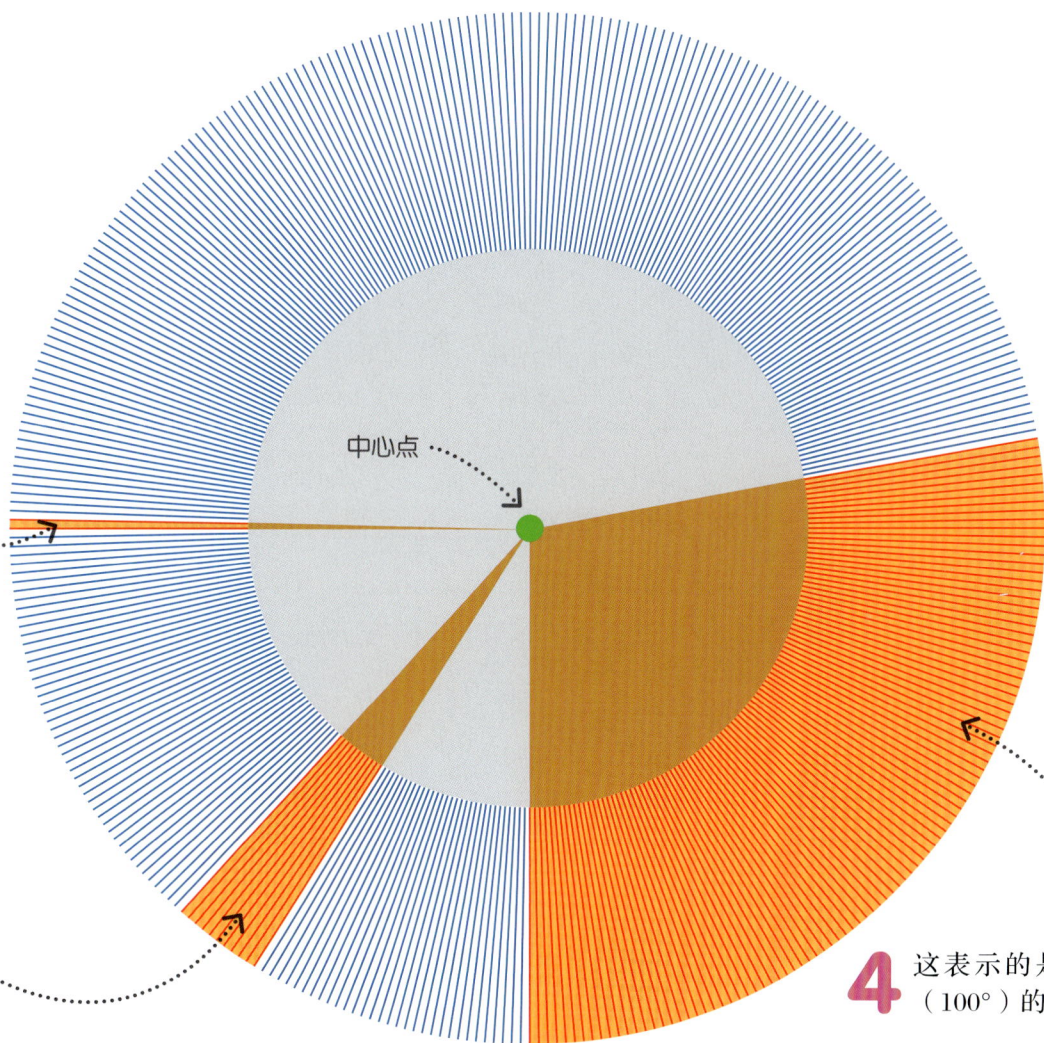

全转是360°。

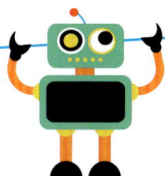

现实世界的数学

为什么是360°？

有一种解释全转是360°的理论：古巴比伦
天文学家认为一年是360天，所以就把一
个全转分为360个部分。

天
360

直角

直角在几何学中是很重要的。事实上，它真的很重要，因此它有自己的符号！

当你在角度里画直角符号时，并不需要在旁边标上"90°"。

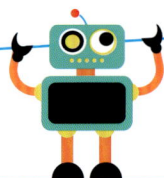

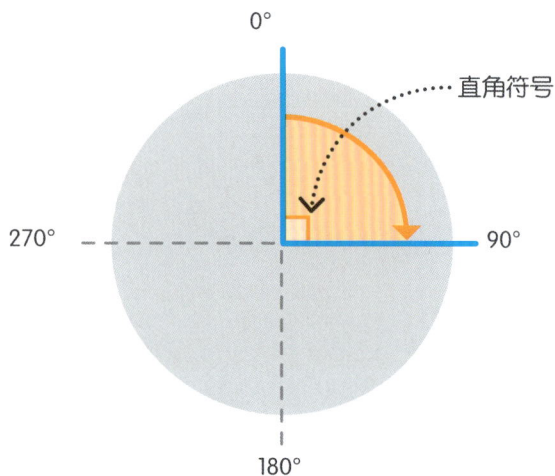

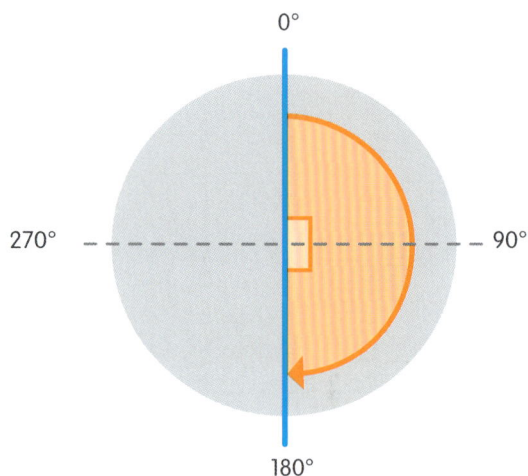

0°

直角符号

270°

90°

180°

1 像这样的四分之一转就是90°。我们可以把它叫作直角。当我们标记直角时，只需标上这样的角符号：⌐，而不需要在符号旁边写上"90°"。

0°

270°

90°

180°

2 半转是180°。它也被称作是平角，因为它是一条直线。你也可以把1个平角想像成是2个直角。

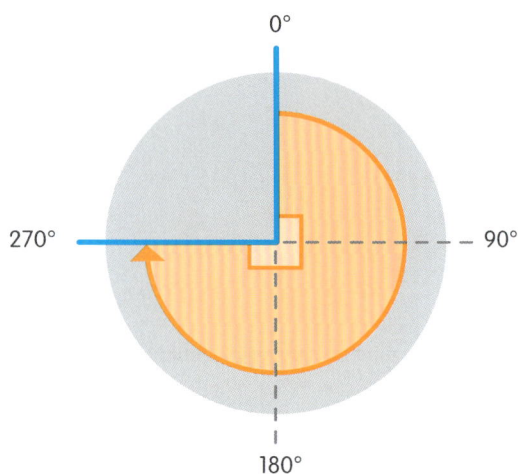

0°

270°

90°

180°

3 四分之三转是270°，由3个直角组成。

360°

旋转可以是像这样的顺时针方向，也可以是逆时针方向

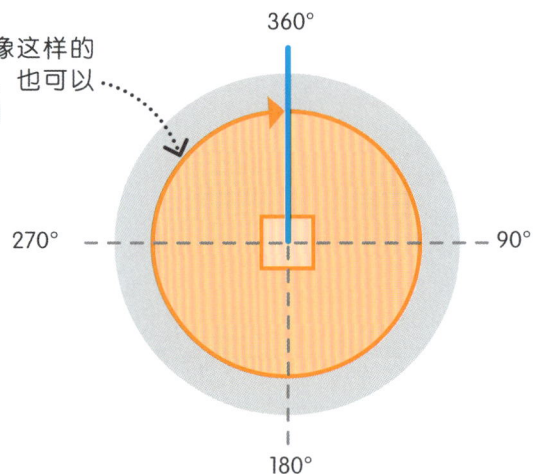

270°

90°

180°

4 全转就是线旋转一圈至开始的地方，它是360°。1个全转由4个直角组成。

角的种类

同直角一样，我们根据度数的不同，为其他的角取了不同的名字。

---

1 锐角
当角度小于90°时，我们把它叫作锐角。

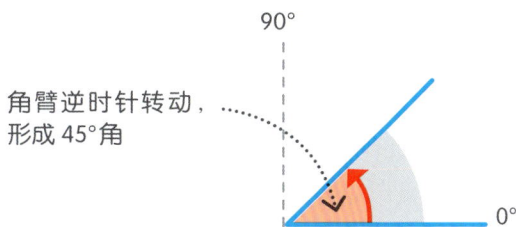

角臂逆时针转动，形成45°角

2 直角
1个四分之一转恰好是90°。我们把它叫作直角。

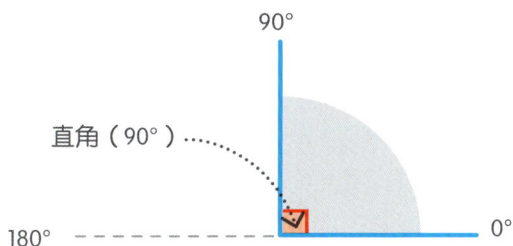

直角（90°）

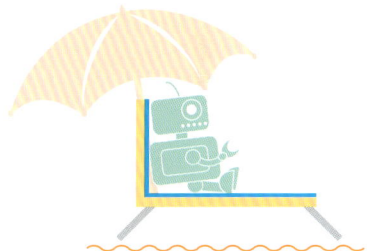

3 钝角
钝角是大于90°但小于180°的角。

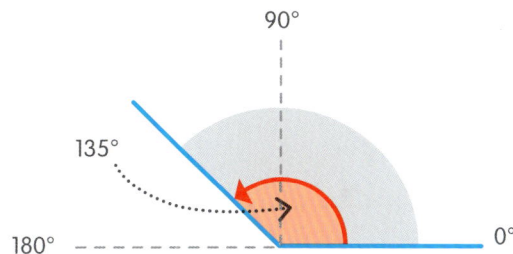

135°

4 平角
角度为180°的角叫作平角。

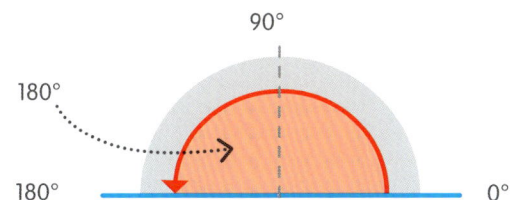

180°

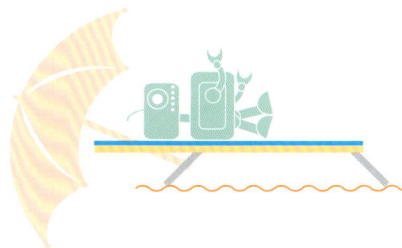

5 优角
角度在180°和360°之间的角叫作优角。

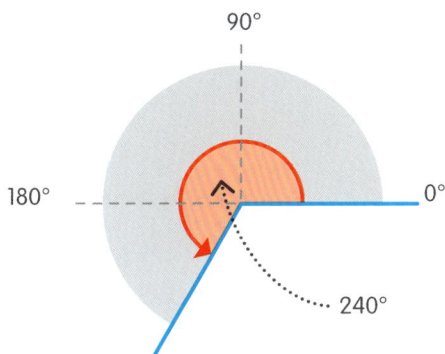

240°

直线上的角

有时候，简单的规则能够帮助我们计算出未知的角度，其中的一个规则就是与直线有关的角度。

> 一条直线上的角加起来总是 180°。

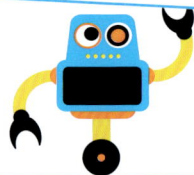

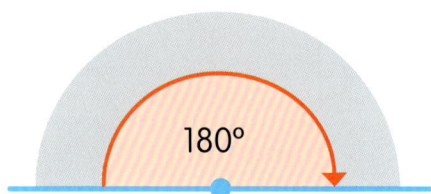

1 如果我们把一条线自开始绕一个半圆，这条线就会旋转180°，使其成为一条直线。

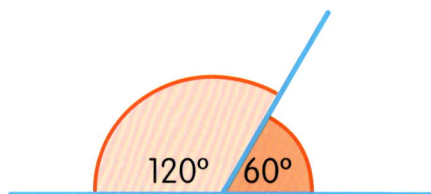

2 想象一下你的线在转半圈的途中停了一下，那么就会创造出一条附加线，而由这条线分隔开的2个角加起来就会是180°。

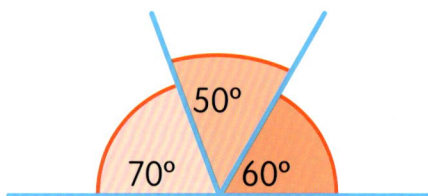

3 不管你在一条直线上创造多少个角，只要所有线的起点是同一个，它们加起来就都会是180°。

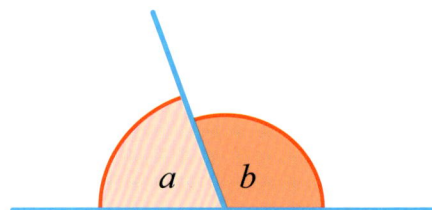

4 如果把一条直线上的角称作a和b，那么我们就可以把这一规则用下面的公式表示：

$$a + b = 180°$$

求一求直线上未知的角度

1 用我们刚刚学到的规则计算出这条直线上未知的角度。

2 我们知道这条直线上的3个角加起来是180°。

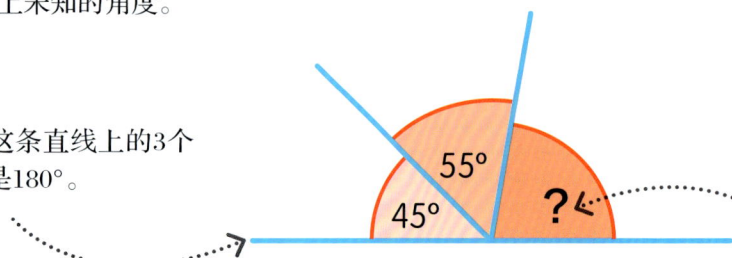

3 我们还知道一个角是45°，另一个角是55°。把这两个角的度数加在一起：45°+55° = 100°。

4 现在用180°减去上面两个角的总度数：180°−100° = 80°。

5 所以，未知的角的度数为80°。

点上的角

几何学中的另一规则是：线绕点旋转，转到第一次与它自己重合时，转过的角度是360°。当线绕某一点旋转时，这个规则可以帮助我们计算出未知角的度数。

> 线绕点旋转一周形成的角加起来是360°。

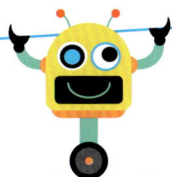

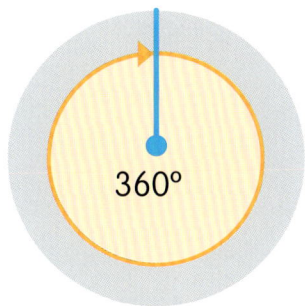

1 我们知道，如果将一条线旋转一圈至其开始的地方，就是做了一个全转，它是360°。

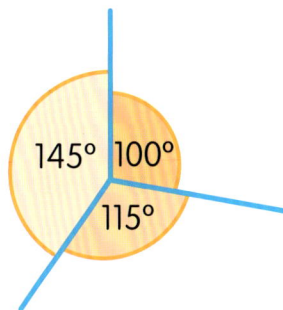

2 想象一下这条线在全转时停顿了一下，创造了一条在同一点相遇的新线。这些所有的角加起来就是360°。

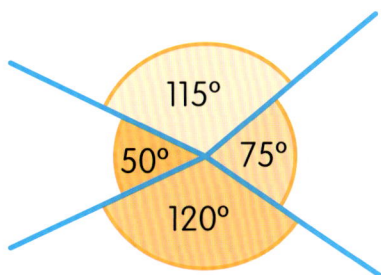

3 这次有4条线在同一点相遇，但不管有多少条线，这些角加起来总是360°。

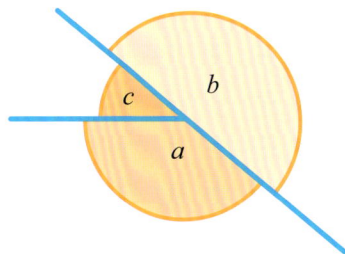

4 如果把在一点相遇的角的度数记为a，b和c，我们可以把这一规则用下面的公式表示：

$$a + b + c = 360°$$

求一求点周围未知的角度

1 用我们刚刚学到的规则计算出这一点周围未知的角度。

2 我们知道这点周围的3个角加起来是360°。

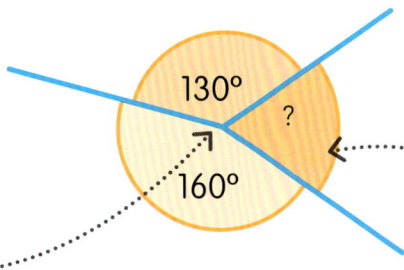

3 我们还知道一个角是160°，另一个角是130°。把这两个角的度数加在一起：160° + 130° = 290°。

4 现在用360°减去上面两个角的总度数：360° − 290° = 70°。

5 所以，未知角的度数是70°。

对顶角

当两条直线相交时，它们会形成两组对顶角。我们可以用这一信息计算出未知的角度。

当两条线相交时，对顶角的度数总是相等。

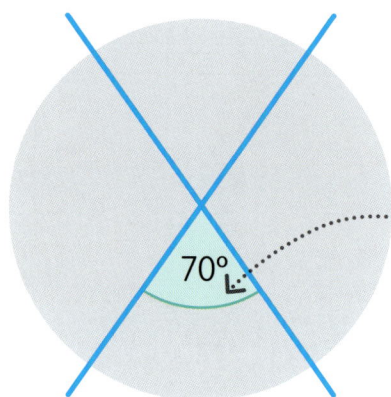

对顶角被涂成了一样的蓝色，表示它们是相等的

用量角器测量角度

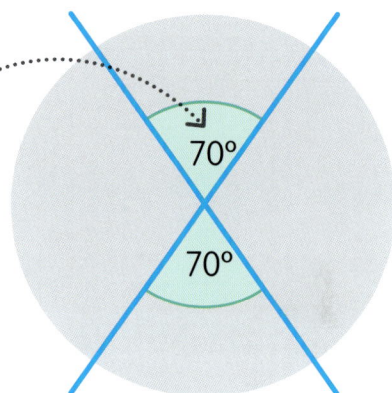

1 来看一看对顶角的特点。我们先画两条相交的直线，然后测量其底部的角度。

70°

2 当我们测量顶部的角度时，我们发现，它同底部的角度是一样的。所以，对顶角是相等的。

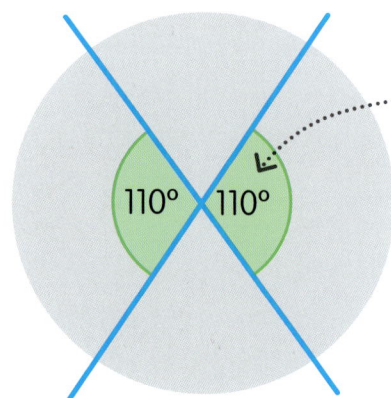

70°
70°

第二对相等的对顶角被涂成了绿色

3 现在看一看另一组对顶角。通过测量发现它们也是相等的，都是110°。

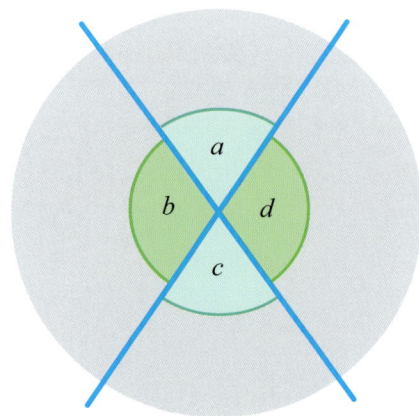

110° 110°

4 如果我们把这些角的度数分别记为 a、b、c 和 d，就可以像这样写出对顶角的关系：

a
b d
c

$$a = c \qquad b = d$$

求一求未知的角度

当两条线相交时，如果我们知道一个角的度数，那么就可以计算出所有角的度数。

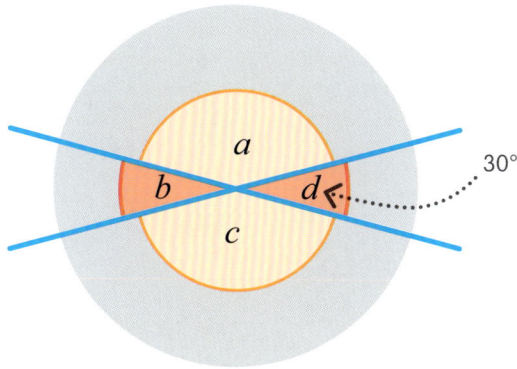

角b和角d相对，度数相等

30°

1 这两条线相交，创造出两组对顶角。我们知道有一个角是30°。

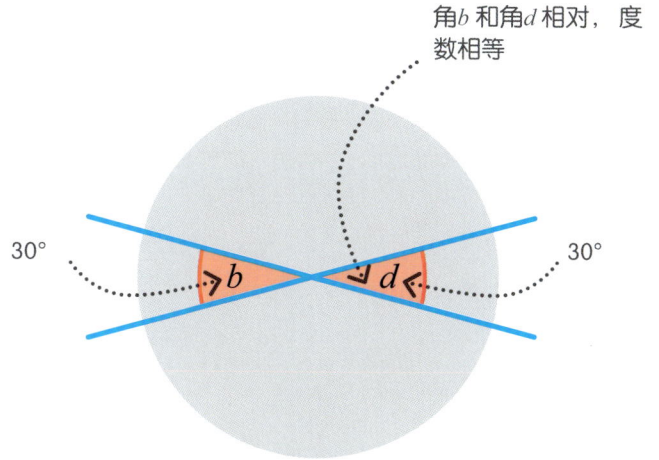

2 角b和角d是对顶角，所以我们知道角b一定也是30°。

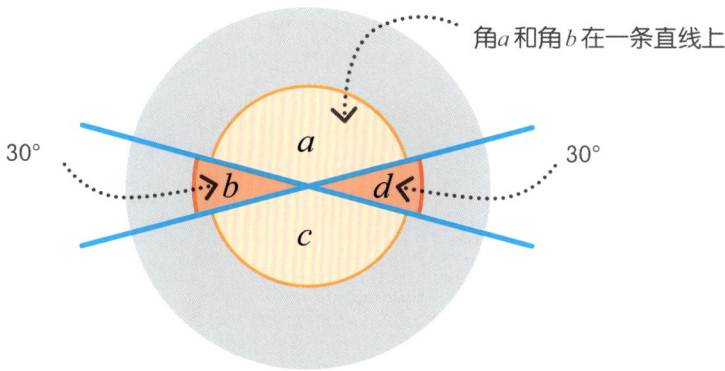

角a和角b在一条直线上

30°　30°

3 我们可以利用一条直线上的角度和为180°来计算角a的度数。我们知道 $a + b = 180°$，所以角a的角度是 $180° - 30°$，即：$a = 150°$。

150°

30°　30°

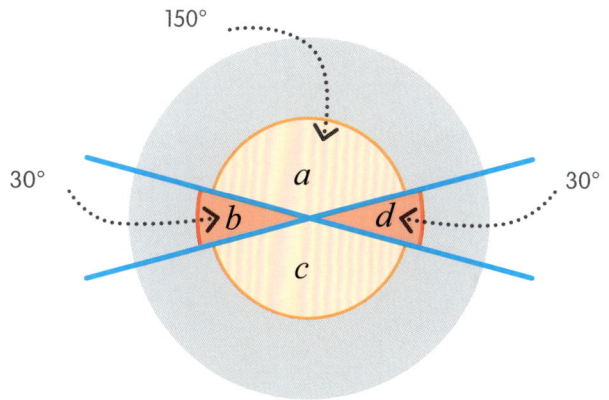

4 角a和角c是对顶角，这意味着它们是相等的，所以角c也是150°。

试一试 TRY IT OUT

脑筋急转弯

你能计算出这些未知的角度吗？利用你知道的关于直角大小、直线上角的度数和为180°以及对顶角相等的知识。

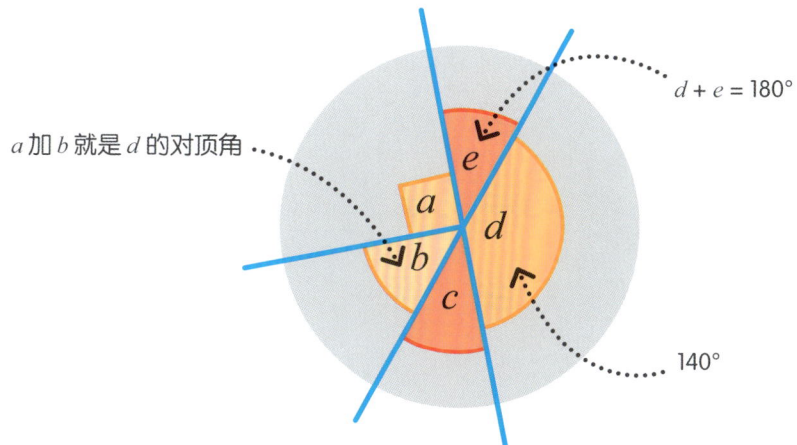

a加b就是d的对顶角

$d + e = 180°$

140°

答案见第312页

使用量角器

使用量角器可以精准地描画和测量角度。一些量角器的测量角度达到180°, 而另一些则可高达360°。

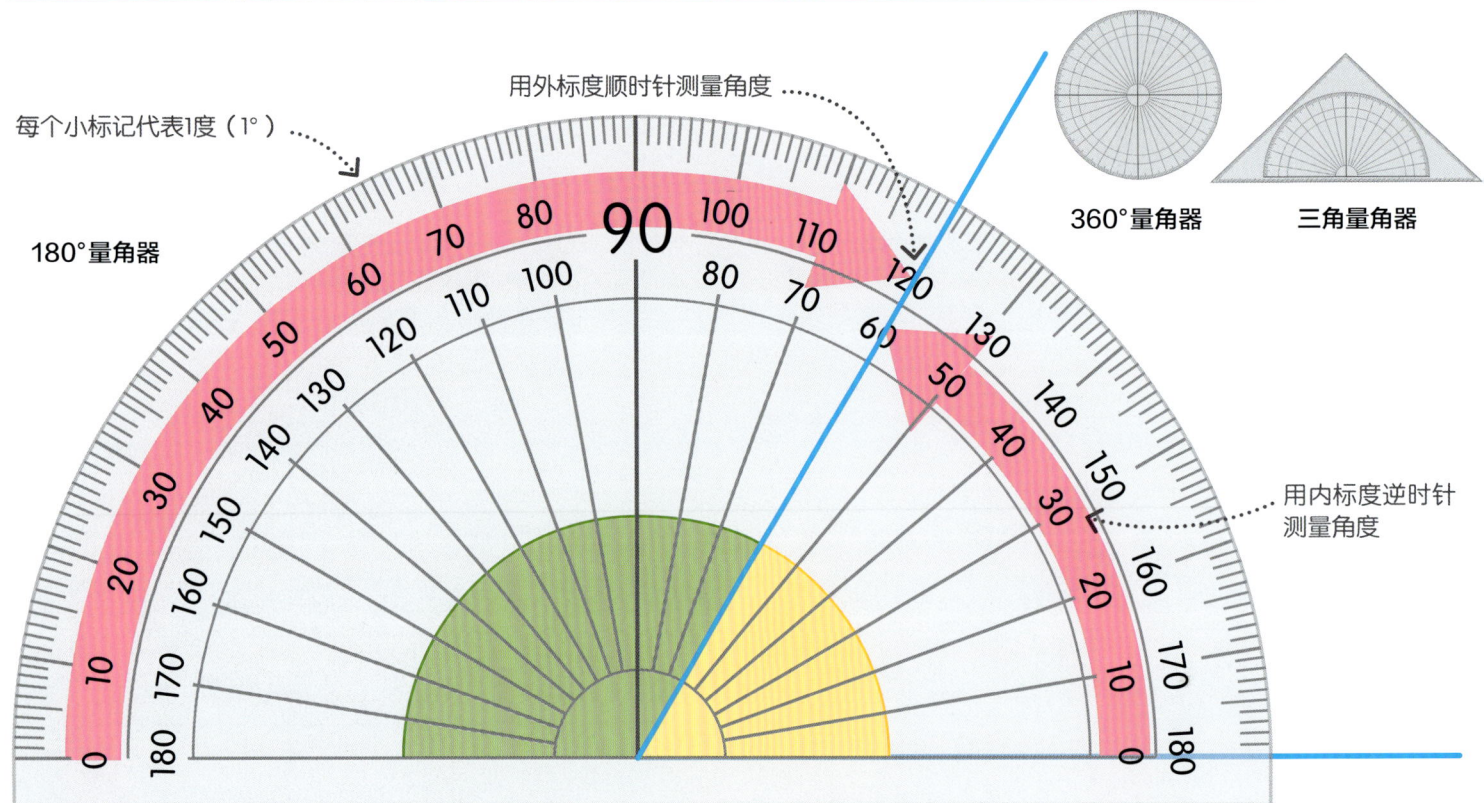

> 放置量角器时要保证其中心在顶点上。

每个小标记代表1度（1°）

用外标度顺时针测量角度

180°量角器

80 90 100 110 70 80 100 60 120 50 130 40 110 120 130 140 30 150 20 160 10 170 0 180

用内标度逆时针测量角度

360°量角器 **三角量角器**

画角

使用量角器可以精准地画出已知度数的角。

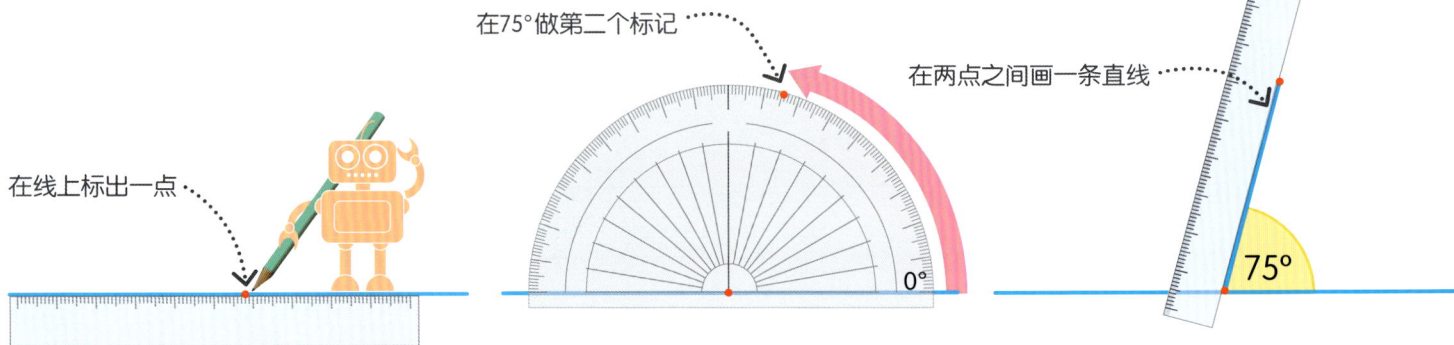

在75°做第二个标记

在两点之间画一条直线

在线上标出一点

1 这里演示如何画出75°角。用铅笔和直尺画出一条线, 在上面标出一点。

2 将量角器中心对准标记好的点。从0°读起, 在75°时标记第二个点。

3 用直尺和铅笔在两点之间画一条线, 然后标出角度。

75°

测量角度达180°

我们可以用量角器测量任意两条线之间的角度。

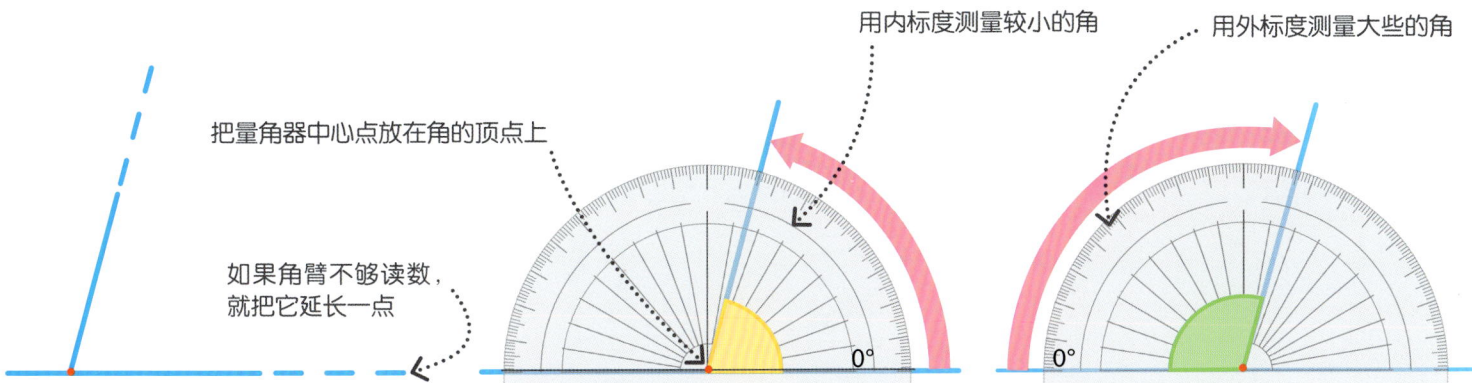

用内标度测量较小的角

用外标度测量大些的角

把量角器中心点放在角的顶点上

如果角臂不够读数，就把它延长一点

0°

0°

1 如果有需要，可以用尺子和铅笔延长角臂，这样更容易读出角的度数。

2 把量角器放在一条角臂上，读出另一条角臂穿过量角器的地方的角度数。

3 要测量大些的角度，可以从量角器的另一边的0°读起。

测量优角

优角是大于180°的角。结合我们先前了解的计算角度的方法，也可以用180°量角器测量出优角的度数。

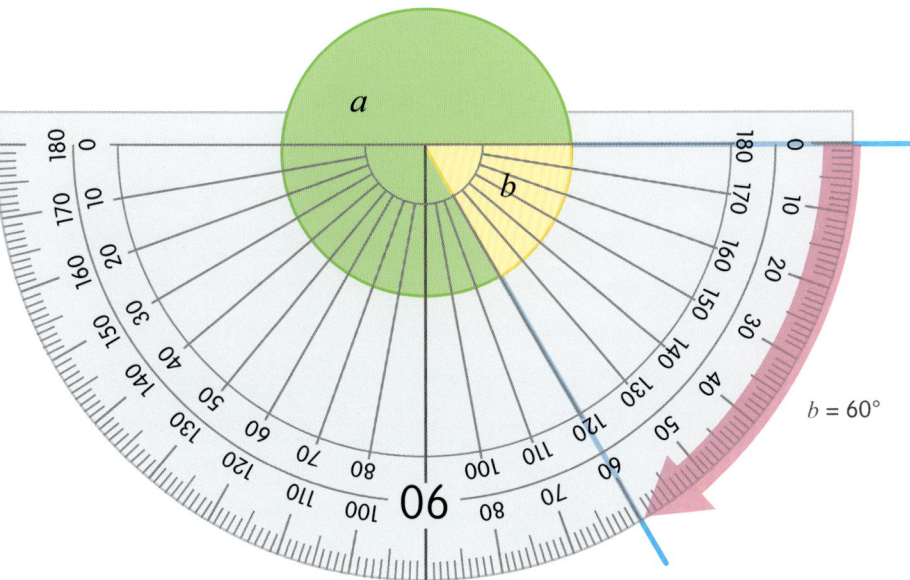

a

b

$b = 60°$

1 为了测量角度*a*，先把量角器沿角臂放好，面朝下。

2 测量角度*b*时，我们发现它是60°。

3 我们知道一个圆圈是360°，所以角度*a*一定是360° −60°。

4 所以，答案为$a = 300°$。

试一试 TRY IT OUT

测量角度

测量下面的角度，锻炼你使用量角器的能力。在测量之前先估算一下角度，这样能够确保你读出的度数是对的。

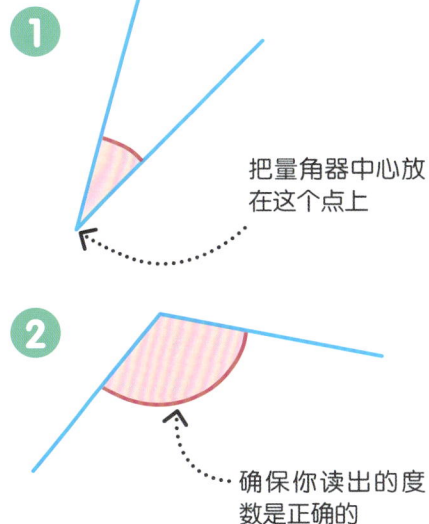

1 把量角器中心放在这个点上

2 确保你读出的度数是正确的

答案见第312页

三角形的内角

我们根据角度和边长的大小特征给三角形命名。在第206页我们已经学习了三角形的边，现在让我们进一步了解不同三角形的角度特征。

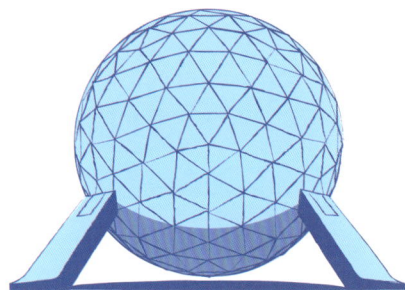

三角形的种类

这些是我们在几何学中常见的三角形。

这里有四种三角形：等边三角形、直角三角形、等腰三角形、不等边三角形。

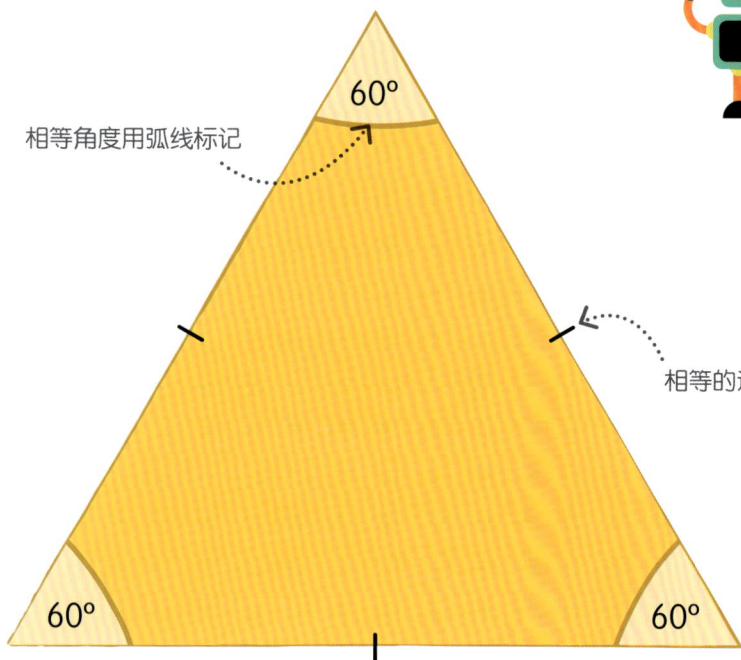

相等角度用弧线标记

60°

60°　　60°

相等的边用短横线标记

这两个非直角的角度可能是相等的，也可能是不相等的

1 等边三角形
等边三角形的不常用名称是正三角形。它的3个角都是60°，边长也都相等。

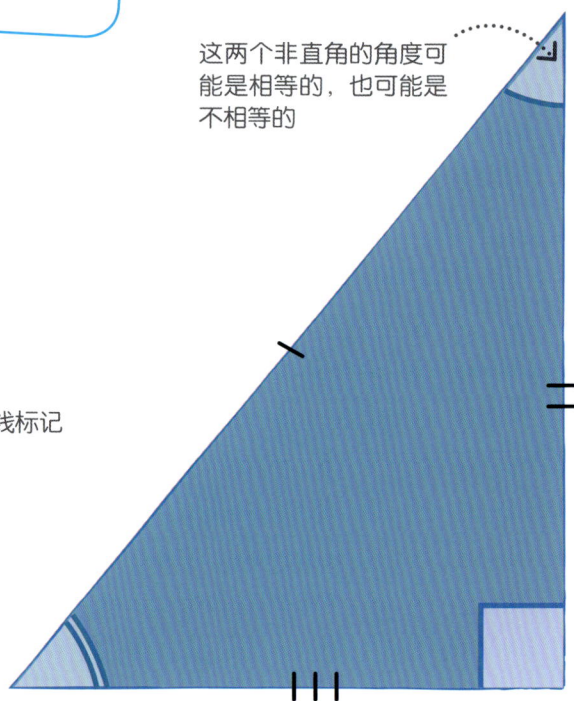

2 直角三角形
直角三角形包括1个90°的直角。其余2个角可能是相等的，也可能是不相等的，就像上面这个三角形。直角三角形可以有2条边相等，也可以3条边都不相等。

3 等腰三角形

等腰三角形的2个角相等，2条边相等。第三个角则可以是任意大小。

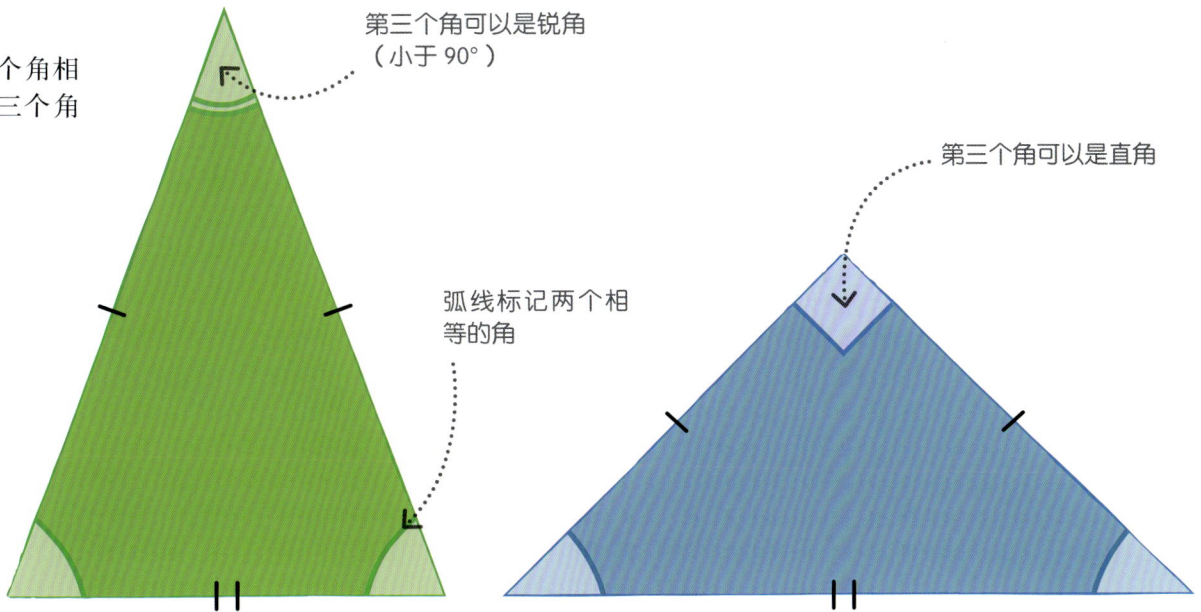

第三个角可以是锐角
（小于 90°）

第三个角可以是直角

弧线标记两个相等的角

4 不等边三角形

不等边三角形的边长和角度都不相等。它可以包含1个直角，也可以由锐角和钝角组成。

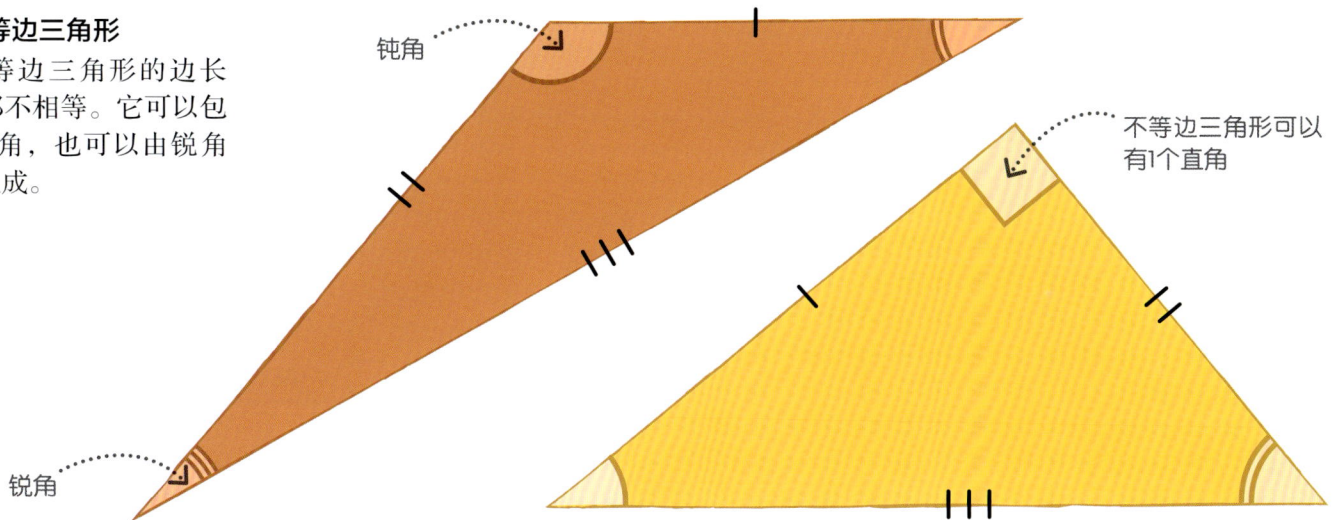

钝角

锐角

不等边三角形可以有1个直角

试一试 TRY IT OUT

算一算角度

如果你知道一个三角形的类型，有时即使只知道其中一个角度，也可以计算出其他所有的角度。看看你是否能算出右边三角形中两个未知的角度，右边所示的步骤在你被难住时可以帮助到你哦！

答案见第312页

1 这是一个等腰三角形，所以我们知道a和b是相等的。

2 我们知道$a+b+c=180°$。角度c是40°，在180°中减去40°，就是$a+b$的度数。

3 现在，如果我们把上面得出的答案除以2，就能够得出角a和角b的大小。

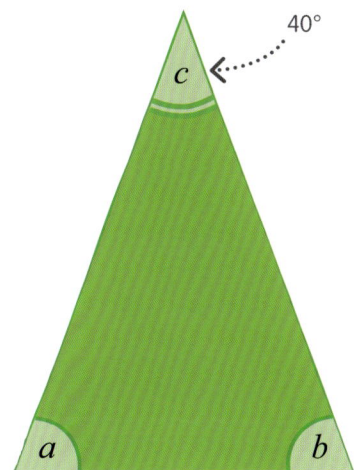

40°

三角形内角和的计算

三角形中的角的特殊之处在于它们加起来总是180°。这既和边长无关，也与角度是否相等无关——当我们把三角形的3个角的度数加起来时，总能得到一样的答案。

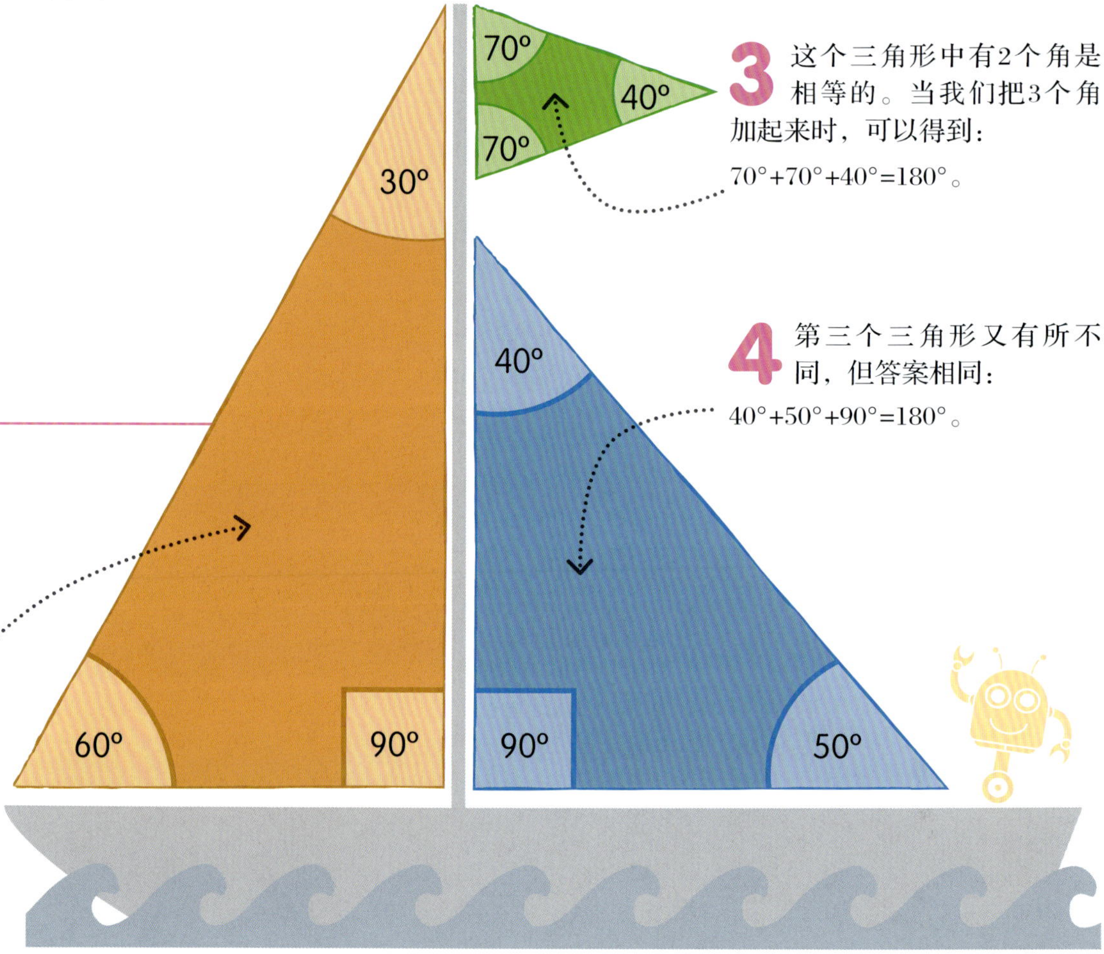

3 这个三角形中有2个角是相等的。当我们把3个角加起来时，可以得到：70°+70°+40°=180°。

70° 40° 70°

30°

4 第三个三角形又有所不同，但答案相同：40°+50°+90°=180°。

40°

1 看看这艘船上的三面帆。每一面都是三角形，但是这3个三角形又都不同。

2 这个三角形的角度是60°、30°和90°。把它们加在一起：60°+30°+90°= 180°。

60° 90°

90° 50°

证明一下

证明一个三角形内的角加在一起是180°的一个方法，就是剪下三角形的三个角，看看它们到底能不能拼在一条直线上，因为我们已经知道直线上的角度之和是180°。

剪下每个角

看这条直线

1 把三角形从纸上剪下来，其边和角都可以不同。现在，剪下3个角。

2 旋转3个角，把它们放在一起。

3 把3个角拼在一起，看看它们能否拼在一条直线上，我们就知道它是不是180°了。

求一求三角形内未知的角度

刚刚我们学的规则很有用。因为我们如果知道三角形内两个角的大小，就能够算出第三个角的大小。

1 这个角是多少度?

2 我们知道一个角是55°，另一个角是 75°。

3 把这两个角度相加：
55°+75°=130°。

4 现在再拿180°减去上面两个角的总度数：
180°−130°=50°。

5 所以，这个未知的角的度数是50°。

55°

75°

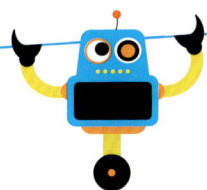

三角形的内角和总是180°。

试一试 TRY IT OUT

求一求这个神秘的角度

现在用我们学到的方法计算这些三角形内未知的角的度数。

答案见第312页

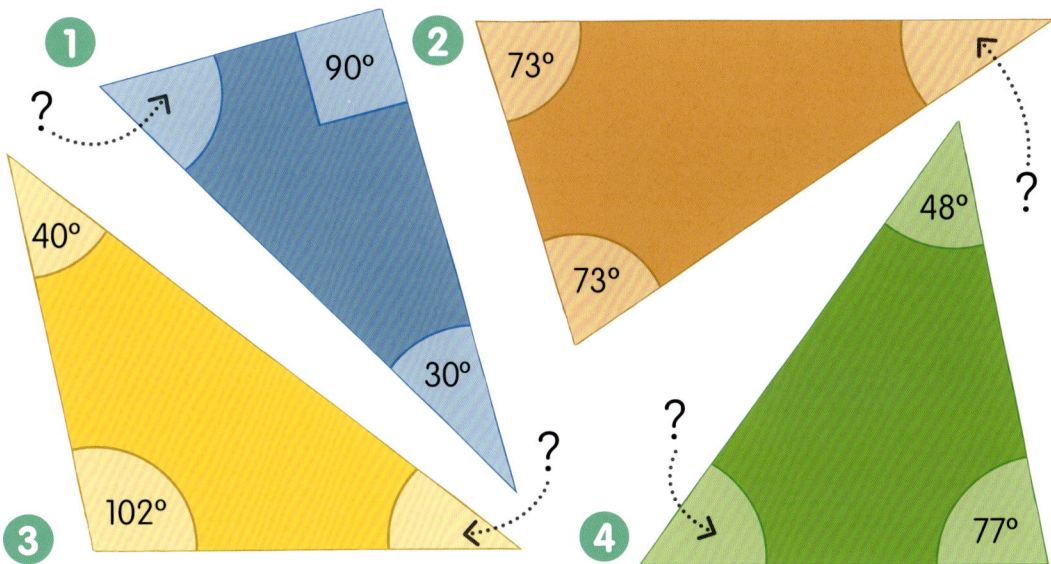

1 90° ? 40° 30°

2 73° 73° ?

48° ? 77° ?

3 102° ?

4

四边形的内角

四边形的不同名字取决于边和角的特性。我们在第208～209页已经了解过四边形的边，现在让我们了解四边形内角的关系。

> 所有的四边形都有4个角、4条边和4个顶点。

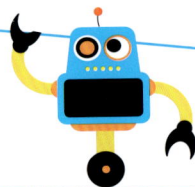

四边形的种类

四边形是有4条边、4个角的多边形。这里有一些几何学中常见的四边形。

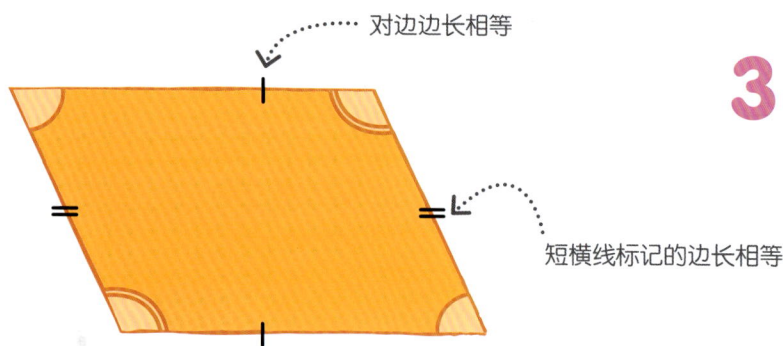

对边边长相等

短横线标记的边长相等

1 平行四边形
平行四边形的两组对角分别相等。

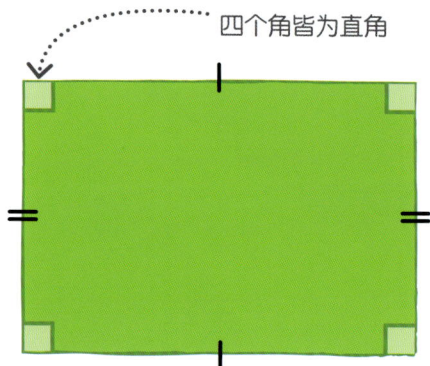

四个角皆为直角

2 长方形
长方形有4个直角，对边平行且相等。

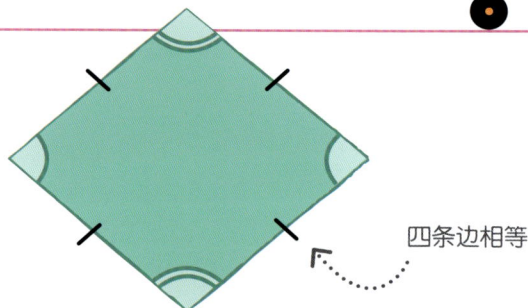

四条边相等

3 菱形
菱形对角相等。菱形又叫"方块"。

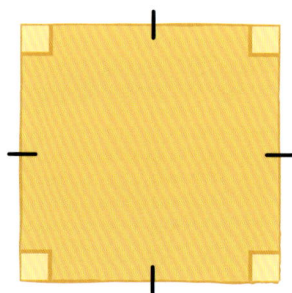

4 正方形
正方形是一种特殊的长方形，有4个直角，4边相等。

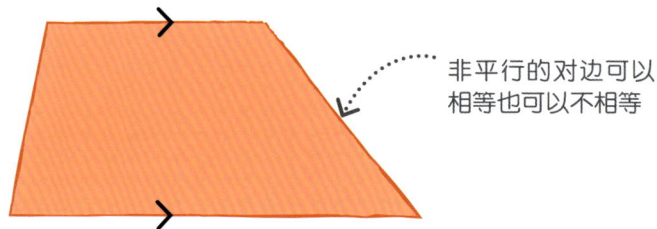

非平行的对边可以相等也可以不相等

5 梯形
梯形有2个角大于90°，或者有2个直角；有一组对边平行，另一组对边不平行。

四边形内角和的计算

四边形中的角加起来是360°，有两种方法可以证明这一点。

四边形的内角和为360°。

1 做成三角形

可以像这样把一个四边形分成两个三角形。我们知道三角形内的角相加为180°。所以，四边形内的角加起来就是 $2 \times 180° = 360°$。

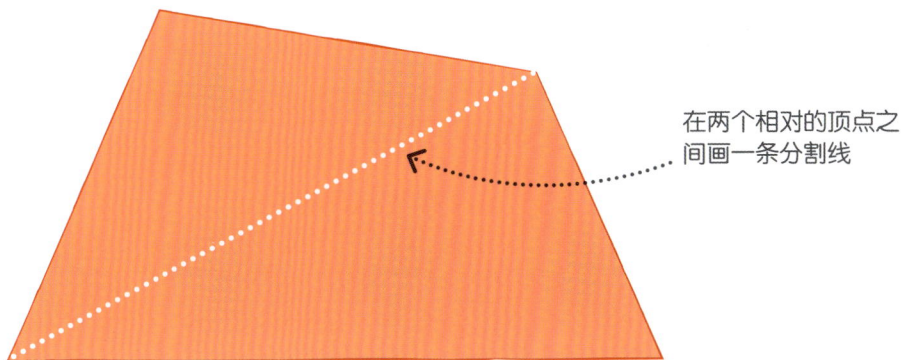

在两个相对的顶点之间画一条分割线

2 把角组成一个圆点

你可以剪下四边形的四个角，像这样把它们围绕圆点重新排列。我们知道围绕圆点的角度是360°，所以平行四边形的内角加起来也是360°。

剪下四个角

把角围绕圆点重新排列

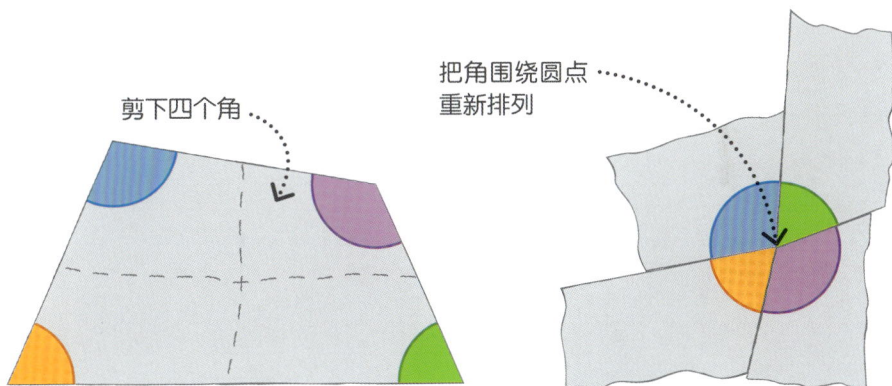

求一求未知的角度

现在我们知道四边形内的角加起来为360°。我们可以利用这个事实计算四边形中未知的角度。

1 看看这个图形，计算下未知的角是多少度。

2 我们知道其中3个角分别是75°、95°和130°。把它们加在一起：$75° + 95° + 130° = 300°$。

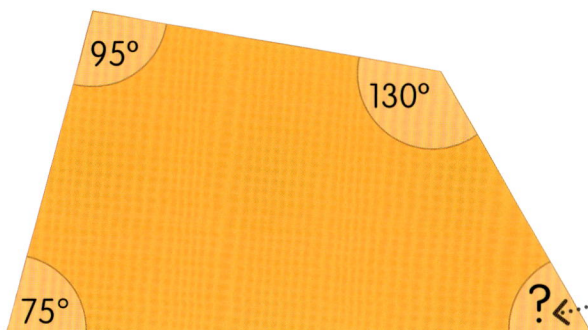

95°

130°

75°

?

3 现在把300°从360°中减去：$360° - 300° = 60°$。

4 这个未知的角为60°。

多边形的内角

多边形的名称根据它的边和角而定。我们在第210～211页已经学了多边形的边。现在我们来了解一下多边形的角。

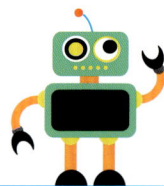

> 多边形内角的总数取决于边的总数。

边越多，角越大

正多边形中的所有角都是相等的。所以，如果你知道了其中一个角的度数，就能知道所有角的度数。看看这些多边形，你会发现一个正多边形的边越多，其角就会越大。

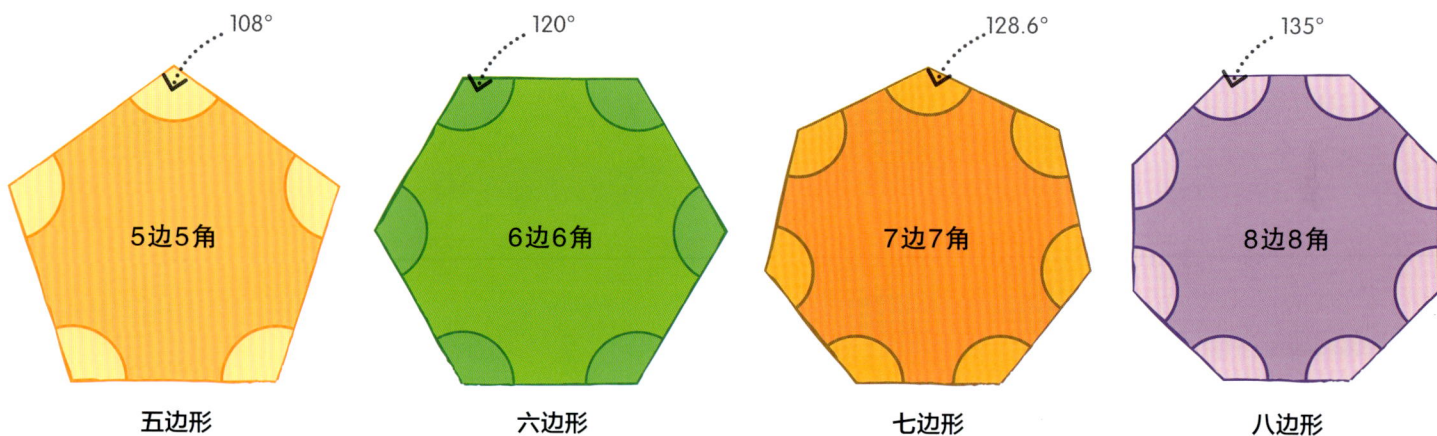

108°
5边5角
五边形

120°
6边6角
六边形

128.6°
7边7角
七边形

135°
8边8角
八边形

正多边形与非正多边形中的角

拥有相同数量的边的多边形，其角度相加也总是一样的。让我们看一看两个不同多边形中的角度。

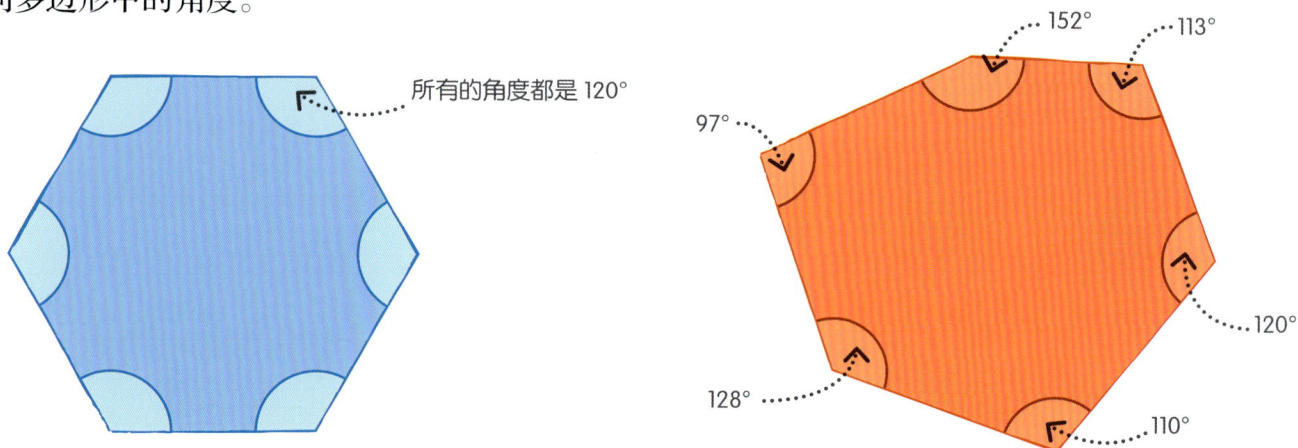

所有的角度都是 120°

1 正六边形
正六边形内的角都是一样大小。6个120°的角加起来总和是720°。

152° 113°
97°
128°
120°
110°

2 非正六边形
在非正六边形中，每个角的大小不同，但把它们加在一起时，其总数是720°——与正六边形一样。

多边形内角和的计算

要求多边形内所有角度之和，我们既可以计算其包含的三角形，也可以利用特殊的公式。

计算三角形的个数

1 看看右边这个五边形，你可以把它分成3个三角形。

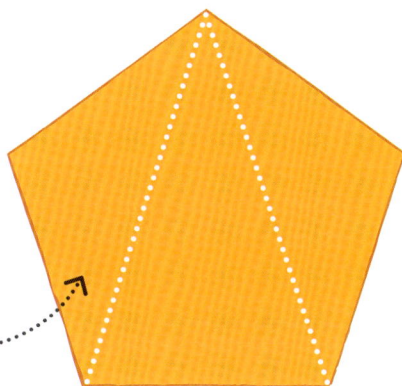

1个五边形可以分成3个三角形

2 我们知道三角形的内角和是180°。而五边形是由3个三角形组成的，所以其角度加起来为$3 \times 180°$，也就是540°。

利用公式

1 关于多边形中角的规则：一个多边形中能分出的三角形数量总是比其边数要少2。

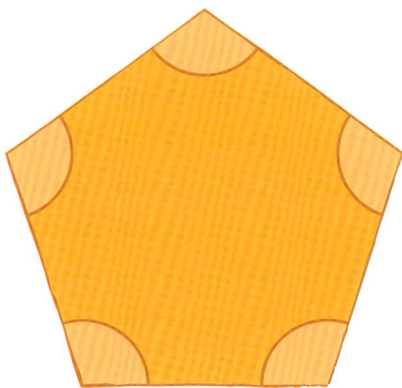

2 我们再看看这个五边形。它有5条边，也就是说它可以被分成3个三角形。

3 所以，我们可以这样计算五边形的内角和：

（5-2）$\times 180°=3 \times 180°=540°$。

4 这个公式适用于所有的多边形。如果我们把边长数记为n，那么：多边形的内角和=（n-2）$\times 180°$。

试一试 TRY IT OUT

多边形难题

结合你已经学过的关于多边形内角的知识，计算出右边这个非正多边形的第七个角的度数。记住，如果你知道一个多边形有多少条边，你就可以计算出它的内角和 。

答案见第312页

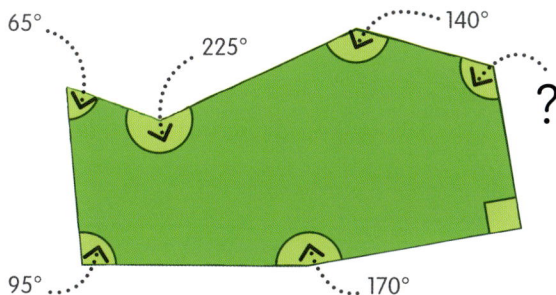

65° 225° 140°

?

95° 170°

坐标

坐标帮助我们描述或找到一个点的位置，或者是地图和网格上的地点。坐标是成对的，它告诉我们一个点离上下左右有多远。

> 在一对坐标中，x坐标总是出现在y坐标之前。

坐标网格

1 这个网格叫坐标网格。它是由相交的水平线和垂直线组成的小方格。

2 网格上最重要的两条线是x轴和y轴。我们用它们描述网格上点的坐标。

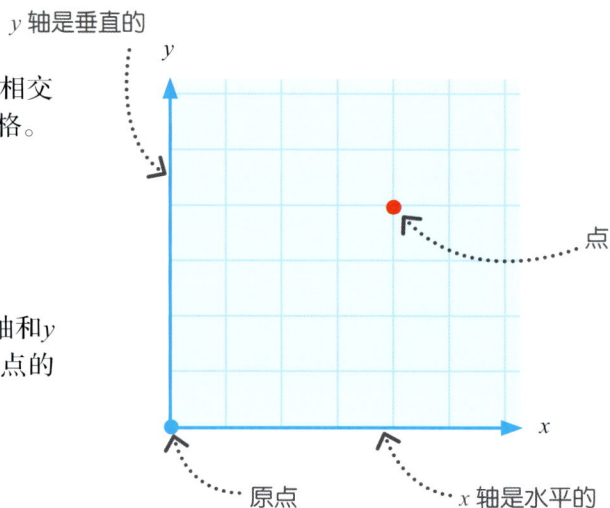

y 轴是垂直的

点

原点

x 轴是水平的

3 x 轴是水平的，y 轴是垂直的。

4 x 轴与y 轴在网格上相交的点叫作原点。

求点的坐标

网格上任意一点的位置都可以用坐标来描述。

A的x 坐标是 2, 它是2个方格

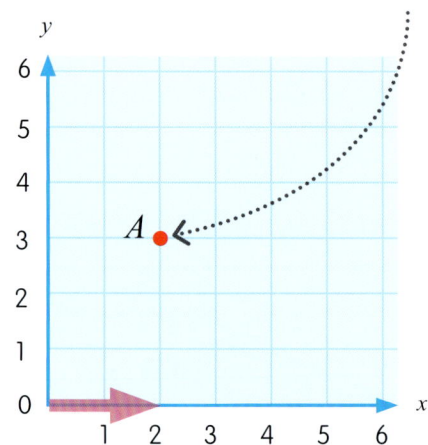

A的y 坐标是3, 它是3个方格

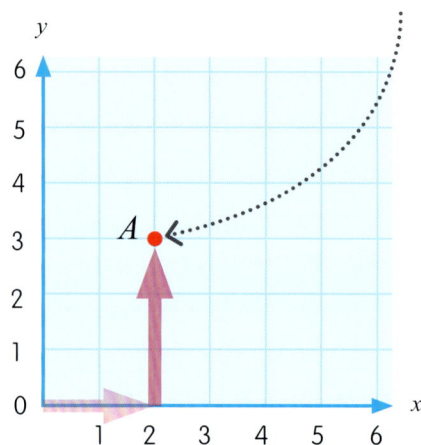

坐标在括号内

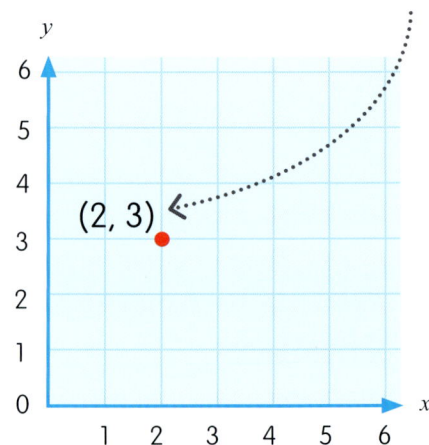

$(2, 3)$

1 要找到A的坐标，首先我们要算出它在x 轴上是多少个方格，它离原点是2个方格远，所以x 轴上的坐标是2。

2 现在我们可以读y 轴，数一数其点在y 轴上有多少个方格，它离原点的距离是3个方格，所以，我们说y 坐标是3。

3 我们把A点的坐标写为（2，3），意思就是水平离2个格子、垂直离3个格子。我们把坐标写在括号内。

坐标点的绘制

我们同样可以利用坐标将点精确地绘制在网格上。

在网格上标记一个精确的地方叫作绘点。

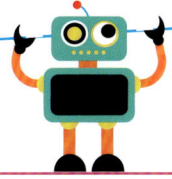

原点的坐标是（0，0）

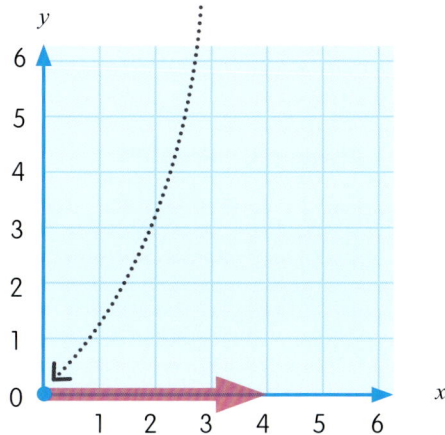

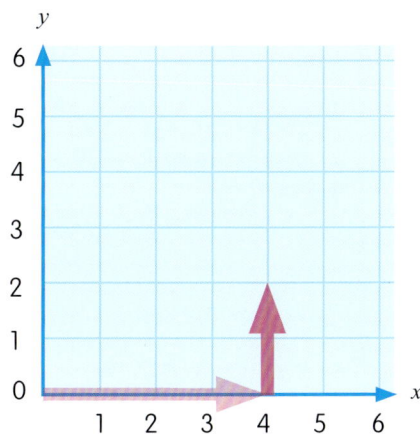

1 要绘制一个（4，2）的坐标，我们首先要沿着 x 轴数4个方格。

2 然后，我们再沿着 y 轴数2个方格。

有时候我们在点的旁边写上坐标

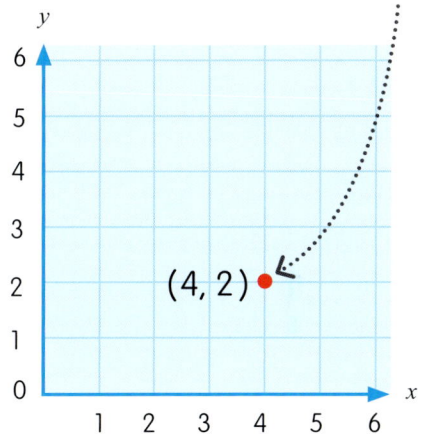

(4, 2)

3 现在我们用点来标记已经到达的地方。

试一试 TRY IT OUT
找一找坐标

你能写下 A、B、C、D 的坐标吗？记得先写 x 坐标，再写 y 坐标。

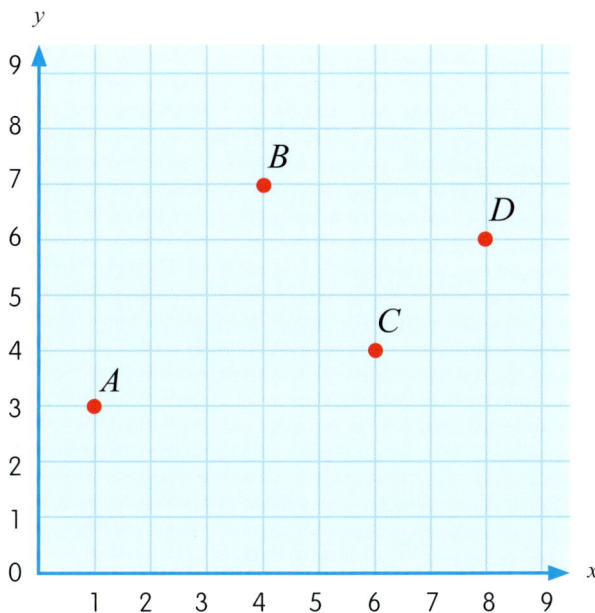

现实世界的数学
网格和地图

坐标网格最常见的用途之一就是找到地图上的位置。大多数地图上都绘制了坐标网格。

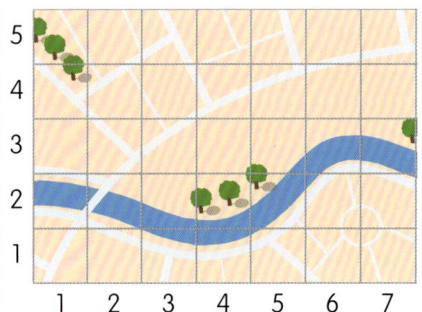

正坐标和负坐标

只要x轴和y轴保持在一条数轴上，它们就可以在零的任意一边。在这种坐标上，点的位置可以用正、负坐标来描述。

象限

当我们延长网格的x轴和y轴超出其原点时，就创造了4个不同的区域。它们分别被称为第一、第二、第三、第四象限。

坐标可以是正的，也可以是负的，取决于它们所在的象限

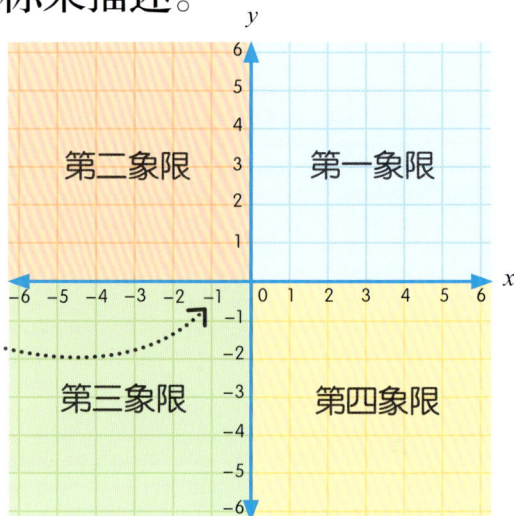

第二象限　第一象限
第三象限　第四象限

绘制正、负坐标

根据网格上点的象限不同，其坐标可以是正坐标，也可以是负坐标，还可以是正、负坐标的组合。

1 在第一象限，坐标都是正数。从原点开始，A点沿x轴往右是2个格子，沿y轴往上是4个格子，所以其坐标是（2，4）。

2 在第二象限，B点在原点（0，0）的左方，距离是2个格子，所以x坐标是-2；沿y轴往上是3个格子，所以B点的坐标是（-2，3）。

3 在第三象限，C点在原点x轴的左方、y轴的下方，所以其坐标都是负数，为（-5，-1）。

4 在第四象限，D点位于x轴右边的第6方格，位于y轴下方的第3方格，所以其坐标是（6，-3）。

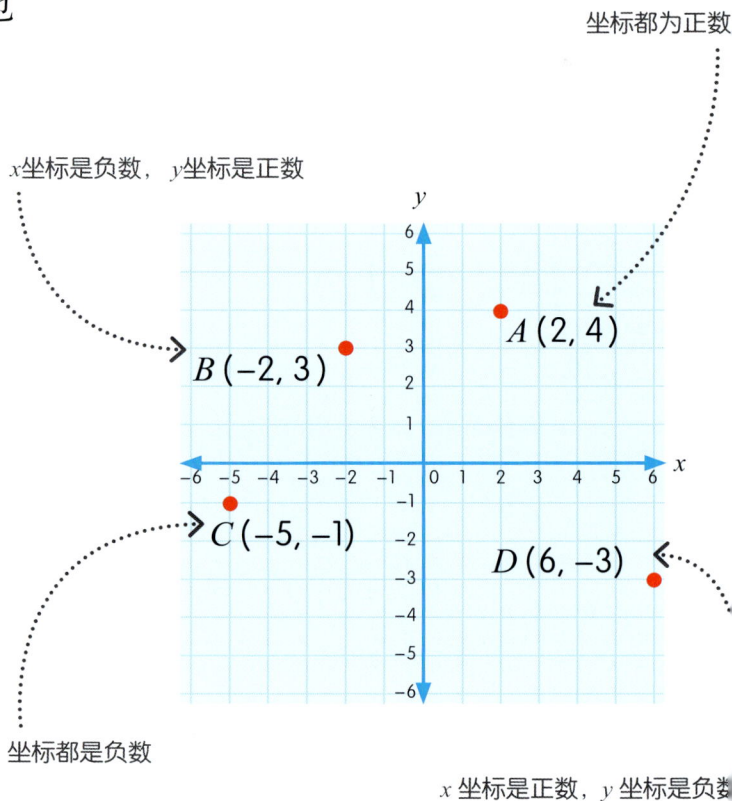

坐标都为正数

x坐标是负数，y坐标是正数

B(-2, 3)
A(2, 4)
C(-5, -1)
D(6, -3)

坐标都是负数

x坐标是正数，y坐标是负数

使用坐标绘制多边形

我们先在顶点的坐标处画上点，然后把点用线段连起来。这样，网格上的多边形就绘制好了。

> 记住，坐标上的正负数告诉我们将在哪个象限找到一个点。

如何在网格上绘制多边形？

1 我们先在网格上绘制四个坐标对应的顶点：（2，4），（−2，4），（−4，−4），（4，−4）。

2 用尺子和铅笔把绘制好的四点相连。

3 将四点相连即可画出一个梯形。

试一试 TRY IT OUT

绘制难题

1 你能写出右边这个六边形的顶点坐标吗？

2 如果你把下面这些坐标绘制在一个网格中，然后再把5个点依次用线段相连，将会绘出什么样的图形呢？

$(1,0)$，$(0,-2)$，$(-2,-2)$，$(-3,0)$，$(-1,2)$

答案见第312页

位置与方向

我们可以利用网格和坐标描述地图上的位置。

地图上如何使用坐标？

地图常常用网格划分，所以我们可以通过给方格网定坐标来确定一个地方。

1 地图上的每一个方格都有一对特定的坐标来描述其位置。

2 第一个坐标告诉我们水平位置上有多少个网格。第二个坐标告诉我们垂直位置上有多少个网格。

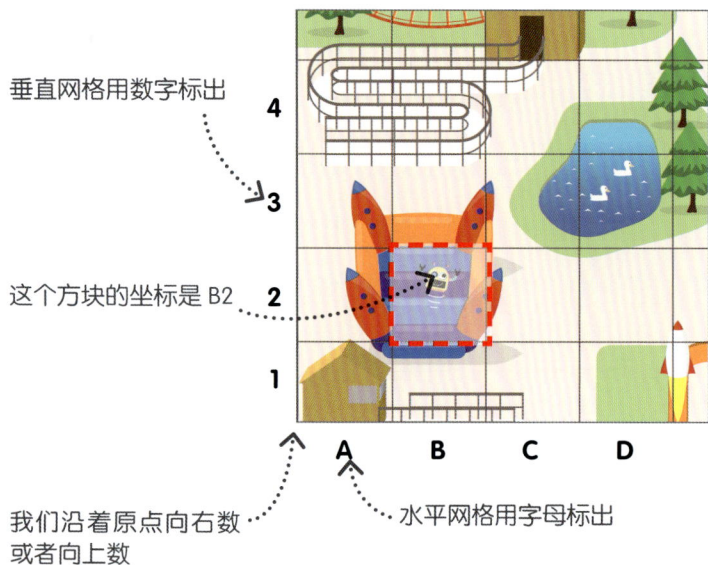

垂直网格用数字标出

这个方块的坐标是 B2

我们沿着原点向右数或者向上数

水平网格用字母标出

3 这张地图的水平坐标使用的是字母，垂直坐标使用的是数字。通常，地图的垂直坐标和水平坐标使用的都是数字。

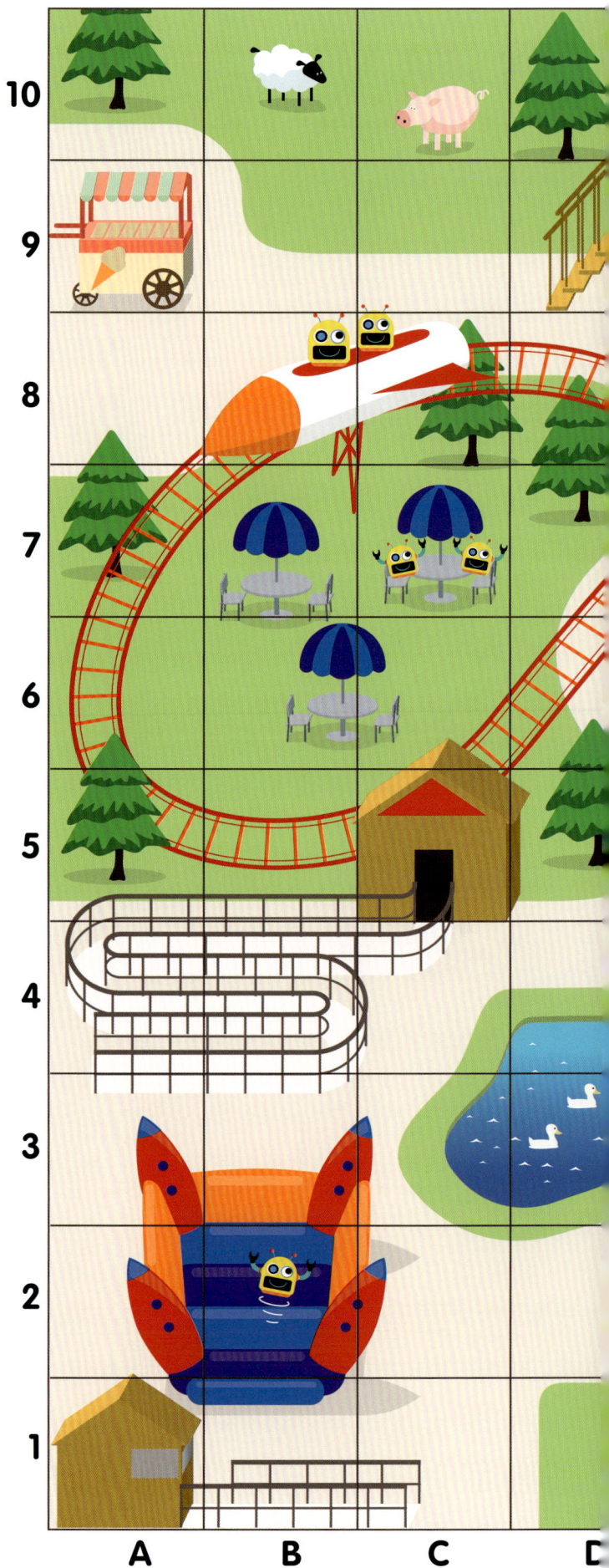

4 我们可以通过地图坐标找到通往天文世界、数码城主题公园的路线。宠物园里的羊位于第二个水平格、第十个垂直格，其坐标是B10。

5 池塘里的鸭子位于第四个水平格、第三个垂直格，所以它们的坐标是D3。

6 要知道A9网格里是什么，我们可以沿着原点向右数一个网格、向上数九个网格。这个网格里面的是冰激凌车。

试一试 TRY IT OUT

找地点

看一看你能否通过导航在地图上找到什么。

1 在G10网格中你能找到什么？

2 现在再来找H3，这个网格里有什么？

3 你能给出两个机器人所在的桌子的坐标吗？

答案见第312页

F   G   H   I   J

指南针的方向

指南针是我们用来确定位置或者帮助我们往特定方向移动的工具。指南针上的指针总是指向北方。

指南针的四个基本方位是：北（N）、南（S）、东（E）和西（W）。

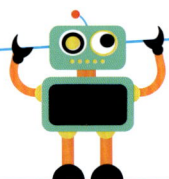

指南针上的指针

指南针上的指针总是指向北方，我们可以根据指针向顺时针方向偏转的角度来测量方向。我们把这些方向叫作方位。

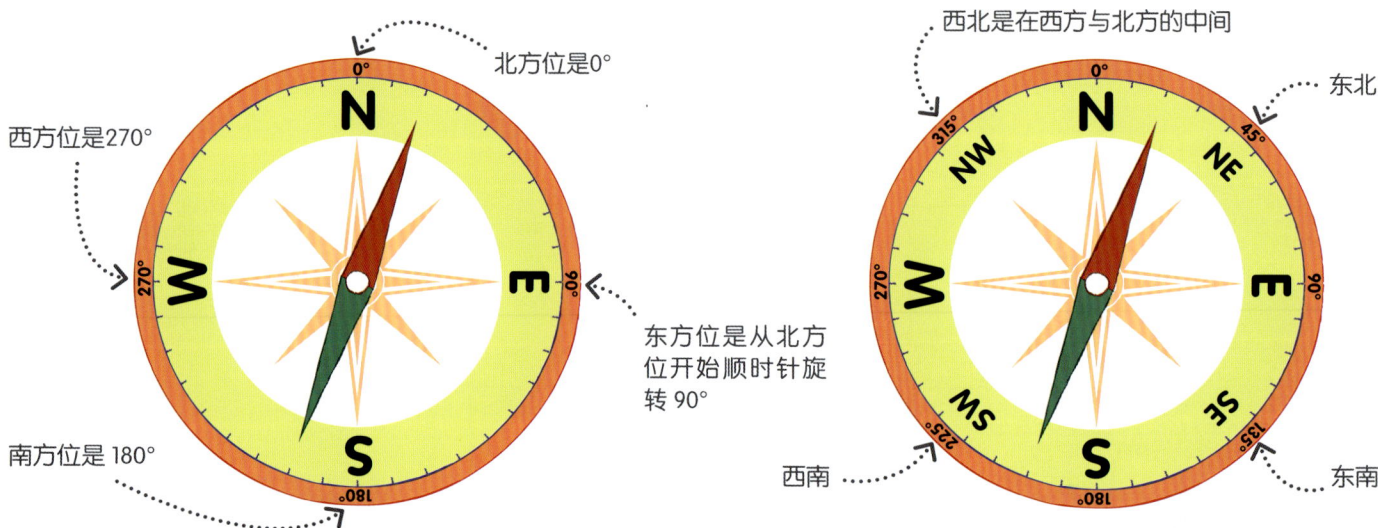

北方位是0°

西方位是270°

南方位是 180°

东方位是从北方位开始顺时针旋转90°

1 指南针的主要方位是：北(N)、南（S）、东（E）和西（W）。我们把它们叫作基本方位。

西北是在西方与北方的中间

东北

西南

东南

2 两个基本方位之间有一个次要方位，一共有四个次要方位：东北（NE）、东南（SE）、西南（SW）和西北（NW）。

指南针和地图的使用

大多数地图都印有一个指向北方的箭头。如果我们把指南针上的北方与地图上的北方对齐，就可以在地图上找到其他地点的位置，并且可以利用指南针从一个地方到达另一个地方。

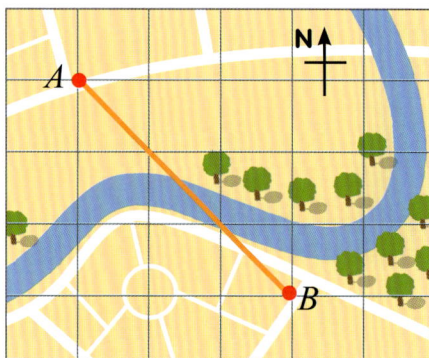

读出直线与指南针相遇处的方位

1 找到A点到B点的方向。首先，我们打开地图，使地图的北箭头与指南针的北箭头保持方向一致。

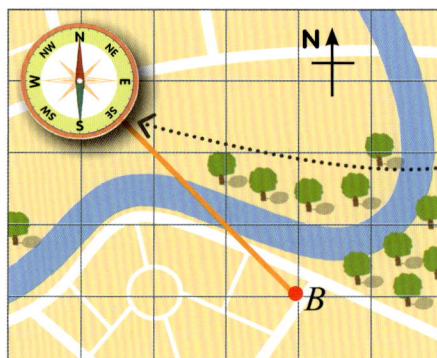

2 现在我们把指南针覆盖在A点上，可以看到B点是在A点的东南方。也就是说，我们可以利用指南针引导我们沿着东南方向从A点到达B点。

利用指南针导航

在虚拟乐园的安卓岛地图上练一练如何使用指南针进行导航。

1 乘坐摩托艇到达咖啡馆的路线：向北行驶3个网格，再向东行驶4个网格。我们把这条路线写作3N、4E。

2 划独木舟前往洞穴的路线：2E、2S、1W。

3 乘坐快艇到达港口的路线之一：6N、3W、1N、1W。

试一试 TRY IT OUT

拿起你的指南针

现在轮到你在安卓岛上给自己导航了，你能写出航行的路线吗？

答案见第312页

1 灯塔的主人想要买一个冰激凌。你能给出一条路线，引导他开船前往冰激凌车吗？

2 你能指出乘坐摩托艇前往海雀岛观看海雀的路线么？

3 如果快艇的航行路线是1W、2N、2W、1S、1W，那么它将到达哪里？

4 如果独木舟的航行路线是3E、6S，最终将到达哪里？

轴对称

如果你可以在一个图形上面画出一条直线穿过它，把它分成完全相同且完全吻合的两半，这个图形就叫作轴对称图形。

> 对称轴也被称为对称线或者镜像线。

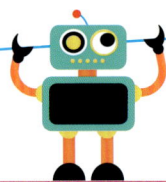

有多少条对称轴？

轴对称图形可以有一条、两条或多条对称轴。一个圆就有无数条对称轴。

1 一条垂直对称轴
这个蝴蝶图形只有一条对称轴。对称轴两边的图形完全一样。除了这条对称轴外，你再在此图上任意画一条线，其两边都不会相同。

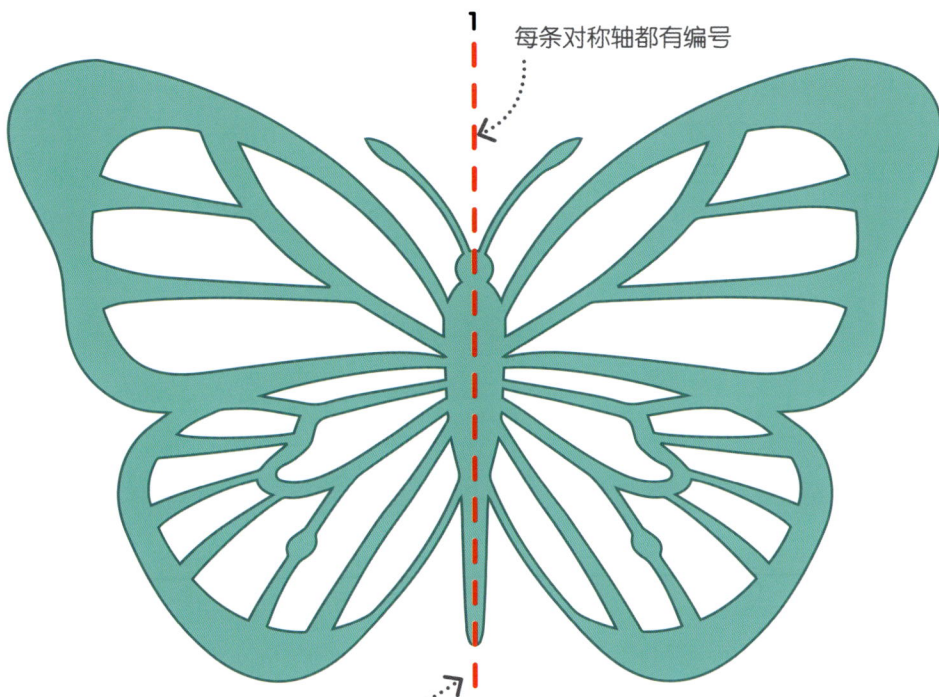

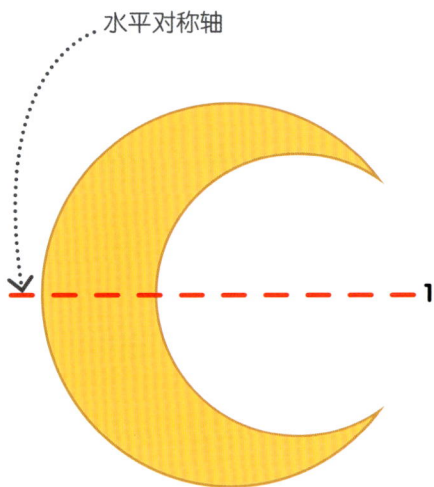

每条对称轴都有编号

1

水平对称轴

垂直对称轴

对称轴可以是斜的

1

1

2

1

2

3

4

2 水平对称轴
这个图形的上下两部分完全一样，互相对称，其上半部与下半部是相互的镜像。

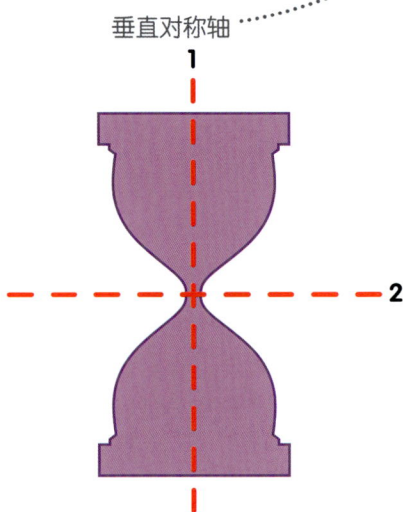

3 两条对称轴
这个图形既有水平对称轴又有垂直对称轴。

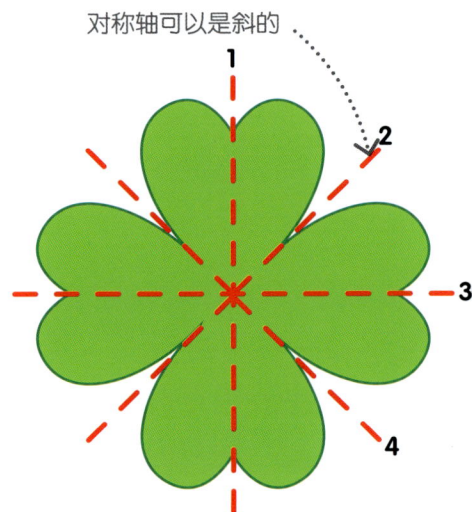

4 四条对称轴
这个四叶草图形有一条垂直对称轴、一条水平对称轴，还有两条斜的对称轴。

平面图形的对称轴

下面是一些常见图形的对称轴。

等腰三角形
一条对称轴

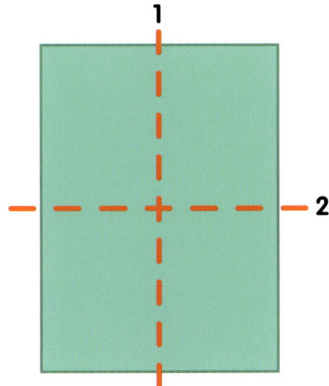

长方形
两条对称轴

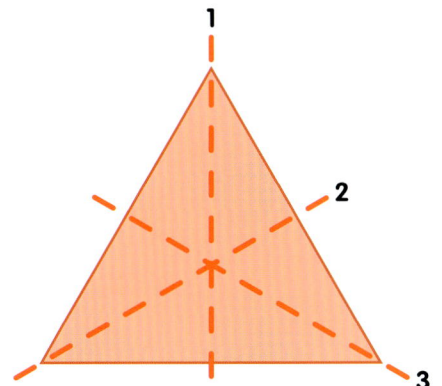

等边三角形
三条对称轴

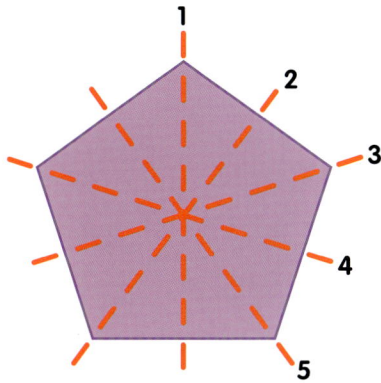

正五边形
五条对称轴

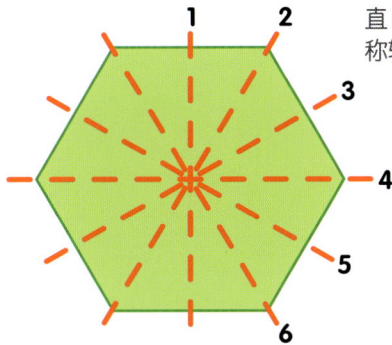

正六边形
六条对称轴

每条穿过圆心的直线都是圆的对称轴

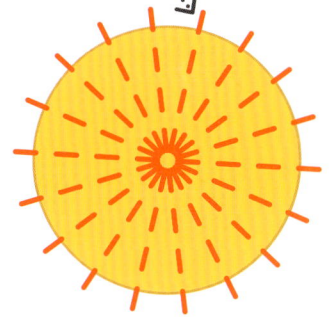

圆
无数条对称轴

不对称

有些图形是不对称的，也就是说它们没有对称轴。在这些图形上无论你沿哪条线对折，折线两边的图形都不会重合。

这个贝壳图形没有对称轴

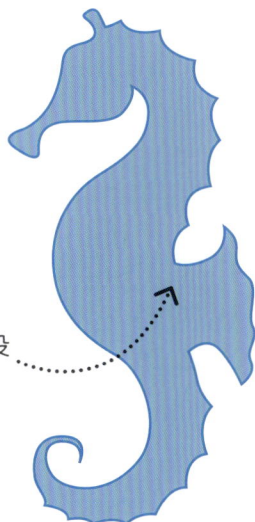

这个海马图形也没有对称轴

试一试 TRY IT OUT

数字对称

看看这些数字，它们分别有多少条对称轴？答案要么是一条，要么是两条，要么是没有对称轴。

3 6 7 8

答案见第312页

旋转对称

如果一件物体或一个图形绕着一点旋转一定角度（小于360°）就可以完全与原始图形重合，那么这个物体或图形就是旋转对称的。

旋转对称中心

物体旋转的点被称为旋转对称中心。

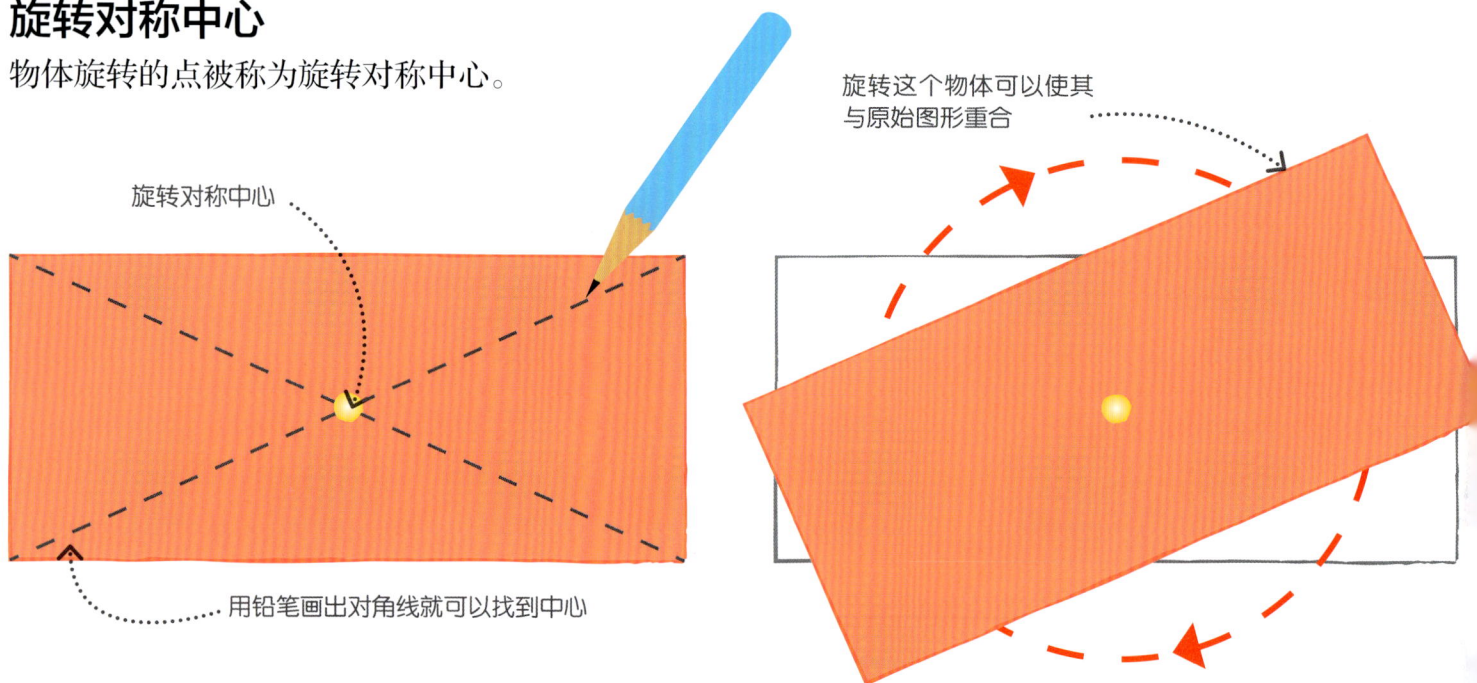

旋转对称中心

用铅笔画出对角线就可以找到中心

旋转这个物体可以使其与原始图形重合

1 让我们拿一张长方形卡片，然后用一根针穿过其中心，也就是对角线相交的点。然后，我们沿长方形边缘画出这个长方形的轮廓。

2 我们把长方形卡片绕着针旋转，转完半圈后，它就可以完全与我们画的轮廓重合。也就是说它有旋转对称中心。再转上半圈，这个长方形卡片就会回到原来的位置。

试一试 TRY IT OUT

对称还是非对称？

右边4个花的图形有3个是旋转对称的。你能找出哪个不是旋转对称的图形吗？

答案见第312页

1

2

3

4

旋转对称阶

一个图形在旋转一圈中与其轮廓重合的次数称为旋转对称阶。

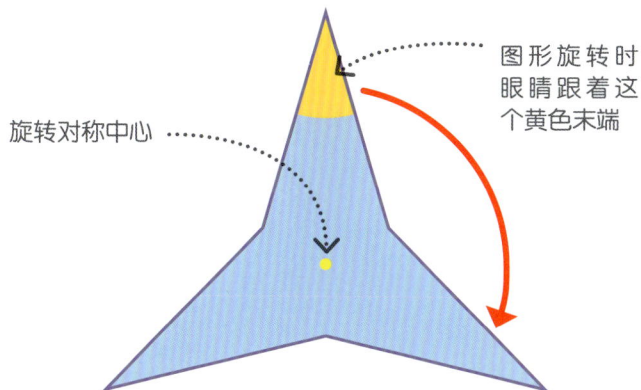

图形旋转时眼睛跟着这个黄色末端

旋转对称中心

1 让我们看看这个三尖形能与它的轮廓重合多少次。首先，我们旋转它直到其黄色末端碰到下一个点。

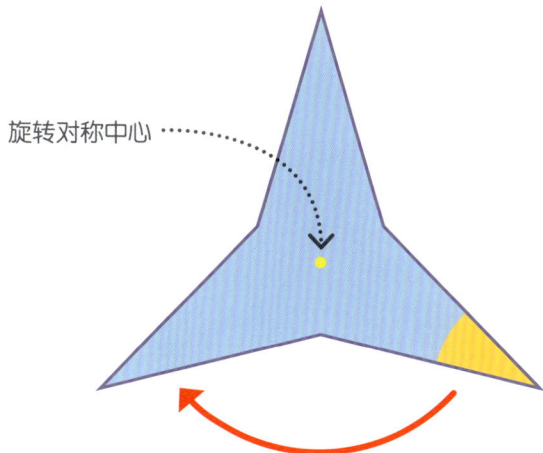

旋转对称中心

2 现在我们再次旋转此图形，直到黄色末端移动到下一个点。

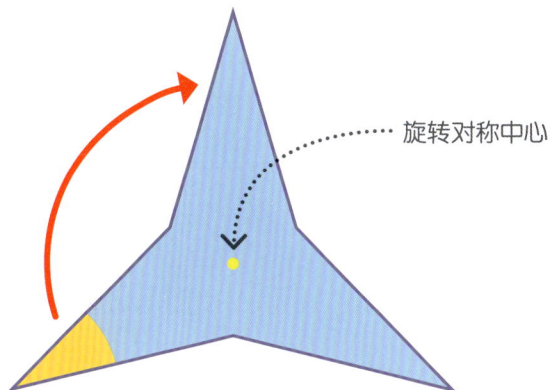

旋转对称中心

3 再旋转一次，其黄色末端就会回到它开始的地方。这个图形旋转一圈会与自己重合3次，所以它的旋转对称阶为3。

平面图形中的旋转对称阶

下面是一些常见平面图形的旋转对称阶。

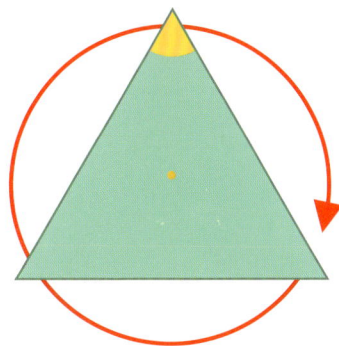

等边三角形
旋转对称阶：3

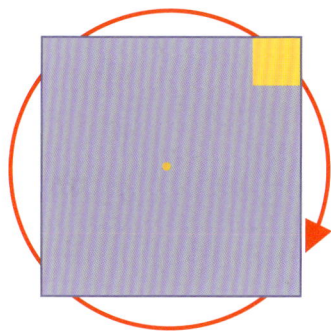

正方形
旋转对称阶：4

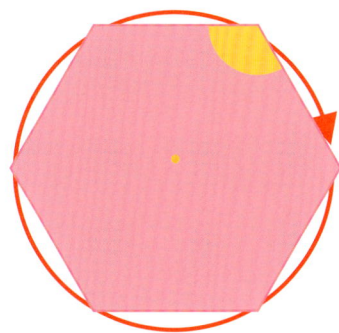

六边形
旋转对称阶：6

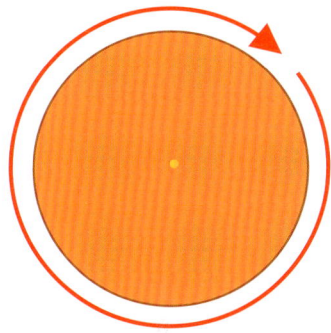

圆
旋转对称阶：无数

现实世界的数学
对称的装饰品

我们通常利用旋转对称图形绘制装饰图案。轴对称图形和旋转对称图形可以用来绘制建筑物上的复杂图案。

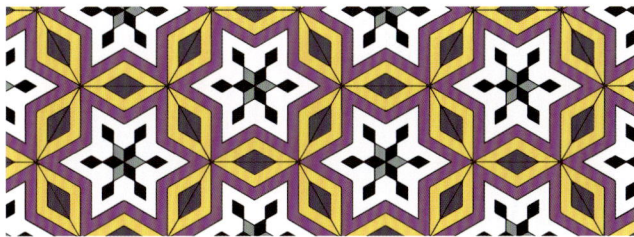

镜像变换

在数学中，我们把物体大小和位置的改变叫作物体的变换。镜像变换是一种常见的变换。

> 镜像变换就是沿着虚线翻转物体或形状。

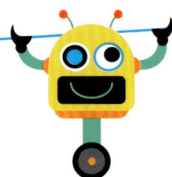

什么是镜像变换？

物体或形状沿着虚线翻转，从而使其在虚线的另一边形成镜像。

1 原始的物体叫作原像。

2 镜像变换沿着这条虚线发生，我们把这条虚线叫作镜像对称轴。

3 原始图形或物体经过镜像变换得到的图形叫作镜像。

镜像对称轴

一个图形和它的镜像总是在镜像对称轴的两侧。镜像上的每个点到镜像对称轴上的距离与原像相同。镜像对称轴可以是水平的、垂直的，也可以是倾斜的。

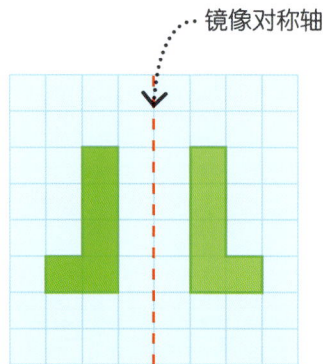

镜像对称轴

镜像对称轴可以是斜线

1 在这个镜像对称中，镜像的长边、原像的长边都和镜像对称轴相平行。

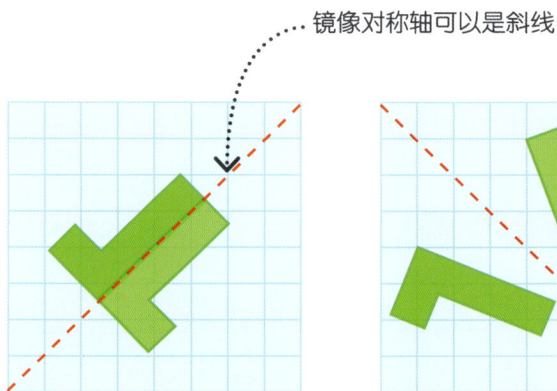

2 这个镜像对称是沿着一条斜线发生的，原像的一条边在镜像对称轴上。

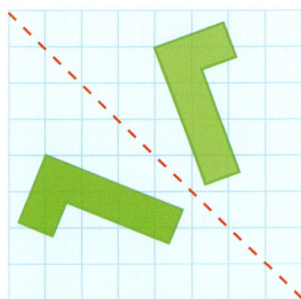

3 在这个镜像对称中，两个图形没有任何一条边相互平行，也没有一条边位于镜像对称轴上。

绘制镜像

使用网格或点纸可以精准地找出镜像位置，让你更容易画出镜像。

镜像上的每个点与原像离镜像对称轴的距离是一样的。

垂直镜像对称轴

镜像对称轴与穿过两点之间的线形成一个直角

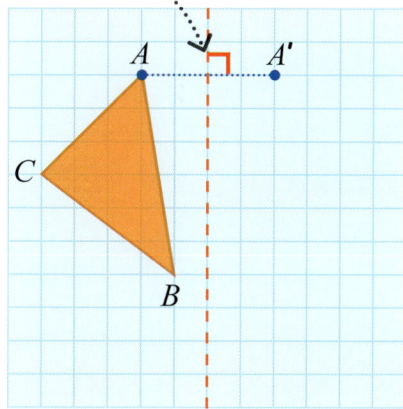

1 让我们尝试画出这个三角形的镜像。首先，在网格或点纸上画一个三角形。把顶点分别标上 A、B、C。再画一条垂直镜像对称轴。

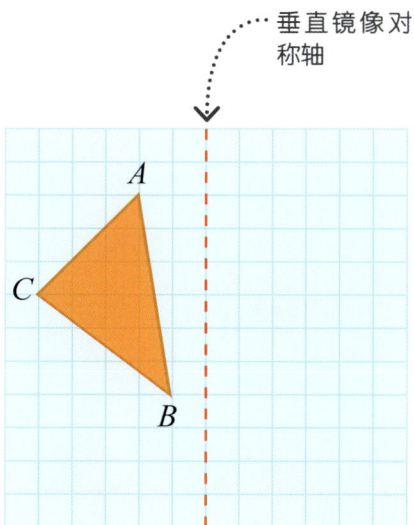

2 数数从 A 到镜像对称轴的网格。然后在镜像对称轴的另一边数出同样数量的网格，标上 A'。

3 用同样的方法找到三角形镜像的其余两个顶点，标记新点 B' 和 C'。

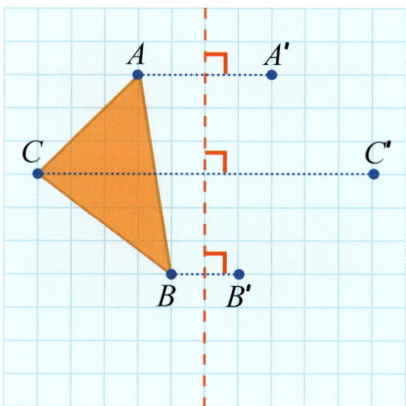

4 最后，画线连接 A'、B' 和 C'。三角形 A'B'C' 就是三角形 ABC 的一个镜像。

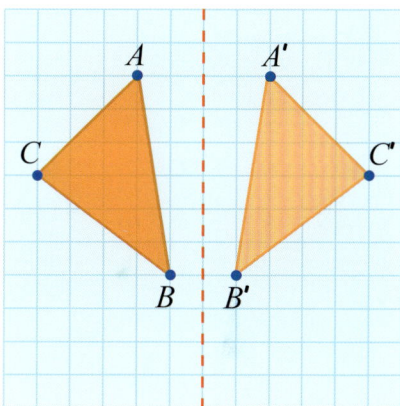

试一试 TRY IT OUT

绘制一幅对称图

你可以利用镜像变换绘制一幅对称图。在一张网格纸上画一条水平线和一条垂直线，把其分成四个象限，把这个图案临摹到第一象限。然后将其沿着水平线和垂直线的镜像都画出来，最后使每一个象限都有图案。

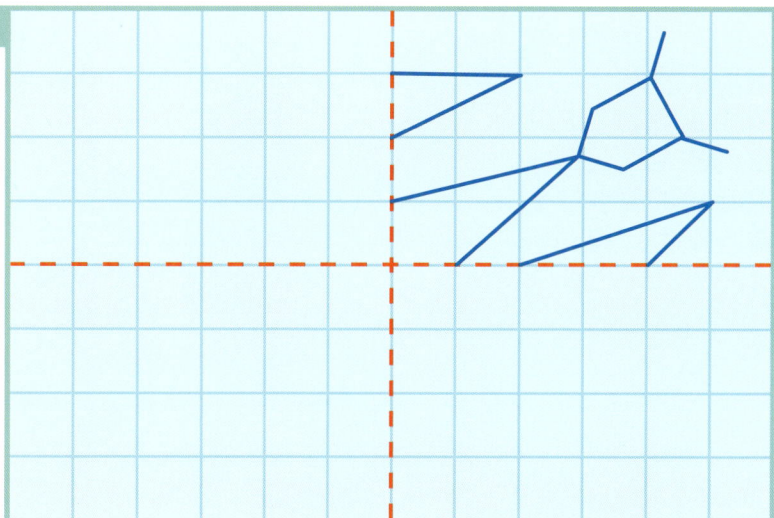

答案见第312页

旋转

旋转是图形变换的一种，即一个物体或图形绕着其旋转中心旋转。
我们把图形旋转的角叫作旋转角。

旋转中心

旋转中心是定点，也就是说它是不动的。看看我们绕着不同的旋转中心顺时针将同
一图形旋转90°会发生什么。

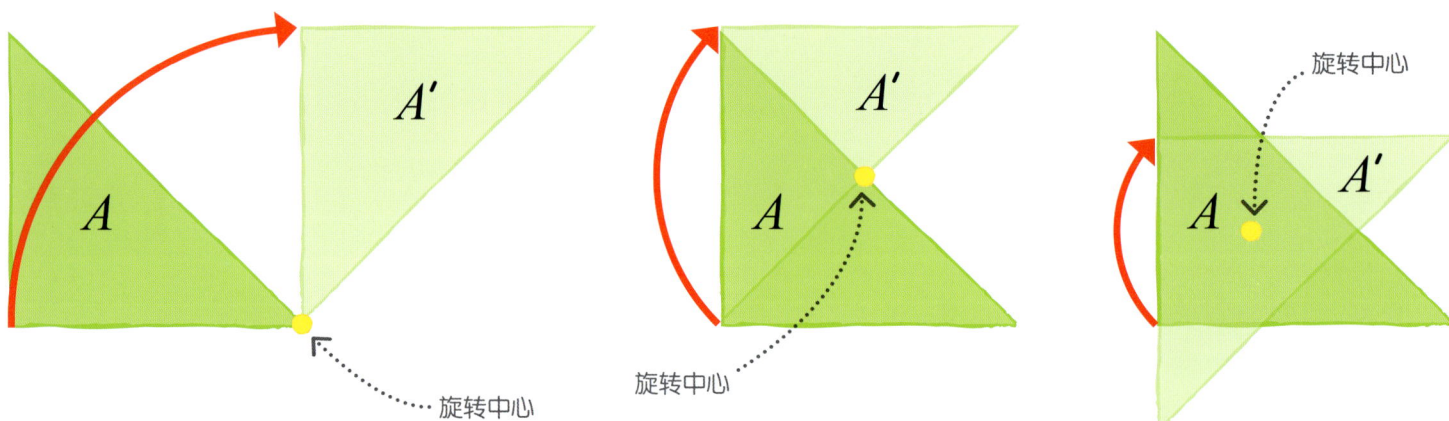

1 首先让我们绕着其中一个顶点旋转三角形A，使其成为一个新的三角形 A'。

2 如果我们把三角形A绕着其最长边的中心旋转，新三角形A'将有一半与原来的三角形A重合。

3 绕着三角形A的中心旋转时，新三角形A'的不同部分将会覆盖原来的三角形A的中间部分。

旋转角

旋转角是指物体或图形绕旋转中心旋转的角。当我们以不同的角度旋转风车叶轮的时候，看看会发生什么。

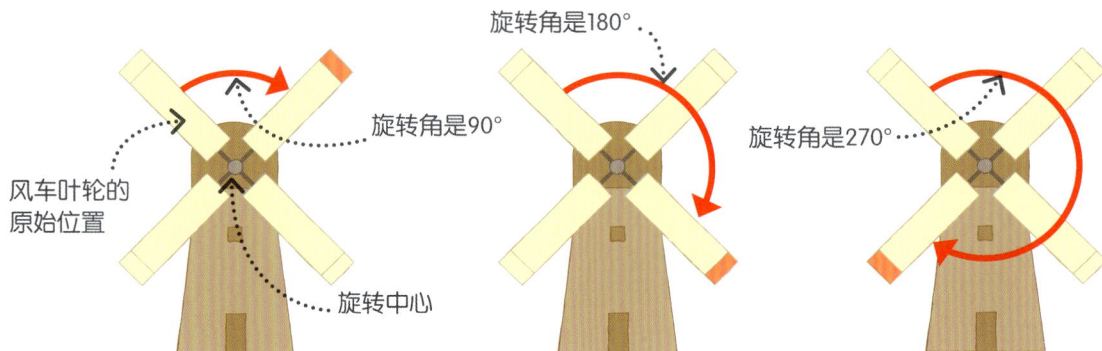

1 风车叶轮旋转了90°，或者说旋转了1个直角。

2 这一次，风车叶轮旋转了180°，或者说旋转了2个直角。

3 现在，这个风车叶轮旋转了270°，或者说旋转了3个直角。

旋转图形

我们可以绕着同一旋转中心多次旋转图形，从而得到图案。由于我们选择的中心及旋转角不同，右边的T形就形成了多种图案。

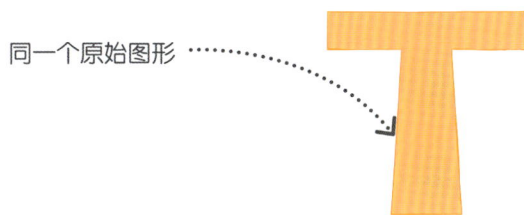

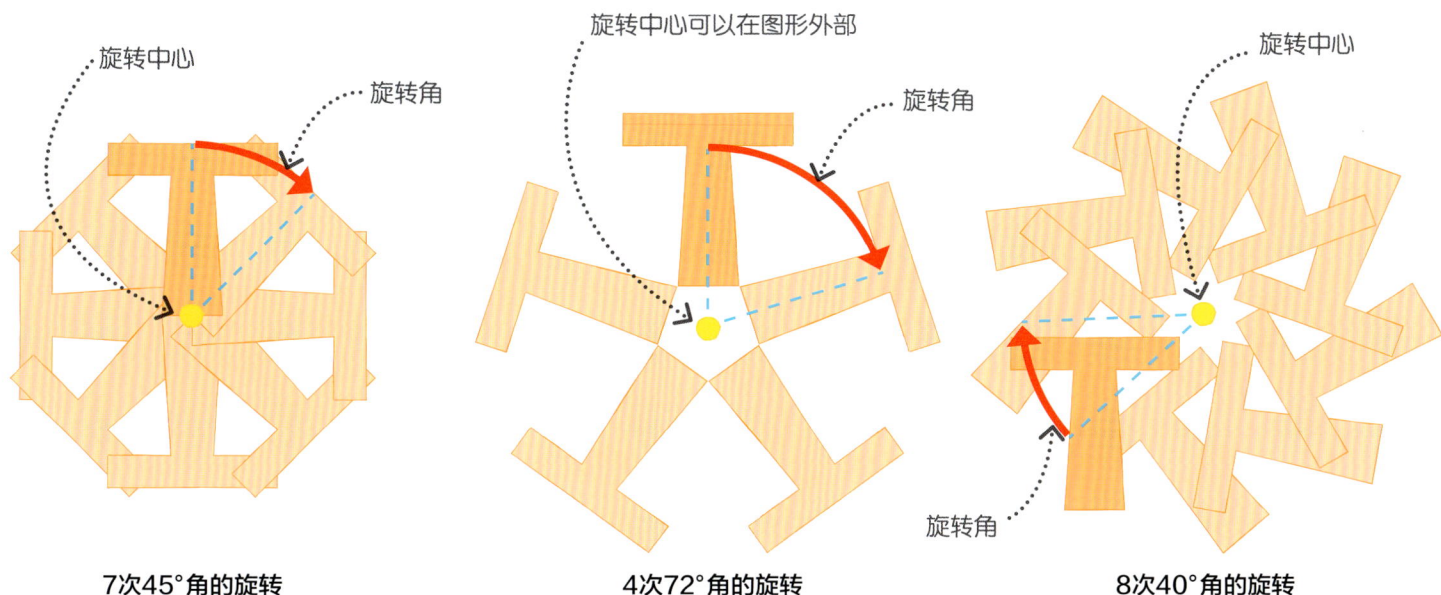

同一个原始图形

旋转中心

旋转角

旋转中心可以在图形外部

旋转角

旋转中心

旋转角

7次45°角的旋转

4次72°角的旋转

8次40°角的旋转

试一试 TRY IT OUT

画出一个旋转图形

要画出旋转图形，你只需要一根针、一把剪刀、一支铅笔，以及一些卡片和纸。

1 在卡片上画一个简单的图形，然后将其剪下。

2 拿针穿过剪下的卡片，并把这一点作为旋转中心。

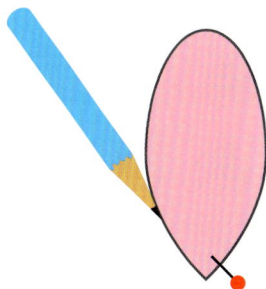

3 把卡片钉在纸上，并画出轮廓。

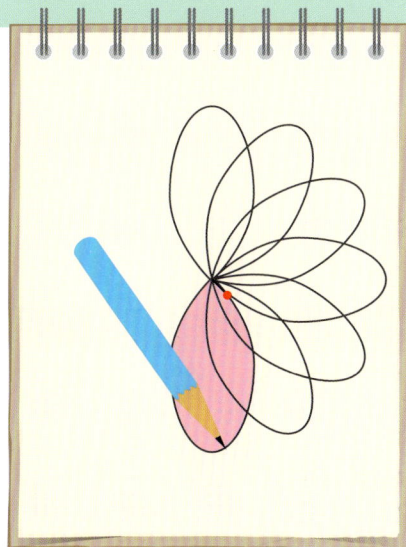

4 将卡片旋转一点点，然后再次画出轮廓，不断重复，直到你得到了想要的图案。

平移

平移是指一件物体或图形向上、向下或者向左、向右移动到一个新的位置。平移并不改变原始图形的形状和大小。

与镜像变换和旋转一样，平移是图形的另一种变换。

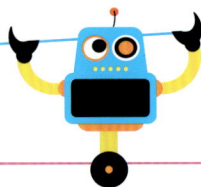

什么是平移？

与镜像变换和旋转一样，平移是图形变换的一种。在平移之后，图形和原来看起来是一样的，因为原始图形并没有镜像变换、旋转或者调整大小，它只是移到了一个新的位置。

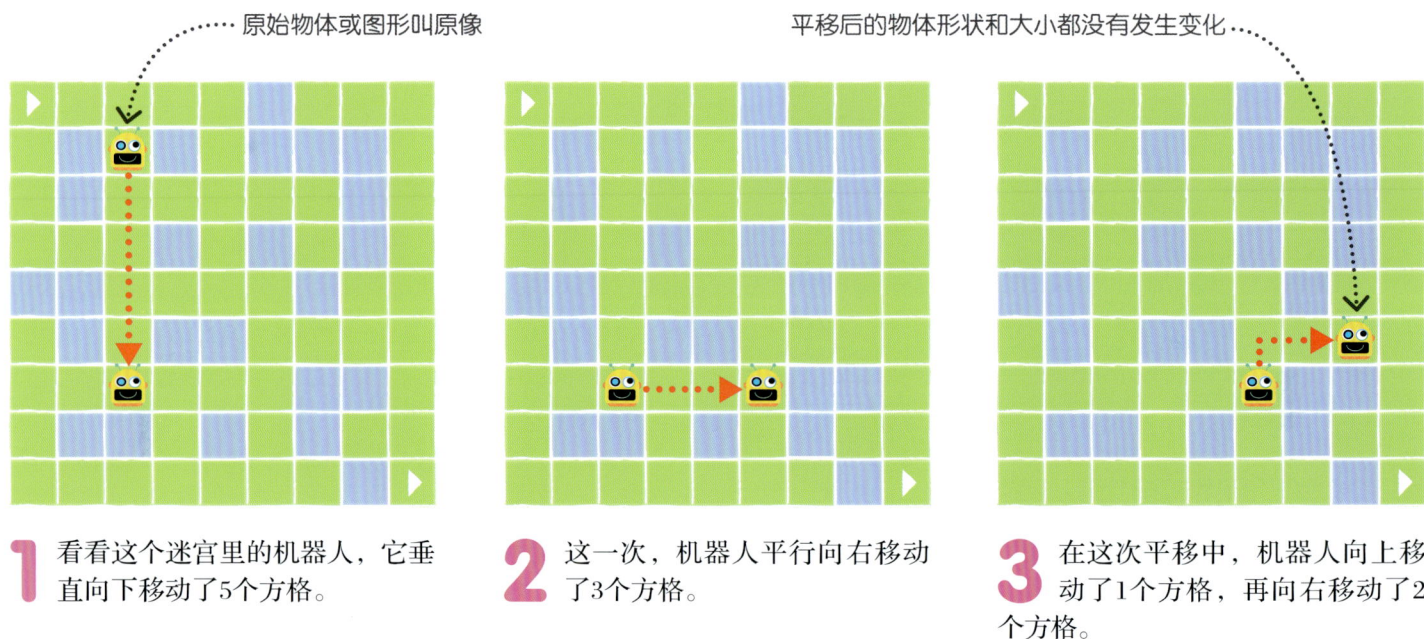

原始物体或图形叫原像

平移后的物体形状和大小都没有发生变化

1 看看这个迷宫里的机器人，它垂直向下移动了5个方格。

2 这一次，机器人平行向右移动了3个方格。

3 在这次平移中，机器人向上移动了1个方格，再向右移动了2个方格。

现实世界的数学

用于镶嵌装饰的平移

平移常常用来绘制镶嵌装饰的图案，也就是将同样的图形不留缝隙地排列在一起。这个镶嵌图形是由紫色和橙色的猫头图形进行对角平移，使其交错排列而得来的。

在网格上平移图形

当我们在网格上平移图形时，可以用平移了几个"单位"来描述这个图形所平移的网格数量。让我们来平移一个三角形吧！

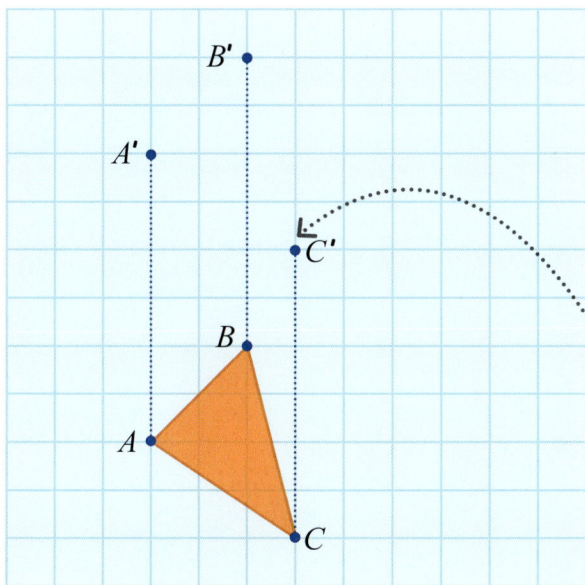

新三角形与原始三角形大小和形状都相同

标记出从每个原始顶点往上6个网格的新点

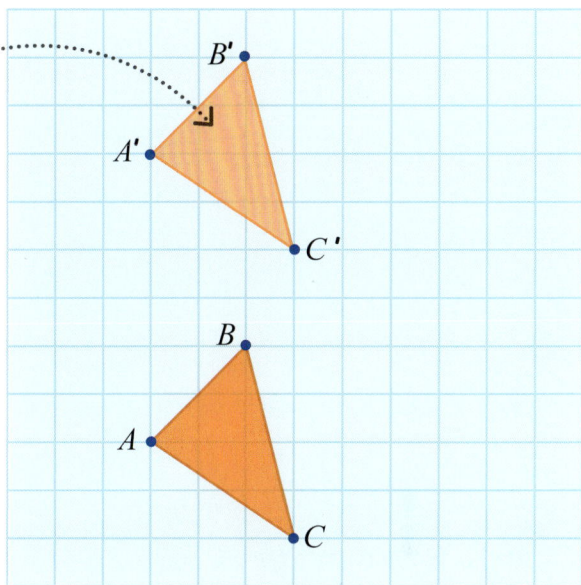

1 让我们将此三角形向上移动6个网格。首先我们标记出顶点 A、B、C。然后我们从各个顶点数6个网格，标记出新点 A'、B'、C'。

2 现在用尺子和铅笔将你标记的新点连接起来，得到新的三角形 $A'B'C'$。

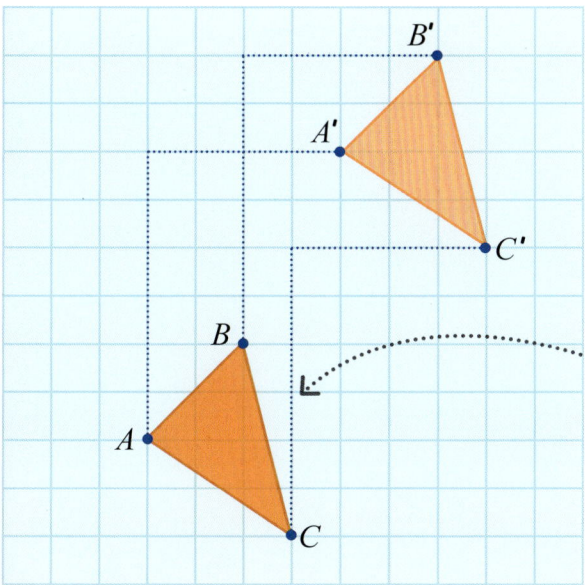

从每个顶点向上数6个网格再向右数4个网格

3 要进行对角平移，可以将每个顶点向上数6个网格，再向右数4个网格，标出3个新点，再画出新的三角形 $A'B'C'$。

试一试 TRY IT OUT

三角形的平移

在下面的几何板上，这个三角形可以进行多少种不同的平移? 我们已经为你展示了一种平移，现在轮到你了。

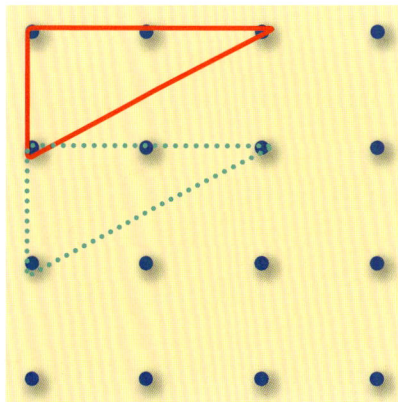

答案见第312页

统计

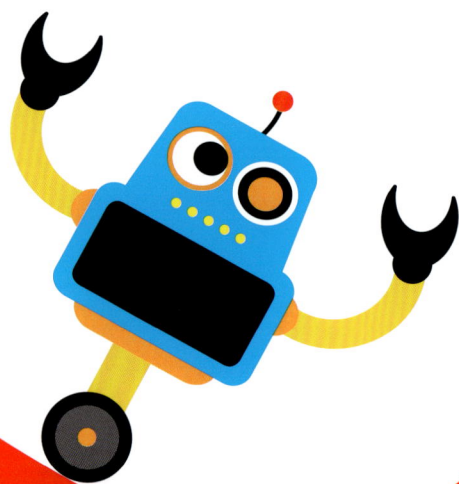

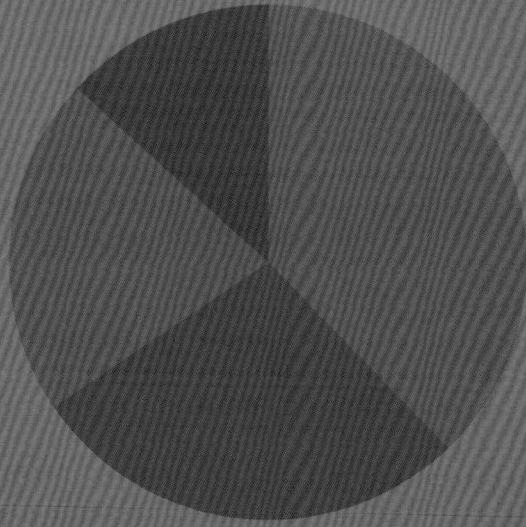

统计就是收集数据，并从中找出一些有用的信息。而组织和分析大量数据最直观的方式就是将数据可视化，比如画出曲线图。我们也可以通过统计来计算出某事发生的概率或可能性。

数据处理

统计经常被叫作数据处理。"数据"就是信息。统计包括数据的收集、组织，以及呈现（展示），还包括对数据的理解，即试着去理解它能够告诉我们什么。

1 我们可以通过调查来收集数据。在调查中，我们问人们问题，然后记录他们的答案。这两个做调查的机器人正在询问一个班的学生，了解他们更喜欢哪种水果。

2 调查问题经常被写在一张表格上，叫作调查问卷。这是机器人的调查问卷，即让孩子们在5种水果之中挑选自己最喜欢的水果。

3 如果一个问题有几种答案,它们也可能被列在调查问卷上。每个答案旁边会有一个对钩框，这样就能够快速且方便地记录答案。

4 在进行数据处理之前，孩子们给出的答案叫作原始数据。

你更喜欢哪种水果?

🍊	橘子	☐
🍏	苹果	☐
🍇	葡萄	☑
🍉	西瓜	☐
🍌	香蕉	☐

这个对钩表明一个孩子最喜欢葡萄

投票

另一个收集数据的方式是投票。比如你问一个问题，然后回答的人通过举手给出答案，然后你数出举手的人数。这些机器人在为它们是更喜欢螺母还是螺钉而投票。

螺母还是螺钉?	
螺母	6
螺钉	2

我们如何处理数据？

数据被收集后，需要被组织和展示。表格、图表和曲线图都是让数据易于阅读与理解的呈现形式。

孩子的数量在这条数轴上显示

最受欢迎的水果

条柱越高，表明越多的孩子喜欢这种水果

最受欢迎的水果	
水果的种类	孩子的数量
橘子	3
苹果	6
葡萄	8
西瓜	2
香蕉	5

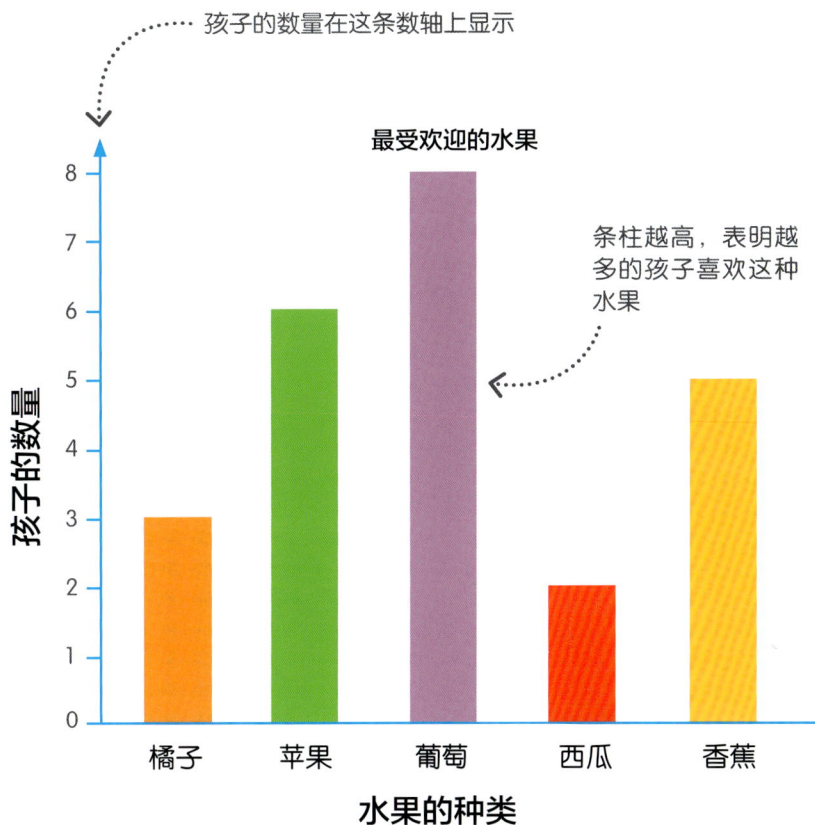

孩子的数量

水果的种类

1 这个表格叫作频数表，显示的是偏爱某种类型水果的孩子的数量。

2 条形图也叫柱状图，是一种不需要使用大量词语和数字就可展示数据的图表。

数据组

集合是由数据汇集而成的集体。它可以是一堆数、词语、人、事件或东西的汇集。集合可以被分成更小的组，这些更小的组叫作子集。

1 被机器人询问喜欢什么水果的一个班的学生是一个集合。这个班一共有24名学生，男孩女孩都有。

男孩

集合(整个班级)

2 8个男孩（红色）是整个班级的子集。16个女孩（绿色）也是一个子集。他们共同组成了整个班级。

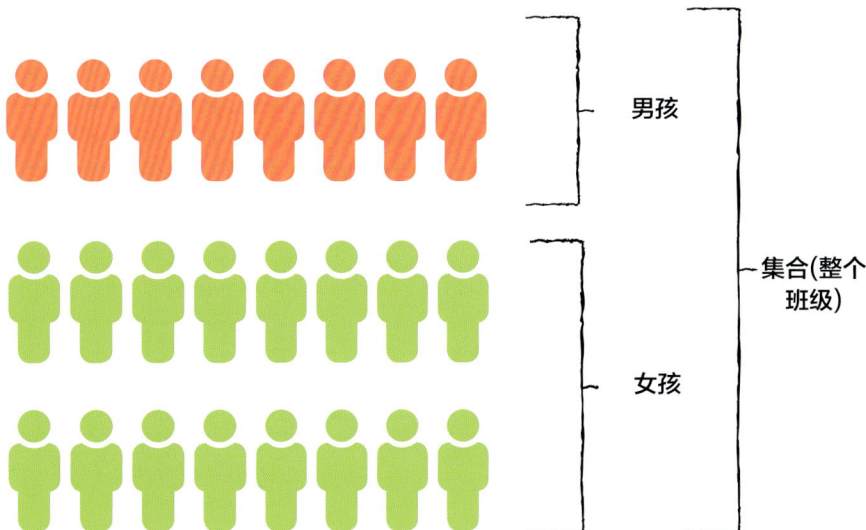

女孩

计数符

当我们收集数据时，可以用计数符来快速计数，比如记录调查问卷的答案。计数符是一条线段，表示一件东西被计算在内。

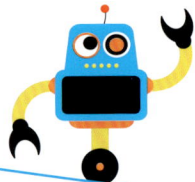

每数完一件东西，你就标记一个计数符。

1 画一个计数符来表示你记录的每个结果。每到第五个计数符，就在前面四个上画一条斜线。右边是用计数符表示的1~5。

| | || ||| |||| |||| |
| 1 | 2 | 3 | 4 | 5 |

2 把计数符五个五个分成一组，可以帮助你快速计算出总数。首先计算出所有表示5的计数符，然后加上其余数。右边是表示18的计数符。

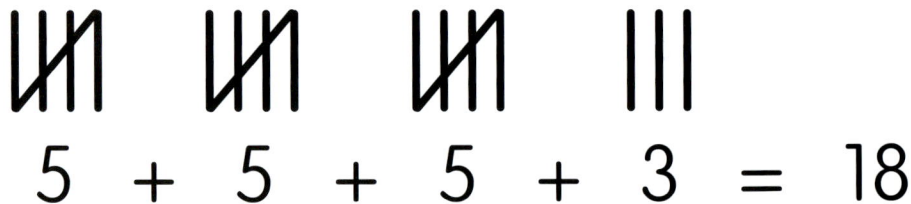

$$5 + 5 + 5 + 3 = 18$$

3 下面这个计数图就是用计数符来表示调查结果的。

每一个计数符表示一个小孩

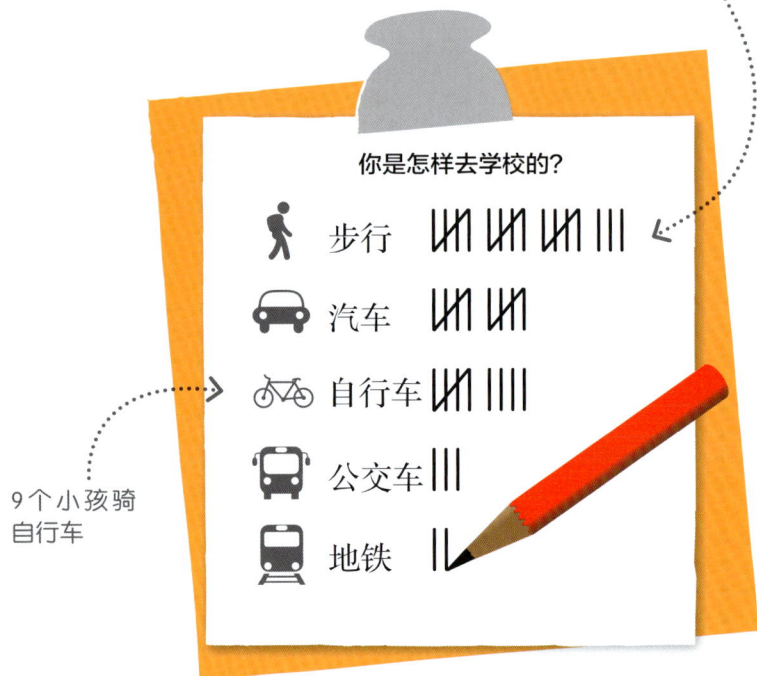

你是怎样去学校的？

🚶 步行																
🚗 汽车									
🚲 自行车									
🚌 公交车				
🚆 地铁			

9个小孩骑自行车

现实世界的数学
其他计数符

世界各地的计数符各有不同，中国是用五笔画的"正"字作为计数符的。

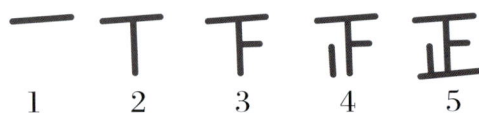

| 一 | 丁 | 下 | 讠 | 正 |
| 1 | 2 | 3 | 4 | 5 |

在南美洲的部分地区，用四条线画成一个正方形来计数，然后在其中画一条斜线，用于表示计数符5。

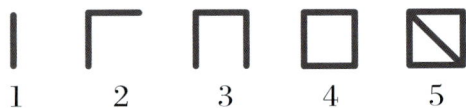

| | ⌐ | ⊓ | □ | ◻ |
| 1 | 2 | 3 | 4 | 5 |

频数表

频数表是一种总结一组数据的方式。它明确地向我们展示每个数、事件或物品在一组数据中出现的次数。

> 频数可以告诉我们某件事情多久发生一次。

1 你可以通过计算计数图里的计数符来绘制频数表，在单独的一列写下频数。

孩子们如何去上学

交通工具	计数	频数
步行	ⅢⅠ ⅢⅠ ⅢⅠ Ⅲ	18
汽车	ⅢⅠ ⅢⅠ	10
自行车	ⅢⅠ Ⅲ	9
公交车	Ⅲ	3
地铁	Ⅱ	2

计算计数符，把总数写在这一列

2 这个频数表是以调查孩子们如何去上学为基础的。频数那一列是告诉你每种上学方式分别有多少孩子采用。

3 频数表并不总是一样的。右边这个表格的数据和上面表格中的数据一样，但它里面没有计数符。这就使得表格更易于理解。

去上学

交通工具	频数
步行	18
汽车	10
自行车	9
公交车	3
地铁	2

频数仅用数字表示

博物馆星期一闭馆

4 一些频数表把数据分隔开来，可以表达更多的信息。右边的表格告诉你，一周之内的每天有多少成人和小孩参观了恐龙博物馆。它也同样告诉你，恐龙博物馆每天参观者（成人+小孩）的总数。

恐龙博物馆的游客数量

星期	成人	小孩	总数
星期一	0	0	0
星期二	301	326	627
星期三	146	348	494
星期四	312	253	565
星期五	458	374	832
星期六	576	698	1274
星期日	741	639	1380

卡罗尔图

卡罗尔图用来表明一组数据，比如一组人或数是如何分类的。卡罗尔图需要用标准来对数据进行分类。

卡罗尔图将数据分类在不同的框里。

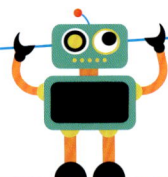

1 标准就是回答是或否的问题。让我们用简单的标准来对下面12种动物进行分类。我们将要用到的标准是：这种动物是鸟类吗？

企鹅

鸽子　　猫　　天鹅　　蜜蜂

蝙蝠

蝴蝶

鸵鸟　　鸭子

马　　鹰　　狗

2 采用是不是鸟类的标准，可以将12种动物分成两类，从而画出卡罗尔图。我们把所有的鸟类放在左框，把不是鸟类的动物放在右框。

鸟类	非鸟类
鸽子	蝴蝶
鸭子	猫
企鹅	蝙蝠
鹰	蜜蜂
天鹅	狗
鸵鸟	马

所有的动物都可归入两个框的任意一个中

3 把这些动物用卡罗尔图进一步分类，我们可以增加一个新的标准：这是可以飞的动物吗？为了适用于任何一个框，一种动物现在必须同时满足两个标准。

是鸟类并且会飞的动物

不是鸟类但会飞的动物

	鸟类	非鸟类
会飞的	鸽子 鹰 天鹅 鸭子	蝴蝶 蝙蝠 蜜蜂
不会飞的	企鹅 鸵鸟	狗 马 猫

不是鸟类也不会飞的动物

是鸟类但不会飞的动物

数字分类

卡罗尔图可以对数进行分类，并展示它们之间的关系。这个卡罗尔图将1～20分类成偶数、奇数、质数和非质数。

1 第一列（黄色）显示的都是质数。第二列（绿色）显示的都是非质数。

1～20的质数子集

1～20的非质数子集

	质数	非质数
偶数	2	4 6 8 10 12 14 16 18 20
奇数	3 5 7 11 13 17 19	1 9 15

2 第一行（蓝色）显示的都是偶数。第二行（红色）显示的都是奇数。

1～20的偶数子集

1～20的奇数子集

	质数	非质数
偶数	2	4 6 8 10 12 14 16 18 20
奇数	3 5 7 11 13 17 19	1 9 15

3 所有不是质数的偶数都在右上角的方框中（橙色）。不是质数的奇数在右下角的方框中（粉色）。

1～20的非质数的偶数子集

1～20的非质数的奇数子集

	质数	非质数
偶数	2	4 6 8 10 12 14 16 18 20
奇数	3 5 7 11 13 17 19	1 9 15

4 唯一的偶质数2在左上角的方框中（黄色）。左下角方框中（绿色）的都是奇质数。

1～20的偶质数子集

1～20的奇质数子集

	质数	非质数
偶数	2	4 6 8 10 12 14 16 18 20
奇数	3 5 7 11 13 17 19	1 9 15

韦恩图

韦恩图展示了不同数据集合之间的关系。它把数据分类到重叠的圆中，圆的重叠部分也就是集合的重合部分。

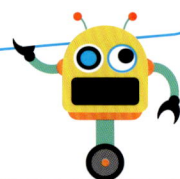

韦恩图用重叠的圆来展示数据集合。

1 记住，集合是事物、数或者一群人的汇集。举个例子，集合可能是你喜欢的食物集合，又或者是你家人的生日集合。右边这八个朋友组成了一组，他们中的大多数人都有课后活动。

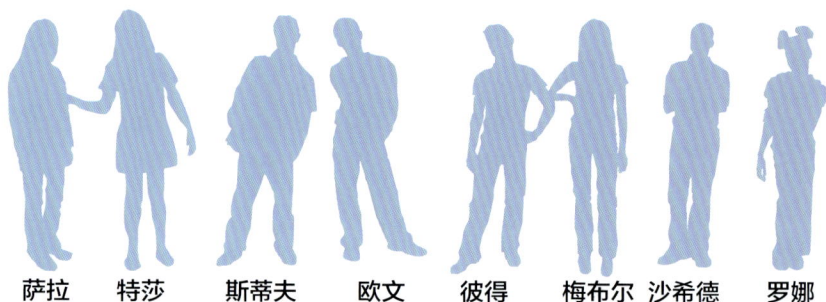

萨拉　特莎　斯蒂夫　欧文　彼得　梅布尔　沙希德　罗娜

2 构成集合的每种事物或每个人被称为该集合的元素。集合通常用圆来表示，右边是这八个朋友的集合。

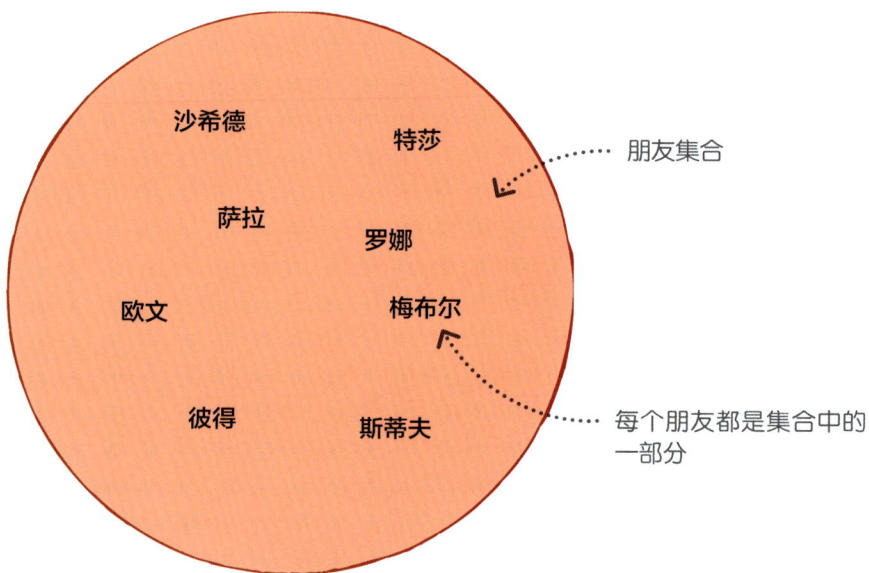

沙希德　特莎　萨拉　罗娜　欧文　梅布尔　彼得　斯蒂夫

朋友集合 ⌐

每个朋友都是集合中的一部分

3 朋友们参加三种课后活动：音乐课、美术课和足球锻炼。我们可以根据他们参加的课后活动种类把这些朋友分成更小的集合。

沙希德　萨拉　罗娜　斯蒂夫

🎸 音乐课

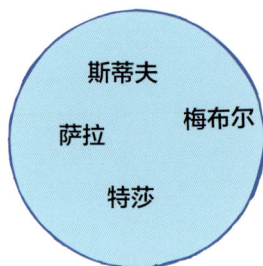

斯蒂夫　梅布尔　萨拉　特莎

🎨 美术课

斯蒂夫　罗娜　特莎　彼得

⚽ 足球锻炼

不参加课后活动的朋友

欧文

没有活动

4 我们把参加足球锻炼和音乐课的圆圈连在一起，让他们的圆圈部分重叠。当我们把两个集合相连时，它被叫作并集。现在我们就已经画出了一个韦恩图。

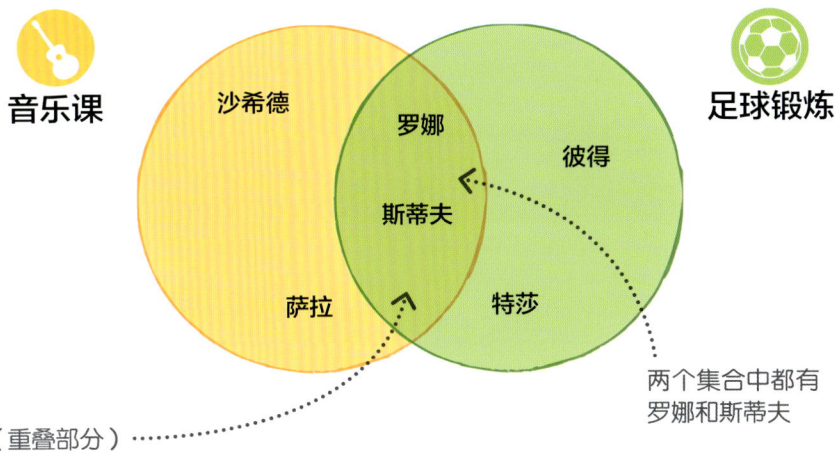

音乐课

足球锻炼

沙希德

罗娜

彼得

斯蒂夫

萨拉

特莎

两个集合中都有罗娜和斯蒂夫

相交部分（重叠部分）

5 两个集合重叠的地方是相交部分。它表明的是某人或某物属于多组时的情况。右图中这个相交部分表示的是罗娜和斯蒂夫两种课后活动都参加。

6 现在我们再把美术课集合与上面两组集合相连，这三组就都部分重叠了。如果我们看相交部分，就可以看出哪些朋友参加了不只一种课后活动。

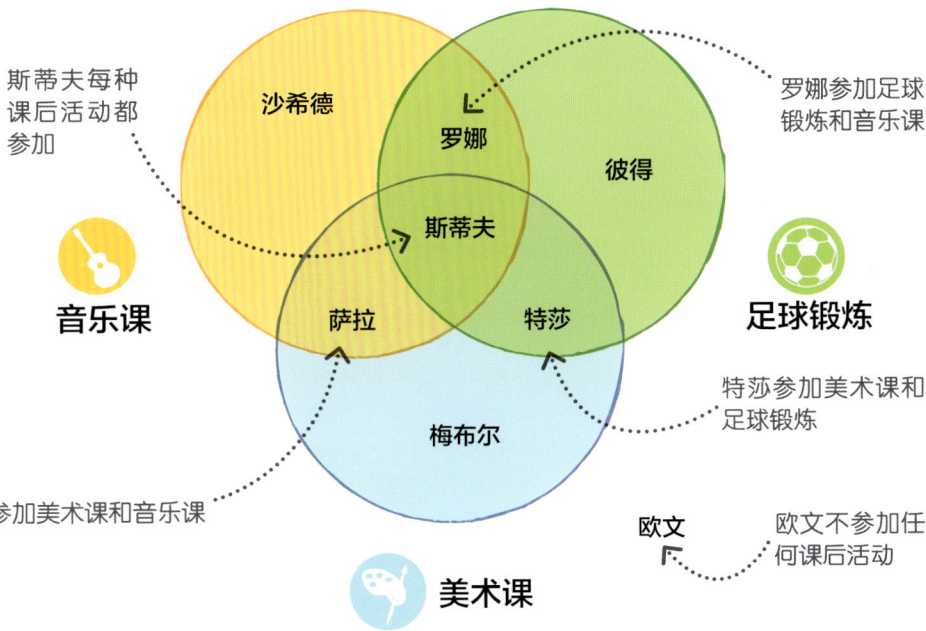

斯蒂夫每种课后活动都参加

罗娜参加足球锻炼和音乐课

音乐课

沙希德

罗娜

彼得

斯蒂夫

萨拉

特莎

足球锻炼

特莎参加美术课和足球锻炼

7 这三组韦恩图只包括八个朋友中的七个。欧文不参加任何课外活动，所以他不属于其中的任何一个集合。

梅布尔

萨拉参加美术课和音乐课

欧文

欧文不参加任何课后活动

美术课

全集

全集是指被分类的所有人和所有物的集合，包括那些不在重叠的集合里的人或物。

音乐课

沙希德

罗娜

彼得

斯蒂夫

萨拉

特莎

足球锻炼

1 为了表示全集，我们在图表中所有相交的圆的周围画一个方框。

梅布尔

欧文

美术课

2 这个方框必须包括欧文。尽管他不属于任何一种课后活动的集合，但他仍然是被分类的一部分。

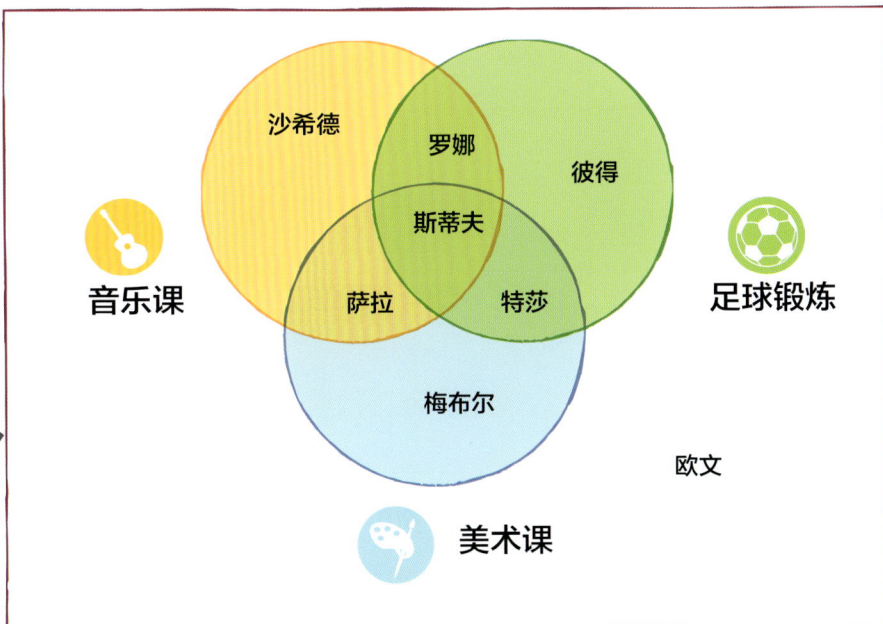

平均

平均是求一组数据的"中间"值。平均有助于我们比较不同的数据集合，并使数据集合内的单个值更有意义。

平均是求数据集合中最典型的值。

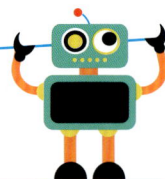

1 红色足球队的平均年龄是10岁。但不是所有的运动员都是10岁——有些是9岁，有些是11岁。但是10岁是整个队的代表性年龄。

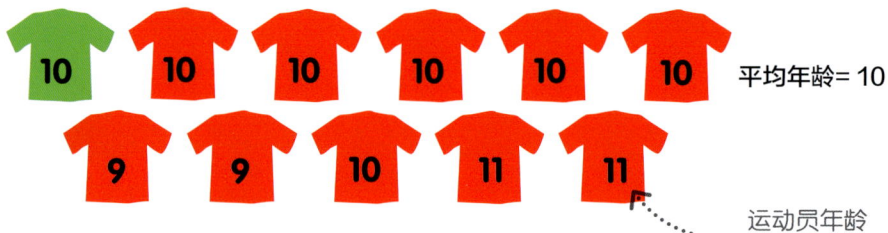

10　10　10　10　10　10　平均年龄= 10

9　9　10　11　11

运动员年龄

2 蓝色足球队的平均年龄是12岁。比较这两个平均数，我们发现蓝队的年龄要普遍高于红队。

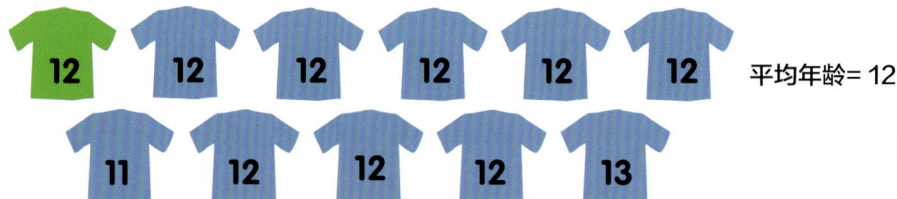

12　12　12　12　12　12　平均年龄= 12

11　12　12　12　13

3 平均还可以告诉我们一个个体值在数据集合中是具有代表性的，还是不常见的。举个例子，红队的平均年龄是10岁，这就可以告诉我们三个年龄分别为9岁、10岁和11岁的运动员是不是这个队中的典型年龄。

9岁　　10岁　　11岁

队中非典型年龄　　队中典型年龄　　队中非典型年龄

平均的类型

我们可以用三种不同的表示平均的值来描述一组数据。比如一群长颈鹿的身高，它们可以用平均值、中位数和众数来表示，每一组数据所传达的重点都有所不同。但它们都是用单个值来表示整个组，详见第269～271页。

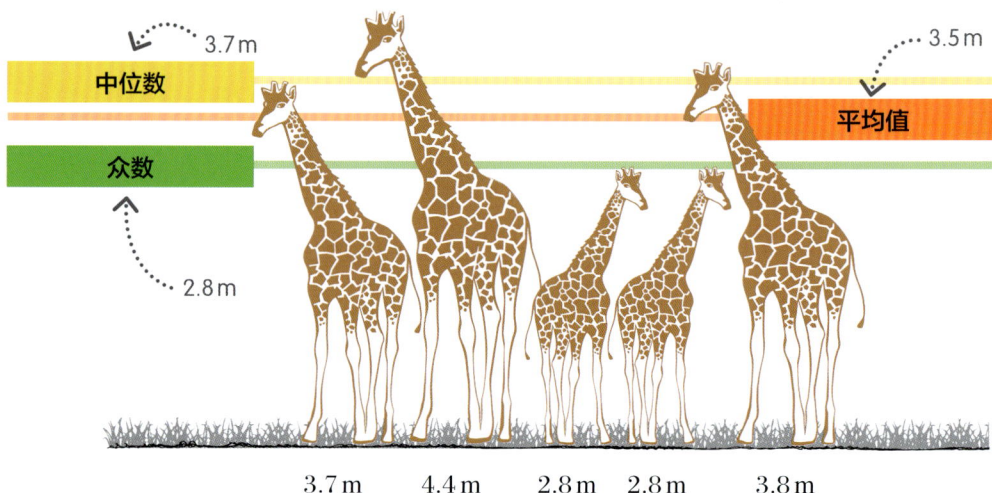

3.7m

中位数

3.5m

平均值

众数

2.8m

3.7m　　4.4m　　2.8m　　2.8m　　3.8m

平均数

当人们谈论平均时，通常会说到平均数。平均数是一组数据中的所有数据之和除以这组数据的总个数。

平均数是所有个体值之和除以个体数而得出的值。

1 我们来计算一下右边5只长颈鹿的平均身高。

2 我们先把所有长颈鹿的身高加在一起：
3.7 + 4.4 + 2.8 + 2.8 + 3.8 = 17.5。

3 现在用总身高除以长颈鹿的数量：17.5 ÷ 5 = 3.5。

4 所以，这些长颈鹿的平均身高是3.5 m。

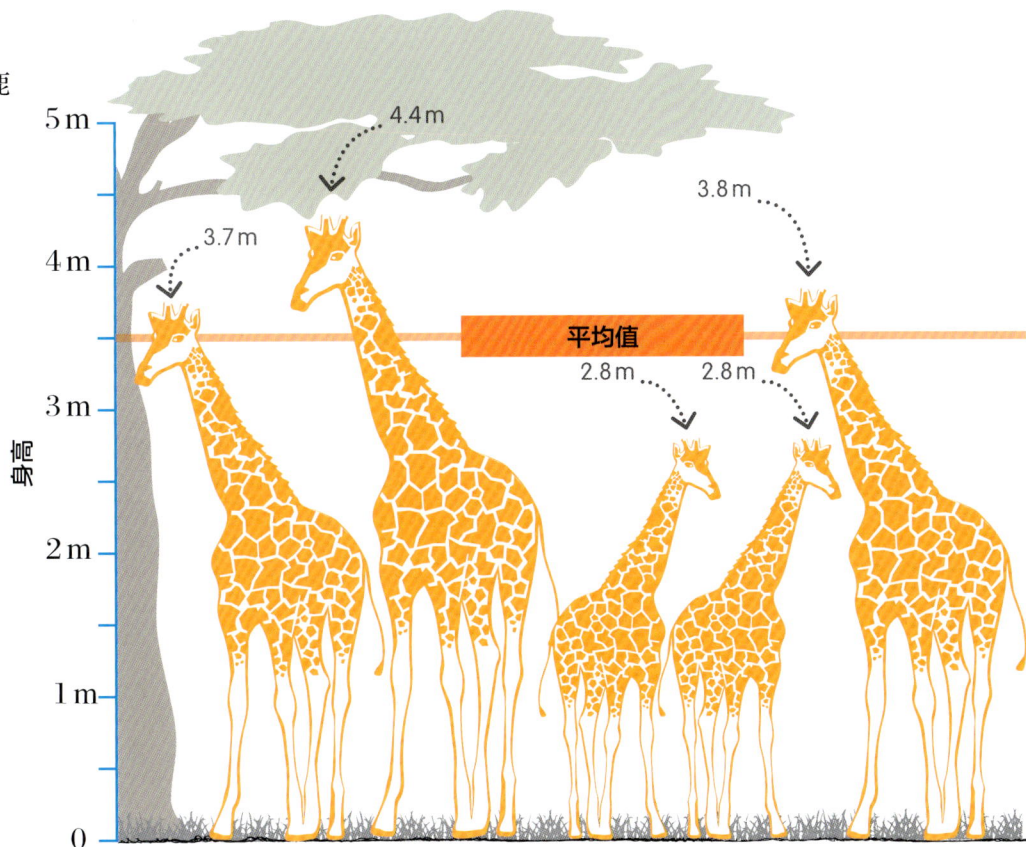

4.4 m
3.7 m
3.8 m
平均值
2.8 m
2.8 m
5 m
4 m
3 m
2 m
1 m
0
身高

试一试 TRY IT OUT
平均温度是多少?

天气预报通常会提到平均气温。右边是一周中每天正午的温度。让我们计算出这周的平均温度。

1 首先，把每天的温度加起来。

2 计算一周总共有多少天。

3 用总温度值除以一周的天数，就可以求出这周的平均温度了。

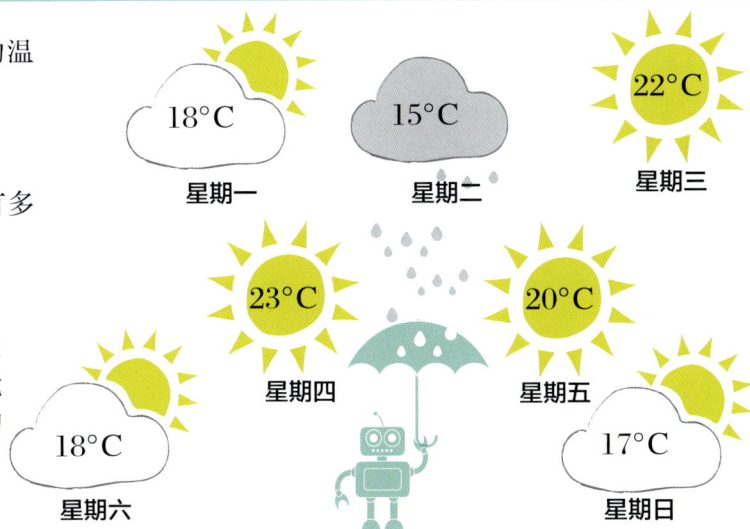

答案见第312页

18°C 星期一
15°C 星期二
22°C 星期三
23°C 星期四
20°C 星期五
18°C 星期六
17°C 星期日

中位数

中位数就是当所有数值按照从小到大或者从大到小的顺序排好时的中间值。

中位数就是把所有数值按顺序排好之后的中间值。

1 再来看看这群长颈鹿。这一次，让我们来计算它们身高的中位数。

2 把长颈鹿的身高从低到高按顺序写下：2.8、2.8、3.7、3.8、4.4。

3 现在可以找出中间身高是3.7(m)，因为这里有两只身高比它矮，还有两只身高比它高。

4 所以，这5只长颈鹿的身高中位数就是3.7(m)。

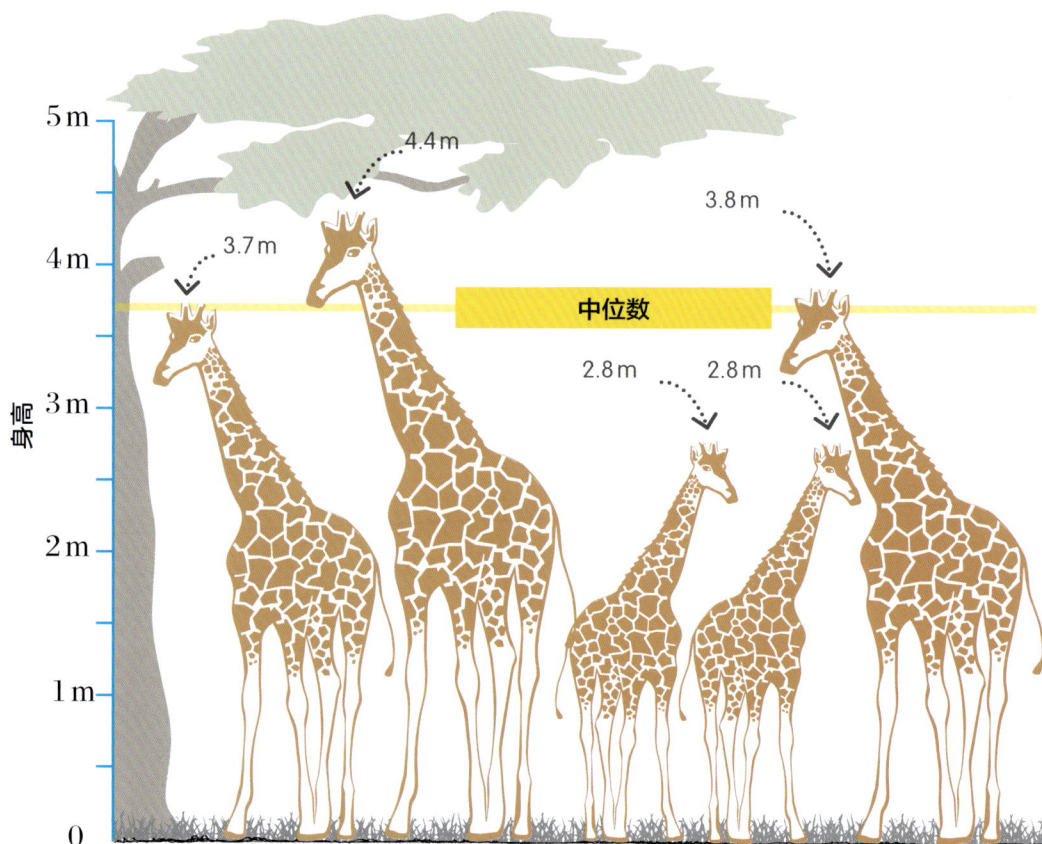

5m
4.4m
3.7m
3.8m
中位数
2.8m 2.8m
身高
3m
2m
1m
0

加上1只鹿

如果另有1只身高4.2m的长颈鹿加入其中，将5只鹿变成了6只，那么会发生什么呢？长颈鹿的数量变成了偶数，没有中间值了。但我们仍可以通过计算中间两个身高的平均值来算出它们的中位数。

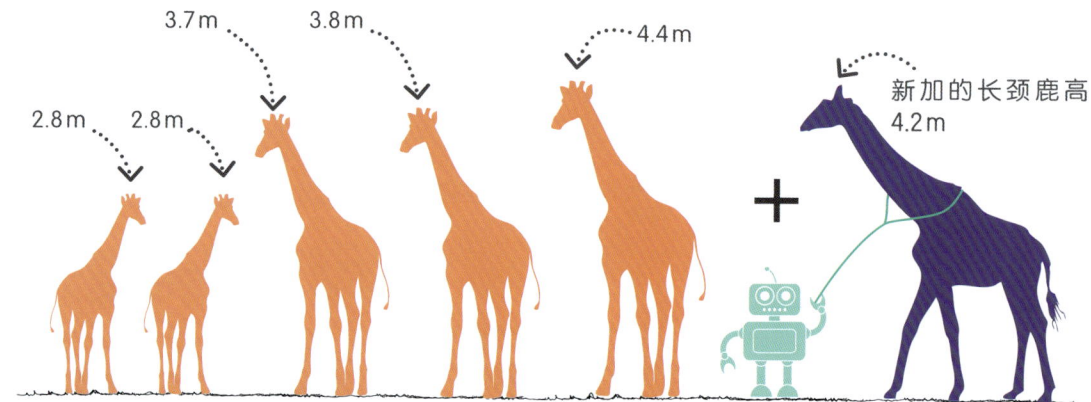

3.7m 3.8m 4.4m
2.8m 2.8m
新加的长颈鹿高4.2m

1 首先，让我们把这6只长颈鹿按从矮到高的顺序排列：2.8、2.8、3.7、3.8、4.2、4.4。

2 它们的中间身高为3.7(m)和3.8(m)。现在让我们计算出它们的平均值：

$(3.7+3.8) \div 2 = 3.75(m)$。

3 加上1只长颈鹿后，身高的中位数变成了3.75(m)。

众数

众数是一组数据中出现次数最多的值。有时候，一组数据中不只有一个众数。

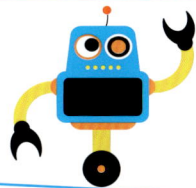

> 要找出众数，只需找到最常出现的值。将数值按顺序排列通常有助于我们找到众数。

1 我们已经计算出了长颈鹿身高的平均值和中位数，现在，让我们找出其众数。

2 如果我们把身高的数值按从小到大的顺序依次排列的话，就更容易发现它们最常见的值：

2.8、2.8、3.7、3.8、4.4。

3 然后我们从列出的数值里找出出现次数最多的。这里是2.8，它出现了两次。

4 所以，这群长颈鹿身高的众数是2.8(m)。

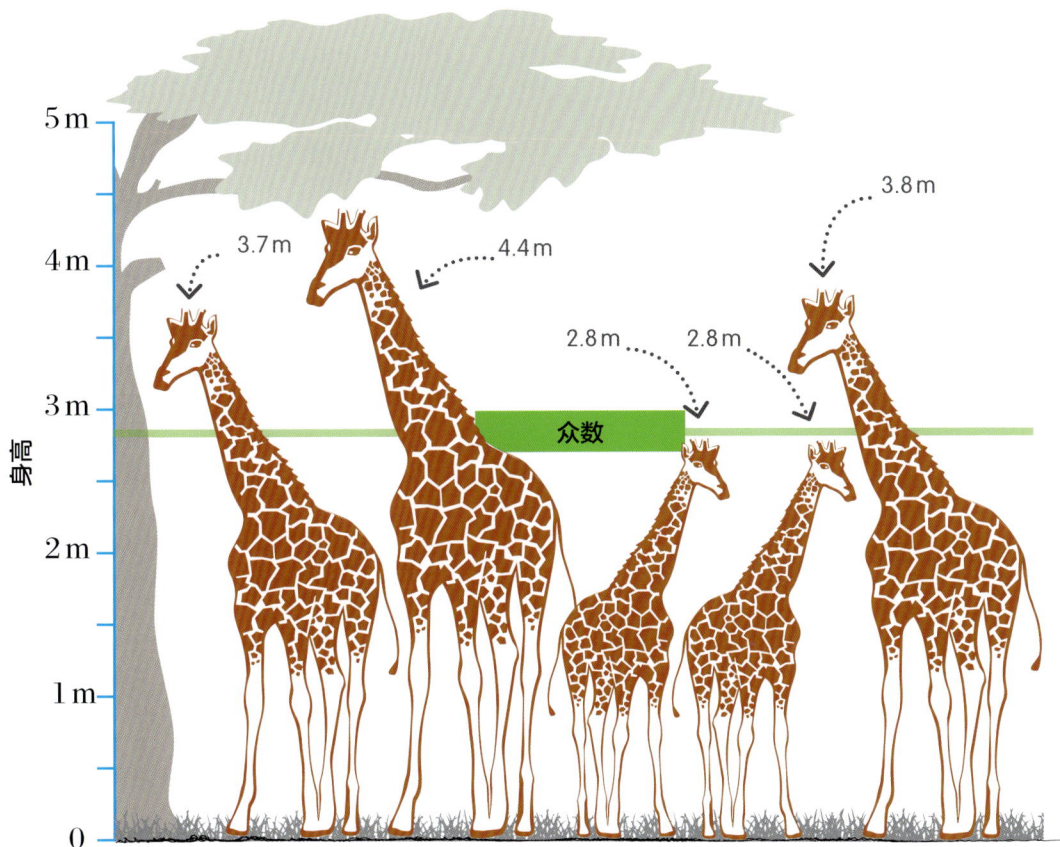

3.7 m 4.4 m 2.8 m 2.8 m 3.8 m

身高

众数

多个众数

当有两个或两个以上的数值比其他数值出现次数更多时，它们就都是众数。看一看，当我们额外加入1只身高为4.4 m的长颈鹿时会发生什么。

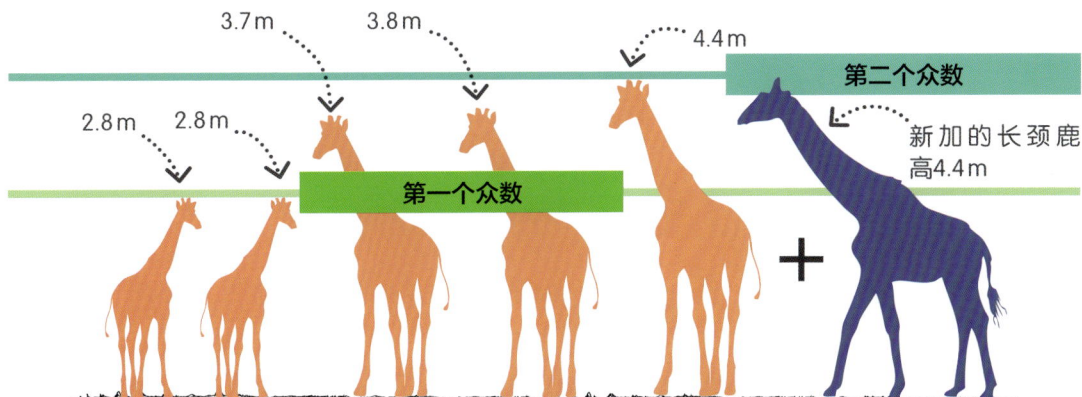

3.7 m 3.8 m 4.4 m
2.8 m 2.8 m

第二个众数

新加的长颈鹿高4.4 m

第一个众数

1 把长颈鹿身高的数值再次按顺序排列：

2.8、2.8、3.7、3.8、4.4、4.4。

2 我们可以从列出的身高里看到2.8和4.4都出现了两次，而其他身高只出现了一次。

3 所以，这组长颈鹿的身高有两个众数：2.8(m)和4.4(m)。

极差

每一组确定的数据都有一个范围。这个范围就是一组数据中最小值与最大值之间的差值。在统计学上，这个范围叫作极差。同平均数一样，极差也可用来比较一组数据。

1 让我们找出长颈鹿身高的极差。首先，我们把它们身高的数值从小到大依次写下：
2.8、2.8、3.7、3.8、4.4。

2 现在，找出最矮和最高的身高，它们分别是2.8和4.4。

3 然后，用最高的身高减去最矮的身高：4.4 – 2.8 = 1.6(m)。

4 所以，这组长颈鹿身高的极差是1.6(m)。

5 m

4 m

3.8 m

4.4 m

3.7 m

2.8 m

2.8 m

极差

3 m

身高

2 m

1 m

0

试一试 TRY IT OUT

掷骰子，找平均

如果你附近没有一群长颈鹿帮助你理解平均值的概念，不要着急，你也可以用骰子代替。要弄明白这些概念，你只需要用到两个骰子。

1 掷下两个骰子，写下总点数。

2 像这样做10次。

3 计算出掷出骰子的平均值、众数、中位数和极差。

4 如果掷20次骰子呢？你能得到同样的平均值、众数、中位数和极差吗？

要找到极差，只需用最大值减去最小值，其结果就是极差。

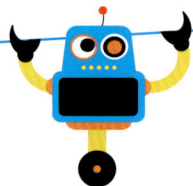

平均的运用

使用平均数、中位数还是众数，取决于你的数据值和数据类型。如果平均数、中位数和众数都一样，那么极差就会很有用。

> 如果数据集合中的一个值比其他值大很多或者小很多，就要避免用平均数。

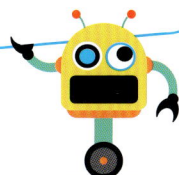

1 如果一组数据中的值是均匀分布的，就应该使用平均数。右边是5个孩子的存钱，其平均数为总存款除以孩子人数：66.00 ÷ 5 = 13.20。

艾米丽	11.75元
阿里	12.50元
乔希	13.25元
蔓莉莎	14.00元
勒罗伊	14.50元
总存款	66.00元

这里没有特别高或者特别低的值

2 如果一个值相比其他值太高或者太低，使用平均数就容易造成误判。

3 举个例子，如果勒罗伊的存款是98.50元，而不是14.50元，让我们来看看会发生什么。现在的平均数是：150 ÷ 5=30.00，这就会使其他人的平均存款看起来比实际存款要多出许多。这样看来，最好还是用中位数（中间值）13.25元。这个数更加贴近孩子们的实际存款数。

艾米丽	11.75元
阿里	12.50 元
乔希	13.25元
蔓莉莎	14.00元
勒罗伊	98.50元
总存款	150.00元

中位数（中间值）是13.25元

4 众数（最常见的值）可以使用于数以外的其他数据类型。举个例子，在调查汽车颜色时，蓝色可能是众数。

蓝色汽车最常见

使用极差

在数据集合的平均数、中位数和众数相同的时候，可以用极差展示数据集合的差值。

1 两个足球队在5场比赛中的总进球数都是20。两个队每场的平均进球数是4（20÷5）。

2 每个队进球数的中位数（中间值）也都是4分。同样的，两个队进4球都有两次，所以4也是众数（出现次数最多的数）。

3 但是，两队进球数的极差是不同的。红队是8−1=7，蓝队是6−1=5。所以，红队的进球数波动幅度更大。

进球数	
红队	蓝队
8	6
4	5
4	4
3	4
1	1
合计: 20	合计: 20

象形图

在象形图中，用小的图片或符号来表示数据。为了将数据划分成组，图片通常被放置在行或者列中。

在象形图中，图片代表的是数量。

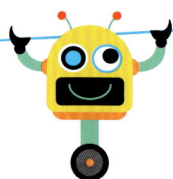

给象形图取名字 ......

数学城小学的小学生们看到的鸟

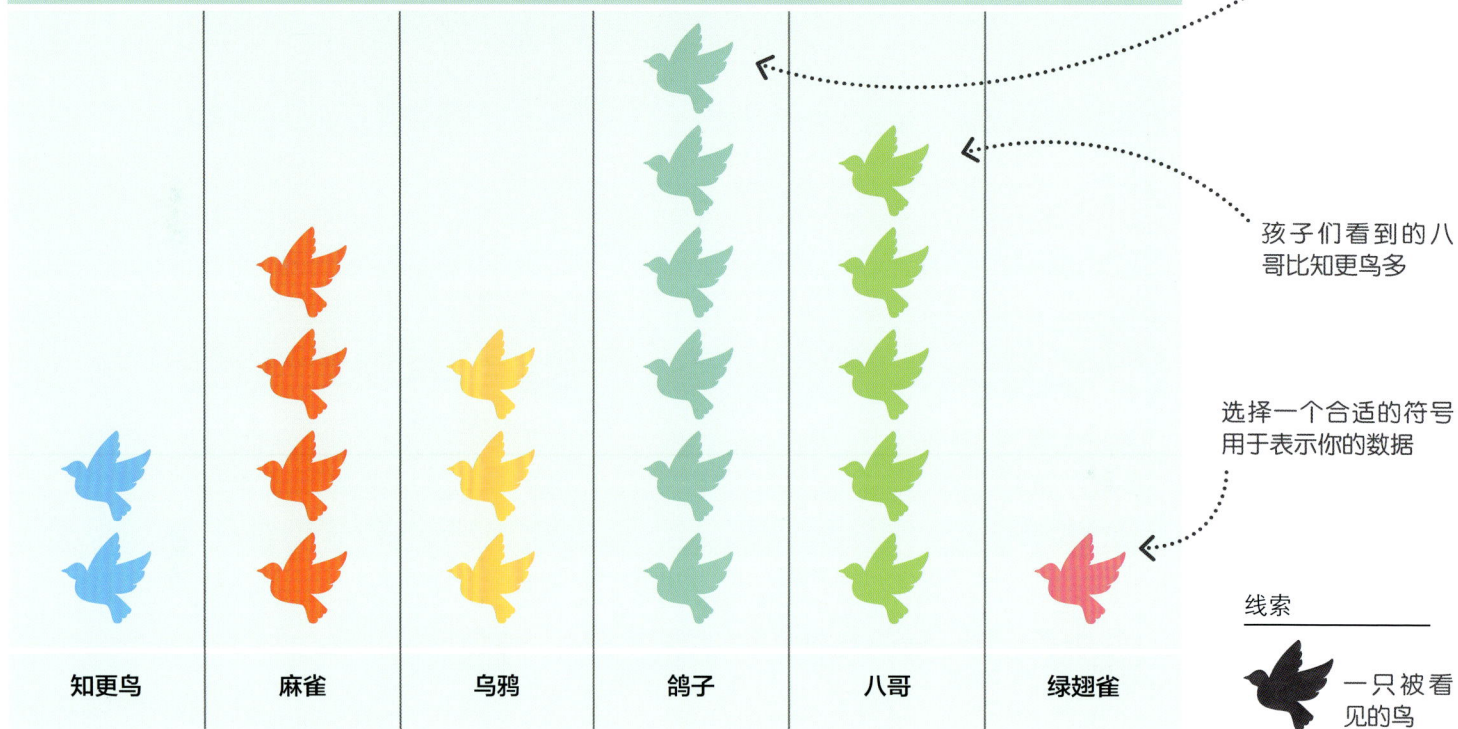

这儿有6个符号，代表孩子们看到了6只鸽子

孩子们看到的八哥比知更鸟多

选择一个合适的符号用于表示你的数据

| 知更鸟 | 麻雀 | 乌鸦 | 鸽子 | 八哥 | 绿翅雀 |

线索

一只被看见的鸟

1 让我们看看这个简单的象形图。它显示了小学生们看到的鸟的种类和数量的调查结果。

2 象形图内显示的数据是所有被看到的鸟。每一种鸟都是大集合中的子集，例如子集乌鸦。

3 象形图必须要有一个线索，用于解释这个符号或图片代表的是什么。上图的线索是一只鸟的符号，代表一只被看见的鸟。

4 数一数列中的符号，算出孩子们看到的各种鸟分别有多少。这个数就是子集的频率。例如，乌鸦出现的频数是3。

大数据的使用

当需要使用象形图展示大数据时，每张图片或符号可以代表多个。在下面的象形图中，每个符号都代表两个参观图书馆的人。半符号代表一个人。

线索

 2人

16个超过60岁的人参观了图书馆

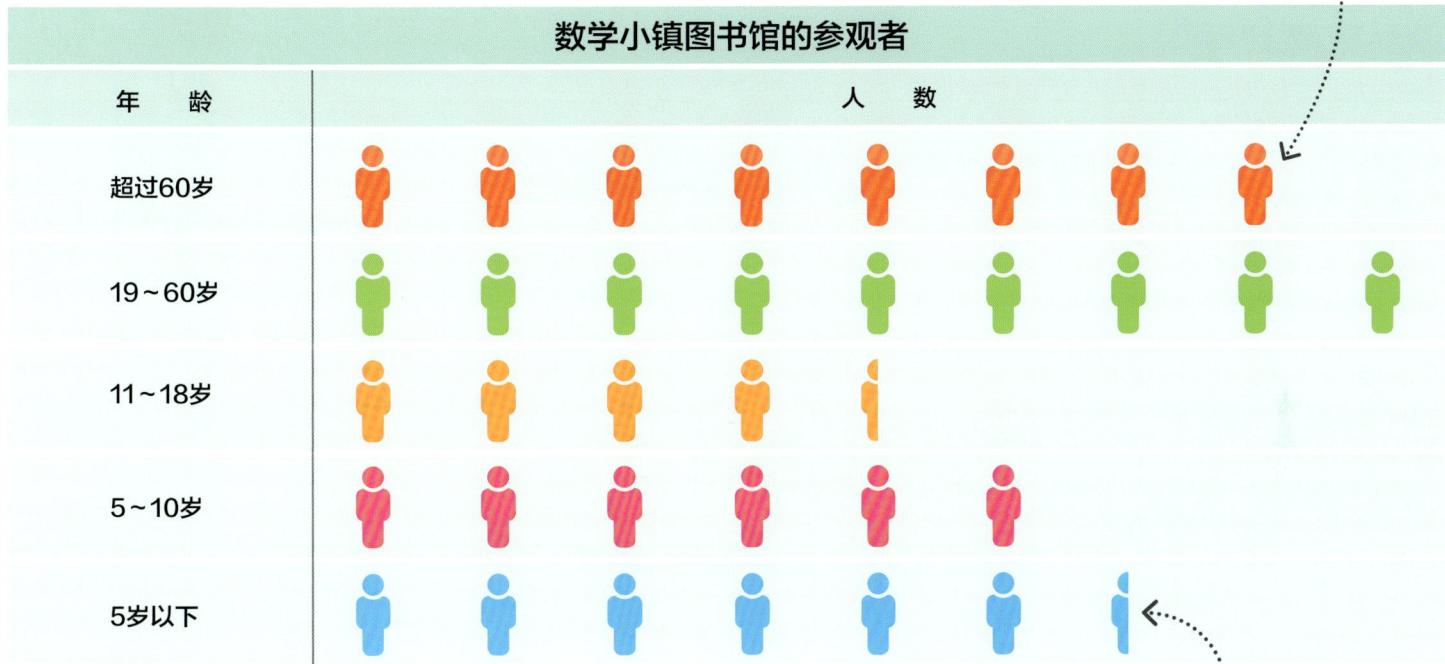

年 龄	人 数
超过60岁	
19~60岁	
11~18岁	
5~10岁	
5岁以下	

数学小镇图书馆的参观者

半符号代表一个人

1 要找到特定年龄段的参观者人数，就数那一行的全符号，再把它乘2。如果是半符号，就加1。

2 有多少11~18岁的人参观了图书馆？这一行有四个全符号和一个半符号，所以人数是：（4 × 2）+1 = 9。

试一试 TRY IT OUT

制作象形图

利用右边的频数表制作象形图，看看勒罗伊花了多少时间在玩电脑游戏上。

1 设计一个符号或图片，用在你的象形图上。它必须很合适并且易于理解。

2 你的符号要代表多少分钟？你是用半符号还是全符号？

3 你要把符号排成垂直的一列还是水平的一行？

勒罗伊的游戏时长	
星 期	游戏时长（分钟）
星期一	30
星期二	60
星期三	15
星期四	45
星期五	75

答案见第312页

方块图

方块图是指用一个图块，通常是一个正方格来表示集合中的一个或一组数据。方块图是图表的一种，图中的方块成列堆积。

> 方块图用堆积的方块来表示数据。

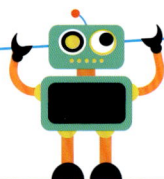

1 这个计数表显示的是孩子们最喜欢的水果的调查结果。让我们用这些数据来制作一个方块图。

你更喜欢哪种水果？	
🍊 橘子	|||
🍏 苹果	|||||	
🍇 葡萄	||||| |||
🍉 西瓜	||
🍌 香蕉	|||||

计数符记录的是数据的频数

6个孩子喜欢苹果

2 每个计数符表示有一个孩子选择了这种水果。

3 我们画一个方块，用于表示计数表上的每一个计数符。所有方块的大小都一样。

4 我们把这些方块成列堆积。每列之间留出空隙。每列方块的数量表示水果被选择的次数（频数）。

最受欢迎的水果

给方块图取名字

葡萄是最受欢迎的水果

5个孩子喜欢香蕉

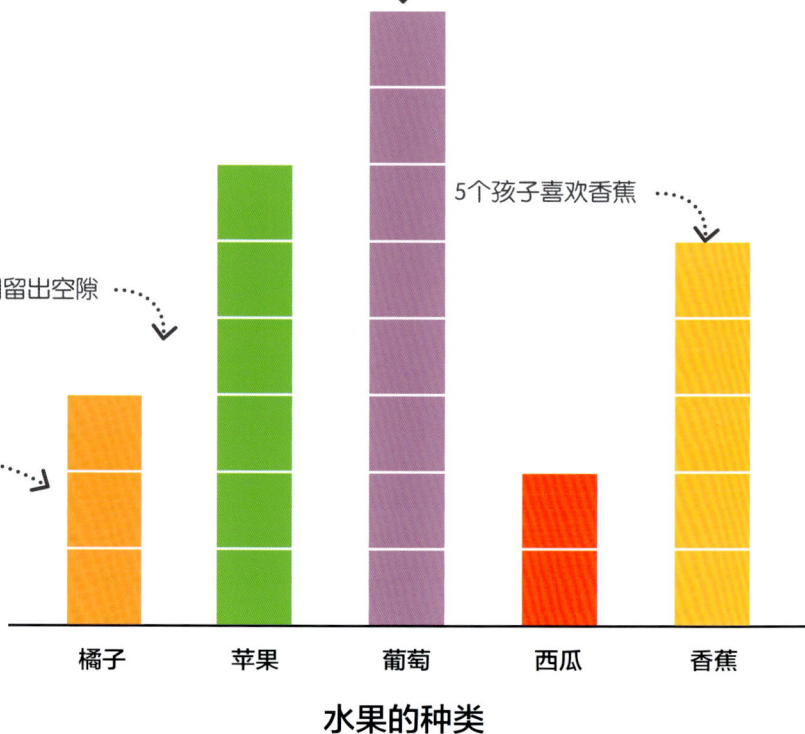

列之间留出空隙

每个方块代表有一个孩子选择了这种水果

橘子　　苹果　　葡萄　　西瓜　　香蕉

水果的种类

条形图

条形图用条或列表示群或一组数据。条形大小表示数据频数。条形图又叫条线图或者柱状图。

条的长度或高度表示频数。

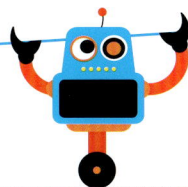

1 看看这个条形图。这里使用的是汽车颜色的调查数据。条的宽度相等，条与条之间用间隙隔开。

2 图表由两条叫作轴的线组成。汽车颜色条坐落在水平轴上。垂直轴上的刻度显示了汽车数量（频数）。

3 要找出有多少辆白色汽车，从白色条状的顶部看向垂直轴，然后读出其刻度数（5）。

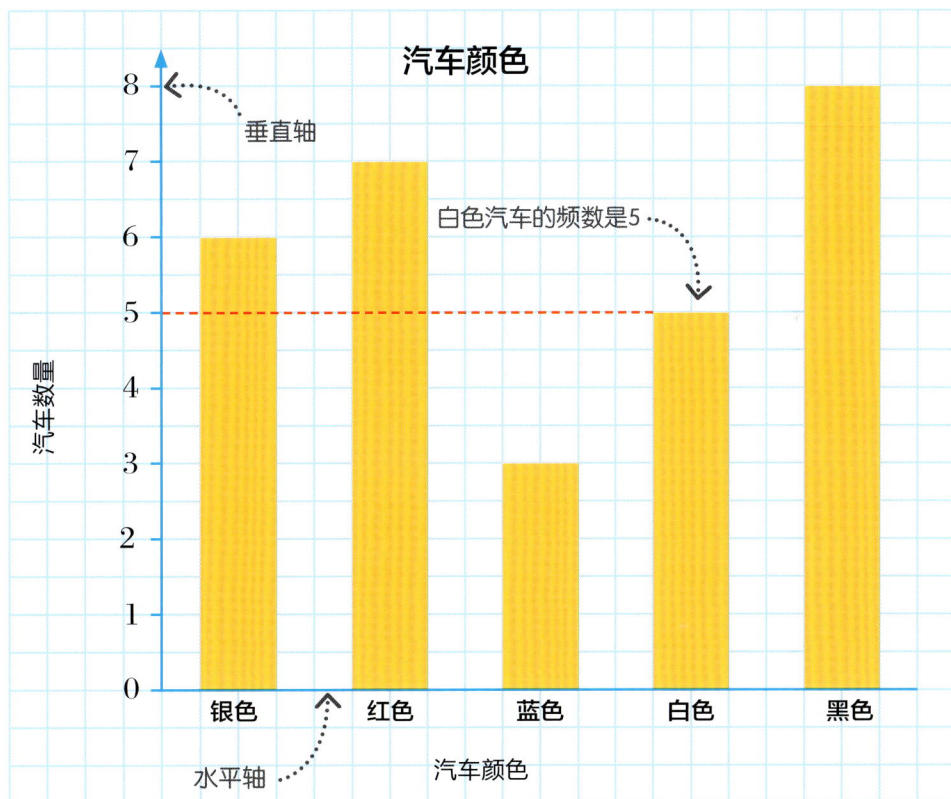

汽车颜色

垂直轴

白色汽车的频数是5

汽车数量

银色 红色 蓝色 白色 黑色

水平轴

汽车颜色

4 我们还可以用水平的条形重新绘制条形图，即把图表横过来，而不是使其垂直。

5 现在，汽车颜色在垂直轴上，而汽车数量（频数）可以在水平轴上读出来。

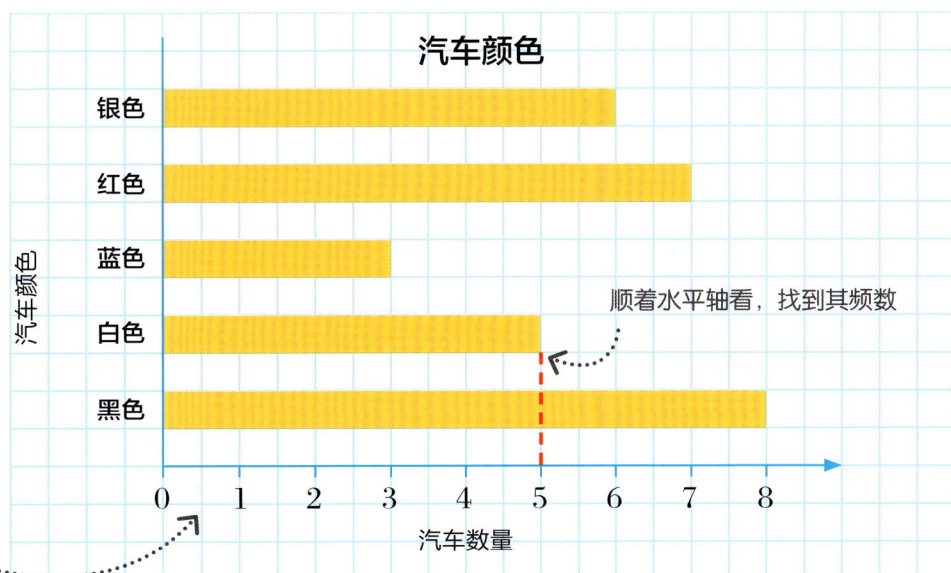

汽车颜色

银色
红色
蓝色
白色
黑色

汽车颜色

顺着水平轴看，找到其频数

0 1 2 3 4 5 6 7 8

汽车数量

现在的刻度在水平轴上

绘制条形图

绘制条形图需要一支铅笔、一把尺子、一块橡皮擦、一支彩笔（彩色铅笔或者蜡笔），以及正方形纸或者表格纸。最重要的是，还需要一些数据。

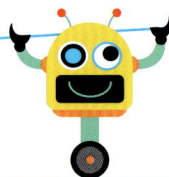

在正方形纸上绘制条形图。

1 让我们使用右边频数表上的数据。它展示了一群孩子使用乐器的情况。

2 最好把我们的条形图画在用小方格标示的纸上。这样更容易标记刻度和画出条状。

3 我们先画一条水平线表示x轴，画一条垂直线表示y轴。

4 然后在x轴上画出标记，用于表示条的宽度，它代表不同的乐器。所有的条必须宽度相同，这里我们画2个小格子宽。

5 现在让我们在y轴上增加刻度，用于表示孩子的人数。刻度代表的数值要能覆盖频数表中的数值范围，但又不会使条形图看起来被拉伸或者压扁了。这里画出0~8的刻度就可以了。

你使用的是什么乐器？

乐器	孩子人数
吉他	7
小提琴	6
小号	3
长笛	4
钢琴	5

这一列的数据表示的是频数

方格纸

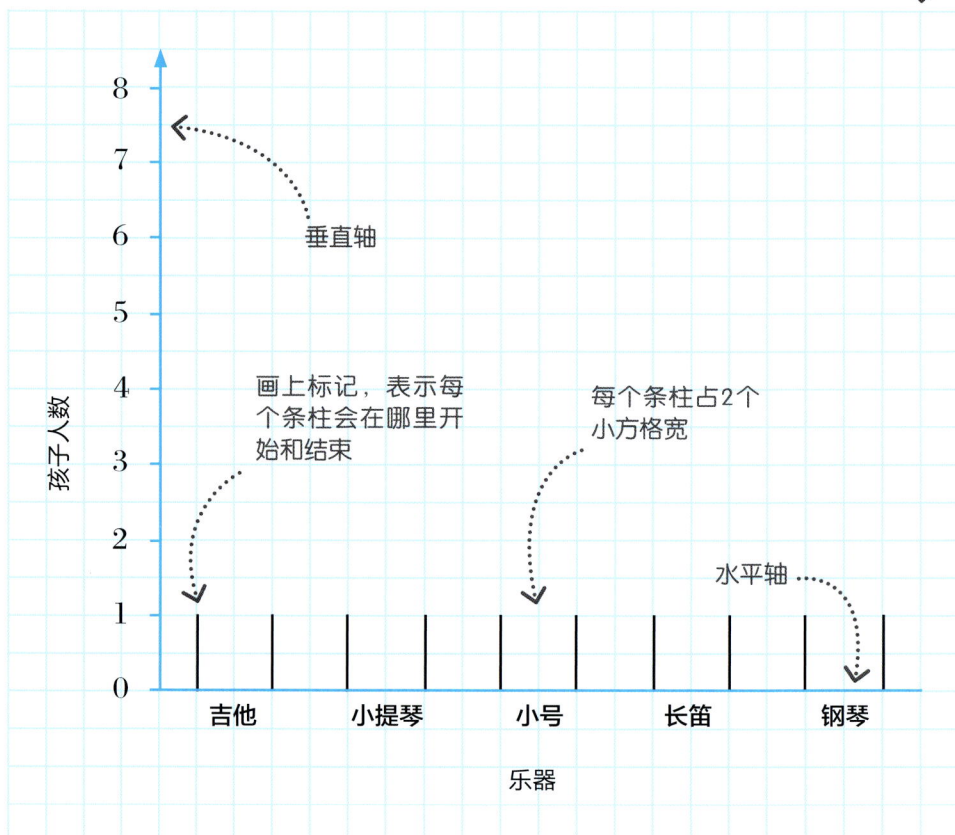

垂直轴

画上标记，表示每个条柱会在哪里开始和结束

每个条柱占2个小方格宽

水平轴

孩子人数

吉他　小提琴　小号　长笛　钢琴

乐器

6 现在开始为乐器画条柱。表上第一种乐器的频数是7，表示弹吉他的孩子人数为7。

直线必须在条柱的正上方

7 在 y 轴上找到刻度7。然后，我们在与7水平且与吉他对应的格子上方画一条短线。它必须精确地画在我们在 x 轴上的吉他条柱所做的标记的上方。这条短线长为两个小方格，与标记之间的距离相同。

长度必须跟标记之间的距离相同

8 其他乐器同样如此。

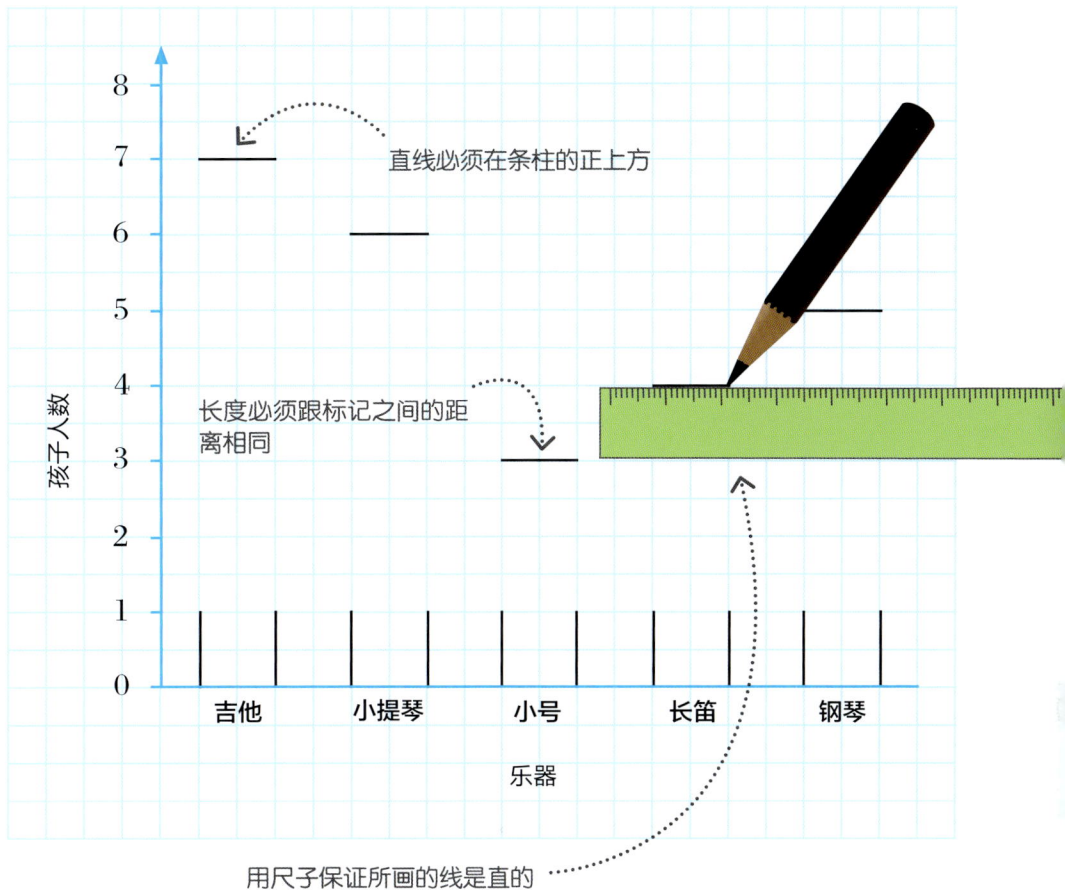

孩子人数

吉他　小提琴　小号　长笛　钢琴

乐器

用尺子保证所画的线是直的

两条垂直线遇着水平线形成一个条柱

给条形图取名字

我们用的乐器

9 为了完成吉他的条柱，我们顺着 x 轴的两个标记画上两根垂直线。这些线与我们刚画的水平线末端连接起来。

条柱里面的颜色

10 其他乐器同样如此。

孩子人数

11 最后，让我们给条柱上色。条柱可以是同一种颜色。但不同的颜色更有助于理解。

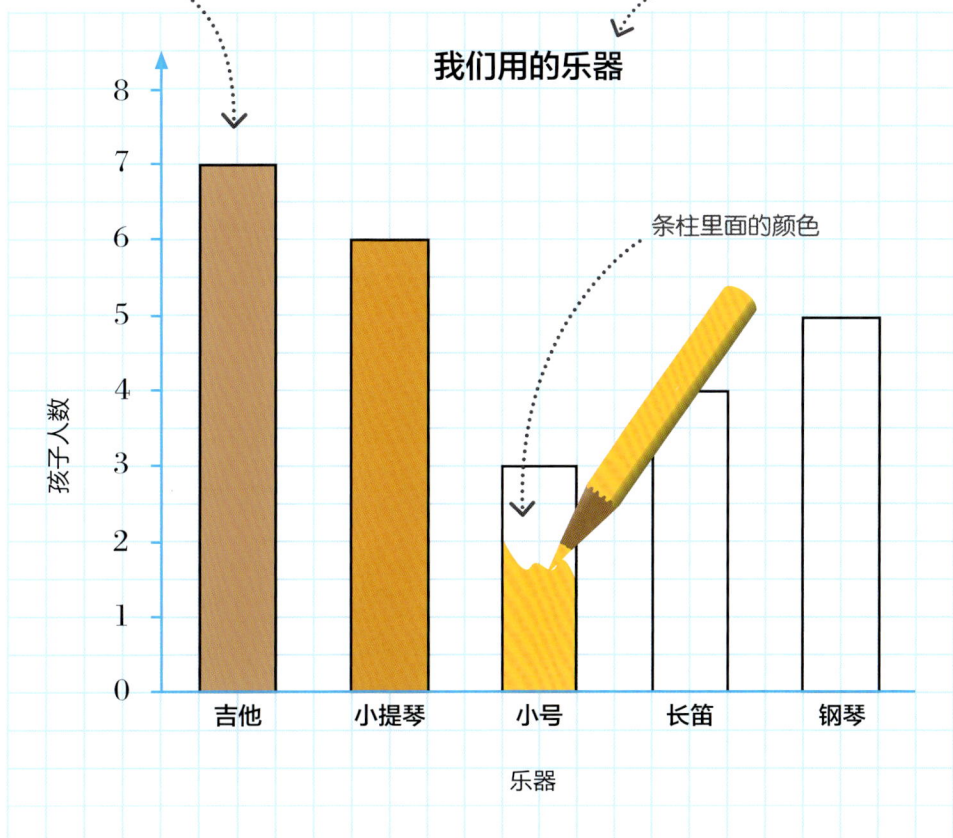

吉他　小提琴　小号　长笛　钢琴

乐器

折线图

在折线图中，频数用点标记。每个点都用线段与其邻点相连。折线图对展示随着时间推移的数据很有用。

> 折线图对展示随着时间推移的数据很有用。

一年中温度的平均数 (平均值)

- y轴上标记着温度刻度
- y轴上的刻度均匀排列
- 一月是最冷的月份
- 五月比八月冷
- 七月是最热的月份
- x轴上标记了一年的月份

温度（℃）纵轴，月份横轴（一月至十二月）

1 让我们看看这张折线图。上面展示的是数学镇记录的一年中的月平均温度。

2 一年中的月份列在水平的x轴上，温度刻度在垂直的y轴上。

3 每个月的平均温度用"×"绘制。所有的点都被连成一条连续的线。

4 此图让我们更加容易地看出这一年的最高温度和最低温度，也可以帮助我们比较不同月份的温度。

现实世界的数学

心脏监护仪

心脏监护仪可以记录心脏跳动的次数。当数据在屏幕上显示或者打印出来时，它就像是一张由波动曲线组成的折线图。

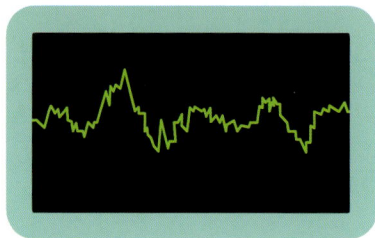

读懂折线图

这张图告诉我们雅各布从2岁到12岁的身高变化情况。从 x 轴的年龄出发往上到达绿线，然后找到绿线对应的 y 轴身高，我们便能知道雅各布在不同年龄的身高是多少了。通过这张图，我们还能知道雅各布在哪年长高了多少。

1 让我们看看雅各布6岁时有多高。在 x 轴上找到6，然后顺着它往上看。

2 当我们到达绿线后，我们可以看到绿线上的这个点对应的 y 轴数值是110。这就表明雅各布6岁时的身高是110cm。

3 我们同样可以计算出雅各布在9岁半时的身高。向上看，y 轴告诉我们雅各布这时的身高大概是132cm。

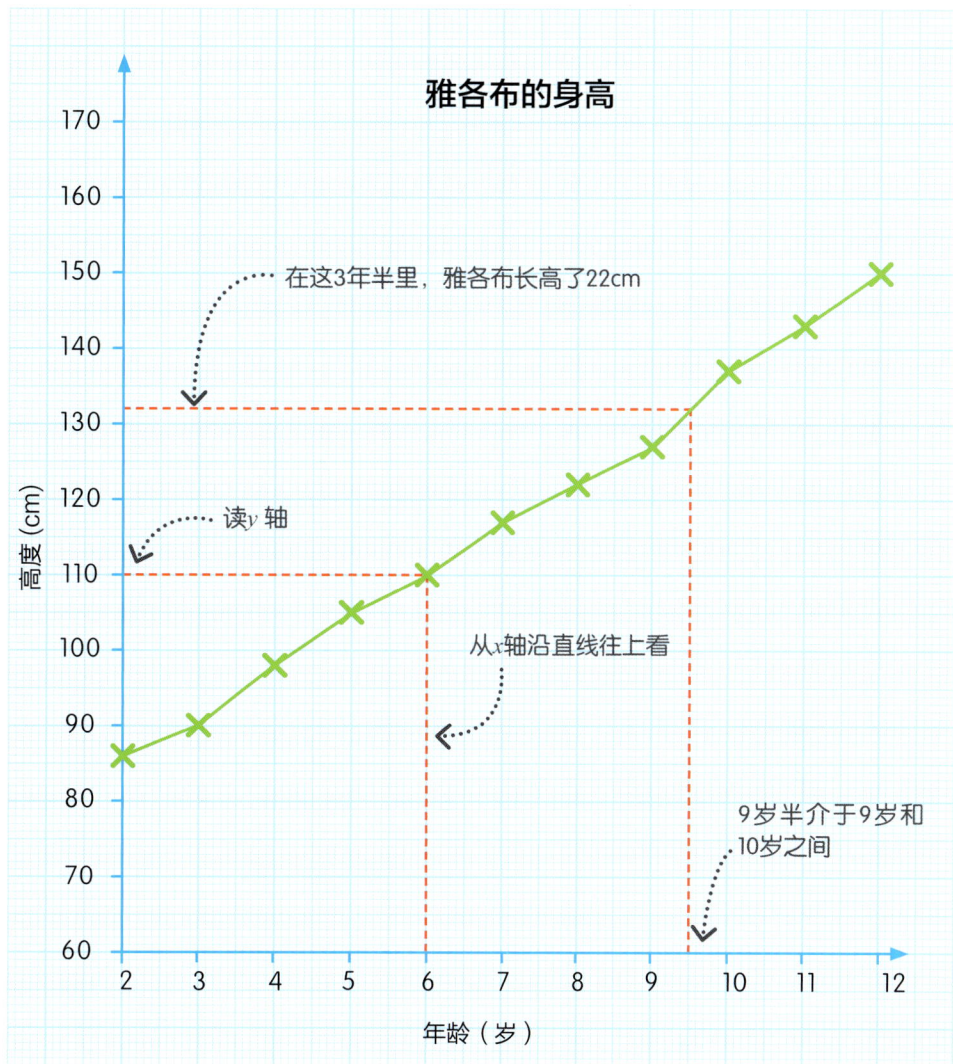

雅各布的身高

在这3年半里，雅各布长高了22cm

读 y 轴

从 x 轴沿直线往上看

9岁半介于9岁和10岁之间

高度（cm）

年龄（岁）

转换图

转换图用直线表明两个单位是如何关联的。

1 右图的 x 轴上是千米，y 轴上是英里。这条直线让我们从一个单位转换到另一个单位。

2 要把80千米换成英里，我们只要顺着 x 轴找到80千米。然后顺着直线读出 y 轴上是50英里。

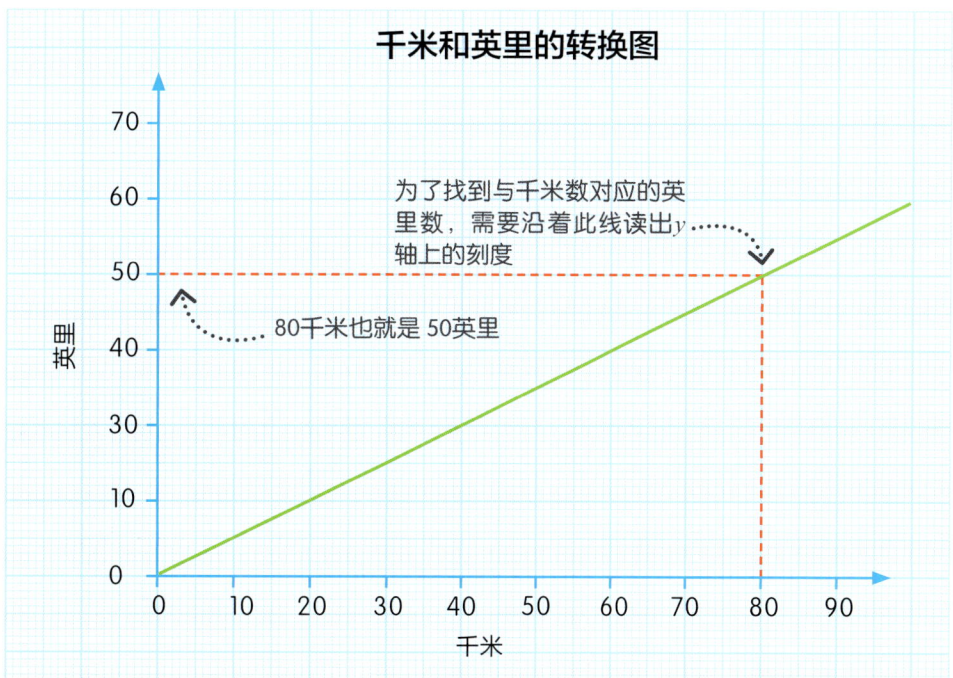

千米和英里的转换图

为了找到与千米数对应的英里数，需要沿着此线读出 y 轴上的刻度

80千米也就是 50英里

英里

千米

绘制折线图

绘制折线图需要准备一支铅笔、一把尺子、表格纸以及一些数据。我们通常在图中用小叉号(×)表示数据点，然后把小叉号连成一条连续的线。

1 一班学生把每小时的室外温度记录下来作为科学实验的一部分。让我们用这张表格里的数据绘制折线图。

每小时的温度	
时 间	温度 (°C)
08:00	6
09:00	8
10:00	9
11:00	11
12:00	12
13:00	15
14:00	16
15:00	15
16:00	13

这列中的数据表示的是每小时的温度

2 我们将会用到标有小方格的特殊表格纸。因为它能帮助我们准确地标记出数据并描线。

表格纸

3 我们先要画出x轴和y轴。时间总是沿着水平的x轴排列。我们用此轴标记和写下这一天中的时点，从08:00开始。

4 温度随着垂直的y轴变化。我们需要在y轴上标出包含最高温度和最低温度的刻度范围。这里标出0～18°C就可以了。每2摄氏度标记一下即可，不然数值之间会显得太密。

5 我们在x轴上标记"时间"，在y轴上标记"温度 (°C)"。

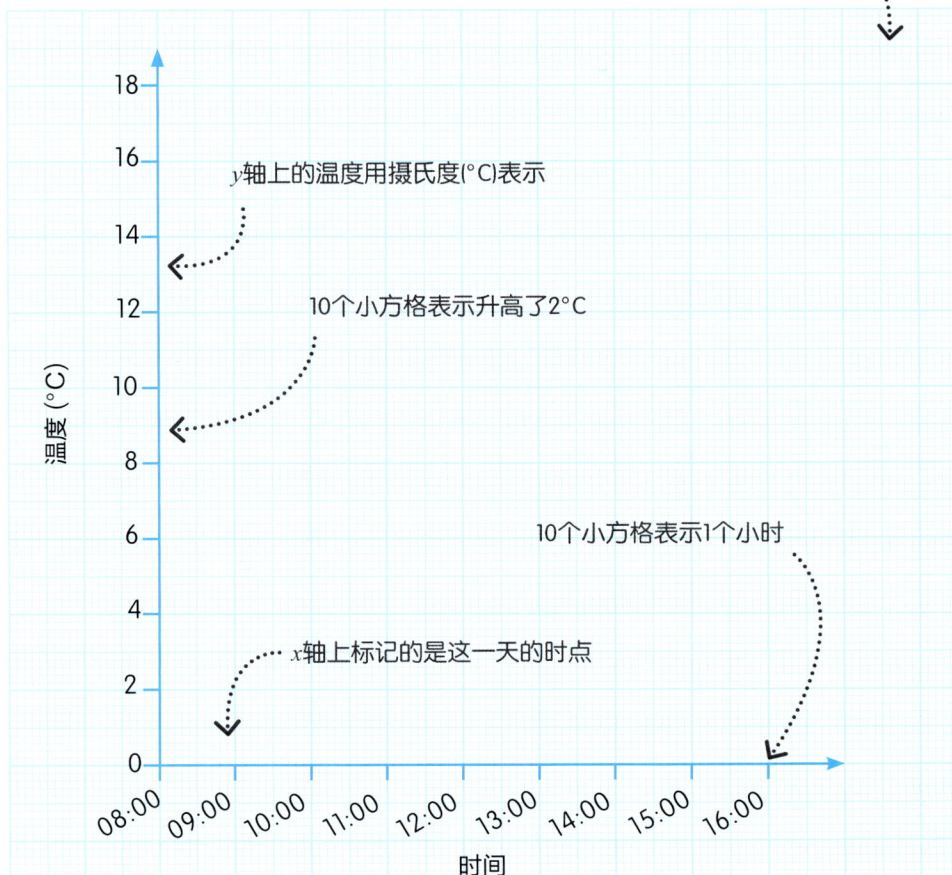

y轴上的温度用摄氏度(°C)表示

10个小方格表示升高了2°C

10个小方格表示1个小时

x轴上标记的是这一天的时点

6 现在，我们可以把数据绘制在表格上了。先把温度依次排列起来，并在表格上找到其位置。

7 第一个温度是在08：00上，为6°C。我们顺着 x 轴上的08：00沿 y 轴上升，直到我们找到6，用铅笔画个小叉号，标记其位置。

8 现在我们绘制下一个温度，即09：00上的8°C。我们顺着 x 轴上的09：00标记往上，直到我们在 y 轴上找到8，然后再画一个小叉号。

绘制的每一个时点的温度

折线图上的点通常用小叉号标记

标记09：00和8°C相交的线上的点

温度（°C）

时间

9 绘制完所有温度之后，用尺子将每个小叉号用线连接起来。表格上的所有小叉号都要被连接成为一条不间断的线。

10 给图表取一个名字，然后结束此次绘制。这样每个人看到图表就能明白它是关于什么的了。

折线表明了温度是怎样在早晨时开始上升、在午后开始下降的

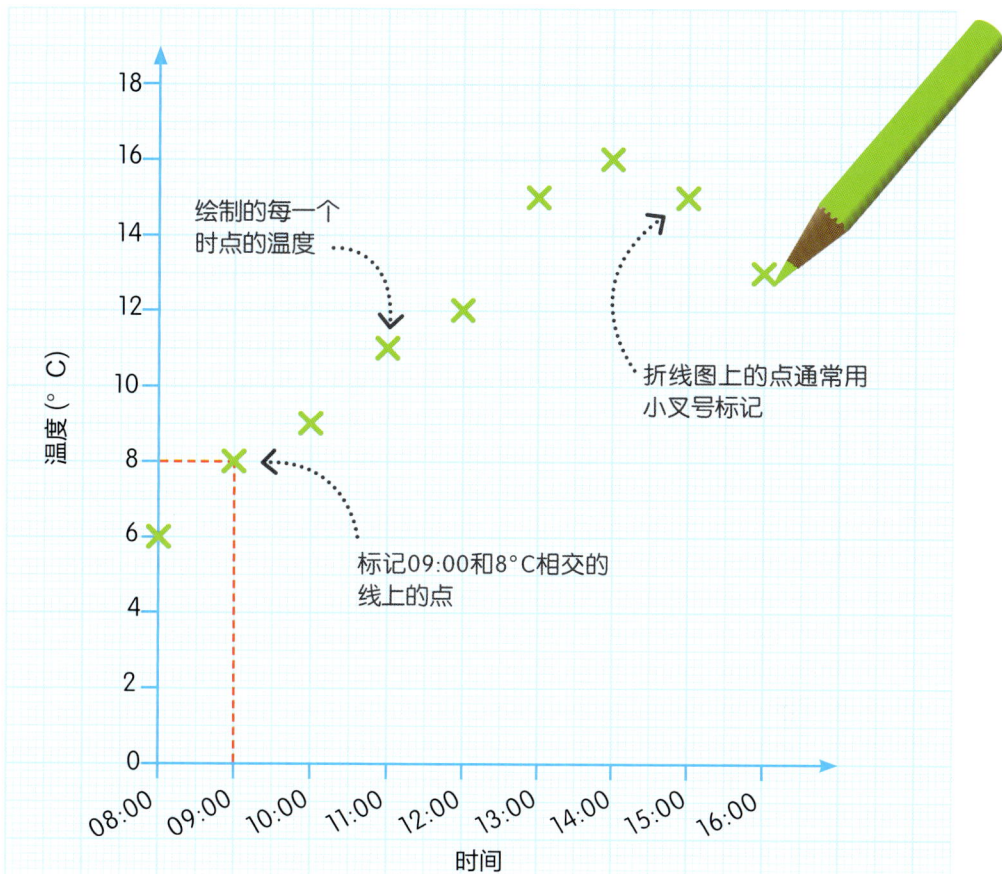

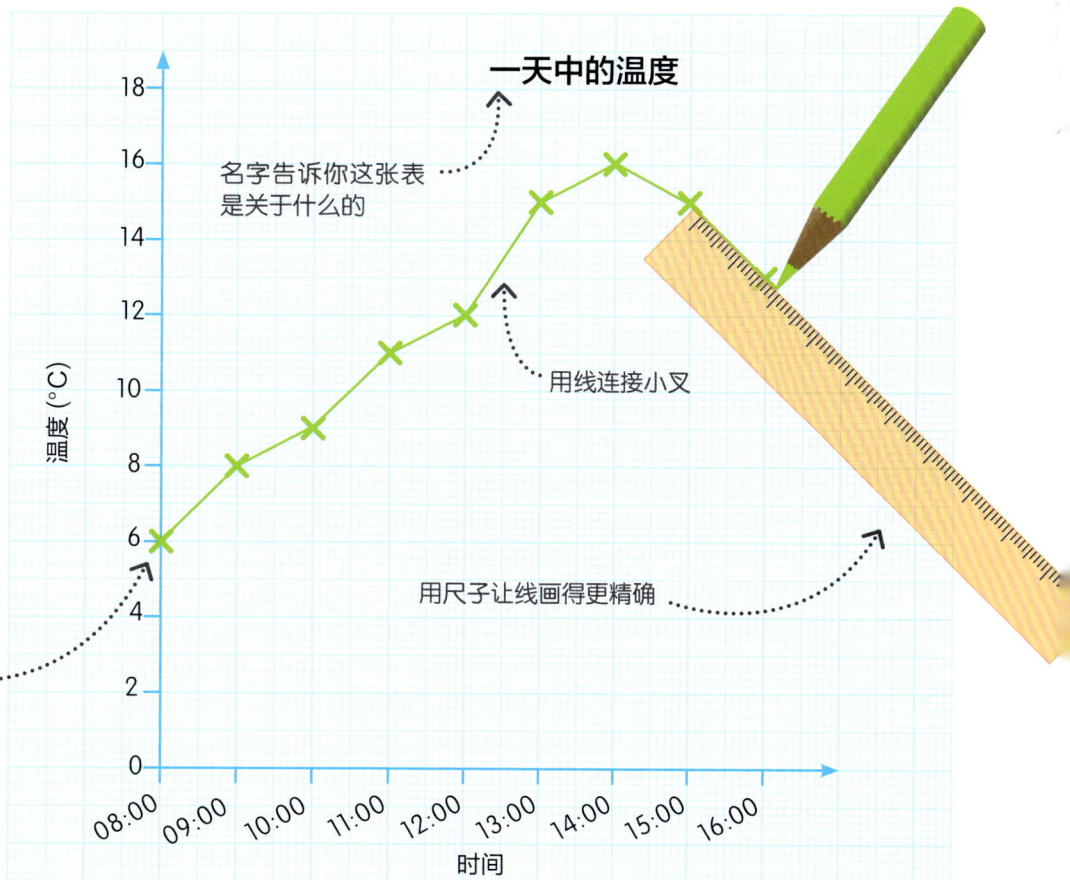

一天中的温度

名字告诉你这张表是关于什么的

用线连接小叉

用尺子让线画得更精确

温度（°C）

时间

饼状图

饼状图通过可视化的方式展示数据。它是用圆的切片（扇区）显示数据的图表。饼状图可用于比较一组相关数据的大小。

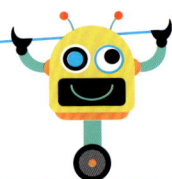

扇区部分越大，代表的数据越多。

1 看看右边的饼状图。它显示的是一群孩子们说出的最喜欢看的电影类型。

2 尽管这张图里没有数据，但我们仍然能够理解它。扇区部分越大，代表越多的孩子选择了该类型的电影。

3 我们可以通过饼状图来比较不同类型电影的受欢迎程度。这里表示得很清楚，喜剧是最受欢迎的，科幻片是最不受欢迎的。

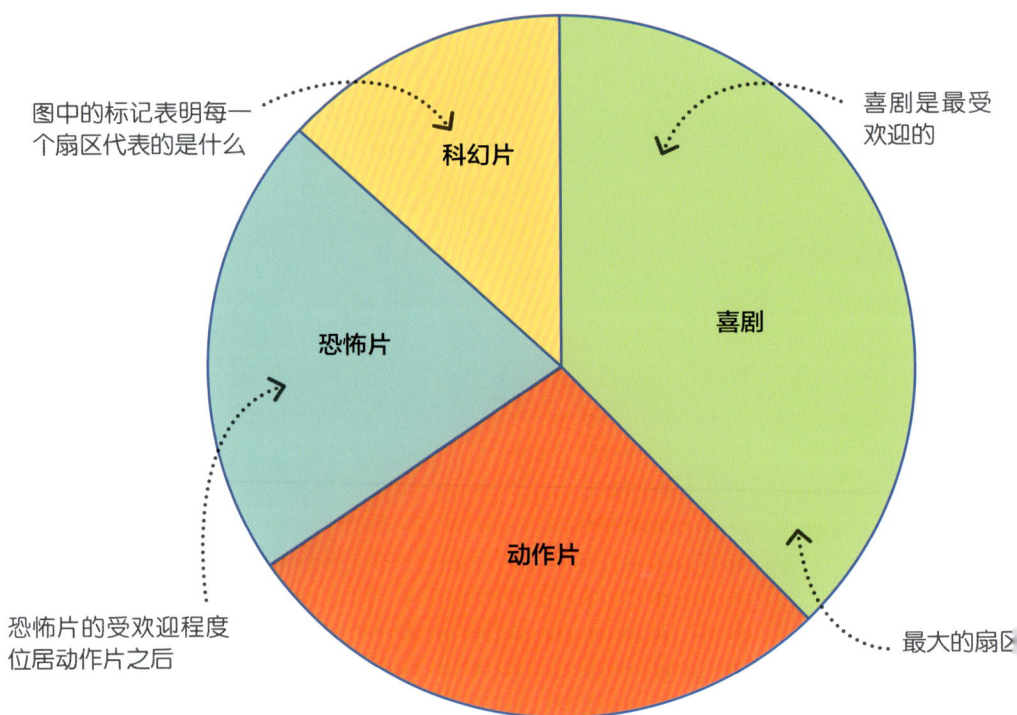

喜欢的电影类型

图中的标记表明每一个扇区代表的是什么

喜剧是最受欢迎的

科幻片

喜剧

恐怖片

动作片

恐怖片的受欢迎程度位居动作片之后

最大的扇区

标记扇区

有两种标记饼状图的方法：颜色和文字。

颜色

科幻片

喜剧

恐怖片

动作片

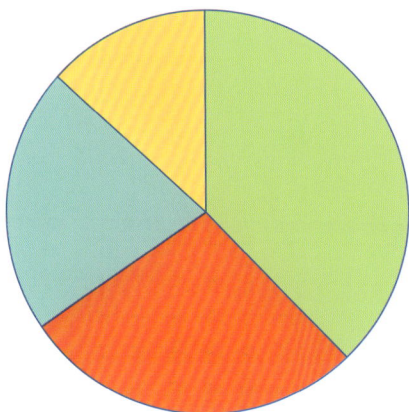

1 颜色
我们可以通过圆里的颜色知道每个扇区代表的电影类型。

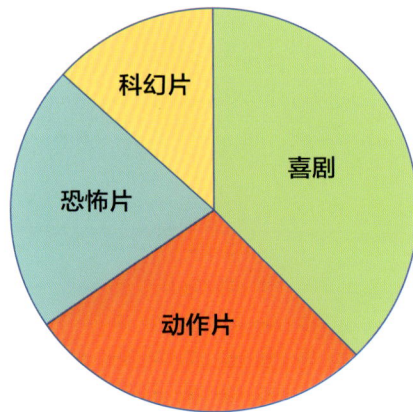

2 文字
我们可以在扇区外边写上文字，也可以像上图这样将文字写在扇区里面。

饼状图的扇区

饼状图的圆（饼）代表所有的数据。其中的每一个切片或者扇区都是子集。如果我们将所有的扇区加起来，就得到了整个饼。我们可以将扇区的大小用角度表示，或者用分数和百分数表示。

1 因为是一个圆，所以饼状图的总角度就是360°。构成饼状图的每个扇区都是这个大角度（360°）的一部分。

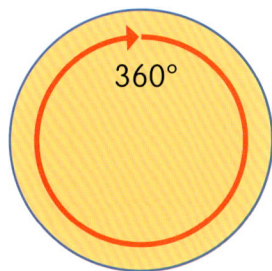

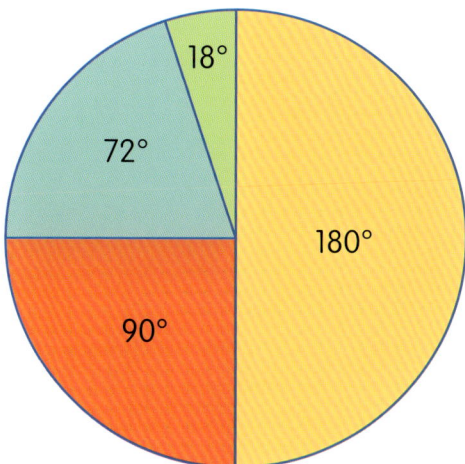

$$18° + 72° + 90° + 180° = 360°$$

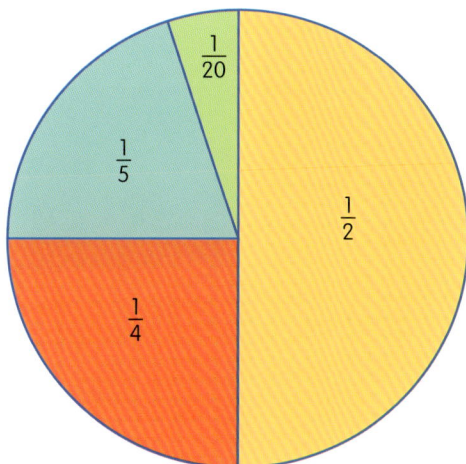

$$\frac{1}{20} + \frac{1}{5} + \frac{1}{4} + \frac{1}{2} = 1$$

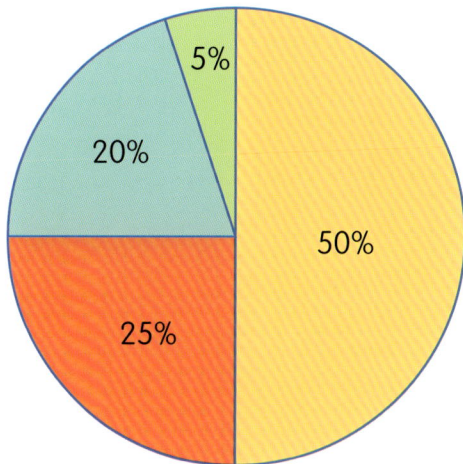

$$5\% + 20\% + 25\% + 50\% = 100\%$$

2 角度
扇区的角度（°）是从中心测量的。所有扇区的角度加起来总是360°。

3 分数
每个扇区都是饼状图的一部分。举个例子，一个90°角的扇区代表四分之一。同样的，所有的分数加起来等于1。

4 百分数
整个饼状图的扇区同样可以用百分数来表示。一个90°的扇区就是25%。同样的，将百分数加在一起就是100%。

试一试 TRY IT OUT
饼状图谜题

这里有两个问题需要解决。饼状图内扇区的角度加起来总是360°；而用百分数表示时，加起来就是100%。

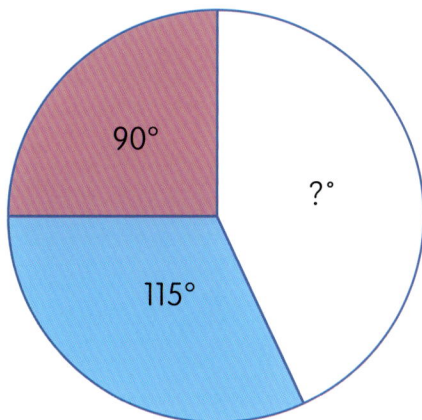

1 你能算出这个饼状图中第三个扇区的角度吗？

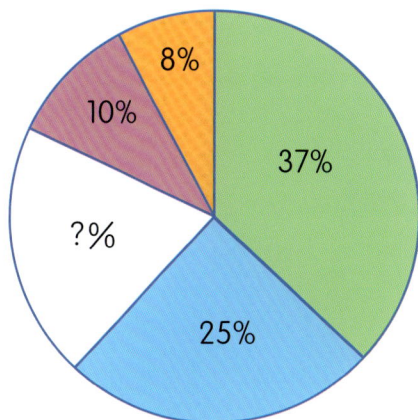

2 这个饼状图中未知扇区的百分数是多少?

答案见第312页

绘制饼状图

我们可以根据频数表上的数据，用圆规和量角器绘制饼状图。有一个公式可以帮助我们算出饼状图上每个扇区或切片的角度。

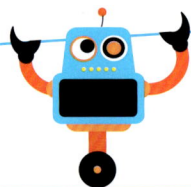

饼状图内所有扇区的角度加起来总是360°。

计算角度

绘制饼状图的第一步是计算出每个扇区的角度。

1 让我们使用右边频数表上的数据绘制饼状图。饼状图的扇区代表的是不同的口味。

冰激凌售卖	
口味	售出数量
柠檬	45
芒果	25
草莓	20
薄荷	10
总数	**100**

频数（每种口味售出的数量）

总频数（冰激凌售出总数）

2 要算出角度，我们只需将每种口味的频数放入右边的公式中即可。

$$角度 = \frac{频数}{总频数} \times 360°$$

3 表格中显示有100份冰激凌被卖出，其中45份是柠檬味的。我们可以在公式中用这些数据算出柠檬扇区的角度：

$45 \div 100 \times 360° = 162°$。

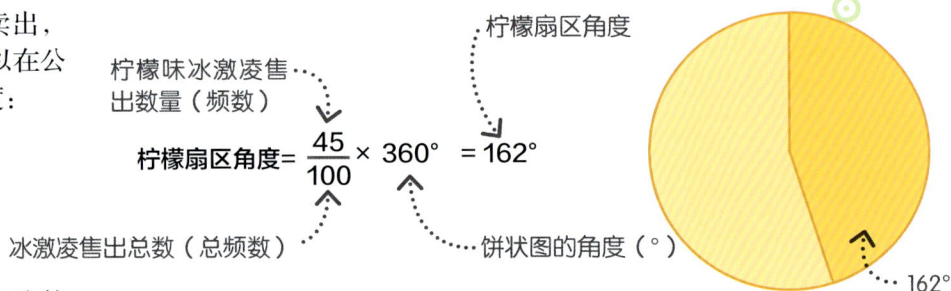

柠檬味冰激凌售出数量（频数）

柠檬扇区角度

$$柠檬扇区角度 = \frac{45}{100} \times 360° = 162°$$

冰激凌售出总数（总频数）

饼状图的角度（°）

162°

4 现在，将其他扇区按同样的方法算出。然后，我们把所有的角度相加，检查结果是不是360°：

$162° + 90° + 72° + 36° = 360°$。

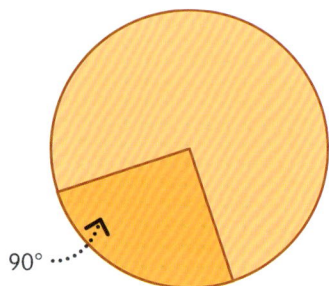

90°

$$芒果扇区角度 = \frac{25}{100} \times 360° = 90°$$

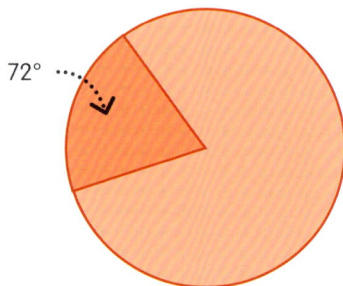

72°

$$草莓扇区角度 = \frac{20}{100} \times 360° = 72°$$

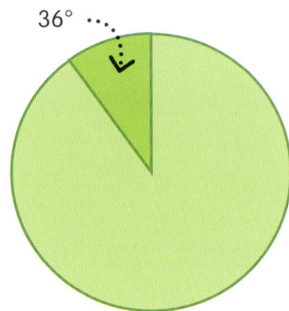

36°

$$薄荷扇区角度 = \frac{10}{100} \times 360° = 36°$$

绘制图表

只要知道了饼状图中所有扇区的角度，就可以准备绘制饼状图了。我们只需用到一个量角器和一把圆规。

1 用圆规精确地画出一个圆。一定要保证所画的圆大小合适，以便后面涂色和写字。

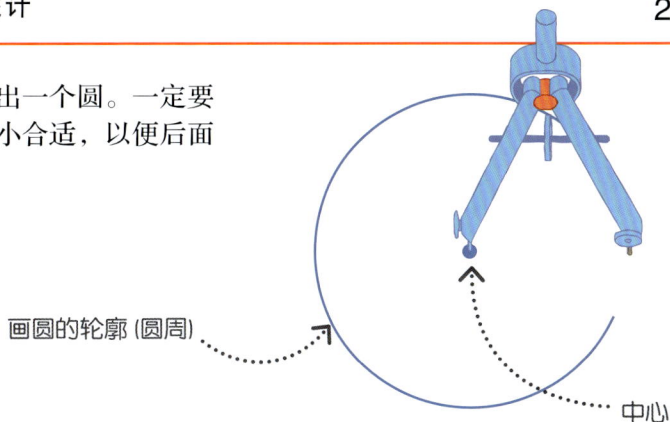

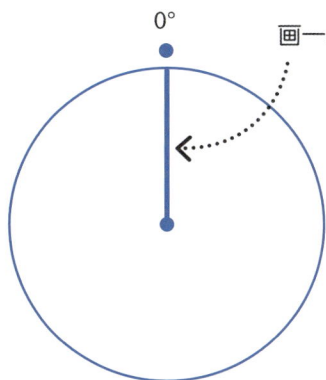

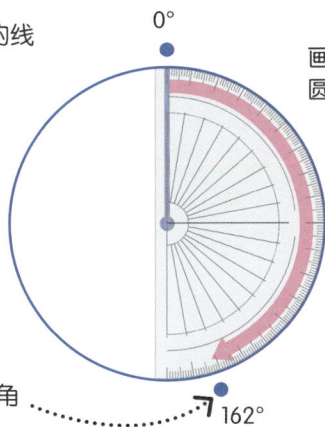

画圆的轮廓（圆周）

中心

0°

画一条从圆心到圆的线

0°

画一条从圆上一点到圆心的线

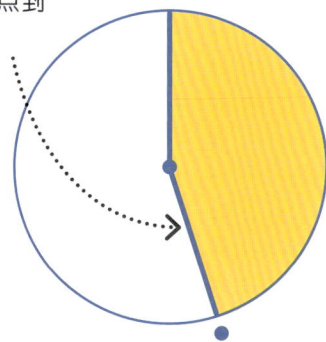

2 画一条从圆心到圆的线，把它标记成0°，然后通过它测量我们的第一个角度。

标记角

162°

3 接着将量角器放在0°线上，然后用其刻度量出一个162°的柠檬扇区。

4 然后我们从162°角所在的点画一条线回到圆心。现在这个柠檬扇区就完成了，我们给它上色吧。

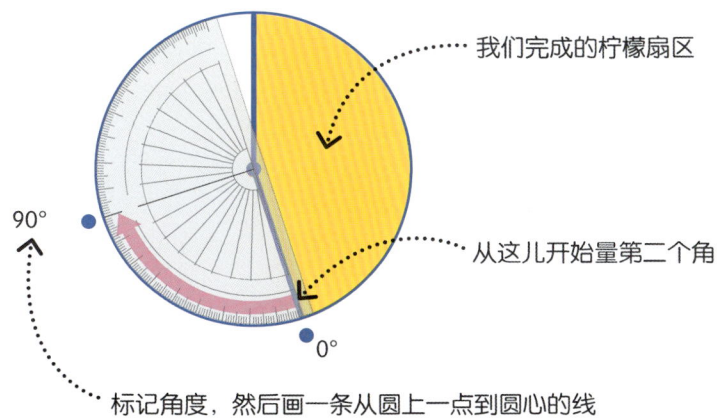

我们完成的柠檬扇区

从这儿开始量第二个角

90°

0°

标记角度，然后画一条从圆上一点到圆心的线

5 现在我们将量角器与柠檬扇区的下边缘线对齐，测量芒果扇区的90°角。完成此扇区后再给其上色。

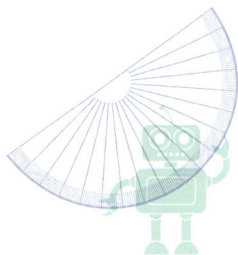

售卖的冰激凌种类

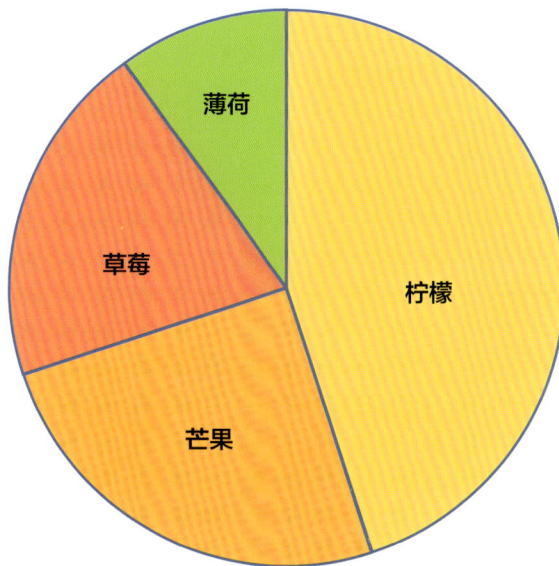

薄荷

草莓

柠檬

芒果

6 我们用同样的方法画出其他扇区。为了完成饼状图，最后要写上文字和标题。

概率

概率是测量某事发生的可能性的。它通常被叫作或然率。如果某事有很高的概率，它就很有可能发生；如果某事的概率很低，那么它就不怎么可能发生。概率通常用分数表示。

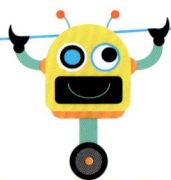

概率是指某事发生的可能性。

1 让我们想想抛硬币。它只有两种可能性：要么正面朝上，要么背面朝上。

正面朝上　　　　背面朝上

抛硬币有两种可能性

2 正面朝上的概率是多少呢？因为我们既可能得到正面朝上，也可能得到背面朝上，所以我们得到正面朝上和背面朝上的机会是均等的，或者说是均匀的。

3 当我们掷骰子时，它可能有6种结果。所以要掷到特定数字（比如3）的概率，要比抛硬币得到正面朝上的概率低。

掷骰子有6种可能结果

4 概率通常用分数表示。抛硬币有二分之一的概率得到正面朝上，我们把它写成$\frac{1}{2}$。掷骰子出现数字3有六分之一的机会，我们把它写成$\frac{1}{6}$。

$$\frac{1}{2}$$　　$$\frac{1}{6}$$

抛硬币正面朝上　　掷骰子出现数字 3

分数越小，概率越低

现实世界的数学

我应该带上雨衣吗？

气象学家（气温科学家）进行预测时，往往会在计算中加入概率。为了预测今天会不会下雨,他们会看一看前些天相似的情况，比如说大气气压和温度。他们计算下了多少天的雨，然后计算今天下雨的概率。

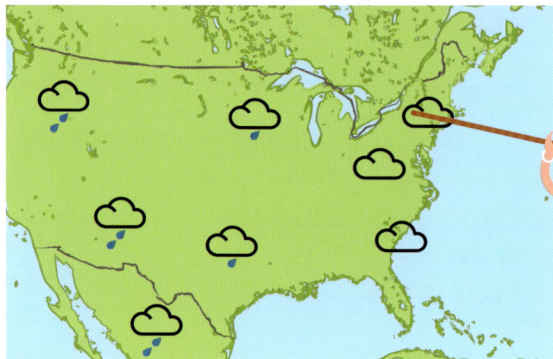

概率比例

所有的概率都可以标在概率测量线上。这条线上的概率从1到0。确定事件的概率是1，不可能事件的概率是0，其余事件则介于0和1之间。

事件概率为1，表明肯定会发生

越靠近1，可能性越大

1 我们可以确定太阳明天早上会升起，所以它的概率为1，位于概率测量线的最上面。

2 此刻，世界上很有可能有一架飞机正在飞行。

3 本周学校里的学生和工作人员至少有一人过生日。

4 抛硬币时我们得到正面朝上或者背面朝上的机会是均等的。均等机会位于概率测量线的正中间。

5 掷两颗骰子时不太可能同时掷到6。正如你从棋盘游戏中知道的那样，这种情况不会经常发生。

6 你几乎不会被闪电击中。尽管这种事情有可能发生，但可能性非常小。

7 飞象在概率测量线上的得分是0。大象没有翅膀，所以你不可能看到一头会飞的大象。

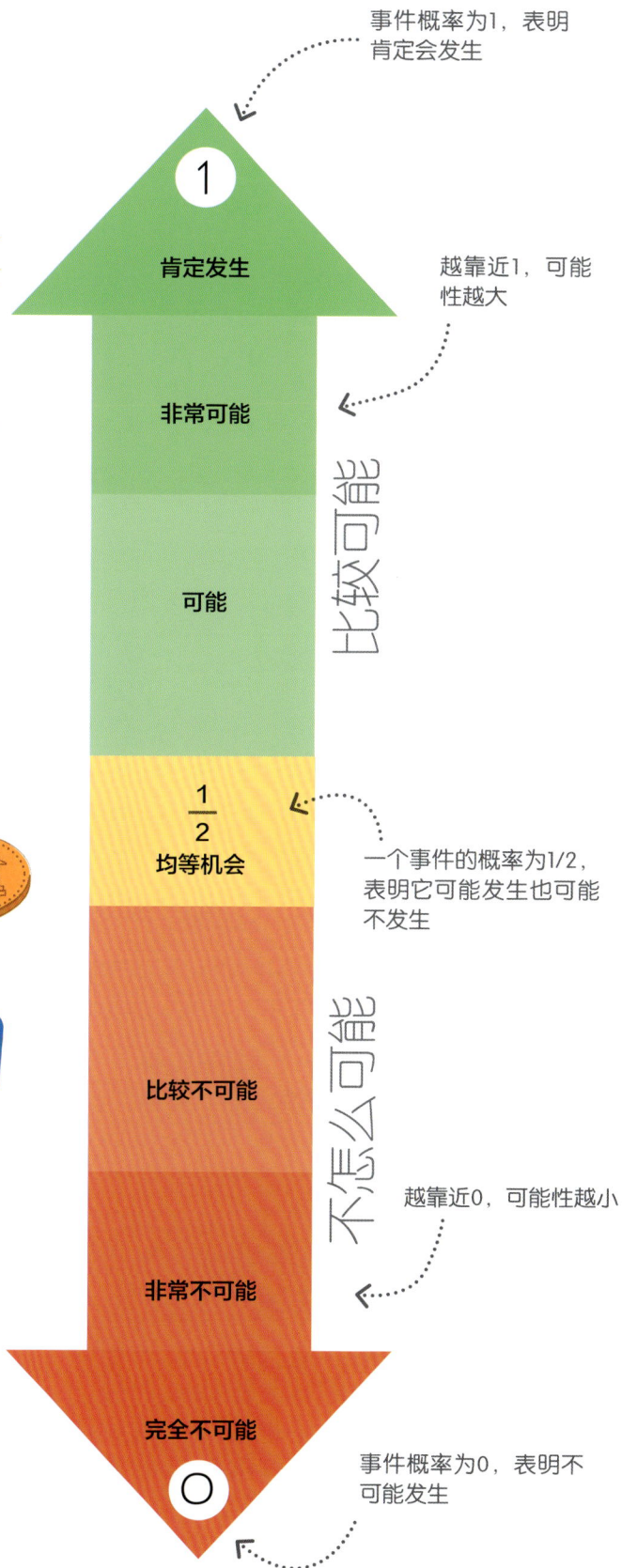

1

肯定发生

非常可能

可能

$\dfrac{1}{2}$

均等机会

一个事件的概率为1/2，表明它可能发生也可能不发生

比较不可能

越靠近0，可能性越小

非常不可能

完全不可能

0

事件概率为0，表明不可能发生

比较可能

不怎么可能

计算概率

我们可以使用简单的公式计算出事件发生的概率。这里的公式以分数表示概率。我们也可以把分数转换成小数或者百分数。

1 右边是一个装有12个水果的盒子。它里面随机排列有6个苹果和6个橘子。如果我们把眼睛闭上，那么挑选出苹果的概率是多少呢？

2 用下面的公式可以算出挑选出苹果的概率：

$$\frac{我们感兴趣的结果数}{所有可能的结果数}$$

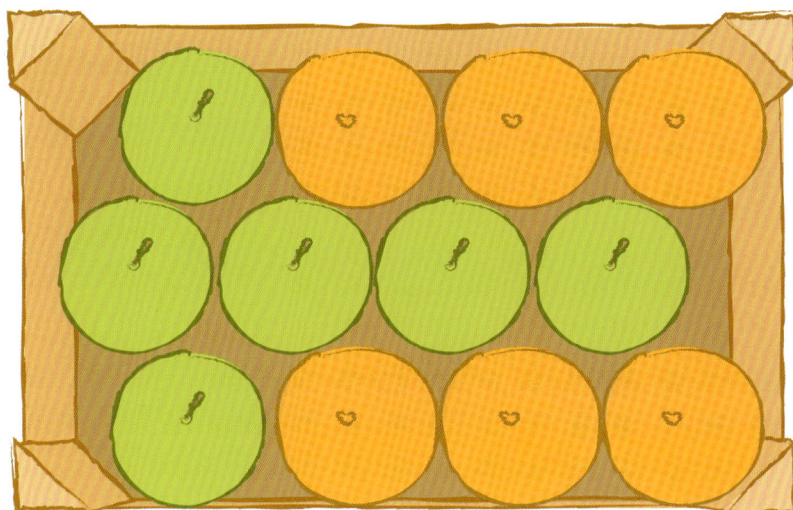

3 我们可以像这样画出公式。这个公式的上面意味着有多少苹果可以从盒子里拿出来（6），而下面是可以被挑选的水果总数（12）。

盒子里有6个苹果

$$= \frac{6}{12} = \frac{1}{2}$$

盒子里共有12个水果

挑到苹果的概率

4 所以，我们有十二分之六的机会挑到苹果，用分数表示就是 $\frac{6}{12}$，化简后是 $\frac{1}{2}$。

现实世界的数学

没有预料到的结果

概率并不总是精准地告诉我们将要发生什么。右边这个旋转的物体有六分之一的机会是红色的边缘着地。如果我们旋转6次，会期待至少有1次是红的着地，但最终结果可能6次都是红的，也可能没有1次是红的。

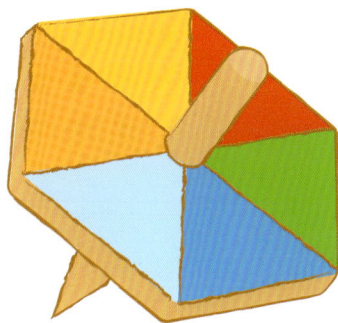

我们可以用分数、小数或百分数来表示概率。

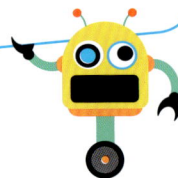

小数和百分数

概率通常用分数来表示，也可以用小数和百分数来表示。

1 右边盒子里的12个蛋糕有3个是巧克力味的，有9个是香草味的。闭上眼睛，我们有十二分之三的机会选到巧克力蛋糕。

2 用分数表示，其概率就是 $\frac{3}{12}$。我们可以将其化简成 $\frac{1}{4}$。现在我们把 $\frac{1}{4}$ 转换成小数来表示概率：$1 \div 4 = 0.25$。要将小数变成百分数，我们只需简单地乘100%就可以：$0.25 \times 100\% = 25\%$。

3个巧克力蛋糕，9个香草蛋糕

9个巧克力蛋糕，3个香草蛋糕

3 让我们看看盒子里如果是9个巧克力蛋糕和3个香草蛋糕会发生什么。

4 现在，挑到巧克力蛋糕的概率是 $\frac{9}{12}$，或者 $\frac{3}{4}$，也就是0.75或者75%。

试一试 TRY IT OUT

掷骰子的概率

掷骰子是理解概率的好方式。掷骰子是很常见的棋盘游戏，如果你知道一定组合发生的概率，就有可能提高你的游戏技巧。

1 当你同时掷两个骰子时，最有可能掷出的总点数是多少？写下所有可能的总点数，然后找出最有可能的。

2 两个最不可能出现的总点数是多少？

3 最有可能和最不可能的总点数出现的概率是多少？

答案见第312页

代数

6

b

a

c

ALGEBRA

在代数中，我们用字母或其他符号代替数，这使得研究数以及它们之间的联系更容易——比如研究它们是如何组成一个数列的。运用代数我们也可以得出一些有用的规则。这些规则被称作公式，利用公式能更容易地解决数学问题。

方程

等式是一个包含等号的数学式子。我们可以用数来列等式，也可以用字母或其他符号来代替这些数。用字母或其他符号代替数的等式就叫作方程。这一数学分支就叫代数。

等式平衡

等式必须始终平衡——等式中等号左右两边的值始终相等。通过右边这个加法等式，我们来学习方程。

14 + 6

等式的两边是平衡的——它们是相等的

=

三大运算定律

等式必须始终遵循三大运算定律。在第146～147页中，我们已经在不含未知数的算式中学习了如何运用这些运算定律。如果用字母代替数，我们也可以用代数表示这些定律。

1 交换律

这个定律告诉我们，以任何顺序把数相加或者相乘，所得的结果都是一样的。我们观察一下交换律在下面这个加法运算中是如何运用的，然后用代数写出定律。

运算定律确保方程左右两边相等。

交换数后会得到相同的答案

$$2 + 8 \quad = \quad 8 + 2$$

用数表示

$$a + b \quad = \quad b + a$$

用代数表示

代数方程

在代数中，我们要用到一些专有名词。代数方程与只含有数的等式稍微有些不同。

在代数中，我们可以用字母代替未知数，这个未知数叫作变量。	b
表示a与b相乘时，不再写成$a \times b$，而是简写成ab，我们省略乘号是因为它与字母x太相像了。	ab
当数与字母相乘时，我们把数写在前面。	$4ab$
数、字母或者它们的乘积叫作项。	$2b$
由数学符号分隔开的两个或两个以上的项叫作表达式。	$4+c$

2 结合律

请记住，括号告诉我们应该先计算哪一部分。这条定律告诉我们，在进行加法或乘法运算时，把括号放在哪里并不重要——答案不会改变。看看下面这个加法运算。

3 分配律

这是一个乘法运算定律。它表示将括号里的一组数相加，再乘一个数，其结果与这个数跟括号里的每个数相乘，再把得数相加是一样的。下面是一个乘法分配律的示例。

先计算括号里的加法，然后加上6等于13

$$(3 + 4) + 6 \quad = \quad 3 + (4 + 6)$$

用数表示

将括号里的数相加，然后把得数与5相乘

先把括号里的数相乘，然后再把得数相加

$$5 \times (2 + 4) = (5 \times 2) + (5 \times 4)$$

用数表示

$$(a + b) + c \quad = \quad a + (b + c)$$

用代数表示

$$a(b + c) \quad = \quad ab + ac$$

用代数表示

解方程

我们可以将方程重新排列，以便求出未知数或变量的值。

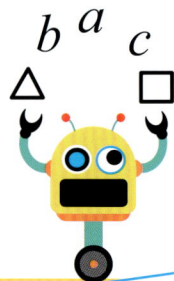

用图形或字母代表变量都是可以的。

简单方程

在代数中，可以用字母或符号代表变量。我们已经知道，方程的两边必须始终相等。那么，如果变量都在等号的一边，我们只需在等号的另一边进行运算，以便求出与变量相等的值。

1 含符号的方程

右边的两个方程是用符号代表未知数，只需进行简单的乘法或除法运算就能得出答案。

图形代表未知数

$$\triangle = 12 \times 7$$

$$\triangle = 84$$

$$\square = 72 \div 9$$

$$\square = 8$$

2 含字母的方程

右边的两个方程是用字母代表未知数。这些方程可以用同样的方法求解，我们只需依据数学符号进行运算即可。

字母代表未知数

$$a = 36 + 15$$

$$a = 51$$

$$b = 21 - 13$$

$$b = 8$$

现实世界的数学

日常生活中的代数

在日常生活中也会用到代数，只是我们没有发觉而已。如右图所示，我们想要买3瓶果汁、2盒麦片和6个苹果，就可以用代数方程来计算一共需要花费多少钱。

a = 18元

b = 9元

c = 4元

1 我们可以写出一个方程：$3a + 2b + 6c = $总价。

2 现在用上面的价格替换字母：
$(3 \times 18) + (2 \times 9) + (6 \times 4) = 96$（元）。

整理方程

如果变量与其他的项混合排列在方程的一边，那么求出变量的值就更难了。如果碰到这样的情况，我们就需要整理方程，使变量单独位于方程的一边。解方程的关键是确保方程始终是平衡的。

> 无论在方程的一边进行了什么运算，必须在另一边进行相同的运算。

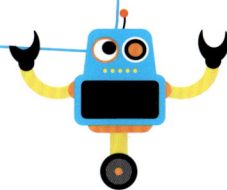

1 看看右边这个方程，我们可以通过简单的几个步骤分离出字母 b，并求出它的值。

变量 →

$$b + 25 = 46$$

2 先在方程的两边同时减去25，并重新写出方程。我们知道25减去25等于零，就可以说这两个25相互抵消了。

25 和 –25 相互抵消

$$b + 25 - 25 = 46 - 25$$

3 现在方程的一边只剩下字母 b，我们就可以通过计算方程的右边求出 b 的值。

现在变量就是方程的主体

$$b = 46 - 25$$

4 计算46–25，得到21，所以 b 的值就是21。

$$b = 21$$

5 我们可以用21代替原来方程中的字母，验算答案是否正确。

方程的两边平衡

$$21 + 25 = 46$$

试一试 TRY IT OUT

未知变量的值

你能整理这些方程并计算出未知变量的值吗？

1 $73 + b = 105$

3 $i - 34 = 19$

2 $42 = 6 \times \square$

4 $7 = \triangle \div 3$

答案见第312页

通项公式与数列

数列是一组遵循某种规律排列的数（见第6～9页）。通过公式写出数列的排列规则，我们就可以求出数列中任意一项的值，而不需要把整个数列写出来。

数列规律

数列遵循特定的规律或规则，数列中的每一个数叫作一个项。数列中的第一个数称为第一项或首项，第二个数称为第二项，以此类推。

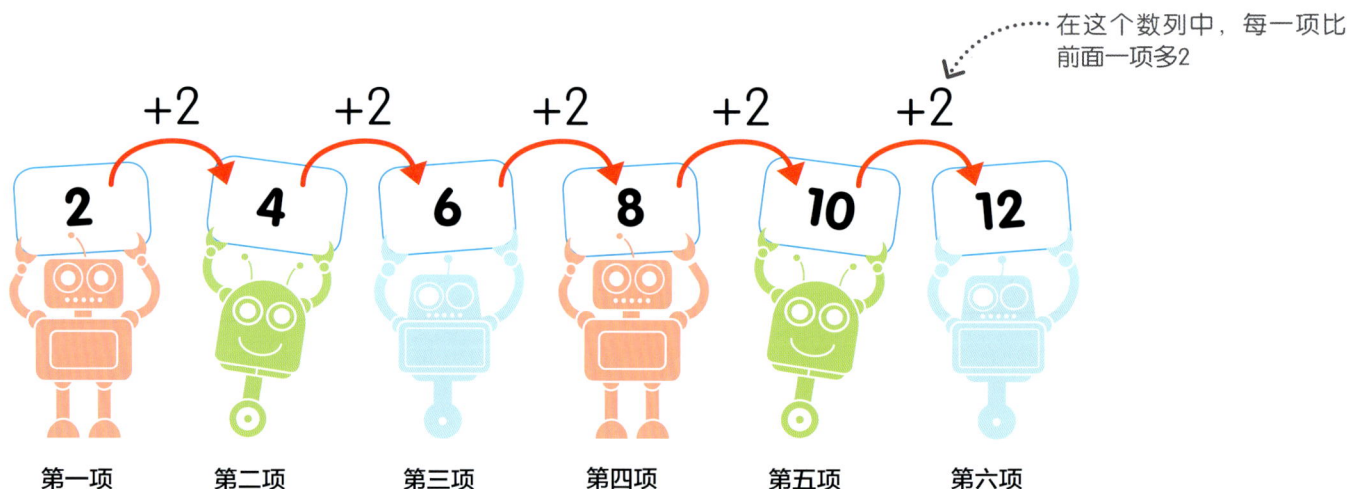

在这个数列中，每一项比前面一项多2

$+2$　$+2$　$+2$　$+2$　$+2$

2　**4**　**6**　**8**　**10**　**12**

第一项　第二项　第三项　第四项　第五项　第六项

第n项

在代数中，数列里未知的项称为第 n 项——这个 n 代表未知值。我们可以通过写出一个数列的通项公式，求出数列中任意一项的值。

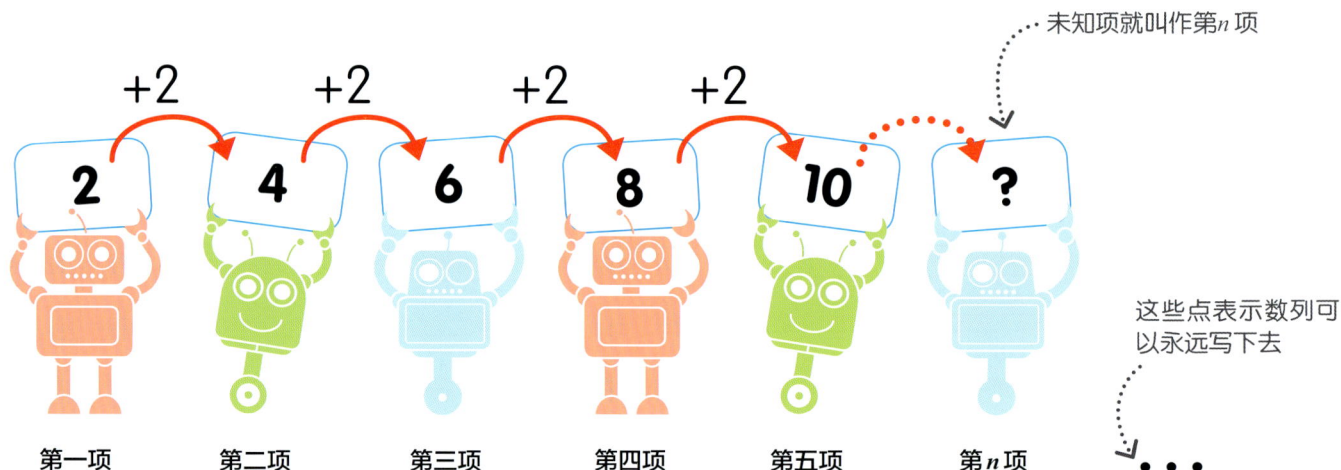

未知项就叫作第 n 项

$+2$　$+2$　$+2$　$+2$

2　**4**　**6**　**8**　**10**　**?**

第一项　第二项　第三项　第四项　第五项　第 n 项

这些点表示数列可以永远写下去

$\cdots$

简单数列

要求出数列的通项公式，我们需要观察这些数的排列规律。有一些数列的规律显而易见，可以很容易地发现它的规律并写出通项公式。

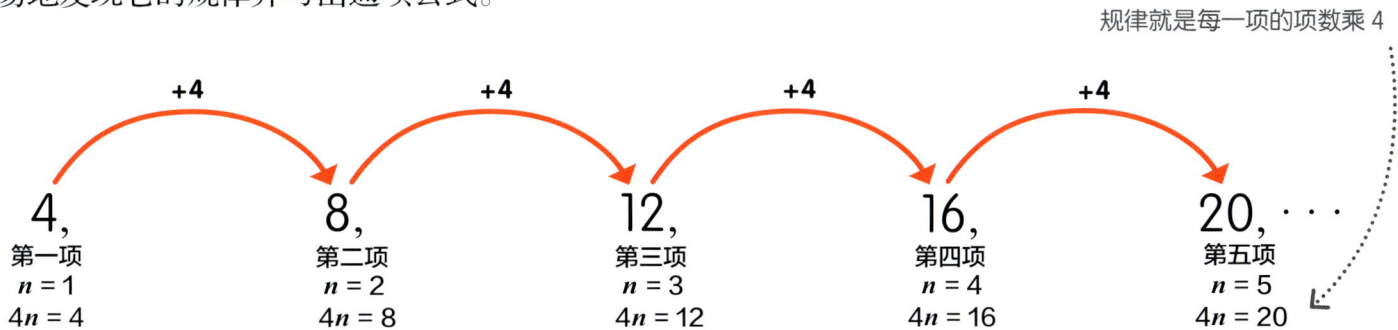

规律就是每一项的项数乘 4

| +4 | +4 | +4 | +4 |

4,	8,	12,	16,	20,···
第一项	第二项	第三项	第四项	第五项
$n=1$	$n=2$	$n=3$	$n=4$	$n=5$
$4n=4$	$4n=8$	$4n=12$	$4n=16$	$4n=20$

1 这个数列是由4的倍数组成的，因此，我们可以说第n项就是$4×n$。在代数里，我们写成$4n$。

2 如果要求出第30项的值，我们只需在通项公式中用30代替n，并计算$4×30=120$。

两步公式

有一些数列遵循两步公式，如乘法和减法，或者乘法和加法。

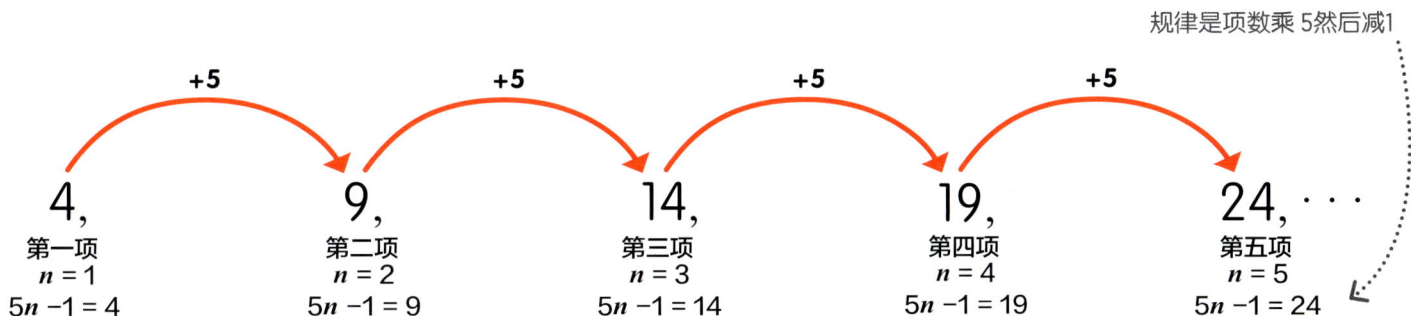

规律是项数乘 5然后减1

4,	9,	14,	19,	24,···
第一项	第二项	第三项	第四项	第五项
$n=1$	$n=2$	$n=3$	$n=4$	$n=5$
$5n-1=4$	$5n-1=9$	$5n-1=14$	$5n-1=19$	$5n-1=24$

1 这个数列的通项公式是$5n-1$。因此，要求出这个数列的任意一项，我们需要先做乘法，再做减法。

2 如果要求出这个数列的第50项，我们用50代替通项公式中的n，然后计算$5×50-1=249$。所以，第50项是249。

试一试 TRY IT OUT
求数列的项

右边数列的通项公式是$6n+2$，你可以运用通项公式将这个数列继续写下去吗？

答案见第312页

8, 14, 20, 26, 32, 38,···

1 写出这个数列中接下来的5个数。

2 求出第40项的值。

3 求出第100项的值。

公式

公式是求出某些数值的规则。我们用数学符号和字母组合写出公式，用于表示一个数或一个量。

在公式中，我们可以用字母代替文字。

写出它们的公式

公式就像是一个秘诀，只是在公式中我们使用符号或字母代替文字。一个公式通常包括三个部分：一个主体、一个等号、一个数字与字母的组合（包括公式使用条件的说明）。我们来看一个最简单的公式，长方形的面积公式，这个公式就是：面积 = 长 × 宽。运用代数，我们可以把它写成 $A = lw$。

公式的主体

A

等号表示公式两边是平衡的

$=$

秘诀就是（$l × w$）

lw

用字母表示公式

当公式用字母而不是文字表示时，那么我们需要弄清楚不同的字母代表什么。右边是一些用来表示测量值的字母。

在写公式时，我们通常可以省略乘号。

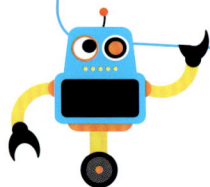

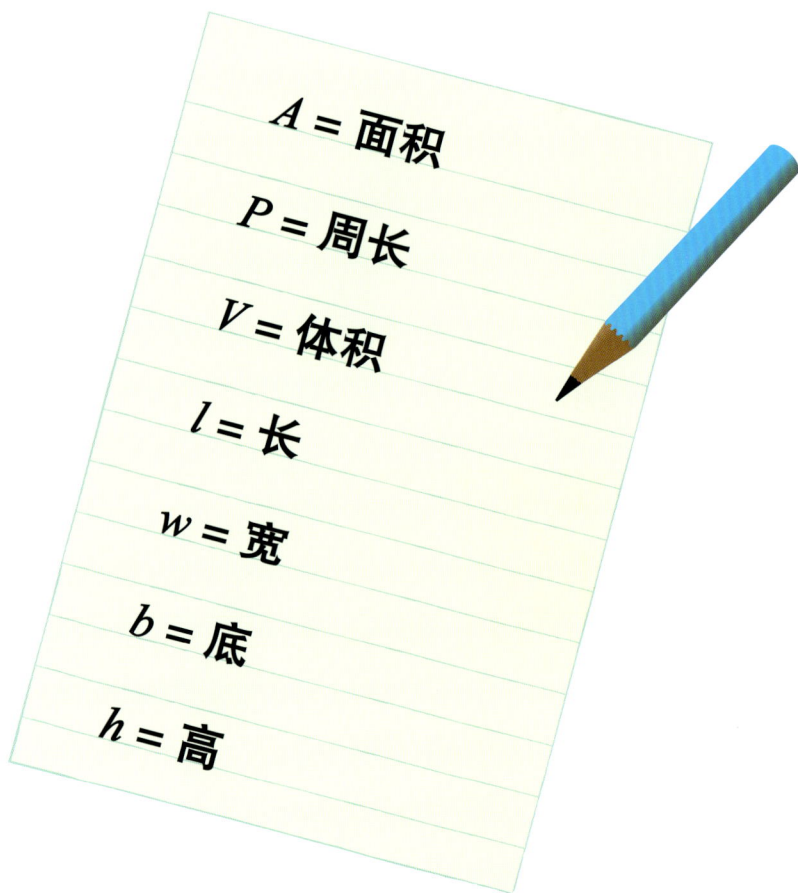

A = 面积

P = 周长

V = 体积

l = 长

w = 宽

b = 底

h = 高

公式的运用

在数学中，我们可以用公式求出确切的值。如果我们知道公式一边的变量的值，那么就可以求出公式中主体的值。

面积就是这个游泳池所占的平面空间

宽3m

长5m

1 我们用真实的测量值来代替公式 $A = lw$ 中的字母，可以得到 $A = 5 \times 3$。

2 长和宽相乘等于15。所以，这个长方形游泳池的面积是 15 m²。

常见的公式

以下是一些常见图形的面积、周长和体积计算公式。

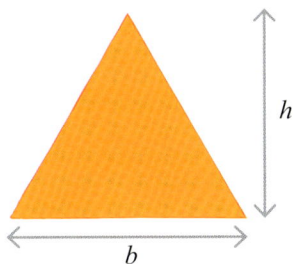

三角形的面积 $= \dfrac{1}{2} bh$

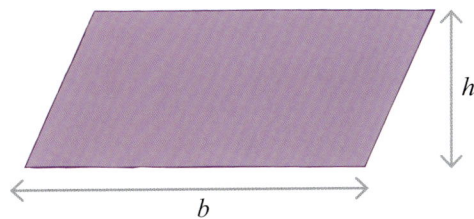

平行四边形的面积 $= bh$

周长就是围绕在图形外的长度

长方形的周长 $= 2 (l + w)$

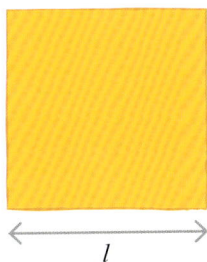

正方形的周长 $= 4 l$

体积是立体图形内部所占的空间

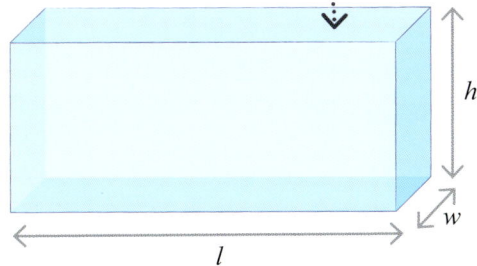

长方体的体积 $= lwh$

术语表

B

百分数 (%)

以100为分母表示的比例——比如百分之二十五（25%）也就是$\frac{25}{100}$。

半径

从圆心到圆周的任意一条线段。

倍数

两个整数相乘的乘积是这两个整数的倍数。

被除数

除法中被除以的数。

比例

一个总体中各个部分的数量占总体数量的比重。

比值

将一个数或量与另一个数或量相比。比值符号是一上一下的两个点，例如3:4。

变换

通过对称、平移或旋转来改变图形或物体的大小或形状。

变量

方程中的未知数。在代数中，变量通常用图形或字母表示。

饼状图

将数据表示成圆的切片（扇形）的图表。

不等边三角形

边或角不相等的三角形。

不对称图形

非中心对称或轴对称的图形。

C

长乘法

两位或多位数相乘的方法。它需要分步骤进行运算。

长除法

除以一个较大数的除法，可以分为几步进行运算。

长方体

有六个面的像盒子一样的形状体，其中相对的面是相等的长方形。

长方形

由四条边组成的平面图形，它的对边长度相等，并且所有角都是90°。

乘积

一个数与另一个数相乘时的得数。

除数

除法中总数量要被平均分成的部分。

垂直

相交后形成直角的两条线互相垂直。

D

代数

在计算时使用字母或其他符号代表未知数。

带分数

包括整数部分和分数部分，如$2\frac{1}{2}$。

单位

用于度量的标准大小，如米（长度单位）或者克（质量单位）。

单位分数

分子为1的分数，如$\frac{1}{3}$。

等边三角形

三条边和三个角都相等的三角形。

等式

数学中表示两个部分相等的式子，如$2+2=4$。

等腰三角形

有两条边和两个角相等的三角形。

等值分数

写法不同但数值相同的两个分数。例如，$\frac{2}{4}$等于$\frac{1}{2}$。

底

如果想象一个图形坐在一个平面上，底就是这个图形最下面的一条边。

顶点

图形的顶端或尖顶。

度

角的度量，一整圈是360°。

对称性

一个图形或物体经过对折后得到完全相同的两部分或旋转后与原来的图形完全重合，那么就说它们具有对称性。

对称轴

平面图形中能将其分成两个相等部分的线。有一些图形没有对称轴，有一些图形有几条对称轴。

对顶角

两条线相交形成的相对的角。对顶角的度数总是相等。

对角线

在一个图形中连接两个不相邻的角或顶点的线。

吨

质量的单位，又称为公吨，1吨等于1000千克。吨也是一个传统的英制单位，英制单位的1吨与公制单位的1吨差不多。

钝角

大于90°小于180°的角。

多边形

任意一个有3条或3条以上的边的平面图形。比如三角形或平行四边形。

多面体

任意一个面为多边形的立体图形。

E

二维（2D）

有长和宽或长和高两个维度，但是没有厚度。

F

反射

将原始对象转化成镜像的一种变换。*见变换*。

方块图

用许多方块表示数值的图表。

非单位分数

分子大于1的分数，如$\frac{3}{4}$。

分解

把一个数分成其他更容易计算的几个数。例如，36可以分解成$30+6$。

分母

分数中下面的那个数，如$\frac{3}{4}$中的4。

分配律

一种运算法则，例如$2\times(3+4)=(2\times3)+(2\times4)$。

分数

不是整数的数，如$\frac{1}{2}$、$\frac{1}{4}$和$\frac{10}{3}$。

分子

分数中上面的那个数，如$\frac{3}{4}$中的3。

负数

比0小的数，如-1、-2、-3等。

G

格子法

在网格中沿着对角线相乘的方法。

公倍数

两个或多个不同的数共有的倍数。例如，24既是4的倍数又是3的倍数，所以它是这两个数的公倍数。*参见倍数*。

公分母

两个或多个分数具有的相同的分母。*参见分母*。

公式

用数学符号表示的规则或表述。

公因数

两个或多个数共有的因数。*参见因数*。

公制

一种标准的测量单位的系统，包括米（度量长度）和千克（度量质量）。公制单位的不同测量值可以通过乘或除以10、100或1000进行比较。

估算

求出与答案相近的答案。通常要对一个或几个数进行四舍五入。

H

毫克 (mg)

质量的公制单位，1毫克等于千分之一克。

毫米 (mm)

长度的公制单位，1毫米等于千分之一米。

毫升 (mL)

容积的公制单位，1毫升等于千分之一升。

横截面

沿着平行于端面的方向切割立体图形形成的新的面。*参见面*。

弧形

形成圆周的一部分曲线。

华氏度

温度的一种量度。在这种量度中，水在212华氏度时沸腾。

化简 (分数)

把分数化为它的最简形式。例如，可以把$\frac{14}{21}$化简成$\frac{2}{3}$。

J

极差

一组数据从低到高包括的数值跨度。

集合

一组事物，如文字、数或物体的汇集。

计数符

通过画线帮助你记录下数了多少。

假分数

大于等于1的分数，例如$\frac{5}{2}$也可以写成带分数$2\frac{1}{2}$。*参见带分数*。

交换律

一个运算法则，例如1+2等于2+1，数的顺序并不重要。交换律适用于加法和乘法，不适用于减法和除法。

角

从一个方向到另一个方向的转动量的量度。你也可以把它看作是两条相交于一点的射线在方向上的差异。角是以度为单位测量的。*参见度*。

结合律

一个运算法则。当你计算加法时，比如1+2+3，无论是先算1+2还是先算2+3，结果都一样。结合律适用于加法和乘法，不适用于减法和除法。

镜像对称轴

又叫作镜像线，恰好位于物体与镜像的中间。

K

卡罗尔图

用于将数据分类到不同框内的图表。

可能性

某事发生或为真的概率。

克 (g)

质量单位，1千克等于1000克。

括号

像（）和[ ]这样的符号，用来将数包括在一起。它有助于你判断应该先计算哪一步。

L

棱柱

两端是相等的多边形的立体图形。它的横截面有相同的大小和形状。

立方单位

用来测量立体图形体积的单位，例如立方厘米。*参见单位*。

立方数

当一个数乘它自己，然后再乘一次，得到的结果就叫作立方数。

立体图形

在几何中，任何3D图形都叫作立体图形，包括空心图形。

量角器

用来测量和绘制角的工具。

菱形

四条边都相等的四边形。菱形是一种特殊的平行四边形，它的所有边都相等。*参见平行四边形*。

M

米 (m)

公制中长度的主要单位，1米等于100厘米。

面

立体图形的任意一个平面。

面积

平面图形所占空间的数量。面积以平方单位测量，比如平方米。

N

逆时针方向

与时钟上指针旋转方向相反

的方向。

P

频数

在统计学中具有共同特殊特征的人或事的数量。

平方单位

度量平面图形面积的单位。*参见单位*。

平方数

如果把一个数乘它本身，得到的结果就叫作平方数，如 $4 \times 4 = 16$。

平行

并排延伸，既不相互靠近，也不相互远离。

平行四边形

对边平行且相等的四边形。

平角

恰好等于180°的角。

平均

求一组数据的典型值或中间值。*参见平均值、中位数和众数*。

平均数

将一组数相加，再除以这组数的个数，得出的结果就是这组数的平均数。

平移

不通过旋转而改变图形或物体的位置。平移并不会改变图形或物体的大小和形状。

Q

千克（kg）

公制中质量的单位，1千克等于1000克。

千米（km）

公制中长度的单位，1千米

等于1000米。

切线

与曲线或圆周只有一个交点的直线。

球体

圆球形的立体图形，它表面上的任意一点到中心的距离都相等。

全等

大小相等、形状相同的图形是全等图形。

全集

包含你所研究的所有数据在内的集合。*参见集合*。

R

容积

容器内部的空间量。

锐角

小于90°的角。

S

三角形

有三条直边和三个角的平面图形。

三维（3D）

有长、宽和高三个维度。所有的立体图形都是三维的——即使是一张很薄的纸。

扇形

圆的一片，形状类似于一片蛋糕。扇形的边由两个半径和一段圆弧组成。

商

一个数除以另一个数时得到的结果。

摄氏度

温度的一种量度。在这种量

度中，水在100°C时沸腾。

摄氏温标

摄氏度的另一个名称。

升（L）

测量容积的公制单位。

十进制小数

与十进制有关的小数，简称小数，是用一个小数点将整数部分与小数部分隔开。小数点的右边是十分位、百分位等。例如，四分之一 $\left(\frac{1}{4}\right)$ 写成小数是0.25，表示有0个一、2个十分之一和5个百分之一。

数

用于计数或计算的值。数可以分为正数和负数，还可以分为整数和分数。*参见负数、正数*。

数据

被收集起来用于比较的信息。

数列

按照一定规律一个接一个排列的数。

数轴

用线上的点表示数的水平线，用于计数和计算。最小的数写在左边，最大的数写在右边。

水平

从一边到另一边，而不是向上或向下。

顺时针方向

与时钟上指针旋转方向相同的方向。

四边形

有四条直边的平面图形。

T

梯形

只有一组对边平行的四边形。

体积

物体的三维尺寸大小。

条形图

将数据表示为不同长度或高度条柱的图表。

W

韦恩图

在重叠的圆内显示数据的图表。重叠部分的数据是集合共有的。

位值制

记数的标准方法，一个数中每个数字的值取决于它在这个数中的位置。例如，120中的2的位值是20，但在210中它代表2个100。

X

x 轴

用于表示网格或图表中某点位置的水平线。

弦

穿过圆但不经过圆心的线段。

线段

直线的一部分。

相交

交叉（用于线和图形中）。

相邻

互相紧邻，比如一个图形中有相邻的两个角或相邻的两个面。

象限

当网格被 x 轴和 y 轴分开时，网格的四分之一叫作象限。

象形图

将数据用小图形排列的图表。

斜线

既不垂直也不水平的倾斜直线。

旋转

围绕一个点或一条线转动。

旋转对称

如果一个图形围绕一个点旋转后能与它本身完全重合，那么这个图形就是旋转对称的。

Y

y 轴

用于表示网格或图表中某点位置的垂直线。

一位数

从0到9的数。一位数可以组成更大的数。例如，58由5和8两个一位数组成。

因数

一个整数可以由两个或多个其他数相乘得来，这些数就是这个整数的因数。例如，4和6都是12的因数。

因数对

两个因数相乘能得到更大的数，这两个因数就叫作因数对。

优角

大于180°小于360°的角。

有效数字

一个数中能影响数值的数字。

余数

当一个数不能完全除以另一个数时所剩下的数。

原点

网格中 x 轴和 y 轴的交点。

原像

镜像变换之前的图像。

圆规

用来画圆的工具。

圆周长

围成一个圆的长度。

圆柱

由两个相等的圆形底面和顶面夹着一个曲面的立体图形。罐头就是圆柱形的。

圆锥

有一个圆形底面和向上慢慢变窄成一个顶点的侧面的立体图形。*参见顶点*。

运算符

对数字进行运算的符号，如+（加号）或×（乘号）。

Z

展开图

可以折叠成特定立体图形的平面图形。

折线图

将数据表示为用点连接着的线的图表。它适用于展示测量值在一段时间内的变化，如温度。

真分数

小于1的分数，它的分子比分母小，例如 $\frac{2}{3}$。

整数

像 8、36 或5971 这样不是分数的数。

正方形

由四条边组成的平面图形，并且每一条边都相等，每一个角都是90°。正方形是一种特殊的长方形。*参见长方形*。

正数

大于0的数。

直角

90°的角，如垂直线和水平线形成的夹角。

直角三角形

有一个角是直角的三角形。

直径

连接圆周或球面上两点并通过圆心或球心的线段。

值

某事物的数量或大小。

指南针

一种可以指示北方或其他方向的仪器。

质量

物体中所包含的物质的量。*参见重量*。

质数

大于1且除了1和它本身外没有其他因数的整数。

质因数

质数的一个因数。*见因数*。

中位数

将一组数按从小到大的顺序排列，最中间的那个数就是中位数。

众数

一组数据中出现次数最多的数。

重量

作用在物体上的重力的量。*参见质量*。

周长

围成图形的边的长度。

轴

（1）网格上的两条主线，用来表示点、线和图形的位置。*参见 x 轴、y 轴*。
（2）对称轴。

轴对称

如果你可以在一个图形上面画出一条直线穿过它，把它分成完全相等且完全吻合的两半，这个图形就叫作轴对称图形。这条直线就叫作对称轴。

转动

绕着固定点旋转，如钟表上指针的移动。

转换系数

将一个测量值从一个单位化为另一个单位时，乘或除以的数。例如，你测量出一个长度是多少米，要将它转换成多少厘米，那就要乘100。

子集

较大集合的一部分。*参见集合*。

最大公因数

两个或多个数的公因数中最大的一个。例如，8是24和32的最大公因数。

最小公倍数

所给数的公倍数中最小的一个。例如，24是2、4和6的公倍数，但12是它们的最小公倍数。*参见倍数和公倍数*。

最小公分母

不同分数的分母的最小公倍数。*参见分母*。

坐标

描述网格中点、线或图形的位置以及地图中某个位置的一组数。

索引

答案

数字

p3　1）1998　2）MDCLXVI 和 MMXV

p7　1）67, 76　2）24, 28　3）92, 90
　　4）15, 0

p11　1）10　2）−5　3）−2　4) 5

p13　1）5123<10 221
　　2）−2<3
　　3）71 399>71 100
　　4）20−5 = 11 + 4

p15　沙鼠特里沃1，小猫贝拉3，狗狗巴斯特7，杰克（我）9，安娜（我姐姐）13，丹叔叔35，妈妈37，爸爸40，爷爷67，奶奶68

p19　1）170cm　2）200cm

p23　8的倍数：16、32、48、56、64、72、144
　　9的倍数：18、27、36、72、81、90、108、144
　　8和9的公倍数：72、144

p27　下面是将因数树补充完整的一种方法：

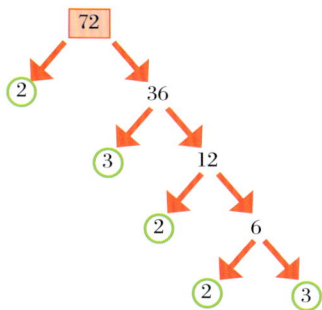

p30　1）100　2）16　3）9

p39　18只鸡

p43　沃克答对的题目更多：他答对了所有题目的$\frac{25}{30}$，齐克只答对了所有题目的$\frac{24}{30}$

p49　1）$\frac{1}{12}$　2）$\frac{1}{10}$　3）$\frac{1}{21}$
　　4）$\frac{1}{6}$

p53　特威格17.24，布洛普16.56，格洛克17.21，库克16.13，扎格16.01
　　扎格滑得最快

p55　1）4.1　2）24.4　3）31.8　4）20.9

p57　1）25%　2）75%　3）90%

p58　1）75%　2）50%　3）40%

p59　1）20　2）55　3）80

p61　1）100元　2）35元　3）13.50元

p65　霸王龙身高为560cm（5.6m），体长为1200cm（12m）

p67　1）$\frac{35}{100}$化简成$\frac{7}{20}$
　　2）3%，0.03
　　3）$\frac{4}{6}$化简成$\frac{2}{3}$

计算

p74　1）100　2）1400　3）100　4）1
　　5）100　6）8000

p77　1）823　2）1590　3）11 971

p79　1）8156　2）9194　3）71.84

p82　1）800　2）60　3）70　4）70
　　5）0.02　6）0.2

p83　377

p85　1）6.76元　2）2.88元　3）40.02元

p87　1）207　2）423　3）3593

p91　1）24　2）56　3）54　4）65

p93　1）1,14；2,7
　　2）1,60；2,30；3,20；4,15；5,12；6,10
　　3）1,18；2,9；3,6
　　4）1,35；5,7
　　5）1,24；2,12；3,8；4,6

p95　1）28, 35, 42
　　2）36, 45, 54
　　3）44, 55, 66

p97　52, 65, 78, 91, 104, 117, 130, 143, 156

p100　1）679　2）480 000　3）72

p101　1）1250　2）30　3）6930
　　4）3010　5）2.7　6）16 480

p103　1）770　2）238　3）312
　　4）1920

p107　3072

p109　1）2360　2）4085　3）8217
　　4）16 704　5）62 487

p123　1）每人分到9元
　　2）每个小朋友得到6颗弹珠

p125　1）12　2）8　3）6　4）4
　　5）3　6）2

p128　1）每一名工人能得到182.54元
　　2）一年能生产4557辆汽车

p129　1）每个学生发43张传单
　　2）可以做成45条手链

p133　1）32余4　2）46余4

p135　1）31　2）71余2　3）97余2
　　4）27余4

p137　1）151　2）2

p145　1）37　2）17　3）65

p149　1）1511　2）2.69　3）−32
　　4) 2496　5）17　6) 240

测量

p154　50m

p156　1）87cm　2）110cm

p160　1）16cm²　2）8cm²　3）8cm²

p162　8m²

p163　3m

p167　77m²

p172　1）15cm³　2）20cm³　3）14cm³

p173　1 000 000（1百万）

p176　7g

p177　13 360g或13.36kg

p179　26℃

p189　70分钟

p193　9.70元

几何

p199　一共有9条对角线：

p201　虚线标出的是平行线：

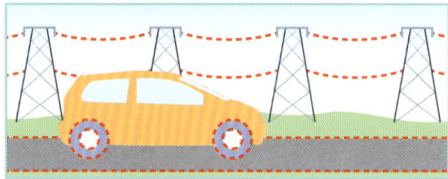

p205　图1是正多边形

p207

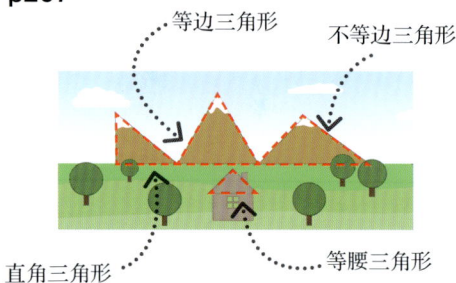

p209　你可以得到一个平行四边形

p213　直径是6cm，周长是18.84cm

p215　这个图形有8个面、18条棱和12个顶点

p219　图4不是棱柱

p220　其他的展开图如下：

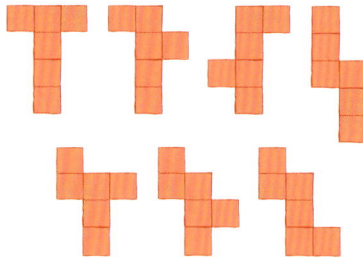

p229　$a=90°$，$b=50°$，$c=e=40°$

p231　1）30°　2）120°

p233　每一个角都是70°

p235　1）60°　2）34°　3）38°

　　　　4）55°

p239　115°

p241　$A=（1,3）$　$B=（4,7）$

　　　　$C=（6,4）$　$D=（8,6）$

p243　1）（2,0），（1,3），（-3,3），

　　　　（-4,0），（-3,-3），（1,-3）。

　　　　2）你将得到这样一个图形：

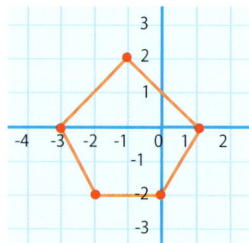

p245　1）橙色单轨电车　2）2号船

　　　　3）C7

p247　1）2W、2N、3W

　　　　2）有一条航线是：2E、8N、1E

　　　　3）沙滩　4）海豹岛

p249　7和6没有，3有一条，8有两条

p250　第3个不是旋转对称图形

p253

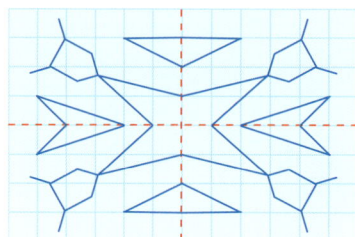

p257　三角形还可以平移到以下五个位置：

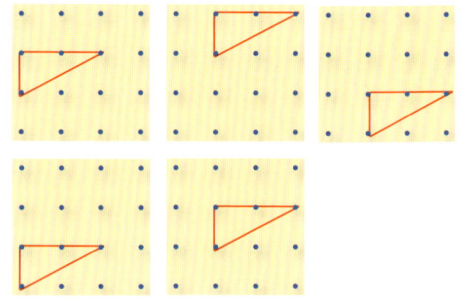

统计

p269　1）133°　2）7　3）19°

p275　可以像这样画出象形图：

勒罗伊的游戏时长	
星期	游戏时长
星期一	🎮🎮🎮
星期二	🎮🎮🎮🎮🎮🎮
星期三	🎮🎮
星期四	🎮🎮🎮🎮🎮
星期五	🎮🎮🎮🎮🎮🎮🎮🎮

线索
🎮 10分钟

p285　1）155°　　2）20%

p291　1）7　2）2和12　3）1/6和1/36

代数

p297　1）32　2）7　3）53　4）21

p299　1）44、50、56、62、68

　　　　2）（6×40）+2=242

　　　　3）（6×100）+2=602

致谢

多林·金德斯利公司谨向以下各位致以谢意：

Thomas Booth for editorial assistance; Angeles Gavira-Guerrero, Martyn Page, Lili Bryant, Andy Szudek, Rob Houston, Michael Duffy, Michelle Baxter, Clare Joyce, Alex Lloyd, and Paul Drislane for editorial and design work on early versions of this book; Kerstin Schlieker for editorial advice; and Iona Frances, Jack Whyte, and Hannah Woosnam-Savage for help with testing.

儿童STEM创新思维培养

图解数学

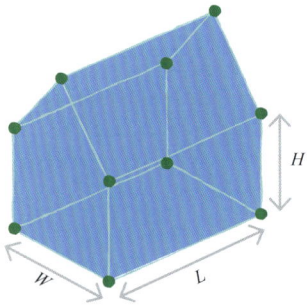

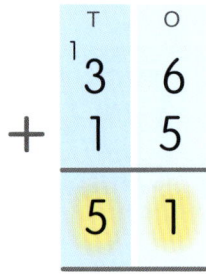
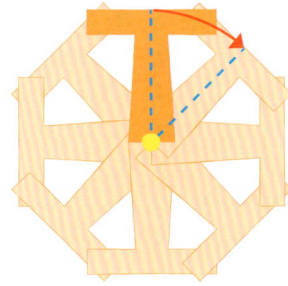
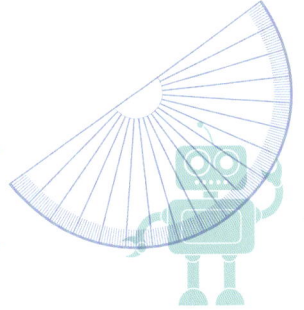
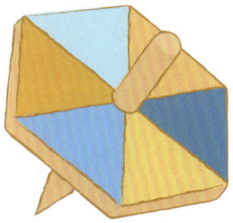
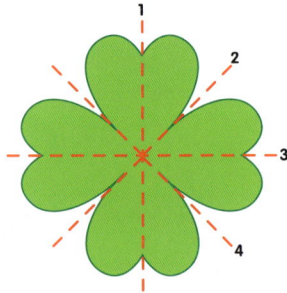
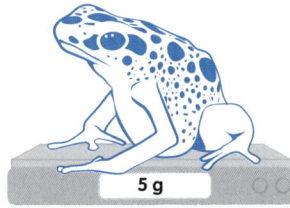

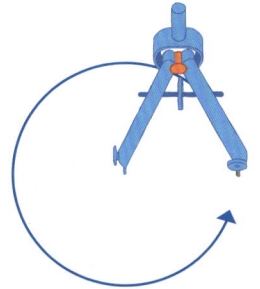
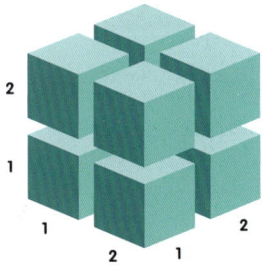

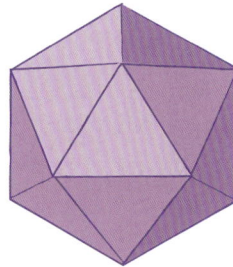
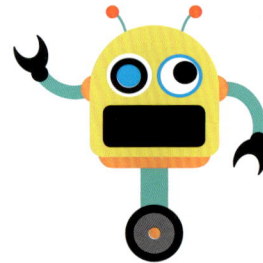
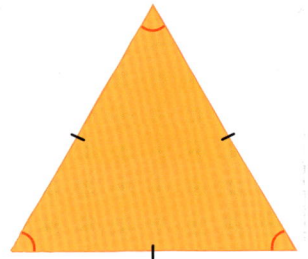

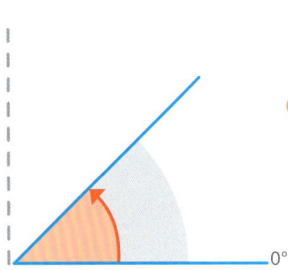
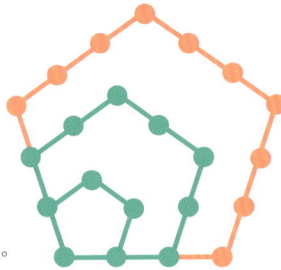
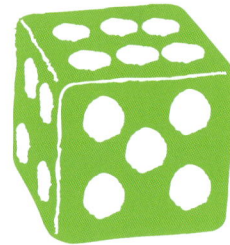
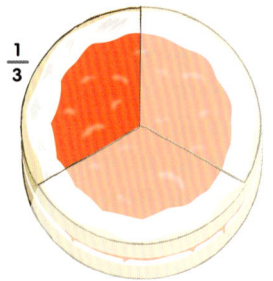

DK

儿童STEM创新思维培养

图解数学

[英]英国DK公司 编著　　　　　库柏特科技　赵昊翔 译

清华大学出版社

北　京

北京市版权局著作权合同登记号
图字：01-2018-8796
版权所有，侵权必究。
举报：010-62782989
 beiqinquan@tup.tsinghua.edu.cn

图书在版编目（CIP）数据

DK儿童STEM创新思维培养.图解数学 /
英国DK公司编著；库柏特科技，赵昊翔译.—
北京：清华大学出版社，2019 (2025.8重印)
书名原文：How to be good at maths
ISBN 978-7-302-52180-8

Ⅰ.①D… Ⅱ.①英…②库…③赵… Ⅲ.
①科学知识 – 儿童读物②数学 – 儿童读物
Ⅳ.①Z228.1②O1-49

中国版本图书馆CIP数据核字(2019)
第002404号

责任编辑：陈凌云
封面设计：邹鑫蓓
责任校对：刘 静
责任印制：杨 艳

出版发行：清华大学出版社
网　　址：https://www.tup.com.cn
　　　　　https://www.wqxuetang.com
地　　址：北京清华大学学研大厦A座
邮　　编：100084
社 总 机：010-83470000
邮　　购：010-62786544
投稿与读者服务：010-62776969
　　　　　　c-service@tup.tsinghua.edu.cn
质量反馈：010-62772015
　　　　　zhiliang@tup.tsinghua.edu.cn

印 装 者：北京顶佳世纪印刷有限公司
经　　销：全国新华书店
开　　本：216mm×276mm
印　　张：20
字　　数：696千字
版　　次：2019年2月第1版
印　　次：2025年8月第16次印刷
定　　价：168.00元

产品编号：082287-04

www.dk.com

目录 CONTENT

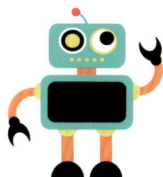

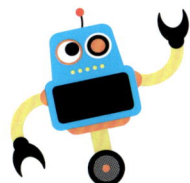

前言

没有数学，我们的生活将与现在的样子大不相同。事实上，没有数学，一切都将停止运转。没有数学，我们将无法数出物体的数量，也不会有货币，不会有用于测量的系统，不会有商店和道路，不会有医院和各种建筑……当然也不会有我们熟知的"不存在"这个概念。因为没有数学，我们根本无法意识到存在。

如果没有数学，我们就不能建造房子，不能预报明天的天气，更不能让飞机飞上天，我们也肯定无法将一名宇航员送往太空。如果我们不懂数字，就不会有电视、互联网和手机。事实上，如果没有数字，我们甚至没法读手上的这本书，因为它就是用计算机制作的，而计算机为了储存信息，需要使用以0和1为基础的数字编码，同时也是因为用了这个编码，计算机才能在一秒内完成成千上万次的计算。

理解数学也在帮助我们理解周围的世界。为什么蜜蜂要把蜂巢造成六边形的呢？我们怎样描述海螺形成的螺旋形状？数学给出了这些问题和更多问题的答案。

我们写这本书，是为了让你更懂得数学，并学会喜欢上它。你可以在成人的帮助下学习它，也可以独自阅读它，书中用实例讲解了解决一类问题的基本步骤，相信对你会有所启发。书中也有一些你需要自己解决的问题，你将看到一些举着提示板的机器人，它们将教给你实用的技巧并告诉你一些重要的数学思想。

数学不是一门学科，而是一种语言，并且是一种通用的语言。如果你学会了使用这种语言，它将带给你巨大的力量和信心，还有一种妙不可言的感觉。

Our lives wouldn't be the same without maths. In fact, everything would stop without it. Without numbers we couldn't count a thing, there would be no money, no system of measuring, no shops, no roads, no hospitals, no buildings, no … well, more or less "nothing" as we know it.

For example, without maths we couldn't build houses, forecast tomorrow's weather, or fly a plane. We definitely couldn't send an astronaut into space! If we didn't understand numbers, we wouldn't have TV, the internet, or smartphones. In fact, without numbers, you wouldn't even be reading this book, because it was created on a computer that uses a special number code based on 0s and 1s to store information and make thousands of calculations in a second.

Understanding maths also helps us to understand the world around us. Why do bees make their honeycombs out of hexagons? How can we describe the spiral shape formed by a seashell? Maths holds the answers to these questions and many more.

This book has been written to help you get better at maths, and to learn to love it. You can work through it with the help of an adult, but you can also use it on your own. The numbered steps will talk you through the examples. There are also problems for you to solve yourself. You'll meet some helpful robots, too. They'll give you handy tips and remind you of important mathematical ideas.

Maths is not a subject, it's a language, and it's a universal language. To be able to speak it gives you great power and confidence and a sense of wonder.

Carol Vorderman

卡罗尔·沃德曼

数字

1

2

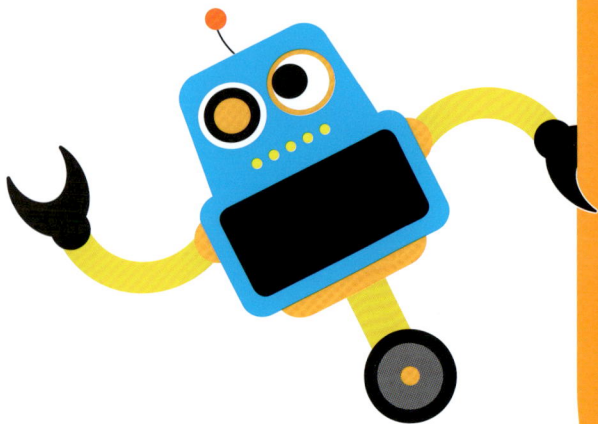

平面图形

等边三角形
3
3条边和
3个角
所有的边和角都相等

直角三角形
3
3条边和
3个角
有一个角是直角
（90°）

等腰三角形
3
3条边和
3个角
有两条边和
两个角相等

不等边三角形
3
3条边和3个角
所有边和角都不相等

4
4条边和4个角
正方形

4
4条边和4个角
长方形

5
5条边和
5个角
五边形

6
6条边和
6个角
六边形

7
7条边和
7个角
七边形

8
8条边和
8个角
八边形

9
9条边和
9个角
九边形

10
10条边和
10个角
十边形

12
12条边和
12个角
十二边形

20
20条边和
20个角
二十边形

圆的部分

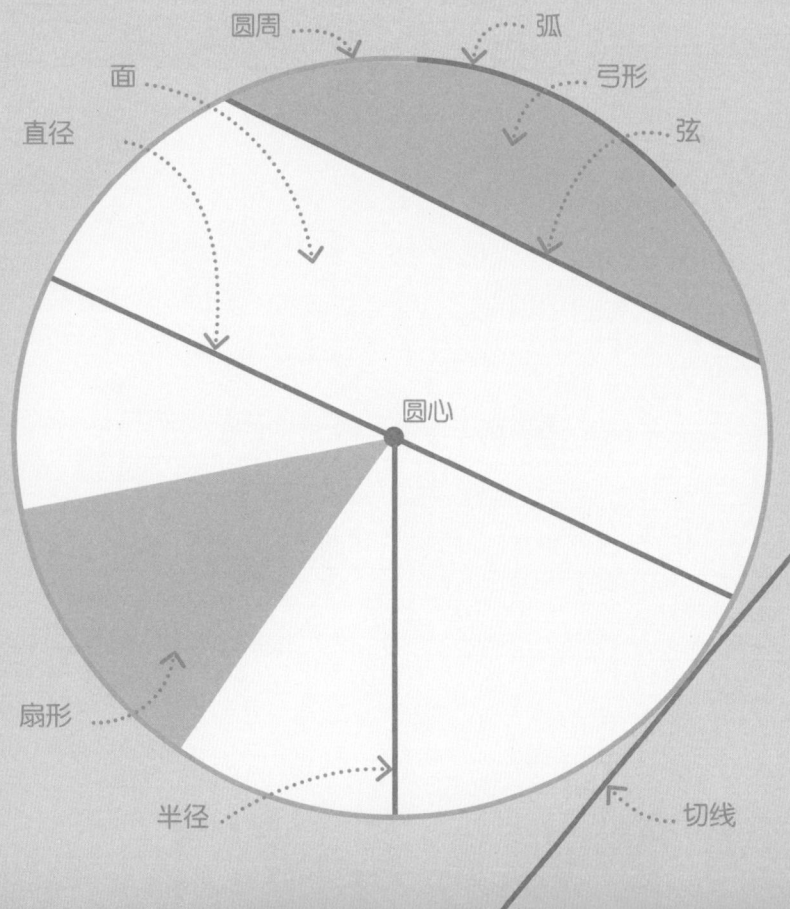

圆周
弧
弓形
弦
面
直径
圆心
扇形
半径
切线

圆周

半径

直径

弧

扇形

面

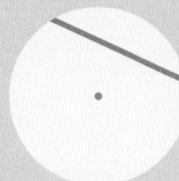
弦

弓形

切线